파워특강

영어

파워특강
영어

개정 1판 발행	2024년 05월 10일
개정 2판 발행	2025년 01월 17일

편 저 자	공무원시험연구소
발 행 처	(주)서원각
등록번호	1999-1A-107호
주 소	경기도 고양시 일산서구 덕산로 88-45(가좌동)
교재주문	031-923-2051
팩 스	031-923-3815
교재문의	카카오톡 플러스친구 [서원각]
홈페이지	www.goseowon.co.kr

2000년대 들어와서 꾸준히 이어지던 공무원 시험의 인기는 지금까지도 변함이 없으며 9급 공무원 시험 합격선이 예년에 비해 상승하고 높은 체감 경쟁률도 보이고 있습니다.

최근의 공무원 시험은 과거와는 달리 단편적인 지식을 확인하는 수준의 문제보다는 기본 개념을 응용한 수능형 문제, 또는 과목에 따라 매우 지엽적인 영역의 문제 등 다소 높은 난도의 문제가 출제되는 경향을 보입니다. 그럼에도 불구하고 합격선이 올라가는 것은 그만큼 합격을 위한 철저한 준비가 필요하다는 것을 의미합니다.

영어는 공무원시험의 합격을 좌지우지하는 중요한 과목입니다. 많은 수험생이 어려워하는 만큼 영어에서 고득점을 얻는다면 합격에 한 걸음 더 가까이 다가갈 수 있습니다. 시험에 자주 등장하는 주요 어휘 및 문법에 대한 암기는 물론 제한시간 안에 지문을 소화할 수 있는 독해능력과 생활영어에 대한 학습도 필요합니다.

본서는 광범위한 내용을 체계적으로 정리하여 수험생으로 하여금 보다 효율적인 학습이 가능하도록 구성하였습니다. 핵심이론에 더해 해당 이론에서 출제된 기출문제를 수록하여 실제 출제경향 파악 및 중요 내용에 대한 확인이 가능하도록 하였으며, 출제 가능성이 높은 다양한 유형의 예상문제를 단원평가로 수록하여 학습내용을 점검할 수 있도록 하였습니다. 또한 2022년 최근기출문제를 수록하여 자신의 실력을 최종적으로 평가해 볼 수 있도록 구성하였습니다.

신념을 가지고 도전하는 사람은 반드시 그 꿈을 이룰 수 있습니다. 서원각 파워특강 시리즈와 함께 공무원 시험 합격이라는 꿈을 이룰 수 있도록 함께 응원하겠습니다.

Structure

step 1

핵심유형
정리

영어는 학습 범위가 방대해서 공부 방향을 잘못 잡는다면 고득점하기 어려운
과목입니다. 실제 시험에서 출제되는 문제 유형(어휘, 독해, 문법, 생활영어 등)
별로 학습방법을 익힐 수 있도록 구성하였습니다.

step 2

기출문제
파악

공무원 시험에서 가장 중요한 것은 기출 동향을 파악하는 것입니다. 이론정리
와 기출문제를 함께 수록하여 개념이해와 출제경향 파악이 즉각적으로 이루어
지도록 구성했습니다. 이를 통해 문제에 대한 이해도와 해결능력을 동시에 향
상시켜 학습의 효율성을 높였습니다.

step3

예상문제
연계

문제가 다루고 있는 개념과 문제 유형, 문제 난도에 따라 엄선한 예상문제를 수록
하여 문제풀이를 통해 기본개념과 빈출이론을 다시 한 번 학습할 수 있도록 구성하
였습니다. 예상문제를 통해 응용력과 문제해결능력을 향상시켜 보다 탄탄하게 실전
을 준비할 수 있습니다.

step 4

최신
기출분석

최신 기출문제를 수록하였습니다. 최신 기출 동향을 파악하고 학습된 이론을
기출과 연계하여 정리할 수 있습니다.

step 5

반복학습

반복학습은 자신의 약점을 보완하고 학습한 내용을 온전히 자기 것으로 만드는 과
정입니다. 반복학습을 통해 이전 학습에서 확실하게 깨닫지 못했던 세세한 부분까
지 철저히 파악하여 보다 완벽하게 실전에 대비할 수 있습니다.

1. 이론 정리
영어를 문제 유형별로 이해하기 쉽게 체계적으로 요약하여 정리했습니다.

2. 기출문제 연계
기출문제 풀이와 바로 연결될 수 있도록 유형별 기출문제를 함께 수록하였습니다.

3. 포인트 팁
학습의 포인트가 될 수 있는 중요 내용을 한눈에 파악할 수 있도록 구성하였습니다.

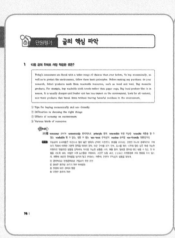

1. 단원별 예상문제
기출문제 분석을 통해 예상문제를 엄선하여 다양한 유형과 난도로 구성하였습니다.

2. 핵심을 콕!
핵심이론을 반영한 문제 구성으로 앞서 배운 학습내용을 복습, 실전대비가 동시에 가능합니다.

3. 친절한 해설
수험생의 빠른 이해를 돕기 위해 세심하고 친절한 해설을 담았습니다.

포인트 팁
학습의 포인트가 될 수 있는 중요 내용을 한눈에 파악할 수 있도록 구성하였습니다.

Contents

01 어휘

02 독해

03 문법

04 생활영어

01

어휘

01 단어(Words)

TYPE 1 밑줄 친 부분에 들어갈 가장 적절한 것을 고르시오.

이 유형은 문장 전체에 대한 정확한 이해의 선행과 보기로 주어지는 단어들의 뜻을 확실하게 알고 있어야 정답을 찾을 수 있는 문제로, 출제빈도가 높은 어휘 문제의 유형이다.

2024. 3. 23. 국가직

밑줄 친 부분에 들어갈 말로 적절한 것은?

> Obviously, no aspect of the language arts stands alone either in learning or in teaching. Listening, speaking, reading, writing, viewing, and visually representing are _____.

① distinct

② distorted

③ interrelated

④ independent

해석 ●

분명히, 영어 학습의 어떠한 측면도 배움에 있어서든 가르침에 있어서든 분리되어 있지 않다. 듣기, 말하기, 읽기, 쓰기, 보기 그리고 시각적으로 묘사하기는 <u>서로 관련되어</u> 있다.

① 별개의　② 왜곡된
③ 서로 관련된　④ 독립적인

문장의 내용을 파악하고 앞뒤 맥락에 적절한 어휘를 찾는 유형이다.

단 어

obviously 확실히, 분명히
aspect 측면, 관점
representing 묘사하기, 표현하기
distort 왜곡하다

2024. 6. 22. 지방직

밑줄 친 부분에 들어갈 말로 가장 적절한 것은?

> Automatic doors in supermarkets _____ the entry and exit of customers with bags or shopping carts.

① ignore

② forgive

③ facilitate

④ exaggerate

단 어

automatic door 자동문
entry and exit 출입
customer 손님

해석 ▶

슈퍼마켓의 자동문은 가방이나 쇼핑 카트를 지닌 고객의 출입을 쉽게 한다.

① 무시하다　　② 용서하다
③ 쉽게 하다　　④ 과장하다

2023. 6. 10. 지방직
밑줄 친 부분에 들어갈 말로 가장 적절한 것은?

> Voters demanded that there should be greater _____ in the election process so that they could see and understand it clearly.

① deception　　② flexibility
③ competition　　④ transparency

해석 ▶

유권자들은 그들이 그 선거 과정을 분명하게 보고 이해할 수 있도록 선거 과정에서 더욱 투명함이 있어야 한다고 요구했다.

④ 투명성 ·　　① 속임수
② 유연성　　③ 경쟁

2022. 4. 2. 인사혁신처
밑줄 친 부분에 들어갈 말로 가장 적절한 것은?

> A mouse potato is the computer _____ of television's couch potato : someone who tends to spend a great deal of leisure time in front of the computer in much the same way the couch potato does in front of the television.

① technician　　② equivalent
③ network　　④ simulation

해석 ▶

마우스 포테이토는 TV의 카우치 포테이토에 상응하는 컴퓨터 용어이다 : 카우치 포테이토는 TV 앞에서 하는 것과 거의 같은 방식으로 컴퓨터 앞에서 많은 여가 시간을 보내는 경향이 있는 사람이다.

② 등가물　　① 기술자
③ 네트워크　　④ 모의 실험

|정답 ④, ②

TYPE 2 밑줄 친 부분과 의미가 가장 가까운 것을 고르시오.

이 유형은 문장 전체에 대한 정확한 이해와 밑줄 친 단어의 정확한 뜻과 다양한 쓰임을 제대로 알고 있어야 정답을 찾을 수 있는 문제로 출제빈도가 높은 어휘 문제의 유형이다.

앞뒤 문맥을 바탕으로 밑줄 친 어휘의 의미를 파악한다.

단 어
cleverly 영리한, 똑똑한
conceal 숨기다
be forced to ~하도록 강요받다
abandon 버리다, 포기하다

2024. 3. 23. 국가직
밑줄 친 부분의 의미와 가장 가까운 것을 고르시오.

> The money was so cleverly <u>concealed</u> that we were forced to abandon our search for it.

① spent   ② hidden
③ invested   ④ delivered

해석 ⊙

그 돈은 너무 교묘하게 <u>숨겨져</u> 있어서 우리는 그것을 찾는 것을 포기할 수밖에 없었다.

① 기진한   ② 숨겨진
③ 투자된   ④ 배달된

단 어
appease 달래다, 진정시키다
critic 비평가, 비판자
launch 시작하다
public-education 공교육
drive-time 출퇴근 시간대
soothe 달래다, 완화시키다
counter 반대하다, 반박하다
enlighten 계몽하다
assimilate 동화되다

2024. 3. 23. 국가직
밑줄 친 부분의 의미와 가장 가까운 것을 고르시오.

> To <u>appease</u> critics, the wireless industry has launched a $ 12 million public-education campaign on the drive-time radio.

① soothe   ② counter
③ enlighten   ④ assimilate

해석 ⊙

비평가들을 <u>달래기</u> 위해, 그 무선 회사 측은 출퇴근 시간대 라디오 방송에서 1,200만 달러의 공교육 캠페인을 시작했다.

① 달래다, 완화시키다   ② 반대하다, 맞서다
③ 계몽하다   ④ 동화시키다

┃정답 ②, ①

2024. 6. 22. 지방직

밑줄 친 부분의 의미와 가장 가까운 것을 고르시오.

> While Shakespeare's comedies share many similarities, they also differ <u>markedly</u> from one another.

① softly

② obviously

③ marginally

④ indiscernibly

단 어
comedy 코미디, 희극
markedly 뚜렷이, 현저하게

해 석 ●

셰익스피어의 희극은 많은 유사점을 공유하지만, 그것들은 또한 서로 <u>현저하게</u> 다르다.

① 부드럽게   ② 명백하게

③ 근소하게   ④ 분간하기 어렵게

2024. 6. 22. 지방직

밑줄 친 부분의 의미와 가장 가까운 것을 고르시오.

> Jane poured out the strong, dark tea and <u>diluted</u> it with milk.

① washed

② weakened

③ connected

④ fermented

단 어
pour 따르다, 쏟다
dilute 희석시키다

해 석 ●

Jane은 진한 흑차를 따르고 그것을 우유로 <u>희석시켰다</u>.

① 세척하다   ② 약화시키다

③ 연결시키다   ④ 발효시키다

│정답 ②, ②

2023. 4. 8. 인사혁신처

밑줄 친 부분의 의미와 가장 가까운 것은?

> Jane wanted to have a small wedding rather than a fancy one. Thus, she planned to invite her family and a few of her <u>intimate</u> friends to eat delicious food and have some pleasant moments.

① nosy
② close
③ outgoing
④ considerate

단 어
rather than 다소
pleasant 즐거운, 기쁜
a few of 몇몇의
thus 따라서

해석 ▶

Jane은 화려한 웨딩보다 스몰 웨딩을 하고 싶었다. 그래서, 그녀는 그녀의 가족과 그녀의 <u>친밀한</u> 친구들 몇몇을 맛있는 음식을 먹고 즐거운 순간을 갖자고 초대하기로 계획했다.」

② 가까운   ① 참견하기 좋아하는
③ 외향적인   ④ 사려깊은

2023. 4. 8. 인사혁신처

밑줄 친 부분의 의미와 가장 가까운 것은?

> The <u>incessant</u> public curiosity and consumer demand due to the health benefits with lesser cost has increased the interest in functional foods.

① rapid
② constant
③ significant
④ intermittent

단 어
incessant 끊임없는
due to ~로 인한
health benefits 건강 보험
have an interest in ~에 관심이 있다
functional foods 기능성 식품

해석 ▶

더 적은 비용의 건강 보험 때문에 <u>끊임없는</u> 대중의 호기심과 소비자의 요구가 기능성 식품에 대한 흥미가 증가하고 있다.

② 지속적인   ① 빠른
③ 중요한   ④ 간헐적인

정답 ②, ②

2023. 4. 8. 인사혁신처
밑줄 친 부분의 의미와 가장 가까운 것은?

단 어
pandemic 세계적인 유행병
hold off 미루다, 연기하다

> Because of the pandemic, the company had to <u>hold off</u> the plan to provide the workers with various training programs.

① elaborate   ② release
③ modify   ④ suspend

해 석 ◉

전 세계 유행하는 병 때문에, 그 회사는 다양한 훈련 프로그램을 직원들에게 제공하려던 계획을 <u>연기해야</u>만 했다.

④ 연기하다, 유예하다
① 상술하다
② 놓아주다
③ 수정하다

2023. 4. 8. 인사혁신처
밑줄 친 부분의 의미와 가장 가까운 것은?

단 어
Regional Governor 주지사
abide by 준수하다
High Court 고등법원

> The new Regional Governor said he would <u>abide by</u> the decision of the High Court to release the prisoner.

① accept   ② report
③ postpone   ④ announce

해 석 ◉

새 지역 주지사는 고등법원의 죄수 석방 결정을 <u>준수하겠다</u>고 말했다.

① 받아들이다, 수용하다
② 보도하다
③ 연기하다
④ 발표하다

정답 ④, ①

단 어

further 한층 더한

explanation 설명

subsequent 그 다음의, 차후의

2023. 6. 10. 지방직

밑줄 친 부분의 의미와 가장 가까운 것은?

> Further explanations on our project will be given in <u>subsequent</u> presentations.

① required   ② following

③ advanced   ④ supplementary

해석 ▶

저희 프로젝트에 대한 그 이상의 설명들은 다음 발표에서 주어지게 될 것입니다.

② 따라오는

① 요구되는

③ 선진의

④ 추가의

단 어

folkways 풍속

custom 관습

courtesy 예의, 우대

sneeze 재채기하다

2023. 6. 10. 지방직

밑줄 친 부분의 의미와 가장 가까운 것은?

> Folkways are customs that members of a group are expected to follow to show <u>courtesy</u> to others. For example, saying "excuse me" when you sneeze is an American folkway.

① charity   ② humility

③ boldness   ④ politeness

해석 ▶

풍속은 한 집단의 구성원들이 다른 사람들에게 예의를 보여주기 위해 따르기로 여겨지는 관습들이다. 예를 들어, 당신이 재채기를 할 때 "실례합니다."라고 말하는 것은 미국식 풍속이다.

④ 공손함

① 자선

② 겸손

③ 당돌함

정답 ②, ④

TYPE 3 글의 흐름으로 보아 빈칸에 들어갈 단어를 순서대로 고르시오.

이 유형은 장문독해를 바탕으로 빈칸에 들어갈 적절한 단어를 찾는 유형으로, 다른 유형에 비해 난도가 높은 편이다. 빈칸이 하나 이상으로 글의 흐름을 파악하여 논리적으로 적합한 단어를 선택해야 한다.

2020. 7. 11. 인사혁신처

밑줄 친 (A), (B)에 들어갈 말로 가장 적절한 것은?

When an organism is alive, it takes in carbon dioxide from the air around it. Most of that carbon dioxide is made of carbon-12, but a tiny portion consists of carbon-14. So the living organism always contains a very small amount of radioactive carbon, carbon-14. A detector next to the living organism would record radiation given off by the carbon-14 in the organism. When the organism dies, it no longer takes in carbon dioxide. No new carbon-14 is added, and the old carbon-14 slowly decays into nitrogen. The amount of carbon-14 slowly ___(A)___ as time goes on. Over time, less and less radiation from carbon-14 is produced. The amount of carbon-14 radiation detected for an organism is a measure, therefore, of how long the organism has been ___(B)___. This method of determining the age of an organism is called carbon-14 dating. The decay of carbon-14 allows archaeologists to find the age of once-living materials. Measuring the amount of radiation remaining indicates the approximate age.

	(A)	(B)		(A)	(B)
①	decreases	dead	②	increases	alive
③	decreases	productive	④	increases	inactive

단 어

carbon dioxide 이산화탄소
radioactive 방사선의
detector 감지기
radiation 방사선
give off 내뿜다
determine 결정하다
decay 썩다
archaeologist 고고학자
approximate 대략의

해 석 ▸

유기체가 살아있을 때, 그것은 주위의 공기로부터 이산화탄소를 흡수한다. 그 이산화탄소의 대부분은 탄소-12로 만들어지지만, 작은 부분은 탄소-14로 구성되어 있다. 그래서 살아있는 유기체는 항상 매우 적은 양의 방사성 탄소인 탄소-14를 함유하고 있다. 살아있는 유기체 옆에 있는 감지기는 유기체의 탄소-14에 의해 방출된 방사선을 기록할 것이다. 유기체가 죽으면 더 이상 이산화탄소를 흡수하지 않는다. 새로운 탄소-14는 추가되지 않고, 오래된 탄소-14는 천천히 질소로 붕괴된다. 탄소-14의 양은 시간이 지남에 따라 서서히 (A)감소한다. 시간이 지남에 따라 탄소-14로부터의 방사선이 점점 더 적게 생성된다. 따라서 유기체에 대해 검출된 탄소-14 방사선의 양은 유기체가 (B)죽은 지 얼마나 되었는지를 측정하는 것이다. 유기체의 나이를 결정하는 이 방법을 탄소-14 연대 측정이라고 한다. 탄소-14의 붕괴는 고고학자들이 한때 살아 있던 물질의 나이를 찾을 수 있게 해준다. 남은 방사선의 양을 측정하는 것은 대략적인 나이를 알려준다.

┃정답 ①

기출문제

단 어

famine 기근
approximately 대략
shortage 부족
dehydration 탈수, 건조
deport 강제 추방하다
immigrate 이민을 오다
starvation 기아, 굶주림
emigrate 이민 가다
fatigue 피로, 피곤함
detain 구금하다, 억류하다

2019. 6. 15 제1회 지방직
밑줄 친 (A), (B)에 들어갈 말로 가장 적절한 것을 고르시오.

In the 1840s, the island of Ireland suffered famine. Because Ireland could not produce enough food to feed its population, about a million people died of ___(A)___ ; they simply didn't have enough to eat to stay alive. The famine caused another 1.25 million people to ___(B)___ ; many left their island home for the United States; the rest went to Canada, Australia, Chile, and other countries. Before the famine, the population of Ireland was approximately 6 million. After the great food shortage, it was about 4 million.

	(A)	(B)
①	dehydration	be deported
②	trauma	immigrate
③	starvation	emigrate
④	fatigue	be detained

해 석 ▶

1840년대에, 아일랜드 섬은 기근을 경험했다. 아일랜드는 국민들을 먹여 살릴 만큼의 충분한 식량을 생산할 수 없었기 때문에, 약 백만 명의 사람들이 (A) 굶어 죽었다. 그들은 살아있을 만큼 충분히 먹지 못했다. 그 기근은 또 다른 125만 명의 사람들이 (B) 이민을 가도록 야기했다. 많은 사람들은 그들의 고국인 섬을 떠나 미국으로 갔고, 나머지는 캐나다, 호주, 칠레, 그리고 다른 나라들로 갔다. 기근 이전에 아일랜드의 인구는 대략 6백만 명이었다. 엄청난 식량 부족 이후에는 약 4백만 명이 되었다.

정답 ③

※ 밑줄 친 부분에 들어갈 가장 적절한 것을 고르시오. 【1~10】

1

> The usual way of coping with taboo words and notions is to develop euphemisms and circumlocutions. Hundreds of words and phrases have emerged to express basic biological functions, and talk about _____ has its own linguistics world. English examples include "to pass on," "to snuff the candle," and "to go aloft."

① death

② defeat

③ anxiety

④ frustration

Point

단어 of coping with ~에 대처하는 taboo (종교상의) 금기, 금기의 notion 관념, 생각 euphemism 완곡 어구 circumlocution 완곡한 표현 emerge 나타나다, 발생하다 linguistic 어학의, 언어의 pass on 죽다 snuff (초를) 끄다 aloft 위에, 높이, 천국에

해석 종교상 금기시 되는 단어와 관념들을 대체하는 일반적인 방법은 완곡한 어구와 표현들을 개발하는 것이다. 수많은 단어와 어구들이 기본적인 생물학적 기능을 표현하기 위해 생겨났으며, 죽음에 대해 이야기하는 자체적인 언어학의 세계가 있다. 영어에서의 예로 "to pass on", "to snuff the candle", 그리고 "to go aloft" 등을 포함한다.

① 죽음 ② 패배 ③ 걱정, 근심 ④ 좌절, 실패

2

> A _____ gene is one that produces a particular characteristic regardless of whether a person has only one of these genes from one parent, or two of them.

① recessive

② dominant

③ proficient

④ turbulent

Point

단어 gene 유전자 particular 특별한, 독특한 characteristic 특징 regardless of ~과(와) 관계없이

해석 우성 유전자는 사람이 유전자를 한쪽 부모로부터 받든 양쪽 부모로부터 받든 관계없이 하나의 독특한 특징을 만들어내는 유전자이다.

① 열성의 ② 우성의 ③ 능숙한 ④ 격동의, 요동치는

Answer 1.① 2.②

3

The White House and congressional leaders worked Monday to align lawmakers from both parties behind their formula for _____ a financial meltdown and halting the government's prolific spending habits.

① averting   ② replicating
③ precipitating   ④ contriving

Point

단어 White House 백악관 congressional 국회의, 연방 의회의 lawmaker 입법자, (입법부의) 의원, 국회의원 meltdown (제도·기업의) 완전 붕괴, (주가의) 대폭락 halt 중지시키다, 멈추다 prolific 풍부한, 다산(多産)의

해석 백악관과 의회 지도자들은 재정 붕괴를 <u>피하고</u> 정부의 엄청난 소비 습관을 막기 위한 방법을 지지하여 양당으로부터의 국회의원들을 정렬시키기 위해 월요일에 근무했다.
① 피하다 ② 복제하다 ③ 촉진시키다 ④ 고안하다, 궁리하다

TIP 문맥상 '재정 붕괴를 피하고 정부의 엄청난 소비 습관을 막기 위한 방법'이 적절하므로 빈칸에는 averting이 적절하다.

4

_____ means suspending the sentence of a person convicted of a criminal offense and granting that person provisional freedom.

① Prosecution   ② Execution
③ Supervision   ④ Probation

Point

단어 provisional 임시의, 일시적인

해석 <u>집행유예</u>는 범죄로 유죄판결을 받은 사람의 판결을 정지시키고 그 사람에게 임시적인 자유를 주는 것을 의미한다.
① 기소 ② 사형, 처형 ③ 감독 ④ 집행유예

5

> You have to show a document proving your date of birth or a _____ International Student Identity Card (ISIC) when buying your ticket and boarding the plane.

① faked   ② weird

③ valid   ④ crooked

> **단어** document 서류
>
> **해석** 표를 사거나 비행기를 탈 때, 여러분은 출생날짜를 증명하는 서류나 <u>유효한</u> 국제 학생증(ISIC)을 보여 주어야 한다.
> ① 위조된, 가짜의 ② 기이한, 이상한 ③ 유효한 ④ 비뚤어진, 부정직한

6

> Only limited items will be supplied for sale through _____ outlets including the Eurosports.

① select   ② selection

③ selecting   ④ selectively

> **단어** limited 제한된 including ~을 포함하여
>
> **해석** Eurosports를 포함하여 단지 제한된 물품들만이 <u>엄선된</u> 매장을 통해서 판매를 위해 제공될 것이다.
> ① 엄선된, 고급의 ② 선택 ③ 선정하는, 선택하는 ④ 선별적으로

Answer   3.① 4.④ 5.③ 6.①

7

> The composer and his wife _____ went to the ballet, even for the gala performances set to his own music.

① infrequently   ② never

③ occasionally   ④ invariably

 Point

단어 gala 잔치의, 축제의, 흥겨운, 유쾌한, 화려한

해석 작곡가와 그의 아내는 절대 발레공연을 보러 가지 않았는데, 심지어 그의 음악에 맞추어 준비된 축제공연을 위한 발레조차도 그러했다.

① 드물게, 거의 ~않는   ② 절대(결코) ~않는

③ 가끔, 이따금, 때때로   ④ 변함없이, 항상, 늘

8

> Even before he got to the chemist's, he had lost the _____ for the medicine, and had to go back to the doctor to get another one.

① prescription   ② receipt

③ remedy   ④ recipe

 Point

단어 chemist('s) 약국, 화학자, 약제사

해석 약국에 도착하기도 전에 그는 약의 처방전을 잃어버렸다. 그래서 그는 또 다른 처방전을 받기 위해 의사에게(병원으로) 돌아가야 했다.

① 처방전 ② 영수증 ③ 치료 ④ 조리법

9

> Punctuality is important, and people who are consistently late for appointments are thought to be _____.

① diligent   ② friendly
③ practical   ④ inconsiderate

단어 ⚑ punctuality 시간엄수   consistently 끊임없이, 항상   appointment 약속

해석 ▶ 시간엄수는 중요하다. 그래서 항상 약속시간에 늦는 사람들은 <u>분별이 없</u>다고 생각된다.

① 부지런한, 근면한   ② 친한, 친절한, 다정한   ③ 실용적인   ④ 분별(사려) 없는, 경솔한, 성급한

10

> I didn't like her at first but we _____ became good friends.

① necessarily   ② initially
③ casually   ④ eventually

단어 ⚑ at first 처음에는

해석 ▶ 나는 처음에 그녀를 좋아하지 않았지만, <u>결국</u> 우리는 좋은 친구가 되었다.

① 필연적으로, 반드시   ② 최초로, 처음에   ③ 우연히   ④ 결국, 궁극적으로

Answer 7.② 8.① 9.④ 10.④

※ 밑줄 친 부분과 의미가 가장 가까운 것을 고르시오. 【11~30】

11

> Through Davin's experience, Joyce's narration <u>debunks</u> this misogynist explanation of Ireland's colonization.

① conceals ② exposes

③ praises   ④ delimits

Point

단어 ▸ narration 서술, 이야기, 화법 debunk ~의 실체를 밝히다, ~의 정체를 폭로하다 misogynist 여성 차별주의적 ; 여성 혐오자 colonization 식민지화

해석 ▸ Davin의 경험을 통해서, Joyce의 이야기는 아일랜드의 식민지화에 대한 이러한 여성 차별주의적 설명의 <u>실체를 밝힌다</u>.
① 숨기다 ② 폭로하다 ③ 칭찬하다 ④ 범위를 한정하다

12

> There is a <u>reciprocal</u> relation between goals and data.

① mutual   ② omnipotent

③ exclusive   ④ incongruous

Point

단어 ▸ reciprocal 상호 간의, 서로의(=mutual)

해석 ▸ 목표와 데이터 사이에는 <u>상호관계</u>가 있다.
① 상호간의 ② 전지전능한(=almighty) ③ 배타적인, 독점적인 ④ 일치하지 않는, 모순된

13

> Controversial, <u>idiosyncratic</u>, and brilliant, Vladimir Nabokov died in Montreux, Switzerland, in 1977.

① melancholy   ② felicitous
③ eccentric   ④ precocious

 Point

단어 controversial 논란의 여지가 있는, 논쟁의 idiosyncratic 특이한, 색다른 brilliant (재능이) 뛰어난, 우수한

해석 논란의 여지가 있고, 특이하며, 뛰어난 Vladimir Nabokov는 1977년에 스위스의 몽트뢰에서 죽었다.
① 우울한 ② (말·표현이) 교묘한, 적절한 ③ 기이한, 별난, 괴짜인 ④ (어린이가) 조숙한

14

> Going to movies and plays was fun, but like many other students Ralph found Tuskegee's rules <u>cramping</u>.

① irksome   ② annoying
③ welcoming   ④ suffocating

 Point

단어 Tuskegee 터스키기[미국 Alabama주 동부의 도시 ; Tuskegee Institute(유명한 흑인 학교)의 소재지] cramping 구속하는, 속박하는

해석 영화나 연극을 보러 가는 것은 재미있었지만 다른 많은 학생들처럼 Ralph는 터스키기의 규칙이 <u>구속한다</u>는 것을 깨달았다.
① 짜증나는, 귀찮은 ② 짜증스러운 ③ 환영하는 ④ 숨 막히게 하는, 억누르는, 구속하는

Answer   11.② 12.① 13.③ 14.④

15

> Her co-workers admired her seemingly <u>infinite</u> energy.

① boundless ② dedicated
③ mighty ④ efficient

 Point

단어 ✓ infinite 무한한, 끝이 없는(=boundless)

해석 ▶ 그녀의 동료들은 그녀의 겉보기에는 <u>끝이 없는</u> 에너지에 감탄했다.
① 무한한, 끝없는 ② 헌신적인 ③ 힘센, 강력한 ④ 효율적인, 유능한

16

> Police and detectives pursue and <u>apprehend</u> individuals who break the law and then issue citations or give warnings.

① cease ② suspend
③ prevent ④ arrest

 Point

단어 ✓ apprehend 체포하다(=arrest) citation 소환장

해석 ▶ 경찰과 형사들은 법을 어긴 사람들을 추적해서 <u>체포하고</u>, 그러고 나서 소환장을 발부하거나 경고를 준다.
① 그만두다 ② 매달다, 연기하다, 중지하다 ③ 막다, 예방하다 ④ 체포하다

17

> The publication of a manifesto that described Dada in a <u>rambling</u>, nonsensical stream of consciousness was one such step.

① tedious ② coherent
③ termagant ④ simultaneous

Point

단어 ✅ manifesto 성명서, 선언문 Dada 다다이즘(문학·미술상의 허무주의) rambling (말·글 등이) 산만한, 두서없는 nonsensical 무의미한, 터무니없는

해석 ▶ 다다이즘을 의식의 산만하고 터무니없는 흐름으로 묘사하는 성명서의 출판은 하나의 그러한 단계였다.
① 지루한, 장황한 ② 일관성 있는, 논리 정연한 ③ (여자가) 잔소리가 심한, 바가지를 잘 긁는 ④ 동시에 일어나는, 동시의

18

Sometimes using <u>desiccated</u> garlic is more convenient when cooking at home.

① dried
② peeled
③ sliced
④ chopped

Point

단어 ✅ desiccated 건조한, 말린, 분말의

해석 ▶ 때때로 말린 마늘을 사용하는 것은 가정에서 요리를 할 때 더 편리하다.
① dry 말리다, 마르다 ② peel 껍질을 벗기다 ③ slice 얇게 썰다 ④ chop 자르다, 잘게 썰다

19

Influenza is an acute viral disease of the respiratory tract that is extremely <u>contagious</u> and often reaches epidemic proportions.

① toxic
② dangerous
③ incurable
④ communicable

Point

단어 ✅ influenza 인플루엔자, 유행성 감기, 독감 acute (병 등이) 급성의 viral 바이러스(성)의 respiratory 호흡의 contagious 전염성의, 감염성의 epidemic 유행성의, 유행병의 proportion 비율, 몫, 정도

해석 ▶ 독감은 아주 전염성이 강하고 종종 유행병 정도에까지 이르는 호흡계 급성 바이러스 질병이다.
① 독성의, 유독한 ② 위험한 ③ 불치의, 고칠 수 없는 ④ 전염성의

Answer 15.① 16.④ 17.① 18.① 19.④

20

> Since last October, 323 people have died trying to cross into the United States, often in the <u>harsh</u> and remote deserts of Arizona.

① cruel
② humid
③ spacious
④ poisonous

 Point

단어 harsh 엄격한, 가혹한, 모진

해석 지난 10월 이래로, 323명의 사람들은 미국, 종종 애리조나의 <u>가혹하고</u> 외딴 사막으로 건너가려고 노력하다가 죽었다.
① 잔인한, 잔혹한, 가혹한 ② 습한, 습기가 많은 ③ 넓은, 광대한 ④ 유독한, 유해한

21

> In spite of <u>substantial</u> increases in the cost of living, the average American's income has increased only slightly.

① fragile
② considerable
③ subtle
④ insignificant

 Point

단어 substantial 상당한, 실질적인, 본질적인

해석 생계비용의 <u>상당한</u> 증가에도 불구하고, 미국인의 평균수입은 단지 약간만 증가해 왔다.
① 깨지기 쉬운 ② 주목(고려)할 만한, 상당한, 중요한 ③ 미묘한 ④ 중요하지 않은, 무의미한

22

> Although the work needs to be done more <u>exhaustively</u>, efforts have been made to collect the songs and ballads of the American Revolution.

① precisely
② frantically
③ selectively
④ thoroughly

단어 exhaustively 철저하게, 남김없이

해석 비록 그 일이 더 <u>철저하게</u> 행해질 필요가 있었지만, 미국 독립혁명의 노래들과 발라드들을 수집하기 위해서 노력해 왔다.

① 정밀하게, 정확하게   ② 미친 듯이, 미쳐서   ③ 선택적으로   ④ 철저하게, 완전히

23

In the past, investors have often <u>spurned</u> savings accounts for money-market mutual funds.

① replaced   ② preferred
③ rejected   ④ purchased

단어 spurn 쫓아내다, 물리치다, 추방하다   mutual 서로의, 상호의   mutual fund 상호기금, 개방형 투자신탁

해석 과거에 투자자들은 금융시장의 개방형 투자신탁을 위하여 저축예금(계좌)을 <u>버렸다</u>.

① 대신(대체)하다   ② ~보다 좋아하다, 선호하다
③ 거절하다, 거부하다, 물리치다   ④ 사다, 구입하다

24

In spite of the confusion, Jane was able to give investigators a <u>lucid</u> account of what had happened when the train collided with the truck.

① hysterical   ② foggy
③ clear   ④ exaggerated

단어 confusion 혼란, 혼동, 당황   investigator 수사관   lucid 맑은, 투명한, 명백한, 명료한   collide 충돌하다, 부딪치다

해석 혼란스러웠음에도 불구하고 Jane은 수사관들에게 기차가 트럭과 충돌했을 때 일어났었던 일을 <u>명쾌하게</u> 설명해 줄 수 있었다.

① 병적으로 흥분한, 히스테리에 걸린   ② 안개가 낀, 자욱한, 막연한, 당황한, 혼란스러운
③ 맑은, 깨끗한, 분명한, 명백한   ④ 과장된, 떠벌린

Answer   20.① 21.② 22.④ 23.③ 24.③

25

> I do not believe such things are <u>genuine</u> causes of either happiness or unhappiness.

① genetic   ② hereditary

③ indispensable   ④ real

단어 genuine 진짜의, 모조(품)가 아닌

해석 나는 그러한 것들이 행복이나 불행의 <u>진짜</u> 이유라고 믿지 않는다.

     ① 유전(발생)의   ② 유전(성)의, 유전적인, 세습의

     ③ 없어서는 안되는, 필요불가결한, 필수의   ④ 사실의, 진실의, 진짜의

26

> It's best not to ask people how their marriage is going if they are <u>touchy</u> about discussing their personal lives.

① sensitive   ② distinctive

③ delighted   ④ sentimental

단어 touchy 성미가 까다로운, 과민한, 다루기 힘든

해석 만약 자신의 개인생활을 말하는 것에 <u>과민한</u> 사람이 있다면, 그들의 결혼생활이 어떠한지 질문하지 않는 것이 가장 좋다.

     ① 민감한, 예민한   ② 구별되는, 특유한   ③ 기뻐하는   ④ 감상적인

27

> Letting the lady sit first at the table is the <u>conventional</u> thing to do.

① foolish   ② kindly

③ inexperienced   ④ usual

단어 conventional 전통적인, 관습적인, 관례적인, 형식적인, 종래의

해석 식탁에 숙녀를 먼저 앉게 하는 것은 관례적인 일이다.

① 어리석은 ② 친절한, 상냥한 ③ 경험이 없는, 미숙한 ④ 보통의, 통상의, 일상적인

28

This arrangement is only a <u>tentative</u> one.

① temporary

② friendly

③ humorous

④ forget

단어 arrangement 협정, 합의, 조정 tentative 임시의, 시험적인

해석 이번 협정은 단지 임시적인 것일 뿐이다.

① 임시의, 일시적인 ② 친한, 다정한, 우호적인 ③ 해학적인 ④ 잊다

29

He is <u>infamous</u> for his dishonesty in business matters.

① dreaded

② investigated

③ loathed

④ notorious

단어 infamous 악명 높은, 평판이 나쁜, 수치스러운 dishonesty 부정직, 불성실, 사기

해석 그는 사업문제에 있어 부정직하기로 악명 높다.

① 두려워(무서워)하다, 걱정하다
② 조사하다, 연구(심사)하다
③ 몹시 싫어하다, 진저리를 내다
④ 악명 높은, (안좋게) 소문난

Answer 25.④ 26.① 27.④ 28.① 29.④

30

> Although my grandmother is old and <u>frail</u>, she still enjoys playing cards and listening to dance tunes.

① deaf
② weak
③ unhappy
④ unpleasant

 Point

단어 ☑ frail (체질이) 약한, 무른 tune 곡, 곡조, 가락

해석 ▶ 나의 할머니는 비록 늙고 <u>허약하시지만</u>, 여전히 카드놀이를 즐기시고 댄스곡을 들으신다.
① 귀머거리의, 귀먹은 ② 약한 ③ 불행한 ④ 불쾌한

※ 글의 흐름으로 보아 빈칸에 들어갈 단어를 순서대로 고르시오. 【31~35】

31

> Totalitarianism champions the idea that everyone should be _____ to the state. All personal goals and desires should be thrown aside unless they coincide with the common good of society. Freedom for the individual is _____ so that the level of freedom for all can be raised.

① subservient — sacrificed
② united — rewarded
③ changeable — advocated
④ used — expounded

 Point

단어 ☑ totalitarianism 전체주의 coincide 동시에 일어나다, 일치하다

해석 ▶ 전체주의는 모든 사람이 국가에 <u>복종해야</u> 한다는 생각을 옹호한다. 모든 개인적인 목표와 욕망은 사회의 공동선과 일치하지 않는다면 버려야 한다. 개인의 자유는 <u>희생되어</u> 모두의 자유의 수준이 향상되도록 해야 한다.
① 굴종하는 – 희생하다 ② 통합된 – 보상하다 ③ 바뀔 수도 있는 – 옹호하다 ④ 익숙한(be used to N) – 자세히 설명하다

TIP ☑ 전체주의에 대한 설명으로 국가에 복종하고 개인의 자유는 희생된다는 내용이 들어가야 논리적으로 적절하다.

32

> We should behave towards our country as women behave towards the men they love. A loving wife will do anything for her husband except to stop criticizing and trying to improve him. That is the right attitude for a citizen. We should cast the same affectionate but sharp glance at our country. We should love it, but also insist upon telling it all its faults. The dangerous man is not the _____ but the noisy empty _____ who encourages us to indulge in orgies of self-congratulation.

① critic − patriot   ② citizen − leader

③ extrovert − introvert   ④ Democrat − Republican

 Point

단어 affectionate 다정한 glance 흘낏 봄 indulge 마음껏 하다, 빠지다 orgy 과도한 열중

해석 우리는 여자가 사랑하는 남자를 향하여 행동하는 것처럼 우리의 나라에 대하여 행동하여야 한다. 사랑하는 부인은 남편을 발전시키기 위하여 비난하고 그가 나아가게 노력하는 것을 그만두는 것을 제외하고 모든 일을 할 것이다. 그것은 국민에게 있어 올바른 태도이다. 우리는 동일한 애정을 던져야 한다. 그러나 날카로운 시선도 보내야 한다. 우리는 나라를 사랑해야 하며 또한 나라의 결점을 말하는 것을 주장하여야 한다. 위험한 사람은 <u>비평가</u>가 아니라 자기만족에 과도하게 빠지도록 우리를 북돋우는 시끄럽고 속이 빈 <u>애국자</u>이다.

① 비평가 – 애국자 ② 시민 – 지도자 ③ 외향적인 사람 – 내성적인 사람 ④ 민주주의자 – 공화주의자

33

> Science, in so far as it consists of knowledge, must be regarded as having value, but in so far as it consists of technique the question whether it is to be praised or _____ depends upon the use that is made of the technique. In itself it is _____, neither good nor bad.

① acclaim − valuable   ② celebrate − useless

③ blamed − neutral   ④ rejoice − central

 Point

단어 in so far as ~하는 한에 있어서는 be regarded as ~로 여겨지다

해석 지식으로 구성된 과학에 있어서는 가치 있는 것으로 여겨져야 하지만, 기술로 구성된 것에 있어서는 찬사를 받을지 <u>비난을 받을지</u>의 의문은 그 기술의 유용성에 달려 있다. 본질적으로 그것이 <u>중립적이기</u>에 좋거나 나쁘지도 않다.

① 칭송하다 – 소중한 ② 축하하다 – 소용없는 ③ 힐책하다 – 중립적인 ④ 기뻐하다 – 중심되는

Answer   30.②   31.①   32.①   33.③

34

"_____" comes from two Greek words meaning "good death." In practice, it has come to mean the selective _____ of those who are old or sick. Worldwide, support for the practice appears to be increasing. Vigorous efforts for legalization are proceeding in numerous countries. The Dutch have now legalized 'mercy killing' after many years of unofficial toleration.

① euthanasia — killing

② assassination — tiredness

③ extermination — hardening

④ massacre — healing

Point

단어 in practice 실제로 vigorous 활발한, 격렬한 legalization 합법화, 법률화 numerous 많은 mercy killing 안 락사

해석 "안락사"는 "행복한 죽음"을 의미하는 그리스의 두 단어로부터 유래되었다. 실제로, 그것은 늙거나 아픈 사람들을 선 택적으로 죽이는 것을 의미하는 것이 되었다. 세계적으로, 안락사를 지지자들이 증가하는 것으로 나타났다. 안락사의 합법화를 위한 활발한 노력들이 많은 나라에서 진행되고 있다. 네덜란드는 '안락사'를 수년 동안 비공식적으로 용인하 였다가 현재 합법화하였다.

① 안락사 – 죽임 ② 암살 – 피로 ③ 근절 – 경화(硬化) ④ 대학살 – 치유

TIP 'mercy killing'을 통해 유추해 볼 수 있다.

35

Thomas Edison was a great inventor but a lousy _____. When he proclaimed in 1922 that the motion picture would replace textbooks in schools, he began a long string of spectacularly wrong _____ regarding the capacity of various technologies to revolutionize teaching. To date, none of them from film to television has lived up to the hype. Even the computer has not been able to show a consistent record of improving education.

① boaster — opinions

② kleptomaniac — theories

③ prognosticator — predictions

④ swindler — imaginations

단어 ❖ lousy 형편없는, 저질의   proclaim 선포하다, 단언하다   a string of 일련의   spectacularly 눈부시게
regarding ~에 관해서
live up to ~에 부응하다   hype 과대선전, 거짓말   consistent 일관된

해석 ▶ 토마스 에디슨은 위대한 발명가인 반면에 형편없는 <u>예언가</u>였다. 1922년에 그가 영화는 학교에서 교과서를 대체할 것
이라고 발표했을 때, 그는 교육을 혁신할 수 있는 다양한 기술의 능력에 관해 눈부시게 잘못된 <u>예측들</u>을 계속해서 늘
어놓기 시작했다. 영화에서 텔레비전까지 시대에 거슬러 그 어느 것도 과대선전의 기대를 충족시켜 주지 못했다. 심
지어 컴퓨터마저도 교육을 개선함에 있어 일관된 기록을 보여주지 못했던 것이다.
① 허풍쟁이 – 견해 ② 절도광 – 이론 ③ 예언가 – 예측 ④ 사기꾼 – 상상

36 다음에 주어진 사전 뜻풀이 가운데, 밑줄 친 fix의 의미로 가장 적절한 것은?

> They <u>fixed</u> the date of marriage for next Sunday.

① to repair
② to correct, to adjust
③ to make firm or stable, to fasten
④ to decide, to settle, to specify (a price, date, etc.)

단어 ❖ fix 고치다, 수리하다, 바로잡다, 고정시키다, (가격, 날짜 등을) 결정하다.

해석 ▶ 그들은 결혼날짜를 다음주 일요일로 <u>정했다</u>.
① 수리하다.
② 고치다, 바로잡다.
③ 단단하거나 견고하게(안정되게) 하다, 고정시키다.
④ (가격, 날짜 등을) 결정 · 결심 · 명시하다.

Answer 34.① 35.③ 36.④

37 다음에 주어진 사전의 뜻풀이 가운데, 밑줄 친 force의 의미로 가장 적절한 것은?

> The police had to use <u>force</u> to hold back the crowd.

① a source or instrument of power or energy
② the use of power to make someone do something.
③ a military, police, or other unit organized to use physical power
④ political power, influence

 Point

단어 force 힘, 영향력, 무력, 군사력, 군대, 폭력 hold·back [참가(관계)하지 않도록] 말리다, 억제하다 instrument 기계, 기구, 도구, 수단, 악기

해석 경찰은 군중들을 뒤로 물러서게 하려고 <u>무력</u>을 사용해야 했다.
① 세기나 힘의 근원 또는 수단
② 어떤 사람에게 어떤 것을 하게 만드는 힘의 사용
③ 군대, 경찰, 또는 물리적 힘을 사용하기 위해 조직된 다른 집단
④ 정치세력, 영향력

38 다음 두 문장의 뜻을 함께 지니고 있는 낱말은?

> • a hard growth on an animal's head
> • a kind of musical instrument

① hawk   ② horse
③ hair   ④ horn

 Point

단어 instrument 기구

해석 • 어떤 동물의 머리 위에 있는 단단한 생장물
• 일종의 음악기구
① 매
② 말
③ 털
④ 뿔, 호른(악기)

39 다음 중 밑줄 친 단어와 같은 의미로 사용된 것은?

> She smiled with a sad <u>air</u>.

① Let's go out for some fresh <u>air</u>.

② He sent parcels by <u>air</u>.

③ She has an <u>air</u> of arrogance.

④ There blows a slight <u>air</u>.

단어 air 공기, 공중, 하늘, 항공, 바람, 태도, (전파)방송 arrogance 거만함, 오만함 slight air 산들바람

해석 그녀는 슬프게[슬픈 태도(표정)로] 웃었다.

　① 약간의 신선한 공기를 마시러 밖으로 나가자.　② 그는 항공편으로 소포를 보냈다.
　③ 그녀는 오만한 태도를 지니고 있다.　④ 산들바람이 분다.

40 다음 중 밑줄 친 단어의 쓰임이 적절치 못한 것은?

① Alcohol has a very bad <u>affect</u> on drivers.

② Their opinion will not <u>affect</u> my decision.

③ The incident <u>effected</u> a profound change in her.

④ The new law will be put into <u>effect</u> next month.

단어 affect ~에 (악)영향을 미치다, (병·고통이 사람·인체를) 침범하다, 감동시키다, ~인 체하다 effect 효과, 영향, 결과, 취지, (변화 등을) 초래하다, 실행하다 have an effect on ~의 영향을 미치다, 효과를 나타내다 profound 심한, 깊은, 뜻 깊은 put into effect 실행되다, 수행하다, 효력을 발휘하다

해석 ① 알코올은 운전자들에게 악영향을 끼친다.
　② 그들의 의견은 나의 결정에 영향을 주지 않을 것이다.
　③ 그 사건은 그녀에게 있어 심한 변화를 초래하게 했다.
　④ 새로운 법은 다음 달에 실효가 될 것이다.

TIP ① '영향'이라는 명사로 'effect'가 적절하다.

02 숙어(Idioms)

TYPE 1 밑줄 친 부분에 들어갈 표현으로 가장 적절한 것을 고르시오.

이 유형은 문장 전체에 대한 정확한 이해의 선행과 보기로 주어지는 숙어가 나타내는 의미를 알고 있어야 정답을 찾을 수 있는 문제로 출제빈도가 높은 어휘문제의 유형이다. 숙어는 여러 영단어들의 조합이기 때문에 그 뜻을 추론할 수 있는 경우가 많으므로 그 숙어가 만들어내는 뜻을 잘 이해할 필요가 있다.

매년 시행처별로 꾸준히 출제되는 유형이다. 각 단어의 의미뿐만 아니라 숙어로서의 의미 또한 익힐 필요가 있다.

단어

brush up on 복습하다

2022. 4. 2. 인사혁신처
밑줄 친 부분에 들어갈 말로 가장 적절한 것은?

> Mary decided to _____ her Spanish before going to South America.

① brush up on
② hear out
③ stick up for
④ lay off

해석 ▶

Mary는 남아메리카에 가기 전에 스페인어를 <u>복습하기로</u> 결정했다.

① 복습하다
② 끝까지 듣다
③ 변호하다
④ 해고하다

정답 ①

2018. 5. 19. 제1회 지방직

밑줄 친 부분에 들어갈 말로 가장 적절한 것은?

> Since the air-conditioners are being repaired now, the office workers have to _____ electric fans for the day.

① get rid of ② let go of
③ make do with ④ break up with

해석 ▶

에어컨이 현재 수리 중이기 때문에, 사무실 직원들은 오늘 하루 동안은 <u>아쉬운 대로 선풍기를 써야 한다</u>.

① ~을 제거하다
② ~를 놓치다
③ ~으로 임시변통하다
④ ~와 헤어지다

2018. 4. 7. 인사혁신처

밑줄 친 부분에 들어갈 말로 가장 적절한 것은?

> Listening to music is _____ being a rock star. Anyone can listen to music, but it takes talent to become a musician.

① on a par with ② a far cry from
③ contingent upon ④ a prelude to

해석 ▶

음악을 듣는 것은 록 스타가 되는 것과는 <u>전혀 다른 것이다</u>. 누구나 음악을 들을 수 있지만 음악가가 되는 것은 재능을 필요로 한다.

① ~와 동등한
② ~와 현저히 다른
③ ~여하에 달린
④ ~의 서막

단어
talent 재능, 재주

I 정답 ③, ②

제시된 숙어와 유사한 의미의 단어 또는 숙어를 찾는 유형으로 제시문을 이해한 후 정답을 유추한다.

단 어

official 관리자
play down 경시하다
typical 전형적인
operation 운영, 작용

TYPE 2 밑줄 친 부분의 의미와 가장 가까운 것을 고르시오.

이 유형은 문장 전체가 나타내는 바를 바르게 이해하고 밑줄 친 숙어의 뜻을 정확하게 알고 있어야 정답을 찾을 수 있는 문제로 출제빈도가 높은 어휘문제의 유형이다.

2024. 3. 23. 국가직
밑줄 친 부분의 의미와 가장 가까운 것을 고르시오.

> Center officials play down the troubles, saying they are typical of any start-up operation.

① discern   ② dissatisfy
③ underline   ④ underestimate

해 석 ●

센터 관리자들은 그 문제들이 전형적인 신생 기업의 운영 방식이라고 말하면서 그것들을 경시한다.

① 분별하다, 알아차리다
② 만족시키지 않다
③ 밑줄을 긋다
④ 어림하다, 얕보다

단 어

diligently 근면하게, 부지런하게
have the guts ~할 배짱이 있다

2024. 3. 23. 국가직
밑줄 친 부분의 의미와 가장 가까운 것을 고르시오.

> She worked diligently and had the guts to go for what she wanted.

① was anxious   ② was fortunate
③ was reputable   ④ was courageous

해 석 ●

그녀는 열심히 일했으며 그녀가 원하는 것을 추구할 배짱이 있었다.

① 걱정하다   ② 운이 좋다
③ 평판이 좋다   ④ 용기 있다

┃정답 ④, ②

2024. 6. 22. 제1회 지방직
밑줄 친 부분의 의미와 가장 가까운 것을 고르시오.

> The Prime Minister is believed to have <u>ruled out</u> cuts in child benefit or pensions.

① excluded
② supported
③ submitted
④ authorized

단 어
rule out 제외하다
pension 연금, 장려금, 수당

해석 ◉

수상은 육아 수당 또는 연금 삭감을 <u>제외한</u> 것으로 여겨진다.

① 제외하다
② 지원하다
③ 제출하다
④ 승인하다

2024. 6. 22. 제1회 지방직
밑줄 친 부분의 의미와 가장 가까운 것을 고르시오.

> If you <u>let on</u> that we are planning a surprise party, Dad will never stop asking you questions.

① reveal
② observe
③ believe
④ possess

단 어
let on 털어놓다, 누설하다

해석 ◉

만약 당신이 우리가 깜짝 파티를 계획하고 있다는 것을 <u>털어놓는다면</u>, 아버지는 결코 당신에게 질문하는 것을 멈추지 않을 것이다.

① 드러내다, 밝히다
② 관찰하다
③ 믿다
④ 소유하다

정답 ①, ①

TYPE 3 밑줄 친 부분에 들어갈 말로 가장 적절한 것을 고르시오.

이 유형은 Type 1에서 확장된 유형의 문제라고 할 수 있다. 최근 기출문제의 지문이 점차 길어지고 있기 때문에 글 전체 또는 대화의 흐름을 파악하는 것이 선행되어야 하며, 숙어의 의미도 숙지하고 있어야 한다.

단 어
hover 맴돌다
astute 영리한, 약삭빠른
orient (목적에) 맞추다
pitch in 협력하다
prerequisite 전제조건
conduit 전달자
compel ~하게 만들다
intervene 개입하다
clutch 위기

2017. 4. 8. 인사혁신처
밑줄 친 부분에 들어갈 말로 가장 적절한 것은?

Why might people hovering near the poverty line be more likely to help their fellow humans? Part of it, Keltner thinks, is that poor people must often band together to make it through tough times—a process that probably makes them more socially astute. He says, "When you face uncertainty, it makes you orient to other people. You build up these strong social networks." When a poor young mother has a new baby, for instance, she may need help securing food, supplies, and childcare, and if she has healthy social times, members of her community will pitch in. But limited income is hardly a prerequisite for developing this kind of empathy and social responsiveness. Regardless of the size of our bank accounts, suffering becomes a conduit to altruism or heroism when our own pain compels us to be _____ other people's needs and to intervene when we see someone in the clutches of the kind of suffering we know so well.

① less involved in　　　　② less preoccupied with
③ more attentive to　　　④ more indifferent to

해석 ▶

왜 빈곤선 근처를 맴도는 사람들이 그들의 동료를 더 잘 도와주는 경향이 있을까? Keltner는 가난한 사람들이 어려운 시기를 해결하기 위해 종종 서로 협력을 해야만 한다고 생각을 한다 – 이는 아마도 그들을 사회적으로 훨씬 영리하게 만드는 과정일 것이다. "당신이 불확실함을 직면할 때, 그것은 당신이 다른 사람들에게 더 초점을 맞추게 만든다. 당신은 이 강한 사회적 연결 관계를 형성하게 되는 것이다."라고 그는 말한다. 예를 들면, 가난하고 어린 엄마가 아기를 낳게 되면, 그 엄마는 음식, 물품, 아기 돌봄 등의 도움이 필요한데, 만약 그녀가 사회적으로 좋은 관계를 가지고 있었다면 그녀의 사회 구성원들이 협력을 하게 될 것이다. 그러나 제한된 수입원이 이러한 종류의 공감대와 사회적 민감성을 발달시키는 전제 조건은 아니다. 우리의 은행 자산이 얼마인지에 관계없이, 우리 자신의 고통이 우리로 하여금 다른 사람의 필요에 <u>더 주의를 기울이게</u> 하고 우리가 다른 사람이 우리가 잘 아는 고통의 종류의 위기에 처하는 걸 볼 때 고통은 애타주의와 영웅적 행위에 전달자가 된다.

| 정답 ③

① ~에 덜 관련된　　　　　　② ~에 덜 집착하는
③ ~에 더 주의를 기울이는　　④ ~에 더 무관심한

TIP

고통(빈곤)을 겪어본 사람이 다른 이의 고통에 더 협력한다는 요지의 글로 빈칸에는 다른 사람의 필요에 더 집중한다는 ③이 적절하다.

2017. 6. 17. 제1회 지방직
밑줄 친 부분에 들어갈 말로 가장 적절한 것은?

> A : What are you getting Ted for his birthday? I'm getting him a couple of baseball caps.
> B : I've been _____ trying to think of just the right gift. I don't have an inkling of what he needs.
> A : Why don't you get him an album? He has a lot of photos.
> B : That sounds perfect! Why didn't I think of that? Thanks for the suggestion!

① contacted by him

② sleeping all day

③ racking my brain

④ collecting photo albums

해석

A : 넌 Ted의 생일에 뭐 줄 거야? 나는 그에게 야구모자 몇 개를 줄 거야.
B : 나는 적절한 선물을 생각해 내려고 <u>머리를 짜내고 있어</u>. 그가 무엇을 원하는지 짐작이 안 가.
A : 그에게 앨범을 사 주는 건 어때? 그는 사진들이 많아.
B : 완벽한 얘기야! 그 생각을 왜 못 했을까? 제안 고마워!

① 그와 연락을 하다　　　　② 온종일 자다
③ 머리를 짜내다　　　　　④ 사진 앨범을 모으다

TIP

빈칸 뒤에 적절한 선물을 생각해 내느라 애쓰고 있다는 내용이 이어지는 것으로 보아 ③이 적절하다.

기출문제

대화 내용에서 주로 쓰이는 숙어에 대한 이해가 필요하다.

단어
rack one's brain 머리를 쥐어짜다

| 정답 ③

단원평가 숙어(Idioms)

※ 밑줄 친 부분에 들어갈 표현으로 가장 적절한 것을 고르시오. 【1~10】

1

> Joe's statement _____ one interpretation only, that he was certainly aware of what he was doing.

① admits in   ② allows to
③ admits of   ④ allows for

Point

단어 ☑ interpretation 해석, 설명, 통역

해석 ▶ Joe의 진술은 오직 한 가지 해석의 여지만 있는데, 그가 무엇을 하고 있었는지 분명히 알고 있었다는 것이다.
③ admit of ~의 여지가 있다, 허락하다, 허용하다(= allow of)
④ allow for ~을 참작하다, 고려하다, 준비하다, 대비하다

2

> Those seven-year-old identical twin brothers are as like as two _____.

① peas   ② balls
③ melons   ④ oranges

Point

단어 ☑ identical 똑같은, 동일한, 일란성의 as like as two peas 흡사한, 꼭 닮은

해석 ▶ 저 일곱 살 된 일란성 쌍둥이 형제들은 꼭 닮았다.

3

> To get in touch with someone is to _____.

① touch him   ② respect him highly

③ criticize him   ④ communicate with him

단어 🔽 get in touch with ~와 연락하다, 접촉하다

해석 ▶ 누군가와 연락한다는 것은 그와 의사소통을 한다는 것이다.

① touch 만지다, 건드리다, 접촉하다
② respect 존경하다, 존중하다
③ criticize 비평하다, 비판하다
④ communicate with ~와 의사소통을 하다

4

> Mr. Kim quickly became _____ the demand of new job.

① got used to   ② accustomed to

③ came to get   ④ used to getting

단어 🔽 be accustomed to ~에 익숙하다

해석 ▶ 김 씨는 새로운 일의 요구에 빨리 익숙해졌다.

TIP 🔽 ② 앞에 became이 있기 때문에 ①③④에서 got이나 came, used는 쓰일 수 없다. 또한 ④에서 getting은 불필요하다.

(Answer)   1.③ 2.① 3.④ 4.②

5

> A man's suit _____ a pair of trousers and a jacket.

① is consisted of   ② consists of

③ consists in   ④ is consisting of

 Point

단어 consist of ~으로 되어 있다, 구성되어 있다　consist in ~에 존재하다, 있다

해석 남자 신사복은 바지 한 벌과 재킷으로 되어 있다.

6

> You are talking nonsense, Jack. What you have just said is quite _____.

① out of the point   ② to the point

③ beside the point   ④ against the point

 Point

단어 nonsense 허튼 소리　to the point 적절한, 딱 들어맞는　beside the point 요점에서 벗어난, 요령부득인

해석 허튼 소리 하고 있군, Jack. 네가 방금 한 말은 요점에서 벗어난 거야.

7

> Suddenly finding yourself in a strange country can be rather frightening. You lose all of the props that generally support you, and all of the familiar cues that provide information about what to do. Without familiar props and cues to orient you in unfamiliar situations, it becomes difficult to _____ life in a new setting. Everything can seem different. You don't even know how much to tip a cab driver or a waiter in a restaurant. In this situation, you can lose a sense of logic, developing irrational fear of the local people.

① give in
② make up for
③ cope with
④ get away from

단어 ✓ frighten 두려워하게 하다, 흠칫 놀라게 하다 prop 버팀목, 의지, 후원자 cue 단서, 실마리 irrational 불합리한, 분별이 없는

해석 ▶ 갑자기 이상한 나라에서 너 자신을 찾는다면 다소 겁을 먹을 수 있다. 무엇을 해야 하는지에 관한 정보를 제공하는 친숙한 단서들과 같은 너를 지지하던 일반적인 버팀목들을 잃어버리게 된다. 친숙하지 못한 상황에서 너에게 방향을 잡아주는 버팀목과 단서들이 없다면, 새로운 터전에서의 삶에 대처하는 것은 어려워진다. 모든 것들이 다르게 보일 수도 있다. 너는 심지어 택시 기사의 팁을 얼마 주어야 하는지 혹은 레스토랑 웨이터에게 팁을 얼마 주어야 하는지 모른다. 이런 상황에서 너는 논리적 감각을 상실하여 지역사람들에 대해 비이성적인 두려움이 생겨날 수도 있다.

① ~에 항복하다 ② 보상하다 ③ ~에 대처하다 ④ ~에서 도망치다

8

> When Jesse and Rachel got married, they knew they wanted to live in a traditional nuclear family
> —mother, father, and biological children. Each of them had come from other family arrangements,
> and they had decided that a more traditional arrangement was what they wanted. Rachel had been
> born _____. Because her parents had never married, she had never met her biological father.
> Jesse's mother had been widowed. His father's early death made Jesse want to have a large
> family.

① out of wedlock   ② with impunity
③ twin   ④ by Caesarean

단어 nuclear family 핵가족 arrangement 배합, 결합, 배치 widow ~을 과부가 되게 하다

해석 Jesse와 Rachel이 결혼을 했을 때, 그들은 자신들이 전통적인 핵가족, 즉 어머니, 아버지, 친자녀로 살기를 원한다는 것을 알았다. 그들 각자 다른 가정의 배합(구성)의 출신이었으며 그들은 보다 전통적인 배합 관계가 자신들이 원하는 것이라고 결심했다. Rachel은 사생아였다. 그녀의 부모님은 (합법적으로) 결혼한 적이 없었기 때문에, 그녀는 자신의 생부를 만나본 적이 없었다. Jesse의 어머니는 과부로 살아 왔다. 그의 아버지가 일찍 돌아가신 것이 Jesse에게는 대가족을 가지고 싶어 하게 했다.
① 서출의 ② 무사히 ③ 쌍둥이 ④ 제왕절개로

TIP 빈칸 뒤로 이어지는 문장에서 유추할 수 있다.

9

> A : Are you ready to go to the party, Amy?
> B : I don't know whether I can go. I'm feeling a little sick, and my dress is really not that nice.
>   Maybe you should just go without me.
> A : Come on, Amy. Stop _____. I know you too well. You're not sick. What is the real root of
>   the problem?

① shaking a leg
② hitting the ceiling
③ holding your horses
④ beating around the bush

단어 root (문제의) 근원

해석 ▶ A : Amy, 파티에 갈 준비 다 되었니?

B : 갈 수 있을지 잘 모르겠어. 약간 아픈 거 같기도 하고, 드레스도 맘에 들지 않고 그냥 난 빼놓고 가야 할 것 같아.

A : 제발, Amy. 돌려서 말하는 건 그만해. 난 너를 너무 잘 알아. 아픈 게 아니잖아. 가기 싫은 진짜 이유가 뭐니?

① 서두르다 ② 노발대발하다 ③ 천천히 해라 ④ 둘러서 말하기

10

A : I got my paycheck today, and I didn't get the raise I expected to get.

B : There is probably a good reason.

C : You should _____ right away and talk to the boss about it.

A : I don't know. He might still be mad about the finance report last week.

① take the bull by the horns

② let sleeping dogs lie

③ give him the cold shoulder

④ throw in the towel

단어 paycheck 급여

해석 ▶ A : 오늘 월급 받았는데, 내가 기대했던 것만큼 인상되지 않았어.

B : 아마도 이유가 있겠지.

C : 정면 대응을 하러 당장 사장님에게 가서 그것에 대하여 말을 하렴.

A : 몰라. 사장님은 지난주 회계보고서에 대하여 아직까지 화가 나 있을 걸.

① 용감히 난국에 맞서다, 정면 대응하다 ② 긁어 부스럼 만들지 마라 ③ 쌀쌀맞게 대하다 ④ 항복하다, 포기하다

Answer 8.① 9.④ 10.①

※ 밑줄 친 부분과 의미가 가장 가까운 것을 고르시오. 【11~25】

11

> David is a very persuasive speaker, but when you examine his arguments, most of them are illogical. They simply don't <u>hold water</u>.

① take sides
② make sense
③ clear the air
④ pick a quarrel

 Point

> **단어** persuasive 설득력 있는 examine 조사하다, 검토하다 illogical 터무니없는, 비논리적인 hold water (어떤 이유나 설명이) 논리적이다
>
> **해석** 데이비드는 매우 설득력 있는 연설가이지만 당신이 그의 주장을 조사할 때, 그것들 중의 대부분은 비논리적이다. 그것들은 그저 <u>이치에 맞지</u> 않는다.
>
> ① 편을 들다 ② 이치에 맞다 ③ 상황이나 기분을 개선하다 ④ ~에게 싸움을 걸다

12

> The injury may keep him out of football <u>for good</u>.

① permanently
② temporarily
③ for getting well
④ for treatment

 Point

> **단어** injury 부상 permanently 영구히 temporarily 일시적으로
>
> **해석** 그 부상은 그가 축구를 <u>영원히</u> 못하게 할지도 모른다.

13

> When you are <u>suffering from bad fortune</u>, I'll comfort you.

① at ease
② down-and-out
③ passing away
④ to keep abreast of

단어 suffer from bad fortune
불행한 일을 당하다
해석 당신이 불행한 일로 고통을 받고 있을 때 내가 당신을 위로해 줄 것이다.
① 느긋하다, 마음 편히 ② 몰락해버린 ③ 끝나는, 죽는 ④ ~에 뒤처지지 않도록 하다

14

> The man spoke <u>at some length</u> about his problems, not giving anyone else a chance to speak.

① at last
③ for a long time
② at times
④ without efforts

단어 at some length 상당히 자세하게, 꽤 길게
해석 그 남자는 다른 사람에게 말할 기회를 주지 않고 자신의 문제들에 대해 꽤 길게 말했다.
① 마침내, 드디어 ② 때때로, 이따금 ③ 오랫동안 ④ 힘들이지 않고, 문제없이
TIP ③ at some length의 형태로 '상당히 자세하게, 꽤 길게'라는 의미로 쓰이므로 '오랫동안'이라는 의미의 for a long time과 의미가 가장 가깝다.

15

> His illness <u>stems from</u> a traffic accident.

① comes from
③ runs for
② results in
④ stands for

단어 stem from ~에서 유래하다, 생기다, 일어나다
해석 그의 병은 교통사고로 생긴 것이다.
① 발생하다, (결과로) 생기다 ② (~의 결과로서) 되다 ③ (선거에) 입후보하다 ④ ~을 상징하다, ~을 대표하다

(Answer) 11.② 12.① 13.② 14.③ 15.①

16

> The allies are <u>at odds</u> over how to respond to the nuclear threat from North Korea.

① in accordance with each other   ② in conflict with each other

③ find fault with each other   ④ on even ground with each other

 Point

단어 ❤️ ally 동맹국, 연합국   be at odds 다투다, 불화하다, 사이가 좋지 않다

해석 ▶ 연합국들은 북한의 핵 위협에 응수하는 방법에 대해서 <u>다투고</u> 있다.

     ① in accordance with ~와 일치하여

     ② in conflict with ~와 충돌(상충)하여, ~와 싸우고

     ③ find fault with each other 서로 헐뜯다

     ④ on even ground 동등한 입장에서

17

> When the people heard the news, they <u>pulled a long face</u>.

① looked satisfied   ② looked disappointed

③ seemed annoyed   ④ looked shocked

 Point

단어 ❤️ pull a long face 침울한(우울한 · 심각한 · 슬픈) 얼굴을 하다, 시무룩해지다

해석 ▶ 사람들은 그 소식을 들었을 때, <u>침울한 얼굴이 되었다.</u>

     ① satisfied 만족한, 흡족한, 납득한

     ② disappointed 실망한, 낙담한, 기대에 어긋난

     ③ annoy 성가시게 굴다, 화나게 하다, 괴롭히다

     ④ shock 충격을 주다, 깜짝 놀라게 하다

18

> He usually had a good excuse, <u>as a matter of fact</u>.

① really   ② hideously

③ simply   ④ officially

 Point

단어 excuse 변명, 해명, 이유, 핑계, 구실   **as a matter of fact** 사실상, 실제로(= in fact)

해석 <u>사실</u>, 그는 대체로 좋은 핑계거리를 가졌다.
① 사실, 정말로, 실제로
② 끔찍하게, 무시무시하게, 불쾌하게
③ 간단히, 단순히, 쉽게
④ 직무(공무)상, 공식적으로, 공적으로

19

> He finally decided to <u>resign himself to</u> my advice.

① reconsider   ② refuse

③ ignore   ④ accept

 Point

단어 resign oneself to ~에게 맡기다, ~에 따르다

해석 그는 마침내 내 충고에 <u>따르기로</u> 결정했다.
① 다시 생각하다 ② 거절하다 ③ 무시하다 ④ 수용하다

Answer   16.②   17.②   18.①   19.④

20

> Sometimes he brings up a funny question <u>out of the blue</u>.

① unexpectedly　　　　　　　② graciously
③ dryly　　　　　　　　　　④ jokingly

단어 **bring up** 기르다, 양육하다, (문제 등을) 꺼내다, 제기하다　**out of the blue** 뜻밖에, 느닷없이, 불시에

해석 때때로 그는 <u>느닷없이</u> 우스운 질문을 꺼낸다.
　　① 뜻밖에, 불시에, 갑자기
　　② 우아하게, 정중하게, 상냥하게, 친절하게
　　③ 냉담하게, 매정하게, 무미건조하게
　　④ 농담으로, 장난으로

21

> l had been so tired that l decided to <u>take it easy</u> over the weekend.

① take a short trip　　　　　② stay home
③ relax　　　　　　　　　　④ take a nap

단어 **take it easy** 마음을 편하게 가지다

해석 나는 너무 지쳐 있었기 때문에 주말 내내 <u>쉬기로</u> 결정했다.
　　① 짧은 여행을 하다　② 집에 있다　③ 편안하게 하다　④ 선잠을 자다

22

> On hearing from her son, she was shedding tears <u>in spite of herself</u>.

① unconsciously　　　　　　　② quietly

③ shyly　　　　　　　　　　　④ sorrowfully

단어 ☞ on —ing ~하자마자　shed (눈물·피·땀 등을) 흘리다, (빛·소리·냄새를) 발하다　in spite of oneself 자신도 모르게, 무심코

해석 ▶ 아들로부터 소식을 듣자마자 그녀는 <u>자신도 모르게</u> 눈물을 흘리고 있었다.
① 무의식적으로　② 조용하게　③ 부끄러워서　④ 슬프게, 비참하게

23

> His neighbor wanted to <u>dispose of</u> the old house and buy a new one.

① sell　　　　　　　　　　　② repair

③ expand　　　　　　　　　　④ develop

단어 ☞ dispose of ~을 처리하다, 처분하다, 팔아버리다

해석 ▶ 그의 이웃은 낡은 집을 <u>처분하고</u> 새 집을 사고 싶어 했다.
① 팔다
② 고치다, 수리하다, 수선하다
③ 넓히다, 확장하다, 확대하다
④ 발전시키다, 발달하다

(Answer)　20.① 21.③ 22.① 23.①

24

She was <u>taken in</u> by his smooth manner of talking and gave him all her saving to invest for her.

① persuaded ② deceived
③ enlightened ④ absorbed

단어 take in 기만하다, 속이다 saving 저축 invest 투자하다, 쓰다

해석 그녀는 그의 부드러운 말투에 <u>속아서</u> 그녀를 위해 쓰려고 저축한 모든 것을 그에게 주었다.

① persuade 설득하다, 납득시키다
② deceive 속이다, 기만하다
③ enlighten 계몽하다, 교화하다
④ absorb 흡수하다, 열중하게 하다

25

I <u>am fed up with</u> seeing the same programs on TV week after week.

① am interested in ② am satisfied with
③ am bored with ④ enjoy

단어 be fed up with ~에 물리다, ~에 싫증나다 week after week 매주

해석 나는 매주 TV에서 같은 프로그램을 보는 게 <u>지겹다</u>.

① be interested in ~에 관심이 있다
② be satisfied with ~에 만족하다
③ be bored with ~에 싫증나다
④ enjoy 즐기다

※ 밑줄 친 부분에 공통으로 들어갈 말로 가장 적절한 것을 고르시오. 【26~27】

26

> • He set _____ on foot early the next morning for Paris.
>
> • I cannot figure _____ what the man is trying to say.

① of　　　　　　　　　　　　　② in

③ out　　　　　　　　　　　　　④ for

 Point

단어 ✔ set out (여행길을) 떠나다　figure out(= make out = understand) 이해하다

해석 ▶ • 그는 다음날 아침 일찍 파리로 도보여행을 떠났다.
　　　• 나는 그 사람이 무슨 말을 하려고 하는지 이해할 수 없다.

27

> • She is at _____ in Korean.
>
> • His sermon came _____ to my heart.
>
> • She doesn't feel at _____ with that man.

① home　　　　　　　　　　　　② country

③ house　　　　　　　　　　　　④ place

 Point

단어 ✔ be at home in ~에 익숙하다　come home to ~에 사무치다, 절실히 느끼다　feel at home with 편안하다

해석 ▶ • 그녀는 한국어에 능통하다(익숙하다).
　　　• 그의 설교는 나의 마음에 사무쳤다.
　　　• 그녀는 그 남자가 편안하지 않았다.

Answer　24.② 25.③ 26.③ 27.①

 **단원평가**

28 다음 문장의 밑줄 친 부분 중 그 쓰임이 옳은 것은?

① When he heard his father was dying, he immediately went to the hospital and arrived just <u>at times</u>.

② <u>At one time</u> the streets of London were lit by gas, but that was at least a hundred years ago.

③ She's very happy in England on the whole, but of course she missed Korea <u>on time</u>.

④ The trains very punctual, they always leave <u>in time</u>.

 Point

단어 at times 때때로
at one time (과거의) 한때는, 일찍이, 동시에
on time 정각에, 정시에, 시간을 어기지 않고
in time 제 시간에, 때를 맞춰, 늦지 않게, 머지않아, 조만간

해석 ① 그는 자기 아버지가 죽어가고 있다는 말을 듣고 바로 병원으로 갔다. 그래서 그는 간신히 늦지 않게 도착했다.
② 일찍이 런던의 거리는 가스로 불이 밝혀졌었다. 하지만 그것은 적어도 100년 전의 일이었다.
③ 그녀는 대체로 영국에서 매우 행복하긴 했지만, 그래도 물론 가끔씩은 한국을 그리워했다.
④ 기차는 매우 시간을 잘 지키며, 항상 정각에 출발한다.

29 다음 빈칸에 들어갈 말로 알맞은 것은?

문방구점은 학교에서 코 닿을 곳에 있다.
→The stationery shop stands _____ from the school.

① of stone's throw
② in stone's throw
③ at a stone's throw
④ within stone's throw

 Point

단어 at a stone's throw from ~에서 돌을 던지면 닿을 거리에, 가까운 곳에(= within a stone's throw from)

58

30 다음 문장이 의도하는 바와 같은 것은?

> He was at his wit's end.

① He lost his way.

② He was short of money.

③ He was never wise.

④ He did not know what to do.

 Point

단어 ▸ be at one's wit's(wits') end 어쩔 줄 모르다, 어찌할 바를 모르다, 당황하다   lose one's way 길을 잃다   be short of ~이 부족하다, 모자라다

해석 ▸ 그는 어쩔 줄 몰랐다.
　① 그는 길을 잃었다.
　② 그는 돈이 부족하였다.
　③ 그는 결코 현명하지 않았다.
　④ 그는 해야 할 일을 알지 못했다.

02

독해

01 글의 핵심 파악

TYPE 1 제목(title) 찾기 - 다음 글의 제목으로 가장 적절한 것은?

이 유형은 보통 주제 찾기와 일치하는 문제가 많지만, 제목은 주제보다 상징성이 강하며 간결하고 명료하다. 글의 제목을 찾기 위해서는 무엇보다 글 전체의 내용을 종합적으로 이해할 수 있는 독해능력을 필요로 한다.

2024. 3. 23. 국가직
다음 글의 제목으로 적절한 것은?

> Currency debasement of a good money by a bad money version occurred via coins of a high percentage of precious metal, reissued at lower percentages of gold or silver diluted with a lower value metal. This adulteration drove out the good coin for the bad coin. No one spent the good coin, they kept it, hence the good coin was driven out of circulation and into a hoard. Meanwhile the issuer, normally a king who had lost his treasure on interminable warfare and other such dissolute living, was behind the move. They collected all the good old coins they could, melted them down and reissued them at lower purity and pocketed the balance. It was often illegal to keep the old stuff back but people did, while the king replenished his treasury, at least for a time.

① How Bad Money Replaces Good
② Elements of Good Coins
③ Why Not Melt Coins?
④ What Is Bad Money?

해석 ○ ┈┈┈┈┈┈┈┈┈┈┈┈┈┈┈┈┈┈┈┈┈┈┈┈┈┈┈┈┈┈┈┈┈

나쁜 화폐의 형태로 인한 좋은 화폐의 통화 가치 저하는 귀금속 비율이 높은 동전을 더 낮은 가치의 금속으로 희석된 금이나 은을 더 낮은 비율로 재발행된 방식으로 나타났다. 이러한 불순물 섞기는 나쁜 동전을 위해 좋은 동전을 몰아냈다. 아무도 좋은 동전을 사용하지 않고 보관했기 때문에 좋은 동전은 유통에서 배제되었고 비축되었다. 한편 끊임없이 계속되는 전쟁과 그 밖의 이와 같은 방탕한 생활로 보물을 잃은, 보통의 경우 왕이었던 발행자가 그 배후에 있었다. 그들은 가능한 한 모든 좋은 오래된 동전을 모아서 녹이고 더 낮은 순도로 재발행하여 잔액을 챙겼다. 왕이 적어도 잠깐 그의 보물을 다시 채우는 동안, 오래된 것을 계속 가지고 있는 것이 종종 불법이었음에도 사람들은 그렇게 했다.

정답 ①

단 어
currency 통화
debasement 저하
occur 나타나다
via ~을 통해서, ~을 경유해서
precious 귀중한
reissue 재발행하다
dilute 희석하다, 묽게 하다
adulteration 불순물 섞기
drive out 몰아내다
hence 그래서
out of circulation 유통되지 않는

① 어떻게 나쁜 화폐가 좋은 화폐을 대체하는가
② 좋은 동전의 요소
③ 왜 동전을 녹이지 않는가?
④ 나쁜 화폐란 무엇인가?

TIP

① 지문은 귀금속 비율이 높은 좋은 동전이 어떻게 나쁜 동전으로 바뀌게 되는지에 대해 이야기하고 있다. 따라서 제목으로 적절한 것은 ①이다.

2024. 6. 22. 제1회 지방직
다음 글의 제목으로 적절한 것은?

Every organization has resources that it can use to perform its mission. How well your organization does its job is partly a function of how many of those resources you have, but mostly it is a function of how well you use the resources you have, such as people and money. You as the organization's leader can always make the use of those resources more efficient and effective, provided that you have control of the organization's personnel and agenda, a condition that does not occur automatically. By managing your people and your money carefully, by treating the most important things as the most important, by making good decisions, and by solving the problems that you encounter, you can get the most out of what you have available to you.

① Exchanging Resources in an Organization
② Leaders' Ability to Set up External Control
③ Making the Most of the Resources: A Leader's Way
④ Technical Capacity of an Organization: A Barrier to Its Success

해석

모든 조직에는 임무를 수행하는 데 사용할 수 있는 자원이 있다. 당신의 조직이 업무를 얼마나 잘 수행하는지는, 부분적으로는 당신이 그 자원을 얼마나 많이 보유하고 있는지에 따라 결정되지만, 대개는 당신이 보유한 사람이나 돈 같은 자원을 당신이 얼마나 잘 활용하느냐에 따라 결정된다. 조직의 리더로서 당신이 조직의 인력과 안건에 대한 통제권을 가지고 있다면, 언제든지 그 자원들을 더 효율적이고 효과적으로 사용할 수 있지만, 이는 자동으로 생기는 조건이 아니다. 당신의 인력과 자금을 신중하게 관리하고, 가장 중요한 것을 가장 중요한 것으로 처리하고, 좋은 결정을 내리고, 당신이 직면한 문제를 해결함으로써, 당신은 당신에게 주어진 것을 최대한 활용할 수 있다.

기출문제

단어
organization 조직
resource 자원
perform 수행하다
mostly 대개는
efficient 능률적인
effective 효과적인
personnel 전직원, 인원
agenda 안건
occur 생기다
encounter 직면한, 부딪힌

정답 ③

기출문제

① 조직 내 자원 교환하기
② 외부 통제를 설정하는 리더의 능력
③ 자원을 최대한 활용하기 : 리더의 방식
④ 조직의 기술적 역량 : 성공의 장벽

TIP◎

지문은 조직 내에서 주어진 자원을 효과적이고 효율적으로 활용하는 것에 있어 리더의 역할과 방식이 중요함을 강조하는 내용이다. 따라서 글의 제목으로 가장 적절한 것은 ③이다.

단 어

biological 생물학적인
stimulate 자극하다
nonverbal 비언어의
cue 신호
be interested in ~에 관심이 있다
evade 모면하다
predator 포식자
nuzzle 코(입)를 비비다
means 수단
reassurance 안심시키다
relieve 완화하다

2023. 4. 8. 인사혁신처

다음 글의 제목으로 알맞은 것은?

> The feeling of being loved and the biological response it stimulates is triggered by nonverbal cues: the tone in a voice, the expression on a face, or the touch that feels just right. Nonverbal cues—rather than spoken words—make us feel that the person we are with is interested in, understands, and values us. When we're with them, we feel safe. We even see the power of nonverbal cues in the wild. After evading the chase of predators, animals often nuzzle each other as a means of stress relief. This bodily contact provides reassurance of safety and relieves stress.

① How Do Wild Animals Think and Feel?
② Communicating Effectively Is the Secret to Success
③ Nonverbal Communication Speaks Louder than Words
④ Verbal Cues : The Primary Tools for Expressing Feelings

해 석 ◎

사랑을 받는다는 기분과 그것이 자극하는 생물학적 반응은 목소리 어조나 얼굴에 드러나는 표정, 딱 맞는 느낌과 같은 무언의 신호들로 인해 트리거 된다. 구사되는 말보다는 비언어적 신호들은 우리가 관심 있고 이해하고 우리를 가치있게 해주는 사람이라고 느끼게 해준다. 우리가 그들과 함께 할 때, 우리는 안전하게 느낀다. 우리는 심지어 야생에서도 비언어적 신호의 힘을 본다. 포식자의 추격을 모면한 후에, 동물들은 스트레스를 해소하기 위한 수단으로서 자주 서로의 주둥이나 코를 비빈다. 이 신체적 접촉은 안전에 대한 확신을 주고 스트레스를 완화시켜준다.

③ 비언어적 소통은 말보다 더 큰소리로 말한다.
① 야생동물들은 어떻게 생각하고 느낄까?
② 효과적으로 소통하는 것은 성공의 비결이다.
④ 언어적 신호들 : 감정을 표현하기 위한 주요한 도구

│정답 ③

기출문제

TIP

위의 지문은 비언어적 소통이 소리로 나타내는 말보다 우리에게 더 강한 안심과 스트레스 해소를 느끼게 해준다고 말하고 있다. 따라서 ③이 제목으로 가장 알맞다.

2022. 4. 2. 인사혁신처

다음 글의 제목으로 가장 적절한 것은?

Lasers are possible because of the way light interacts with electrons. Electrons exist at specific energy levels or states characteristic of that particular atom or molecule. The energy levels can be imagined as rings or orbits around a nucleus. Electrons in outer rings are at higher energy levels than those in inner rings. Electrons can be bumped up to higher energy levels by the injection of energy—for example, by a flash of light. When an electron drops from an outer to an inner level, "excess" energy is given off as light. The wavelength or color of the emitted light is precisely related to the amount of energy released. Depending on the particular lasing material being used, specific wavelengths of light are absorbed (to energize or excite the electrons) and specific wavelengths are emitted (when the electrons fall back to their initial level).

① How Is Laser Produced?
② When Was Laser Invented?
③ What Electrons Does Laser Emit?
④ Why Do Electrons Reflect Light?

해석

빛이 전자와 상호작용하는 방식 때문에 레이저가 가능하다. 전자는 특정 원자나 분자의 특정한 에너지 수준 또는 상태로 존재한다. 에너지 수준은 핵 주위를 도는 고리 또는 궤도로 짐작될 수 있다. 외부 고리의 전자는 내부 고리의 전자보다 더 높은 에너지 준위에 있다. 전자는 예를 들어 빛의 섬광과 같은 에너지의 주입에 의해 더 높은 에너지 수준으로 상승할 수 있다. 전자가 외부 레벨에서 내부 레벨로 떨어질 때, "초과한" 에너지는 빛으로 방출된다. 방출된 빛의 파장이나 색상은 방출되는 에너지의 양과 정확히 관련이 있다. 사용되는 특정 레이저 물질에 따라 특정 파장의 빛이 흡수되고(전자에 에너지를 공급하거나 자극하기 위해) 특정 파장이 방출된다(전자가 초기수준으로 되돌아갈 때).

① 레이저는 어떻게 만들어지나?
② 레이저는 언제 발명되었나?
③ 레이저가 방출하는 전자는 무엇인가?
④ 전자는 왜 빛을 반사하나?

TIP

글의 전반부의 내용으로 보아 레이저의 생성과정을 설명하는 글임을 알 수 있다. 따라서 ①이 정답이 된다.

단어

interact 상호작용하다
electron 전자
characteristic 특징, 특징인
atom 원자
molecule 분자
orbit 궤도
nucleus 핵
injection 주입
give off 방출하다
wavelength 파장
emit 방출하다
release 방출하다
absorb 흡수하다
energize 에너지를 공급하다
excite 흥분시키다
fall back to 후퇴하다, 되돌아가다
initial 최초의

| 정답 ①

기출문제

TYPE 2 다음 글의 주제로 가장 적절한 것은?

주제는 글의 중심 생각으로 이 유형은 그것을 묻는 문제이다. 주제는 보통 주제문에 분명하게 드러나므로 전체 글을 이해하여 주제문을 찾는 것이 중요하다.

2024. 3. 23. 국가직
다음 글의 주제로 적절한 것은?

It seems incredible that one man could be responsible for opening our eyes to an entire culture, but until British archaeologist Arthur Evans successfully excavated the ruins of the palace of Knossos on the island of Crete, the great Minoan culture of the Mediterranean was more legend than fact. Indeed its most famed resident was a creature of mythology: the half-man, half-bull Minotaur, said to have lived under the palace of mythical King Minos. But as Evans proved, this realm was no myth. In a series of excavations in the early years of the 20th century, Evans found a trove of artifacts from the Minoan age, which reached its height from 1900 to 1450 B.C.: jewelry, carvings, pottery, altars shaped like bull's horns, and wall paintings showing Minoan life.

① King Minos' successful excavations
② Appreciating artifacts from the Minoan age
③ Magnificence of the palace on the island of Crete
④ Bringing the Minoan culture to the realm of reality

단어

incredible 믿을 수 없는
responsible 책임지는
entire 전체의, 전반적인
archaeologist 고고학자
excavate 발굴하다
ruins 유적, 유물
palace 궁전
Mediterranean 지중해
amed 유명한
resident 거주자
creature 생물
mythology 신화
half-man, half-bull 반인반수
prove 증명하다, 입증하다
excavation 발굴
a trove of 소중한, 귀중한
artifact 인공물

해석

한 사람이 어떤 문화 전체에 우리의 눈을 뜨게 해줄 수 있다는 것은 믿을 수 없겠지만, 영국의 고고학자 Arthur Evans가 크레타섬의 크노소스 궁전의 유적을 성공적으로 발굴하기 전까지 지중해의 위대한 미노스 문명은 사실보다는 전설에 가까웠다. 실제로 그 문명에서 가장 유명한 것은 신화 속에 나오는 미노스 왕의 궁전 아래에 살았다고 전해지는 반인반수의 미노타우로스라는 신화 속 생물이었다. 하지만 Evans가 증명했듯이, 이 왕국은 신화가 아니었다. 20세기 초 일련의 발굴 작업을 통해, Evans는 보석, 조각, 도기, 황소 뿔 모양의 제단, 미노스 문명의 삶을 보여 주는 벽화 등 기원전 1900년부터 1450년까지 전성기를 누렸던 미노스 시대의 유물들을 발견했다.

① 미노스 왕의 성공적인 발굴
② 미노스 문명 시대의 유물 감상하기
③ 크레타섬 궁전의 장엄함
④ 미노스 문명을 현실의 영역으로 가져오기

정답 ④

TIP

④ 지문에서는 Arthur Evans가 유적을 발굴하기 전까지 미노스 문명은 전설에 가까웠지만, 유적 발굴로 인해 현실로 증명되었다는 이야기를 하고 있으므로 주제로 ④가 가장 적절하다.

2024. 6. 22. 제1회 지방직
다음 글의 주제로 적절한 것은?

> In recent years Latin America has made huge strides in exploiting its incredible wind, solar, geothermal and biofuel energy resources. Latin America's electricity sector has already begun to gradually decrease its dependence on oil. Latin America is expected to almost double its electricity output between 2015 and 2040. Practically none of Latin America's new large-scale power plants will be oil-fueled, which opens up the field for different technologies. Countries in Central America and the Caribbean, which traditionally imported oil, were the first to move away from oil-based power plants, after suffering a decade of high and volatile prices at the start of the century.

① booming oil industry in Latin America
② declining electricity business in Latin America
③ advancement of renewable energy in Latin America
④ aggressive exploitation of oil-based resources in Latin America

단 어
huge 거대한
stride 활보하다, 진전하다
exploit 활용하다
geothermal 지열
decrease 줄다, 감소하다
dependence 의존
practically 실제적으로
power plant 발전소
import 수입하다
decade 10년간
volatile 변덕스러운

해 석

최근 몇 년 동안 라틴 아메리카는 풍력, 태양열, 지열 및 바이오 연료 에너지 자원을 활용하는 데 큰 진전을 이루었다. 라틴 아메리카의 전력 부문은 이미 석유에 대한 의존도를 점차 낮추기 시작했다. 라틴 아메리카는 2015년에서 2040년 사이에 전력 생산량을 거의 두 배로 늘릴 것으로 예상된다. 실제로 라틴 아메리카의 신규 대규모 발전소 중 석유를 연료로 사용하는 발전소는 거의 없을 것이며, 이는 다양한 기술을 위한 장을 열어줄 것이다. 전통적으로 석유를 수입했던 중앙아메리카와 카리브해의 국가들은 21세기 초 10년간의 높고 변동성이 큰 유가를 겪은 후 가장 먼저 석유 기반 발전소로부터 탈피했다.

① 라틴 아메리카의 석유 산업 호황
② 라틴 아메리카의 전력 사업 쇠퇴
③ 라틴 아메리카의 재생 에너지 발전
④ 라틴 아메리카의 석유 기반 자원에 대한 공격적인 개발

|정답 ①

기출문제

TIP

지문은 최근 라틴 아메리카가 풍력, 태양열, 지열 및 바이오 연료 에너지와 같은 재생에너지 분야에서 큰 발전을 이루어 전력생산에 대한 석유 의존도를 크게 줄였다는 내용을 언급하고 있으므로, 주제로 가장 적절한 것은 ③이다.

2023. 4. 8. 인사혁신처
다음 글의 주제로 알맞은 것은?

> There are times, like holidays and birthdays, when toys and gifts accumulate in a child's life. You can use these times to teach a healthy nondependency on things. Don't surround your child with toys. Instead, arrange them in baskets, have one basket out at a time, and rotate baskets occasionally. If a cherished object is put away for a time, bringing it out creates a delightful remembering and freshness of outlook. Suppose your child asks for a toy that has been put away for a while. You can direct attention toward an object or experience that is already in the environment. If you lose or break a possession, try to model a good attitude ("I appreciated it while I had it!") so that your child can begin to develop an attitude of nonattachment. If a toy of hers is broken or lost, help her to say, "I had fun with that."

① building a healthy attitude toward possessions
② learning the value of sharing toys with others
③ teaching how to arrange toys in an orderly manner
④ accepting responsibility for behaving in undesirable ways

해 석

어린 시절에 장난감과 선물이 쌓이는 명절이나 생일 같은 때가 있다. 당신은 물건들에 건강한 비의존을 가르치기 위해 이런 시간들을 사용할 수 있다. 당신의 자녀를 장난감들로 둘러싸이도록 두지 마라. 대신에, 그것을 바구니에 정리하고, 한 번에 한 바구니를 갖도록 하고, 가끔씩 바구니를 돌려쓰게 해라. 만약 애장품을 잠시 치워둔다면, 그것을 다시 가져오는 일이 즐거운 추억과 신선한 관점을 만들어낸다. 당신의 자녀가 잠시 치워두었던 장난감을 요청한다고 해보자. 당신은 주변 환경에 이미 존재하는 물체나 경험으로 아이의 관심을 겨냥한다. 만약 당신이 물건 하나를 잃어버리거나 부순다면, 당신의 자녀가 비애착의 태도를 개발하기 시작할 수 있도록 훌륭한 태도의 모델이 되도록 노력해라.("나는 내가 그것을 가지고 있던 동안 정말 감사했어!"). 만약 그녀의 것들 중 장난감 하나가 망가지거나 잃었을 때, 그녀가 "나는 그것을 가지고 재밌게 놀았었지."라고 말하도록 도움을 줘라.

① 소유를 대하여 건강한 태도 구축하기.
② 다른 사람들과 장난감을 공유함의 가치를 배우기.
③ 장난감들을 질서 정연하게 정리하는 방법을 가르치기.
④ 바람직하지 않은 방식으로 행동한 것에 대한 책임을 수용하기.

정답 ①

TIP

위의 지문은 자녀에게 건강하지 못한 소요와 애착 대신에 절적한 태도를 가르치고 도와주는 방법을 제시하고 있다. 따라서 ①이 주제로 알맞다.

2023. 6. 10. 지방직
다음 글의 주제로 가장 적절한 것은?

Certainly some people are born with advantages (e.g., physical size for jockeys, height for basketball players, an "ear" for music for musicians). Yet only dedication to mindful, deliberate practice over many years can turn those advantages into talents and those talents into successes. Through the same kind of dedicated practice, people who are not born with such advantages can develop talents that nature put a little farther from their reach. For example, even though you may feel that you weren't born with a talent for math, you can significantly increase your mathematical abilities through mindful, deliberate practice. Or, if you consider yourself "naturally" shy, putting in the time and effort to develop your social skills can enable you to interact with people at social occasions with energy, grace, and ease.

① advantages some people have over others
② importance of constant efforts to cultivate talents
③ difficulties shy people have in social interactions
④ need to understand one's own strengths and weaknesses

해석

확실히 어떤 사람들은 예를 들어 기수에겐 신체적 사이즈, 농구선수에게는 신장, 음악가에게는 음악을 들을 "귀" 같은 타고난 장점을 가지고 태어납니다. 하지만 수년에 걸친 마음을 담은 의도적 훈련만이 그런 장점을 재능으로 바꾸고 그 재능을 성공으로 바꿀 수 있다. 같은 종류의 의도적 훈련을 통해 그러한 재능을 가지고 태어나지 못한 사람들도 자연이 그들이 닿지 않는 곳에 멀리 두었던 재능을 개발할 수 있다. 예를 들어, 비록 당신이 수학에 재능을 갖고 태어나지 못했다고 느낄지라도, 염두에 두고 의도적 훈련을 통해 당신의 수학적 능력을 상당히 높일 수 있다. 아니면, 만약 당신이 스스로를 "타고 나길" 수줍음이 있다고 여긴다면, 당신의 사회적 스킬을 개발하기 위해 시간과 노력을 쏟는 것이 당신을 사회적인 행사에서 에너지, 우아함, 편안함으로 사람들과 교류할 수 있게 해줄 것이다.

② 재능을 일구기 위한 지속적인 노력의 중요함
① 어떤 사람들이 다른 사람들보다 가지고 있는 장점들
③ 수줍음을 타는 사람들이 사회적 소통에서 갖는 어려움들
④ 자신만의 강점과 약점을 이해할 필요성

단어
advantage 장점
jockey 기수
dedication 전념
mindful ~을 염두에 두는
deliberate 고의의, 의도적인
significantly 상당히, 의미 있게
mathematical 수학적
consider 여기다
enable 가능하게 하다
interact 소통하다
cultivate 일구다

정답 ②

기출문제

타고난 재능도 미처 깨닫지 못한 재능도 지속적인 노력으로 일구어 낼 수 있다는 주제를 잘 나타낸 ②가 가장 적절하다.

TYPE 3 요지(main idea) 찾기 – 다음 글의 요지로 가장 적절한 것은?

이 유형은 주어지는 글의 요지를 찾는 문제로 주제를 찾는 문제와 드러나는 차이는 보이지 않는다. 다만, 글을 나타내는 상징성의 정도가 요지<주제<제목의 순으로 드러난다. 이 유형의 문제도 제목·주제를 찾는 문제와 마찬가지로 우선 글의 전체 내용을 개괄적으로 파악하는 능력이 필요하다.

2023. 4. 8. 인사혁신처
다음 글의 요지로 알맞은 것은?

Many parents have been misguided by the "self-esteem movement," which has told them that the way to build their children's self-esteem is to tell them how good they are at things. Unfortunately, trying to convince your children of their competence will likely fail because life has a way of telling them unequivocally how capable or incapable they really are through success and failure. Research has shown that how you praise your children has a powerful influence on their development. Some researchers found that children who were praised for their intelligence, as compared to their effort, became overly focused on results. Following a failure, these same children persisted less, showed less enjoyment, attributed their failure to a lack of ability, and performed poorly in future achievement efforts. Praising children for intelligence made them fear difficulty because they began to equate failure with stupidity.

① Frequent praises increase self-esteem of children.
② Compliments on intelligence bring about negative effect.
③ A child should overcome fear of failure through success.
④ Parents should focus on the outcome rather than the process.

단어
misguide 잘못 안내하다
self-esteem 자존감
convince 확신시키다
competence 능력
likely ~할 것 같은
unequivocally 모호하지 않게
capable ~을 잘 할 수 있는
have an influence on ~에 영향을 미치다
intelligence 지능
compare to ~에 비교하여
overly 너무, 몹시
focuse on ~에 집중하다
persist 지속하다
attribute 탓하다
perform 수행하다
achievement 성취
equate with ~와 동일시하다

|정답 ②

해석 ●

많은 부모들이 '자존감 운동'으로 인해 잘못 안내되어오고 있는데 그것은 그 부모들에게 자녀들의 자존감을 세우는 방법은 자녀들에게 그들이 뭐든지 얼마나 잘하는지 말해주는 것이라고 말하고 있다. 불행하게도 당신의 자녀에게 그들의 능력을 확신시켜주려고 애쓰는 것은 실패하기 쉬울 것이다. 왜냐하면 삶은 성공과 실패를 통해 자녀들이 정말로 얼마나 해낼 수 있는지나 없는지를 그들에게 정확하게 말해주는 방식을 갖고 있다. 연구는 당신이 자녀들을 어떻게 칭찬하는지가 그들의 발달에 강력한 영향을 준다는 것을 보여주고 있다. 어떤 연구가들은 그들의 노력에 비교했을 때 그들의 지능에 대해 칭찬 받은 어린이들이 심하게 결과에 주목하게 된다는 것을 발견했다. 그러고 나서 그 아이들이 실패한 후에, 더 적게 지속하고, 덜 즐김을 보여주며, 그들의 실패를 능력 부족에 탓했고, 미래성취 노력에서 형편없게 수행했다. 아이들을 지능 때문에 칭찬하는 것은 그들이 어려움을 두려워하게 만들었다. 왜냐하면 그들이 실패를 어리석음과 동일시하기 시작했기 때문이다.

② 지능에 대한 칭찬은 부정적인 효과를 유발한다.
① 빈번한 칭찬들이 아이들의 자존감을 높인다.
③ 아이는 성공을 통하여 실패의 두려움을 극복해야 한다.
④ 부모들은 과정보다는 결과에 초점을 맞춰야 한다.

TIP ●

위의 지문은 자녀들의 자존감을 높이기 위해 부모들이 자주 하는 지능에 대한 칭찬들이 오히려 아이들을 실패에 취약하게 만든다는 내용이므로 ②가 이 글의 요지로 알맞다.

2023. 6. 10. 지방직

다음 글의 요지로 가장 적절한 것은?

Dr. Roossinck and her colleagues found by chance that a virus increased resistance to drought on a plant that is widely used in botanical experiments. Their further experiments with a related virus showed that was true of 15 other plant species, too. Dr. Roossinck is now doing experiments to study another type of virus that increases heat tolerance in a range of plants. She hopes to extend her research to have a deeper understanding of the advantages that different sorts of viruses give to their hosts. That would help to support a view which is held by an increasing number of biologists, that many creatures rely on symbiosis, rather than being self-sufficient.

① Viruses demonstrate self-sufficiency of biological beings.

② Biologists should do everything to keep plants virus-free.

③ The principle of symbiosis cannot be applied to infected plants.

④ Viruses sometimes do their hosts good, rather than harming them.

단어

colleague 동료
by chance 우연히
resistance to ~에 대한 저항
drought 가뭄
botanical 식물의
species 종
tolerance 내성
in a range of ~의 범위 내에서
extend 확장하다
a number of 많은
rely on ~에 의존하다
symbiosis 공생
self-sufficient 자급자족할 수 있는
demonstrate 입증하다, 보여주다
infected 감염돼

┃정답 ④

기출문제

해석 ▶

Roossinck 박사와 그녀의 동료들은 우연히 바이러스가 식물 실험에서 널리 이용되는 식물에서 가뭄에 대한 저항성을 높였다는 것을 발견했다. 그들의 바이러스에 관한 더 이상의 실험은 다른 15가지 식물 종에서도 사실임을 보여주었다. Roossinck 박사는 지금 식물 범위 내에서 열에 대한 내성을 증가시키는 또 다른 종류의 바이러스를 연구하기 위해 실험을 하고 있는 중이다. 그녀는 그녀의 연구가 다른 종류의 바이러스가 그들의 숙주에 주는 장점을 더 깊이 있는 이해를 갖도록 확장되길 바란다. 그것은 많은 생물들이 자급자족하기보다는 공생에 의존한다는 많은 늘어나는 식물학자들에 의해 발견될 견해를 지지하는 데 도움이 될 것이다.

④ 바이러스는 때때로 그들의 숙주들에게 해를 끼치기보다는 좋게 만든다.
① 바이러스들은 생물학적 존재들의 자급자족을 보여준다.
② 생물학자들은 식물들에 바이러스가 계속 없게끔 하기 위해 모든 것을 해야 한다.
③ 공생의 원리는 감염된 식물에는 적용할 수 없다.

TIP ▶

위의 글은 바이러스가 무조건 나쁘다기보다는 여러 가능성을 가진 좋은 존재임을 보여주고 있다. 따라서 ④가 요지로 가장 적절하다.

2022. 4. 2. 인사혁신처
다음 글의 요지로 가장 적절한 것은?

단 어
legitimately 정당하게
generous 관대한
request 요청
signal 신호를 보내다
relative 상대적인
meet halfway 타협하다

If someone makes you an offer and you're legitimately concerned about parts of it, you're usually better off proposing all your changes at once. Don't say, "The salary is a bit low. Could you do something about it?" and then, once she's worked on it, come back with "Thanks. Now here are two other things I'd like…" If you ask for only one thing initially, she may assume that getting it will make you ready to accept the offer (or at least to make a decision). If you keep saying "and one more thing…," she is unlikely to remain in a generous or understanding mood. Furthermore, if you have more than one request, don't simply mention all the things you want—A, B, C, and D; also signal the relative importance of each to you. Otherwise, she may pick the two things you value least, because they're pretty easy to give you, and feel she's met you halfway.

① Negotiate multiple issues simultaneously, not serially.
② Avoid sensitive topics for a successful negotiation.
③ Choose the right time for your negotiation.
④ Don't be too direct when negotiating salary.

정답 ①

해석 ⊙

만약 누군가가 당신에게 제안을 하고 당신이 그것의 일부에 대해 정당하게 걱정한다면, 당신은 보통 당신의 모든 수정사항을 제안하는 것이 더 낫다. "월급이 좀 적어요. 어떻게 좀 해주시겠어요?"라고 말하고 나서 그녀가 해결하고 나면, "고맙습니다. 자, 여기 제가 원하는 두 가지가 더 있습니다."라고 말하지 마라. 처음에 한 가지만 요구하면, 그녀는 당신이 그것을 얻으면 제안을 받아들일 준비가 될 것이다(혹은 적어도 결정을 내릴 준비가 될 것이다)라고 추정할지도 모른다. 만약 당신이 계속해서 "그리고 한 가지만 더"라고 말한다면, 그녀는 관대하거나 이해심 많은 분위기로 머물 가능성이 적다. 게다가, 만약 당신이 하나 이상의 요청을 가지고 있다면, 단순히 여러분이 원하는 모든 것을 A, B, C, 그리고 D라고 단순히 언급하지 말고, 당신에게 있어서 각각의 상대적 중요성을 표현해라. 그렇지 않으면 그녀는 당신이 가장 중요하게 여기지 않는 두 가지를 고를지도 모른다. 왜냐하면 그것들은 당신에게 주는 것이 쉽기 때문이다. 그리고 그녀는 당신과 타협했다고 느낄지도 모른다.

① 여러 문제를 연속이 아닌 동시에 협상해라.
② 성공적인 협상을 위해 민감한 주제를 피해라.
③ 협상을 위한 적합한 시간을 선택해라.
④ 급여를 협상할 때 너무 직접적으로 말하지 마라

TIP ⊙

첫 문장에서 제안을 할 때는 모든 제안을 즉시 하는 것이 더 낫다는 내용으로 보아 ① 이 정답임을 알 수 있다.

기출문제

TYPE 4 문단요약 – 다음 글의 요지를 한 문장으로 요약할 때 빈칸에 들어갈 알맞은 것은?

이 유형은 글의 요지를 파악하는 능력과 함께 쓰기 능력을 간접적으로 평가하는 문제이다. 따라서 글의 요지와 관계되는 세부내용을 모두 파악하여 간결하게 하나의 압축된 문장으로 바꾸어 표현할 수 있어야 한다.

2020. 9. 19. 제2차 경찰공무원(순경)
다음 글의 중심 내용을 아래와 같이 요약할 때, 밑줄 친 곳에 들어갈 내용으로 가장 적절한 것은?

단어
inherent 내재하는
contradiction 모순
marginalize 하찮은 존재로 만들다
enclave 소수민족 거주지
real estate 부동산
privileged 특혜를 받는
dualism 이원론
invariably 예외없이
utilization 활용
marginal 주변부의
recoverable 땅에서 얻을 수 있는
riverbed 강바닥
threatened 멸종할 위기에 놓인
hamper 방해하다

Most of our societies are undergoing a process of modernization involving fundamental value changes which often contain many inherent conflicts and contradictions. The process of development, if not managed properly, will mean marginalization of the majority-resulting in poverty, overcrowding, etc. While the more dynamic members of urban society create prosperous real estate enclaves, most of the urban scene is a picture of the under privileged. The dualism is ironic, because the most disadvantaged in society invariably pay the highest price in the urban environment, largely because they have to bear most of the environmental costs. In large cities, there is inevitably an over utilization of marginal areas, sometimes beyond the safe limits and recoverable bearing capacities of the land. Low lying areas, riverbeds, swamps, etc, normally not habitable, become human habitats. Environmentally sensitive areas thus become threatened –resulting in an urban environmental imbalance which may hamper the actual development process itself.

↓

This article states that _____.

① urban areas can damage the environment
② utilization of marginal areas can reduce costs of living
③ modernization can result in the gap between the poor and the rich
④ modernization can keep the balance between urban and rural areas

정답 ③

해 석 ◉

우리 사회의 대부분은 다수의 내재적 갈등들과 모순들이 있는 핵심적인 가치 변화들을 수반하는 도시화 과정을 겪고 있다. 만약 개발의 과정이 적절히 처리되지 않는다면, 빈곤과 과밀 거주 등을 야기하는 다수의 소외화에 이르게 될 것이다. 도시 사회에서 더 활동적인 구성원들이 번영한 소수민족 거주지의 부동산을 이루어낸 반면에, 대부분 도시의 현장은 소외당하는 사람들의 모습이다. 이원론은 역설적이다. 왜냐하면 사회에서 가장 소외당하는 사람들이 으레 가장 많은 돈을 도시 환경에 지불하고, 대체로 그들이 대부분의 환경 비용을 부담해야만 하기 때문이다. 대도시들에는 필연적으로 주변 구역의 활용이 초과되고, 때때로 안전 한계치와 그 땅에서 낼 수 있는 수용력을 넘어선다. 보통 거주가 불가능한 저지대, 강바닥, 습지 등이 인간을 위한 거주지가 된다. 따라서 환경적으로 민감한 지역들이 사라질 위기에 직면하고 실제 개발 과정을 방해할 수도 있는 도시 환경의 불균형의 결과에 이른다.

→ 이 기사는 <u>도시화가 빈부 격차의 결과를 낼 수 있다</u>고 서술한다.

① 도시 구역들은 환경을 훼손할 수 있다.
② 주변 지역의 활용은 생활비를 줄일 수 있다.
③ 도시화가 빈부 격차의 결과를 낼 수 있다.
④ 도시화는 도시와 지방 사이의 균형을 유지할 수 있다.

TIP◉

③ 도시화 과정 중에 일어나고 있는 도시의 소외 지역과 소수자들의 그늘진 상황이 기사 전반에 걸쳐 보이고 있다. 따라서 ③번이 요약의 일부로 적절하다.

기출문제

2020. 9. 19. 제2차 경찰공무원(순경)

다음 글에서 유추할 수 있는 요지를 아래와 같이 작성할 때, 밑줄 친 곳에 들어갈 내용으로 가장 적절한 것은?

단 어

come across as ~라는 인상을 주다
competence 역량
exceptional 특출난
infer 추론하다
deteriorate 악화되다
broaden 넓히다

> Most people get trapped in their optimistic biases, so they tend to listen to positive feedback and ignore negative feedback. Although this may help them come across as confident to others, in any area of competence (e.g., education, business, sports or performing arts) achievement is 10% performance and 90% preparation. Thus, the more aware you are of your weaknesses, the better prepared you will be. Low self-confidence may turn you into a pessimist, but when pessimism teams up with ambition it often produces outstanding performance. To be the very best at anything, you will need to be your harshest critic, and that is almost impossible when your starting point is high self-confidence. Exceptional achievers always experience low levels of confidence and self-confidence, but they train hard and practice continually until they reach an acceptable level of competence.

↓

> We can infer that _____.

① accepting positive feedback will deteriorate competence
② high self-confidence can broaden mindfulness
③ acknowledging weakness will lead you to a pessimist
④ low self-confidence can be the source for success

해 석 ◉

대부분의 사람들이 그들의 낙관적 성향에 갇혀 긍정적인 피드백에는 귀를 기울이고 부정적인 피드백은 무시하는 경향이 있다. 이것이 그들을 타인에게 자신감있는 인상을 주도록 도울지라도, 역량의 영역(예를 들면, 교육이나 사업, 스포츠, 공연 예술)에서 성취는 10%의 수행과 90%의 준비에 있다. 따라서 당신이 당신의 약점을 더 인지할수록, 더 잘 준비될 것이다. 낮은 자신감은 당신을 비관주의자로 바꿀지도 모르지만, 비관론이 포부와 하나가 될 때, 빈번히 눈에 띄는 성과를 낸다. 어떤 것에서든 최고가 되기 위해 당신 스스로 가장 가혹한 비평가가 될 필요가 있고, 당신의 시발점이 높은 자신감에 있을 때 그것은 거의 불가능하다. 특출한 성취도를 보이는 사람들은 항상 낮은 수준의 자신감과 자존감을 경험하지만, 그들은 만족스러운 역량에 이를 때까지 열심히 단련하고 끊임없이 연습한다.
→ 우리는 낮은 자존감이 성공의 원천이 될 수 있음을 추론할 수 있다.

┃정답 ④

① 긍정적인 피드백을 받아들이는 것은 역량을 낮출 수 있다
② 높은 자존감은 마음 돌보는 폭을 넓힐 수 있다.
③ 약점의 인지는 당신을 비관주의자로 이끌 것이다.
④ 낮은 자존감이 성공의 원천이 될 수 있다.

TIP ●

지문에서 자신의 약점을 인지하고 자존감이 낮아졌을지라도, 성취를 이룬 사람들의 예에서 볼 수 있듯이 더 노력하여 더 뛰어난 역량에 이룰 수 있음을 보여주고 있다. 따라서 ④번이 유추할 수 있는 요지로 적절하다.

1 다음 글의 주제로 가장 적합한 것은?

Today's consumers are faced with a wider range of choices than ever before. To buy economically, as well as to protect the environment, follow these basic principles. Before making any purchase, do your research. Select products made from renewable resources, such as wood and wool. Buy reusable products. For example, buy washable cloth towels rather than paper cups. Buy local produce that is in season. It is usually cheaper and fresher and has less impact on the environment. Look for all-natural, non-toxic products that break down without leaving harmful residues in the environment.

① Tips for buying economically and eco-friendly
② Difficulties in choosing the right things
③ Effects of economy on environment
④ Various kinds of resources

 Point

 단어 consumer 소비자 economically 경제적으로 principle 원칙 renewable 재생 가능한 reusable 재활용 할 수 있는 washable 빨 수 있는, 씻을 수 있는 non-toxic 무독성의 residue 잔여물 eco-friendly 친환경적인

해석 오늘날의 소비자들은 예전보다 훨씬 넓은 범위의 선택에 직면한다. 환경을 보호하는 것뿐만 아니라 경제적으로 구매하기 위해서 이러한 기본적 원칙을 따라야 한다. 어떤 구매를 하기 전에, 조사를 해라. 나무와 양모 같은 재생 가능한 자원으로 만들어진 상품을 선택하라. 재사용 가능한 상품을 사라. 예를 들어, 일회용 종이컵 대신 씻을 수 있는 천 타월을 사도록 해라. 제철인 지역 농산물을 구매하라. 그것은 보통 싸고, 신선하고 자연환경에 거의 영향을 주지 않는다. 자연에 해로운 잔여물을 남기지 않고 분해되는 자연의, 천연의 무독성의 상품을 찾아라.

① 경제적이고 친환경적으로 구입하기 위한 조언
② 올바른 물건을 고르기 위한 어려움들
③ 환경에 대한 경제의 영향
④ 다양한 종류의 자원

2 다음 글의 주제로 가장 적합한 것은?

> There is a small amount of scientific evidence for an increase in certain types of rare tumors(cancer) in long-time, heavy mobile phone users. More recently a pan-European study provided significant evidence of genetic damage under certain conditions. Some researchers also report the mobile phone industry has interfered with further research on health risks. So far, however, the World Health Organization Task Force on EMF effects on health has no definitive conclusion on the veracity of these allegations. It is of producing a generally thought, however, that RF is incapable any more than heating effects, as it is considered Non-ionizing Radiation ; in other words, it lacks the energy to disrupt molecular bonds such as occurs in genetic mutations.

① the benefits of using mobile phones
② the health effects of using mobile phones
③ the radiation characteristics of mobile phones
④ the need for precautions for the use of mobile phones

 Point

단어 tumor 종양 pan-European 범유럽적인 genetic 유전적 interfere 간섭하다 incapable of ~을 할 수 없는 task force 대책위원회 definitive 확정적인 veracity 진실성 allegation 주장 radiation 방사선 molecular bond 분자결합 mutation 돌연변이

해석 휴대전화를 장시간 많이 사용하는 사람들에게서 특정한 종류의 희귀종양의 발병이 증가한다는 사실에 대한 과학적 근거가 일부 존재한다. 좀 더 최근에 범유럽적인 연구를 통해서 특정한 조건에 따른 유전적인 피해에 대한 상당한 증거가 제시되었다. 또한 몇몇 연구자들의 보고에 따르면, 휴대전화 산업은 건강에 대한 위험에 관해 추가적인 연구로 간섭을 받았다. 하지만, 지금까지 세계보건기구 산하 EMF의 건강 관련 영향에 대한 대책위원회는 이와 같은 주장의 진실성과 관련하여 어떤 확정적인 결론도 제시하지 않았다. 일반적으로 RF는 비이온화 방사선으로 고려되기 때문에 가열효과 이상의 것을 만들어내지 못한다고 생각된다. 다시 말해, 이것은 유전적 돌연변이를 발생시킬 만큼의 분자결합의 방해하는 에너지가 부족하다는 것이다.
① 휴대전화의 이용에 따른 혜택
② 휴대전화의 이용과 관련된 건강상의 영향
③ 휴대전화 방사선의 특성
④ 휴대전화의 이용과 관련된 예방책의 필요성

Answer 1.① 2.②

3 다음 글의 요지로 가장 적절한 것은?

No matter how satisfying our work is, it is a mistake to rely on work as our only source of satisfaction. Just as humans need a varied diet to supply a variety of needed vitamins and minerals to maintain health, so we need a varied diet of activities that can supply a sense of enjoyment and satisfaction. Some experts suggest that one can start by making an inventory—a list of the things you enjoy doing, your talents and interests, and even new things that you think you might enjoy if you tried them. It may be gardening, cooking, a sport, learning a new language, or volunteer work. If you shift your interest and attention to other activities for a while, eventually the cycle will swing again, and you can return to your work with renewed interest and enthusiasm.

① 다양한 비타민 섭취를 통해 건강한 삶을 유지할 수 있다.
② 성공적인 직장 생활은 일 자체를 즐김으로써 이루어진다.
③ 만족스러운 삶을 위해서는 일 외의 다양한 활동이 필요하다.
④ 직장과 가정 생활의 조화가 업무 효율성을 높이는 지름길이다.

Point

단어 rely on 의존하다, 의지하다 diet 음식 maintain 유지하다 expert 전문가 inventory 물품 목록 swing 회전하다, 돌다

해석 우리의 일이 아무리 만족스럽다 할지라도 일을 우리가 만족을 느끼는 유일한 원천으로서 의지하는 것은 옳지 못하다. 인간이 건강을 유지하기 위해 다양한 필수 비타민들과 미네랄들을 공급하는 여러 가지 음식들을 필요로 하는 것과 마찬가지로, 우리는 일종의 즐거움과 만족을 제공하는 다양한 많은 양의 활동들을 필요로 한다. 일부 전문가들은 사람은 목록 — 당신이 하기 좋아하는 것들, 당신의 재능과 관심사, 그리고 만약 당신이 시도한다면 당신이 생각하기에 즐길 수 있을지 모르는 심지어 새로운 것들 — 을 만드는 것에 의해서 시작할 수 있다고 제안한다. 그것은 원예, 요리, 스포츠, 새로운 언어를 배우기, 또는 자원봉사 등이 될 수 있다. 만약 당신이 당신의 관심과 주의를 잠시 동안 다른 활동들로 옮긴다면, 결과적으로 그 주기는 다시 회전할 것이고, 당신은 다시 새로워진 관심과 열정을 갖고서 당신의 일로 되돌아 올 수 있다.

4 다음 글의 요지로 가장 적절한 것은?

As soon as we are born, the world gets to work on us and transforms us from merely biological into social units. Every human being at every stage of history or pre-history is born into a society and from his earliest years is molded by that society. The language which he speaks is not an individual inheritance, but a social acquisition from the group in which he grows up. Both language and environment help to determine the character of his thought; his earliest ideas come to him from others. As has been well said, the individual apart from society would be both speechless and mindless. The lasting fascination of the Robinson Crusoe myth is due to its attempt to imagine an individual independent of society. The attempt fails. Robinson is not an abstract individual, but an Englishman from York.

① Every act determines our membership of the society.

② Society and the individual are complementary to each other.

③ Language and environment determine our way of thinking.

④ Human beings cannot live independently of society.

 Point

단어 get to ~을 시작하다 transform 개조하다 merely 단지 unit 개체 pre-history 선사시대 mold 주조하다 inheritance 유산 mindless 생각이 없는 acquisition 습득 lasting 영속적인 abstract 추상적인

해석 우리가 태어나자마자, 세상은 우리에게 작동을 해서 우리를 단지 생물학적인 개체에서 사회적인 개체로 바꾸기 시작한다. 역사 혹은 선사시대의 모든 인간은 각각의 사회 속에서 태어나며, 어린 시절부터 그러한 사회를 통해서 주조된다. 인간이 사용하는 언어는 개인적인 유산이 아니라 그가 자란 집단으로부터 나온 사회적인 습득물인 것이다. 언어와 환경 둘 다 인간 사고의 특징을 결정하도록 돕는다. 인간의 어린 시절 때의 생각은 다른 사람들로부터 온다. 충분히 설명한 것처럼, 사회와 분리된 개인은 말할 수 없고, 생각할 수도 없다. 로빈슨 크루소 신화에 끊임없이 매료되는 것은 사회로부터 독립된 개인을 상상하려고 하는 시도 때문이다. 그 시도는 잘못 되었다. 로빈슨은 추상적인 인간이 아니라 요크에서 온 영국 사람이기 때문이다.

① 모든 행동이 우리가 사회의 일원이 되는 것을 결정한다.
② 사회와 개인은 상호 보완적이다.
③ 언어와 환경은 우리의 사고방식을 결정짓는다.
④ 인간은 사회와 관계없이는 살 수 없다.

5 밑줄 친 부분에 들어갈 표현으로 가장 적절한 것은?

> Farmland provides more than just crops for human and animal consumption. It provides raw materials used to make building materials, paper, and fuels. The lives of many people also revolve around farming, which gives them the driving force that keeps them alive. Farmland, however, has slowly been eliminated by urban sprawl, in which people in urban areas spread into and take over rural areas. In the near future, urban sprawl is going to leave us with a shortage of natural resources. We need to be aware of the potential risks in future years and _____.

① move from urban areas to rural areas for living in farmland
② start to restrict urban sprawl and unnecessary development
③ limit farming in rural areas and development in urban areas
④ accelerate the development of natural resources in a short period

Point

단어 consumption 소비 raw material 원료 revolve 돌다, 회전하다 driving force 원동력 eliminate 제거하다 urban sprawl 무분별한 도시 확산 rural 시골의, 지방의 shortage 부족

해석 농지는 인간과 동물의 소비를 위한 단순한 농작물 이상의 것을 제공한다. 그것은 건물 자재들, 종이, 그리고 연료를 만들기 위해 사용되는 원료들을 제공한다. 많은 사람들의 삶 또한 농경을 둘러싸고 돌아가며 그것은 그들에게 그들이 계속 살아가게 하는 원동력을 준다. 그러나 도시 지역의 사람들이 지방으로 퍼져 나가고 땅을 차지하는 무분별한 도시 확산에 의해 농지는 천천히 제거되고 있다. 무분별한 도시 확산은 가까운 미래에 우리에게 천연 자원의 부족이라는 결과를 남기게 될 것이다. 우리는 향후의 잠재적 위험들에 대해 인식하고 무분별한 도시 확산과 불필요한 개발의 규제를 시작할 필요가 있다.
① 농지에서 살기 위해 도시 지역들로부터 시골 지역으로 이동할
② 무분별한 도시 확산과 불필요한 개발의 규제를 시작할
③ 시골 지역에서의 농경과 도시 지역에서의 개발을 제한할
④ 단기간 내에 천연 자원의 개발을 가속화 할

TIP ② 무분별한 농지 개발의 위험성을 인식하고 개발규제의 필요성을 논의할 때라고 주장한다.

6 다음 글의 제목으로 가장 적절한 것을 고르시오.

University students in several of my seminar classes sat in a circle and each student took turns telling the others his or her name. At the end of the round of introductions, the students were asked to write down the names of as many other students as they could remember. In almost every case, students wrote down the name of students that were seated far away from them. However, surprisingly, they weren't able to recall the names of students who were seated close to them. This effect was worst for the students who sat on either side of them. What was the reason for such findings? The student who was next in line for an introduction was clearly on edge and after finishing his or her introduction, he or she was preoccupied with calming his or her nerves. The effect was clearly due to the social anxiety they experienced immediately before and after having to introduce themselves to the entire group.

① Ways to Cope with Nervousness
② Useful Strategies for Better Memory
③ How to Remember Uncommon Names
④ Nervousness and Its Effects on Memory

 Point

단어 take turns ~을 교대로 하다 finding 조사[연구] 결과 on edge 흥분한, 안절부절못하는 nerve 신경, 신경 과민 be preoccupied with ~에 몰두하다 calm 진정시키다, 달래다

해석 나의 몇몇 세미나 수업의 대학생들은 둥글게 둘러앉았고, 각각의 학생은 돌아가며 자신들의 이름을 말했다. 소개가 한 번 돌아간 후에 그 학생들은 그들이 기억할 수 있는 한 많은 다른 학생들의 이름을 적으라고 요청을 받았다. 거의 모든 경우에 학생들은 그들로부터 멀리 떨어져 앉은 학생들의 이름을 기억했다. 그러나 놀랍게도, 그들은 그들과 가까이에 앉은 학생들의 이름을 기억할 수가 없었다. 이런 결과는 그들의 양쪽에 앉은 학생들에게는 가장 나빴다. 그러한 조사 결과가 나온 이유는 무엇인가? 소개할 다음 차례의 학생은 분명 초조했고, 소개를 끝낸 후에, 자신의 초조함을 가라앉히는 데 사로 잡혀 있었다. 그 결과는 전체의 무리에게 자신을 소개하기 직전과 직후에 그들이 경험했던 사회적인 걱정 때문이었다.
① 초조함을 감당하는 법
② 기억을 더 잘하기 위한 유용한 전략
③ 흔하지 않은 이름을 기억하는 방법
④ 초조함과 그것이 기억력에 미치는 영향

TIP ④ 둥글게 앉아서 돌아가며 자신의 이름을 말할 때, 가까이에 앉은 이들의 이름은 기억하지 못하면서 멀리 있는 이들의 이름을 더 많이 기억하는 이유가 자기를 소개하기 전후에 겪는 초조함 때문이라는 내용의 글이므로, 제목으로 'Nervousness and Its Effects on Memory(초조함과 그것이 기억력에 미치는 영향)'가 가장 적절하다.

Answer 5.② 6.④

7 다음 글의 제목으로 가장 적절한 것은?

> Exercise offers not just physical benefits but also other benefits. There seems to be a connection between taking part in sports and personal growth and development. Leadership, responsibility, and team spirit are all positive qualities that usually result from regular exercise. For example, adolescents who exercise have more positive personality traits and social acceptance than those who do not exercise.

① 청소년기에 운동이 미치는 영향
② 운동이 주는 여러 가지 이점
③ 준비운동의 필요성
④ 운동과 학업 성적과의 관계

Point

단어 **physical** 육체의, 신체의, 물질적인 **result from** (결과로서) 생기다, 기인[유래]하다 **adolescent** 청년, 10대 청소년 ; 청춘의, **trait** (성격 따위의) 특성, 특징, 특색

해석 운동은 신체적 이로움들을 제공할 뿐만 아니라 다른 이점들도 제공해 준다. 운동에 참여하는 것과 개인적인 성장과 발전 사이에는 어떤 연관성이 있어 보인다. 지도력, 책임감 그리고 단체 정신은 대개 규칙적인 운동으로부터 발생하는 긍정적인 특성들인 것이다. 예를 들어, 운동하는 청소년들은 그렇지 않은 청소년들보다 더 많은 적극적인 개인적 특징과 사회적인 인정을 갖는다.

TIP ② 글의 제목은 주제문을 찾으면 해결된다. 이 글은 첫 문장이 주제문이며, 이 문장에서 핵심어는 Exercise 와 benefits이다. 따라서 이 글의 제목으로는 '운동이 주는 여러 가지 이점'이 가장 적절하다.

8 다음 글의 제목으로 가장 적절한 것을 고르시오.

> According to a study, people isolated from others had death rates two to three times higher than people with families and friends. The stronger the social ties to others, the lower the death rate. This is true for men and women, young and old, rich and poor. It also applies to people with different lifestyles. Cigarette smokers who had friends lived longer than friendless smokers. Joggers involved with other people lived longer than joggers who lived isolated lives.

① Importance of Social Ties
② How to Live Longer
③ Lifestyle of Isolated People
④ How to Contact with Others

단어 isolate 격리하다, 고립시키다 rate 비율, 요금 tie 매듭, 끈, 속박 lifestyle (개인에 맞는) 생활 방식, 살아가는 모습 involve (필연적으로) ~을 포함하다, 필요로 하다

해석 어느 연구에 따르면, 다른 사람들로부터 고립된 사람들이 가족들이나 친구들과 함께 사는 사람들보다 두세 배 사망률이 높다고 한다. 다른 사람들에 대한 유대 관계가 강할수록, 사망률은 더욱 낮아진다. 이것은 남녀, 노소, 빈부에 있어서도 사실이다. 그것은 또한 서로 다른 생활방식을 가지고 있는 사람들에게도 적용된다. 친구가 있는 흡연자들이 친구가 없는 흡연자들보다 더 오래 살았다. 다른 사람들과 함께 조깅하는 사람들이 고립된 삶을 사는 조깅하는 사람들보다 더 오래 살았다.
① 사회적 유대의 중요성
② 좀 더 오래 사는 방법
③ 고립된 사람들의 생활 방식
④ 다른 사람들과 연락을 취하는 방법

TIP ① 이 글의 요지는 가족이나 친구 등 다른 사람들과 같이 사는 사람들이 홀로 고립되어 사는 사람들보다 더 오래 산다는 것이다. 그러므로 이 글의 제목은 '사회적 유대의 중요성'이라고 할 수 있다. 참고로 이 글은 「인용문(첫 번째 문장) – 주제문(두 번째 문장) – 주제문 부연(두 번째 문장 이후)」으로 구성되어 있다.

Answer 7.② 8.①

9   다음 글의 제목으로 가장 적절한 것을 고르시오.

> Richard Dawkins and John Krebs argued that although in some circumstances it might be appropriate to describe animal signals as transferring information, in many other, perhaps most, cases there would be such a conflict of interest between signaller and receiver that it is more accurate to describe the signaller as attempting to "manipulate" the receiver rather than just inform it. For example, an angler fish that dangles a worm-like bit of skin in front of a small fish and catches it because the smaller fish snaps at the "worm" can certainly be said to have carried out, a successful manipulation of its prey. In this case, if information has been transferred, it is most definitely false.

① Manipulation : Tricking the Signaller

② Animal Messages : Not What They Seem

③ Cooperation in the Animal World

④ Talking Animals : Fact or Myth?

 Point

단어 **appropriate** 적절한, 적합한 **transfer** 옮기다, 전환하다 **a conflict of interest** 이해상반 **signaller** 신호를 보내는 사람[것] **attempt** 시도하다, 꾀하다 **manipulate** 조종하다, 조작하다 **angler fish** 아귀 **snap** 덥석 물다 **manipulation** 교묘한 처리[조작], 속임수

해석 Richard Dawkins와 John Krebs는 동물의 신호들을 어떤 상황에서는 정보를 전달하는 것으로 설명하는 것이 적합할지 모르지만, 다른 많은 경우, 아마도 대부분의 경우에는 신호를 보내는 동물과 신호를 받는 동물 사이의 이해관계가 너무도 상반되어서, 단순히 신호를 받는 동물에게 정보를 전달하기 보다는, 신호를 보내는 동물이 신호를 받는 동물을 조정하려고 하는 것으로 설명하는 것이 보다 정확하다고 주장한다. 예를 들어, 아귀는 조그만 물고기의 앞쪽에 벌레처럼 생긴 피부 조각을 달랑거리다가 그 작은 물고기가 그 "벌레"를 물려고 하면 그것을 잡는데, 그것의 먹잇감에게 성공적으로 속임수를 썼다고 확실히 말할 수 있을 것이다. 이러한 경우, 정보가 전해졌지만 아주 완전히 잘못된 것이다.
① 속임수 : 신호수를 속이는 것
② 동물 메시지 : 보이는 것과 다르다
③ 동물 세계에서의 협동
④ 말하는 동물들 : 사실인가, 근거 없는 믿음인가?

TIP ② 동물들이 어떤 신호를 보내는 것은 대부분의 경우에 신호를 받는 동물들을 조정하려는 것이라는 내용이므로, 글의 제목으로 'Animal Message : Not What They Seem'이 가장 적절하다.

10 다음 글의 제목으로 가장 적절한 것은?

> We often hear that high achievers are hard-working people who bring work home and labor over it until bedtime. When Garfield interviewed top people in major industries, however, he found that they knew how to relax and could leave their work at the office. They also spent a healthy amount of time with their family and friends. Successful people are willing to work hard, but within strict limits. For them, work is not everything. Will you work hard all the time?

① The Division of Labor
② Economy and Industries
③ A Balanced Life and Success
④ The Importance of Homework

단어 **high achiever** 성공한 사람, 많은 것을 성취한 사람 **hard-working** 근면한 **labor over** 열심히 일하다 **division** 분할, 분배, 배분

해석 우리는 종종 많은 것을 성취한 사람들은 집에까지 일거리를 가져와 잠잘 시간까지 일을 하는 근면한 사람들이라고 듣는다. 그러나 Garfield가 주요 산업의 총수들을 인터뷰했을 때, 그들은 어떻게 휴식하는지를 알고 있었고, 일거리를 사무실에 남겨두고 퇴근한다는 것을 알게 되었다. 그들은 또한 자신들의 가족, 친구들과 함께 충분한 시간을 보냈다. 성공한 사람들은 기꺼이 열심히 일하려고 하지만, 엄격한 한계를 지킨다. 그들에게 일은 전부가 아니다. 당신은 항상 열심히 일하려고 하는가?
① 노동의 배분
② 경제와 산업
③ 균형잡힌 생활과 성공
④ 집에서 하는 일의 중요성

11 다음 글의 가장 적절한 제목은?

> With grain harvests down in the Soviet Union, China, and the United States last year, and global stock piles at a postwar low, Worldwatch researchers warn of possible political instability, potentially much more serious than that surrounding the oil price increases of the 1970's. The report also stresses the need for developing more efficient ways of using energy to reduce the build up of greenhouse gases in the atmosphere that contribute to global warming. The report acknowledges the requirements for a sustainable future could bring individual rights into sharp conflict with the needs of society.

① requirements for a sustainable future

② preservation of natural environment

③ possible political instability

④ the need for developing more efficient ways of using energy

단어 instability 불안정성, 변하기 쉬움 potentially 가능성 있게, 잠재적으로, 어쩌면 sustainable 지속할 수 있는, (자원 등이) 자연환경의 파괴 없이 무한정 유지되는, 재활용되는

해석 소비에트 연방과 중국, 미국에서의 작년의 곡물수확 감소로 세계적인 비축량이 종전 후 최저수준이 되자, Worldwatch의 연구원들은 정치불안이 1970년대의 유가인상 때보다 어쩌면 더욱 더 심각해질 것이라고 경고하고 있다. 보고서는 지구온난화를 부추기는 대기 중의 온실가스를 줄일 수 있는 보다 효과적인 에너지사용법을 개발해야 한다고 또한 강조하고 있다. 보고서는 환경파괴 없이 자원이 재활용되는 미래를 요구하는 것이 사회의 결핍으로 인한 첨예한 투쟁에서 개인의 권리를 불러올 것이라는 점에 동의하고 있다.

① 환경파괴 없이 자원이 재활용되는 미래를 요구하는 것

② 자연환경의 보호

③ 일어남직한 정치적 불안

④ 효과적인 에너지사용법을 개발할 필요성

12 다음 글의 주제로 가장 적절한 것은?

Consider the relationships within a family unit made up of a husband, a wife, and a child. The husband influences his wife and child. The wife influences her husband and child. The child influences both mother and father. Add another child. Add a grandparent. Add an aunt and an uncle. Add a cousin. Add a neighbor and friends. If we were to make this list longer, we would end up with an entire society. A society is a network of relationships among individuals. Each will influence the others, and each will be influenced by the others.

① Social relations

② Kinds of family

③ Marriage ties

④ Child education

 Point

단어 **be made up of** ~으로 구성되다, 이루어지다 **end up with** 결국 ~이 되다

해석 남편과 아내, 그리고 한 명의 아이(자녀)로 이루어진 가족단위 내에서의 관계를 생각해 보자. 남편은 그의 아내와 자녀에게 영향을 미친다. 아내는 그의 남편과 자녀에게 영향을 준다. 자녀는 어머니와 아버지 모두에게 영향을 준다. 또 다른 자녀를 더해 보자. 조부모님을, 고모를, 삼촌을, 사촌을 추가해 보자. 이웃을, 친구들을 추가해 보자. 만약 우리가 이 명단을 더 늘려간다면, 우리는 결국 하나의 전체 사회가 될 것이다. 한 사회란 개인들 간의 관계로 엮인 하나의 네트워크인 것이다. 각자가 다른 사람들에게 영향을 주고 다른 사람들에 의해서 영향을 받는 것이다.

① 사회적 관계들

② 가족의 종류

③ 혼맥

④ 자녀교육

13 다음 글의 제목으로 가장 알맞은 것은?

> Today we are concerned about the pollution of the earth's soil and water. Though land pollution directly affects people in their daily lives, sea pollution is as important as that of the land. For a long time the sea has been thought of as a convenient place to throw their garbage. Some of these wastes are not only eaten by the large fishes but also decomposed in sea water. With the growth of civilization, more different pollutants were thrown into sea.

① Death of Oceans
② Revival of Oceans
③ Types of Pollution
④ Garbage and Pollution

 Point

단어 be concerned about ~을 걱정하다 affect ~에 영향을 미치다(= influence) pollution 오염 be thought of as ~으로 간주되다 convenient 편리한 not only A but also B A뿐만 아니라 B도 decompose ~을 (성분·요소로) 분해하다

해석 오늘날 우리는 지구의 흙과 물의 오염을 걱정한다. 육지오염은 사람들의 일상생활에 직접적으로 영향을 주지만 바다오염도 육지오염만큼 중요하다. 오랜 동안 바다는 쓰레기를 버리기에 편리한 장소로 생각되어 왔다. 이런 쓰레기들 중의 일부는 큰 물고기들이 먹을 뿐만 아니라 바닷물에 분해되기도 한다. 문명의 발달과 함께 더 많은 다른 오염물질들이 바다에 버려졌다.
① 해양의 죽음 ② 해양의 소생 ③ 오염의 유형 ④ 쓰레기와 오염

14 다음 글의 제목으로 가장 적절한 것은?

> Goats like eating weeds. In fact, they prefer weeds to grass. So they are very useful for controlling weeds without using chemicals. The digestive system of the goat is different from that of the sheep or the cow. Weed seeds cannot pass through the goat's body, and so they cannot grow into new weeds. Farmers don't like using chemicals to control weeds because such poisons can kill wild animals or even pets, like dogs. A company in Montana even rents out goats to eat weeds.

① Saving Weed Seeds
② How to Raise Goats
③ How to Use Chemicals
④ A New Way to Control Weeds

 Point

단어 ❤ **weed** 잡초 **seed** 씨(앗) **digestive** 소화의 **pass through** 빠져나오다, 통과하다 **rent out** 임대하다

해석 ▶ 염소는 잡초를 잘 먹는다. 사실상, 염소는 잔디보다 잡초를 더 좋아한다. 그래서 염소는 화학약품을 사용하지 않고서도 잡초를 억제하기에 아주 유용하다. 염소의 소화기관은 양이나 소의 소화기관과는 다르다. 잡초 씨는 염소의 몸을 빠져 나올 수 없어서 새로운 잡초로 자랄 수 없다. 농부들은 화학약품 속의 독성이 야생동물이나 심지어 개와 같은 애완동물들을 죽일 수 있기 때문에 화학약품을 사용하는 것을 좋아하지 않는다. 심지어 Montana의 어떤 회사는 잡초를 먹어 치우도록 염소를 임대하기까지 한다.

① 잡초 씨 모으기
② 염소 기르는 법
③ 화학약품 사용법
④ 새로운 잡초제거법

Answer 13.① 14.④

15 다음 글의 제목으로 가장 적절한 것은?

Even though the majority of Americans would find it hard to imagine what life could be like without a car, some have begun to realize that the automobile is a mixed blessing. Traffic accidents are increasing steadily, and large cities are bothered by traffic jam. Worst of all, perhaps, is the air pollution caused by the car engine. Every car engine burns hundreds of gallons of fuel each year and pumps hundreds of pounds of carbon monoxide and other gases into the air.

① Problems Caused by Cars
② Traffic Jam in Large Cities
③ Merits of New Automobiles
④ Solutions to the Air Pollution

 Point

단어 mixed blessing 약간 난처한 점이 있는 행운 steadily 꾸준히 bother 괴롭히다, 귀찮게 하다 traffic jam 교통혼잡 worst of all 무엇보다도 나쁜 것은 pump 펌프질을 하다 carbon monoxide 일산화탄소 merit 장점

해석 비록 대부분의 미국인들이 차가 없는 생활이 어떤지 상상하기도 어렵다고 생각할지라도 일부는 자동차가 약점이 있는 행운이라는 사실을 깨닫기 시작했다. 교통사고는 꾸준히 증가하고 있고, 대도시들은 교통혼잡으로 몸살을 잃고 있다. 아마도 가장 나쁜 것은, 자동차 엔진에 의해서 야기된 대기오염일 것이다. 하나의 자동차 엔진이 해마다 수백 갤론의 연료를 태우고 있고 수백 파운드의 일산화탄소와 다른 가스들을 대기 중으로 배출하고 있다.
① 자동차에 의해 야기되는 문제들
② 대도시의 교통혼잡
③ 새 자동차의 장점
④ 대기오염의 해결책

16 다음 글의 주제로 가장 적절한 것을 고르면?

> Why does it matter that rain forests are getting smaller? Quite simply, it is the single most important place for plants and animals in the world. Rain forests cover only seven percent of the Earth's land surface. Yet half of the world's species are found in them. Or put it in this way : If the Earth's land surface were a pizza cut into 14 slices, the rain forest would fit on one slice. If all the world's species were the toppings, that single slice of rain forest would have half of the toppings of the entire pizza.

① 지구 위에 사는 생물의 종류
② 멸종동물의 보호
③ 열대우림의 중요성
④ 동식물의 분포현황

 Point

단어 matter 중요하다, 문제가 되다 rain forest 열대우림 species 종

해석 열대우림이 줄어든다는 것이 왜 문제가 되는가? 간단히 말하면, 그 곳은 전세계에서 식물과 동물을 위한 단 하나의 가장 중요한 장소이다. 열대우림은 지구에 있는 땅의 표면의 7%만을 차지한다. 그러나 세계의 종의 절반이 거기에서 발견된다. 또는 다음과 같이 생각해 보아라. 만일 지구에 있는 땅의 표면이 14조각으로 잘라진 피자라면, 열대우림은 그 한 조각에 해당할 것이다. 만일 전세계의 종들이 토핑이라면, 그 단 한 조각의 열대우림은 전체 피자에 얹힌 토핑의 절반을 가지게 될 것이다.

17 다음 글의 주제로 가장 적절한 것을 고르면?

> Economic growth improves the average standard of living. It also keeps people employed and earning income. It provides people with more leisure time, since they can decrease their working hours without decreasing their income. On the other hand, economic growth carries hidden costs. One hidden cost is the waste generated in producing many goods. This waste often causes air or water pollution. Also, the damage that pollution can cause to health is alarming.

① 여가활동의 다양성　　　　　② 환경오염의 심각성
③ 경제발전의 양면성　　　　　④ 자원보존의 필요성

단어 ⟩ generate 발생시키다, 낳다　hidden 숨겨진, 보이지 않는, 비밀의　waste 쓰레기　alarming 놀라운, 심상치 않은　cause ~을 야기하다, 불러일으키다

해석 ⟩ 경제성장은 평균생활수준을 향상시킨다. 그것은 또한 사람들이 직업을 갖고 소득을 얻을 수 있게 한다. 그것은 사람들에게 더 많은 여가시간을 제공해 주는데, 왜냐하면 사람들은 소득의 감소 없이 근무시간을 줄일 수 있기 때문이다. 반면에 경제성장은 숨겨진 손실(희생)을 수반한다. 숨겨진 손실 중 하나는 많은 상품을 생산할 때 생기는 쓰레기이다. 이 쓰레기는 종종 대기오염과 수질오염을 야기한다. 오염이 일으키는 건강상의 피해 또한 심상치 않다.

18 다음 글의 주제로 가장 적절한 것은?

> The sea horse uses its tail like a hand. So do some monkeys. The sea horse holds on to sea plants with its tail. Then water can't wash it away. Some monkeys hang from trees by their tail. They use their hands to do other things. The lizard and the fox use their tails to keep safe. Sometimes another animal gets hold of a lizard by the tail. The tail just falls off, and the lizard runs away. Later, it grows a new tail. When a fox gets into a fight, it hides behind its tail. The tail is covered with thick fur. A bite there won't hurt.

① 꼬리의 역할　　　　　② 먹이사슬
③ 자연의 균형　　　　　④ 동물의 지능

단어 ☝ **sea horse** 해마 **hold on to** ~을 꽉 붙잡다, 고수하다, 집착하다 **lizard** 도마뱀 **get hold of** ~을 잡다 **fall off** (분리되어) 떨어지다 **run away** 도망치다 **fur** 털, 모피

해석 ▶ 해마는 꼬리를 손처럼 사용한다. 일부 원숭이도 마찬가지이다. 해마는 꼬리로 바다식물을 꽉 잡는다. 그러면 해마는 물에 떠내려가지 않는다. 어떤 원숭이들은 꼬리로 나무에 매달려 있다. 그들은 다른 일을 하는 데 손을 사용한다. 도마뱀과 여우는 안전을 유지하기 위해 꼬리를 사용한다. 때때로 또 다른 동물이 도마뱀의 꼬리를 잡는다. 꼬리는 잘려 나가고 도마뱀은 도망친다. 나중에 새 꼬리가 자란다. 여우는 싸움을 시작할 때 꼬리 뒤에 숨는다. 그 꼬리는 숱이 많은 털로 덮여 있다. 그 곳은 물려도 다치지 않을 것이다.

19 다음 글의 주제로 가장 적절한 것은?

Egypt has many great pyramids. But Egypt is not the only country that built pyramids. The people of Mexico also built pyramids. Their greatest is the Pyramid of the Sun. It is located near Mexico City. It is as high as a twenty-story building. This pyramid was built about two thousand years ago, when workers did not have any metal tools, animals, or carts. It is thought that it took ten thousand workers over twenty years to build this pyramid.

① Interest of tourists
② Egyptian pyramids
③ Pyramids in Mexico
④ Materials used in pyramids

단어 ☝ **be located** ~에 위치하다 **story** (건물의) 층 **metal** 금속의 **cart** 수레

해석 ▶ 이집트에는 거대한 피라미드가 많이 있다. 그러나 이집트가 피라미드를 건설한 유일한 나라는 아니다. 멕시코인들도 피라미드를 건설하였다. 그들의 가장 큰 피라미드가 태양 피라미드이다. 그것은 Mexico City 근처에 있다. 그것의 높이는 20층 짜리 고층건물과 맞먹는다. 이 피라미드는 약 2,000년 전에 건설되었는데, 그 당시는 노역자들에게 금속도구나 가축들, 수레 등이 없던 시절이었다. 이 피라미드를 건설하는 데에 10,000명의 노역자와 20년 이상의 기간이 소요되었을 것으로 추정된다.

① 관광객들의 흥미
② 이집트 피라미드
③ 멕시코에 있는 피라미드
④ 피라미드에 사용된 재료

Answer 17.③ 18.① 19.③

20 다음 글의 내용을 한 문장으로 요약할 때, 빈칸 ⓐ와 ⓑ에 들어갈 말로 바르게 짝지은 것은?

A recent study suggests that men and women who like to live their lonely lives, even those from a rich family, are more likely to die early in life than those who have many friends. In fact, simply the presence or touch of another person can calm us. It can keep our blood pressure and heart rate at low levels. Also, by talking with others we can learn to take care of ourselves — to eat right, to exercise, to stay away from drugs, and so on.

We can say that a (ⓐ) man is a (ⓑ) man.

① sociable — healthy
② wealthy — healthy
③ sociable — busy
④ wealthy — lonely

단어 presence 존재 calm 가라앉히다, 진정시키다 blood pressure 혈압 level 수준, 정도 take care of ~을 돌보다, 보살피다 stay away from ~에서 떨어져 있다 drug 마약, 약물 and so on 기타 등등 sociable 사교적인

해석 최근의 한 연구에 따르면 외롭게 살아가는 것을 좋아하는 남자들과 여자들은 부유한 가정 출신일지라도 친구가 많은 사람들보다 일찍 죽을 가능성이 높다고 한다. 실제로 단지 또 다른 사람의 존재 또는 접촉이 우리를 안정시킬 수 있다. 그것은 우리의 혈압과 심장박동률을 낮은 수준에서 유지시킬 수 있다. 또한 다른 사람들과 이야기를 함으로써 우리는 제대로 먹고 운동하며 마약을 멀리 하는 것 등과 같은 스스로를 돌보는 법을 배울 수 있다.
[우리는 사교적인 사람은 건강한 사람이라고 말할 수 있다.]

21 다음 글의 내용을 한 문장으로 요약하고자 한다. 빈칸 ⓐ와 ⓑ에 가장 적절한 것끼리 짝지은 것은?

Long ago, people believed the world was controlled by a variety of gods. Keeping the gods happy was believed to be very important to survival. Singing was among the first things humans did to show respect to the gods. But the people of those early days also sang for another reason. Sailors sang as they pulled the heavy ropes of their boats. Slaves sang as they carried the heavy stones to build the pyramids. Soldiers sang when they marched into battle. Farmers sang one song as they planted and another when harvested. These songs helped to make their jobs easier.

In the early days people sang songs for (ⓐ) and (ⓑ).

① play — magic
② gods — work
③ play — work
④ gods — magic

Point

단어 **a variety of** 다양한 **survival** 생존 **slave** 노예 **march** 행진하다, 행군(진군)하다 **plant** (식물을) 심다, 파종하다 **harvest** 추수하다, 수확하다

해석 오래 전에 사람들은 세상이 여러 신들에 의해 다스려진다고 믿었다. 신들을 즐겁게 하는 것은 생존에 매우 중요하게 여겨졌다. 노래하는 것은 인간들이 신에 대해 존경을 나타내기 위해 했던 첫 번째 일 중의 하나였다. 그러나 원시시대의 사람들은 또한 또 다른 이유 때문에 노래를 불렀다. 선원들은 배의 무거운 밧줄을 끌어당기면서 노래를 불렀다. 노예들은 피라미드를 건설하기 위해서 무거운 돌들을 나르면서 노래를 불렀다. 군인들은 전쟁터로 행군해 갈 때 노래를 불렀다. 농부들은 파종하면서 노래를 불렀고 추수할 때는 또 다른 노래를 불렀다. 이런 노래들은 그들의 일을 더 쉽게 하는 데 도움이 되었다.

[원시시대 사람들은 <u>신</u>과 <u>일</u>을 위해 노래를 불렀다.]

22 다음 이야기가 시사하는 바와 의미가 가장 잘 통하는 것은?

> Once a businessman was fishing in a lake, when he hauled in a fish of a type he never had seen before. It had golden scales and silver fins which gleamed and flashed as it thrashed about on the bottom of his boat. Suddenly the fish startled the businessman by speaking! "Kind sir," implored the fish, "throw me back in the lake and I'll grant you three wishes." The businessman considered carefully and then said, "Make it five and we've got a deal." "I can only grant three," gasped the fish. "Four and a half," proposed the businessman. "Three," said the fish. "We'll compromise on four wishes. How about it?" But this time the fish made no reply at all. It lay dead on the bottom of the boat.

① Misfortune never comes singly.

② A rolling stone gathers no moss.

③ A little more breaks a horse's back.

④ A bad beginning makes a bad ending.

Point

단어 ☑ haul 끌어당기다 scale 비늘 fin 지느러미 gleam 반짝이다, 반짝 빛나다 flash 반짝이다, 빛나다 thrash 뒹굴다, 몸부림치다 startle 깜짝 놀라게 하다 implore 애원하다, 간청하다 grant 주다, 수여하다, (소원 등을) 들어주다 gasp 헐떡거리다 compromise 타협하다, 화해하다

해석 ▶ 한 번은 어떤 사업가가 호수에서 낚시를 하고 있었을 때, 전에 보지 못했던 종류의 물고기를 낚았다. 그것은 배의 바닥에서 팔딱거릴 때 광채가 나고 반짝거리는 황금 비늘과 은빛 지느러미를 갖고 있었다. 갑자기 그 물고기가 말을 해서 사업가를 깜짝 놀라게 하였다. "친절하신 분이여, 저를 다시 호수 속으로 집어넣어 주신다면, 제가 세 가지 소원을 이루어 드리겠습니다." 물고기가 애원했다. 사업가는 신중히 생각한 다음에 말했다. "다섯 가지로 하지, 그렇게 거래를 하는 거야!" "저는 세 가지 소원밖에 들어드릴 수 없어요." 물고기가 헐떡이며 말했다. "네 가지 반은 어때?" 사업가가 제안했다. "세 가지" 물고기가 말했다. "네 가지로 타협을 보는 게 어때? 괜찮지?" 그러나 이번에는 물고기가 아무런 대답도 하지 않았다. 물고기는 배의 밑바닥에 죽어 있었다.

① 불행은 하나씩만 오는 법이 없다.
② 구르는 돌에는 이끼가 끼지 않는다.
③ '조금만 더'가 말의 등뼈를 휘게 한다.
④ 시작이 나쁘면 끝도 나쁘다.

23 다음 글의 요지로 가장 적절한 것은?

> The notion that one has already been educated offers one social permission never to learn anything more. Is it surprising that, under such conditions, so many people as they grow older become incapable of reading, learning, or thinking altogether? In a long-life world of the future, however, this will have to change. As aging people make up larger and larger percentages of the population, it will become more and more dangerous to permit them to remain a nonthinking weight on society. We will have to alter our attitude toward education. Society will have to take it for granted that learning is a life-long privilege and that education is a process to be continued.

① 평생교육을 실시해야 한다.
② 의무교육을 실시해야 한다.
③ 노령인구대책을 세워야 한다.
④ 교육은 사회적 요구를 수용해야 한다.

Point

단어 **permission** 허락 **altogether** 완전히, 전적으로 **long-life** 수명이 긴 **nonthinking** 생각하지 않는 **weight** 세력 **alter** 바꾸다, 고치다 **take it for granted that ~** ~을 당연한 일로 여기다(생각하다) **life-long** 일생의, 평생의 **privilege** 특권

해석 사람이 이미 교육받았다는 개념은 그에게 더 이상 어떤 것도 전혀 배우지 말라는 사회적 용인을 주었다. 그런 조건하에서 너무나 많은 사람들이 늙어가면서 읽고, 배우거나 생각하기를 전혀 할 수 없게 된다는 것이 놀랍지 않은가? 그러나 미래의 긴 수명의 세계에서 이것은 바뀌어야 할 것이다. 노인들이 인구의 더 많은 비율을 구성하게 되면서 그들에게 사회의 생각하지 않는 세력으로 남아 있도록 허용하는 것은 점점 더 위험하게 되었다. 우리는 교육에 대한 우리의 태도를 바꾸어야 할 것이다. 사회는 배움이 일생 동안의 특권이고 교육은 계속되어야 할 과정임을 당연하게 받아들여야 할 것이다.

24 다음 글의 요지로 가장 적절한 것은?

> Could Hamlet have been written by a committee, or the "Mona Lisa" painted by a club? Could the New Testament have been composed as a conference report? Albert Einstein devised the theory of relativity without discussing it with anyone. Thomas Edison invented the phonograph alone. Creative ideas do not spring from groups. They spring from individuals. The divine spark leaps from the finger of God to the finger of Adam, whether it takes ultimate shape in a law of physics, a poem or a policy, a sonata or a computer.

① 발명가는 끊임없이 노력해야 한다.

② 배우는 일은 나이와는 관계가 없다.

③ 창의적인 사고는 개인에게서 나온다.

④ 천재는 주변 여건에 의해 만들어진다.

Point

단어 New Testament 신약성서 compose 구성하다, 작성하다, 작곡하다 phonograph 축음기 spring from ~에서 생기다, 나오다 divine 신의, 신이 준 spark (재능·재치 등의) 번뜩임 ultimate 최후의, 궁극적인

해석 햄릿이 위원회에 의해 쓰여지거나 "모나리자"가 클럽에 의해 그려질 수 있었을까? 신약성서가 회의보고서로 작성될 수 있었을까? 앨버트 아인슈타인은 어느 누구와도 상의하지 않고 상대성 이론을 만들어냈다. 토마스 에디슨은 혼자서 축음기를 발명했다. 창의적인 사고(아이디어)는 집단으로부터 나오는 것이 아니다. 그것들은 개인으로부터 나온다. 신이 주는 번뜩이는 재능은 그것의 궁극적인 형태가 물리학의 법칙이건, 시 또는 정책이건, 소나타나 컴퓨터이건 간에 신의 손가락에서 아담의 손가락으로 뛰어넘어 간다.

25 다음 글의 내용을 가장 잘 표현한 속담은?

Far too many foreign visitors find themselves in strange and confusing surroundings, not knowing the language of the country. But they don't have to know even one of the world's 3,000 languages to understand a picture. The back view of an envelope indicates a mail facility. A rectangle with figures for a dollar, pound, and france means a currency exchange. A martini with an olive stands for a bar.

① Don't judge a book by its cover.
② The pen is mightier than the sword.
③ When in Rome, do as the Romans do.
④ One picture is worth a thousand words.

단어 confusing 혼동되는 surroundings 주위, 환경 envelope 봉투 indicate 나타내다 facility 시설, 설비 rectangle 직사각형 figure 그림, 도형 currency exchange 환전 martini 마티니(칵테일의 일종) stand for 상징하다, 대표하다

해석 너무나 많은 외국인 방문객들은 그 나라의 언어를 몰라서 낯설고 혼동되는 상황에 있는 그들 자신을 발견한다. 그러나 그들은 그림을 이해하기 위해서는 전세계의 3,000개 언어 중에서 단 하나도 알 필요가 없다. 봉투의 뒷면 그림은 우편시설을 나타낸다. 달러화, 파운드화, 그리고 프랑화를 그린 그림이 있는 직사각형은 환전을 뜻한다. 올리브 그림이 있는 마티니는 술집을 상징한다.
① 표지(겉모습)만 보고 책(사람)을 판단하지 말라.
② 펜(문)은 칼(무)보다 더 강하다.
③ 로마에 가면 로마인들이 하는 대로 하라.
④ 그림 하나가 천 마디 말의 가치가 있다.

26 다음 글의 요지로 가장 알맞은 것은?

> Having many friends has been seen as an important part of becoming a member of society. People who make friends with many different people before they get married seem to have a variety of friends during their adult lives, relate to other people in more positive ways, and have a more lasting relationship in their marriage. If a young teenager focuses socially on only one person, a type of social handicap can occur because he has only one person who can help him to learn how to get along with others.

① 이성간의 우정은 지속되기 힘들다.
② 결혼 후에는 가정에 충실해야 한다.
③ 곤경에 처한 친구를 외면하지 않아야 한다.
④ 젊었을 때 다양한 사람들과 사귀어야 한다.

단어 **make friends with** ~와 친구가 되다, ~와 친해지다　**a variety of** 다양한　**positive** 긍정적인, 적극적인 **lasting** 지속되는　**focus on** ~에 초점을 맞추다, 집중하다　**handicap** 장애　**get along with** ~와 잘 지내다

해석 친구들을 많이 갖는 것은 사회의 한 구성원이 되는 데 있어서 한 중요한 부분으로 간주되어 왔다. 결혼하기 전에 여러 다양한 사람들과 사귀는 사람들은 성인이 되어서 다양한 친구를 갖고 다른 사람들과 보다 적극적인 방식으로 친분관계를 갖고 결혼생활에서 보다 지속적인 관계를 유지하는 듯하다. 젊은 10대 청소년이 사교적인 면에서 오로지 한 사람에게만 집중한다면, 일종의 사교적 장애가 일어날 수 있는데 그에게는 다른 사람들과 어울리는 방법을 배우는 데 도움을 줄 수 있는 사람이 오직 한 사람이기 때문이다.

27 다음 글의 내용을 한 문장으로 요약하고자 한다. 빈칸 ⓐ와 ⓑ에 가장 알맞은 것끼리 짝지은 것은?

The United States is often thought of as the most important movie-making country in the world. Hollywood, after all, is there, and Americans do love films. but it is India that makes more films than any other country. The country's total annual output is in the thousands. The country with the most theaters is Russia, which boasts 15,000 movie houses to the United States' 14,000. But people who seem to be the most enthusiastic movie fans on the planet are the Taiwanese. The average citizen of that tiny island nation goes to sixty-five movies per year. In contrast, the average American attends only five films a year.

America's reputation as the movie capital cannot be (ⓐ) in terms of (ⓑ).

① justified − history
② denied − technology
③ justified − statistics
④ denied − population

Point

단어 **after all** 결국, 어쨌든 **film** 필름, 영화 **annual** 1년의, 해마다의 **output** 생산, 산출(량) **boast** 자랑하다 **enthusiastic** 열광적인, 열렬한 **capital** 수도, 중심지, 대문자, 자본(금) **justify** 정당화하다 **deny** 부정하다, 취소하다, 거절하다 **statistics** 통계(자료), 통계학

해석 미국은 종종 세계에서 가장 중요한 영화제작국으로 여겨진다. 어쨌든 할리우드가 그 곳에 있으며 미국인들은 정말로 영화를 사랑하지만, 다른 어떤 나라보다 더 영화를 많이 만드는(영화를 가장 많이 만드는) 나라는 인도이다. 그 나라의 연간 영화 총 제작수는 수천 편에 이른다. 극장이 가장 많이 있는 나라는 러시아인데, 러시아는 미국이 14,000곳인 데 비해 15,000곳의 극장이 있음을 자랑하고 있다. 그러나 지구상에서 가장 열렬한 영화팬인 것처럼 보이는 사람들은 대만 사람들이다. 이 조그만 섬나라의 국민들은 1년에 평균 65편의 영화를 보러 다닌다. 반면에 미국인들은 1년에 고작 평균 5편의 영화를 보러 다닌다.
[영화의 중심지로서 미국의 명성은 <u>통계자료</u>의 관점에서 볼 때 <u>정당화</u>될 수 없다.]

28 다음 글의 요지로 알맞은 것은?

Communication is also possible among bees through their sense of smell. A group of bees, called a colony, uses smell to protect itself from other bees. This is possible because all the bees in a colony have a common smell. This smell acts like a chemical signal. It warns the group of bees when a bee from a different colony is near. This way, bees from outside cannot enter and disturb a hive. If an outsider does try to enter, the bees of that colony will smell it and attack.

① How bees live
② How bees communicate through smell
③ The chemical signals of bees
④ The way bees smell and attack

단어 ✅ disturb 방해하다, 건드리다

해석 ▶ 의사소통은 벌들에 있어 후각으로도 가능하다. 콜로니라고 불리는 벌들의 무리는, 다른 벌들로부터 자신을 보호하기 위해서 냄새를 사용한다. 이것은 한 콜로니에 속한 모든 벌들이 공통의 냄새를 갖고 있기 때문에 가능하다. 이 냄새는 화학적 신호처럼 작용한다. 이것은 다른 콜로니의 벌이 가까이 왔을 때, 그 집단의 벌들에게 경고를 해준다. 이런 식으로, 외부의 벌들은 다른 벌집으로 들어가서 교란할 수 없다. 만일 외부의 벌이 들어가려고 하면, 그 콜로니의 벌들은 냄새를 맡고 공격할 것이다.

① 벌들이 사는 법
② 벌들이 냄새로 의사소통하는 법
③ 벌들의 화학적 신호
④ 벌들이 냄새맡고 공격하는 법

29 다음 글은 주로 무엇에 관한 글인가?

> When used for studies of learning and memory, the octopus is a more interesting subject than the squid. Unlike the free swimming squid, which relies exclusively on its eyes to guide it to a tasty fish or crab, the octopus often feeds off the bottom of the sea. It uses not only its eyes but its tentacles to identify a likely meal. The brain of the octopus has two separate memory storage areas one for visual memories and one for tactile memories.

① A new way of feeding fish
② Biological differences between two animals
③ How to go deep-sea fishing
④ A warning to deep-sea divers

단어 octopus 문어 squid 오징어 rely on B to A A하는 데 있어 B에 의존하다 tentacle 촉수, 촉각 identify 알아내다, 확인하다 likely 안성맞춤의(= apparently suitable) free swimming (동물 등의) 자유롭게 헤엄치는 tactile 촉각의 deep-sea fishing(fishery) 원양(심해)어업 diver 잠수부, 다이빙선수

해석 학습과 기억에 관한 연구목적으로 사용할 때 문어는 오징어보다 더 흥미 있는 연구대상이다. 오로지 눈에만 의존하여 여기저기 자유롭게 헤엄쳐서 스스로 맛있는 생선이나 게에게로 가는 오징어와는 달리, 문어는 흔히 바다 밑바닥에 있는 것을 먹이로 한다. 문어는 먹이로 알맞을 듯한 것을 알아내기 위해 눈뿐만 아니라 촉수도 사용한다. 문어의 두뇌에는 두 개의 분리된 기억저장 영역이 있는데, 하나는 시각기억을, 또 하나는 촉각기억을 저장하기 위한 것이다.
① 물고기를 기르는 새로운 방법
② 두 동물 사이의 생물학적 차이
③ 원양어업을 나가는 방법
④ 심해 잠수부들에 대한 경고(주의)

30 다음 글에 가장 알맞은 제목은?

> Today we know that worldwide disaster may be possible within the lifetimes of persons already born. Denial that the relatively near future could witness large-scale disaster rests, it seems to me, more on optimistic *articles of faith than on scientific analysis. The prospects of an imminent world food shortage, and of a not distant day when the supply of fossil fuels and other critical minerals will be insufficient to support the world economy, seem to me to be virtually self-evident.
>
> *articles of faith : 신조(信條)

① The Imminent Shortage of Natural Resources on Earth
② Mass Starvation as a Distant Worldwide Disaster
③ The Importance of Critical Minerals to Support the World Economy
④ Worldwide Disaster is likely to Come Within Our Own Lifetime

단어 ☑ **worldwide** 세계적인 **disaster** 재난, 재앙, 불행 **lifetime** 일생, 생애, 수명 **denial** 부정, 부인, 거부 **relatively** 상대적으로, 비교적 **witness** 목격하다, 증언하다, 입증(증명)하다 **large-scale** 대규모의 **rest on** ~에 근거하다, ~에 의거하다 **optimistic** 낙관적인, 낙천주의의 **analysis** 분석 **prospect** 전망, 예상 **imminent** 긴급한, 절박한 **fossil fuel** 화석연료 **critical** 위기의, 결정적인, 중대한 **mineral** 광물, 광석, 무기물 **insufficient** 불충분한, 부족한 **support** 받치다, 지탱하다, 지지하다 **virtually** 사실상, 실질적으로는 **self-evident** 자명한, 분명한 **starvation** 아사, 기아

해석 ▶ 오늘날 우리는 세계적인 재앙이 이미 태어난 사람들의 일생 동안에 일어날지도 모른다는 것을 알고 있다. 비교적 가까운 미래에 대규모 재앙을 목격할 수 있다는 것에 대한 부정은 내 생각에는 과학적인 분석보다는 낙관적인 신조에 근거를 두고 있는 것 같다. 곧 닥쳐올 것 같은 세계식량 부족, 머지않은 날에(가까운 시일 안에) 화석연료의 공급과 다른 중요한 광물들이 세계경제를 지탱하기에는 부족할 것이라는 절박한 전망이 내게는 실제로 자명한 것처럼 보인다.
① 곧 닥쳐올 것 같은 지구상의 천연자원의 부족
② 아득할(먼) 것 같은 세계적인 재앙으로서의 대규모의 (집단)기아
③ 세계경제를 지탱하기 위한 결정적인(중대한) 광물의 중요성
④ 세계적인 재앙이 우리가 사는 날 동안에 올 것 같다.

31 다음 글의 제목으로 가장 알맞은 것은?

The American Heart Association has said that pet owners are more likely to survive during the first year after a heart attack than people who don't own pets. Also, owning a dog that needs a daily walk can encourage a senior citizen to get some much-needed exercise. People living alone are even likely to eat better when they have a pet. Apparently the act of feeding the cat or dog reminds them that they need nourishment as well. Some studies have also shown that petting an animal causes a decrease in many people's blood pressure.

① Causes of a Heart Attack
② Advantages of Owning a Pet
③ Ways of Lowering Blood Pressure
④ Importance of Walking a Dog Daily

단어 **survive** 살아남다, 보다 오래 살다 **heart attack** 심장마비, 심장발작 **senior citizen** 고령자, 노인 **apparently** 분명히, 명백히 **nourishment** 영양분, 음식 **as well** 게다가, 마찬가지로 **blood pressure** 혈압

해석 미국심장협회는 애완동물을 기르는 사람들은 그렇지 않은 사람들보다 심장발작 후 처음 1년 동안 생존할 확률이 더 높은 것 같다고 말했다. 또한 매일 산책을 시켜야 하는 개를 기르는 것은 노인들에게 많이 요구되는 운동을 하도록 유도할 수 있다. 심지어 혼자 사는 사람들은 애완동물을 기르면 더 잘 먹게 된다. 고양이나 개에게 먹이를 주는 행위는 분명히 그들도 마찬가지로 영양이 필요하다는 사실을 일깨워준다. 몇몇 연구는 동물을 귀여워하는 행위가 많은 사람들에게서 혈압을 감소시킨다는 사실을 보여주었다.

① 심장마비의 원인
② 애완동물을 기를 때의 장점
③ 혈압을 낮추는 방법
④ 매일 개를 산책시키는 중요성

32 다음 글의 요지로 가장 알맞은 것은?

A myth is a story. It is supposed to be true, but no one can remember or trace its beginning which is hidden in the far, far past. Throughout the ages, man has used myths to answer the questions that have troubled him since time began. How did the world come to be? What is man? Where does the wind come from? Whose awful wrath can fell a tree with lightning? Whose voice roars in the storm? The sun, the moon, the stars, all the marvels of the universe have made man wonder. Flowers grow; fires burn; people are born and die. Why? How? And because man cannot bear to live with these perplexing questions unanswered, every people in every part of the world has its own myths, explaining certain ancient customs, dear beliefs or the facts of nature.

① Myths are made by gods.
② There are many types of myths.
③ Myths grow out of man's need.
④ Myths tell the story of the earth.

단어 ✓ **myth** 신화 **suppose** ~라고 가정하다, 추측하다, 생각하다 **trace** ~을 추적하다, ~의 유래(기원)을 알아보다 (조사하다) **awful** 무서운, 지독한 **wrath** 분노, 격노 **roar** 포효하다, 큰 소리를 내다, (바람·파도·천둥 등이) 꽝음을 내다 **marvel** 놀랄 만한 일(것), 불가사의한 일(것), 경이 **wonder** 놀라운, 경이로운 **bear** (고통 등을) 견디다, 참다 **perplexing** 당황하게 하는, 뒤얽힌, 복잡한 **unanswered** 응답(대답)이 없는 **dear** 친애하는, 귀여운, 사랑스러운, 소중한 **grow out of** ~에서 생겨나다, 일어나다

해석 ▸ 신화는 하나의 이야기이다. 그것은 사실로 여겨지지만, 아무도 아득히 먼 과거 속에 숨겨진 그 기원을 기억하거나 추정해내지 못한다. 고금에 걸쳐서, 인간은 태초부터 그를 괴롭혀 왔던 의문들에 대해 답하기 위해 신화를 이용해 왔다. 세상이 어떻게 생겨났는가? 인간은 무엇인가? 바람은 어디에서 불어오는가? 누구의 무시무시한 분노가 번개로 나무를 쓰러뜨릴 수 있는가? 폭풍우 속에서 나는 꽝음은 누구의 소리인가? 태양, 달, 별, 우주의 모든 경이로움은 인간으로 하여금 궁금증을 가지도록 해 왔다. 꽃들은 자라고 불은 타며 사람들은 태어나고 죽는다. 왜? 어떻게? 그리고 인간은 이런 복잡한 의문들을 해결하지 않은 채 살아가는 것을 견딜 수 없었기 때문에 세계 전지역에 있는 모든 사람들은 고유의 신화를 가지게 되었으며, 이 신화들은 고대의 관습, 소중한 믿음들, 또는 자연에 대한 사실들을 설명하고 있다.

① 신화는 신이 만든다.
② 많은 유형의 신화가 있다.
③ 신화는 인간의 필요에서 생겨난다.
④ 신화는 세상의 이야기를 말한다.

33 다음 글의 저자가 주장하는 바를 가장 잘 나타낸 문장은?

> There are two ways in which one can own a book. The first is the property right you establish by paying for it, just as you pay for clothes and furniture. But this act of purchase is only the prelude to possession. Full ownership comes only when you have made it a part of yourself, and the best way to make yourself a part of it is by writing in it. An illustration may make the point clear. You buy a beefsteak and transfer it from the butcher's icebox to your own. But you do not own the beefsteak in the most important sense until you consume it and get it into your bloodstream. I am arguing that books, too, must be absorbed in your bloodstream to do you any good.

① You can own a book simply by paying for it, just as you pay for clothes.
② You can claim your property right after purchasing books.
③ Full ownership of a book comes only when you make it a part of yourself.
④ You have to consume a beefsteak and get it into your bloodstream.

단어 **property** 재산권, 소유권　**establish** 세우다, 확립하다　**prelude** 전주곡, 서막　**ownership** 소유권　**illustration** 사례, 예시　**transfer** 이동시키다, 옮기다　**butcher** 정육점 상인　**in the most important sense** 가장 중요한 의미에서
bloodstream 혈관　**do (a person) good** ~에게 혜택을 주다, 도움이 되다

해석 책을 소유하는 데는 두 가지 방식이 있다. 첫째는 옷이나 가구를 살 때처럼 책값을 지불함으로써 확립되는 재산권이다. 그러나 이러한 구매행위는 소유행위의 전주곡에 불과하다. 완전한 소유권은 당신이 책을 당신 자신의 일부로 만들 때에만 획득 가능하며 당신 자신을 책의 일부로 만드는 가장 좋은 방법은 책 안에 필기를 하는 것이다. 예를 들어 보면 요점이 명확해질 것이다. 당신은 비프스테이크를 사서 정육점의 아이스박스로부터 당신의 아이스박스로 그것을 옮겨 놓는다. 그러나 당신이 그것을 먹어서 그것이 당신의 혈관 속에 스며들게 된 이후에야 비로소 당신은 가장 중요한 의미에서 비프스테이크를 소유한다. 나는 책 역시 도움이 되기 위해서는 당신의 혈관 속으로 흡수되어야 한다고 주장하고 있다.
① 당신은 옷값을 지불하는 것과 마찬가지로 단지 책값을 지불함으로써 책을 소유할 수 있다.
② 책을 구입한 후에 당신의 소유권이 정당하다고 주장할 수 있다.
③ 책에 대한 완전한 소유는 오로지 당신이 그것을 당신 자신의 일부로 만든 후에야 가능하다(이루어진다).
④ 당신은 비프스테이크를 소비해서(먹어서) 당신의 혈관 속으로 흡수해야 한다.

34 다음 글이 나타내고자 하는 가장 적절한 주제는?

> Communication can be in the form of words, pictures, or actions. Words are the most commonly used : we speak or write to communicate ideas. Pictures are useful. Businesses use them successfully in posters, charts, and blueprints. Action or an important communication medium : actions speak louder than words. A frown, a handshake, a wink, and even silence have meaning ; people will attach significance to these actions.

① Marketing
② Communication
③ Actions
④ Businesses

단어 communication 의사전달, 통신 **communicate** (사상·의사·정보 등을) 전달하다, 알리다, 전하다 **poster** 포스터, 벽보 **chart** 그림, 도표 **blueprint** 청사진, 상세한 계획 **frown** 우거지상, 찡그린 얼굴 **handshake** 악수 **attach** ~을 붙이다, 첨부하다, 덧붙이다 **significance** 의미, 의의, 취지, 중요(중대)성

해석 의사전달은 언어, 그림 또는 행동의 형태로 이루어질 수 있다. 언어가 일반적으로 가장 많이 사용되며, 우리는 말하거나 글을 써서 생각을 전달한다. 그림은 편리하다. 사업체에서는 포스터, 도표, 청사진에서 그것(그림)들을 성공적으로 이용한다. 행동은 중요한 의사전달매체로서 언어보다 더 강하게 (의미를) 전달한다. 찡그린 얼굴, 악수, 윙크, 심지어 침묵에서조차 의미를 지니고, 사람들은 이러한 행동에 의미를 부여한다.

35 다음 글은 무엇에 관하여 말하고 있는가?

> In spite of omnipresent plagues, famines and economic crises, the population of each section of the world has grown. To what can such similar growth patterns be attributed? It has been popular to attribute this general rise in world population to progress in technology, or in medicine and sanitation, or to the younger average age of marriage. Although these factors were important, they will not explain the great 18th-century rise in the populations of the Americas, where neither hygiene nor doctors were in evidence. Therefore, every population could have grown in its individual way. But why did all the increases occur at approximately the same time? One single general answer seems to explain this coincidence ; favorable changes in climate.

① The relation between world weather pattern and population growth

② The progress in sanitation and world population growth

③ The relationship between world population and the progress in technology

④ The great 18th-century growth in the world population

 Point

단어 ✔ **omnipresent** 동시에 어디에나 있는 **plague** 전염병, 역병, 페스트 **famine** 식량 부족, 기근, 기아 **attribute A to B** A를 B에게 책임지우다, A를 B의 탓으로 돌리다 **general** 일반적인, 보편적인, 포괄적인 **sanitation** (공중)위생, 위생설비 **hygiene** 위생학, 위생상태, 위생(건강)법 **in evidence** 분명히(두드러지게) 보이는, 눈에 띄는 **approximately** 대략, 대체로, 거의 **at the same time** 동시에, 한꺼번에(= simultaneously) **coincidence** (우연의) 일치, 부합 **favorable** 호의적인, 찬성의, 형편에 알맞은 **climate** 기후, 풍토, 분위기

해석 ▸ 전세계적인 전염병, 기근, 경제적 위기에도 불구하고 세계 각 지역의 인구는 증가했다. 이렇듯 유사한 인구성장의 경향(양상)은 무엇에 기인하는가? 이러한 세계인구의 일반적인 증가가 기술 또는 의학과 공중위생학의 발전, 또는 낮아진 평균 결혼연령에 기인한다고 보는 것이 보편적이었다. (그러나) 이러한 요인들이 중요하다고 할지라도, 그것들이 18세기 아메리카 대륙 인구의 엄청난 증가를 설명하지는 못할 것이다. 그 곳에는 위생설비도 의사도 없었기 때문이다. 따라서 모든 인구는 제각각의 방법으로 증가한 것이라고 말할 수 있다. 그러나 왜 모든 (인구의) 증가가 거의 같은 시기에 일어난 것인가? 한 가지 포괄적인 답이 이러한 우연의 일치를 설명해 줄 듯하다. 즉, 기후가 좋아진 것이다.
① 세계날씨의 양태와 인구 증가 간의 관계
② 위생(학)의 발전과 세계인구의 증가
③ 세계인구와 기술 발달 간의 관계
④ 18세기 세계인구의 엄청난 증가

36 다음 글의 제목으로 가장 적절한 것은?

> There was more rain today in the Youngnam Area. This makes the third day of heavy rainfall. Many people in the village near the Nakdong River are leaving their homes. They are afraid the river will flood and destroy their homes. Unfortunately, the rain is not likely to stop soon. It is reported that more rain is expected for tomorrow.

① Heavy Rainfall in Youngnam Area
② The flooding of the Nakdong River
③ Rain to Stop Soon
④ Village Destroyed by Heavy Rainfall

 Point

단어 **heavy rainfall** 호우, 폭우 **flood** 범람하다, 침수하다, 홍수, 범람, 밀물

해석 오늘 영남 지방에는 더 많은 비가 내렸다. 이로써 3일째 폭우가 쏟아진 셈이다. 낙동강 가까이에 있는 마을에 사는 많은 사람들이 집을 떠나고 있다. 그들은 강이 범람하여 그들의 집을 부숴버릴까 염려하고 있다. 불행하게도 비가 곧 그칠 것 같지는 않다. 내일은 더 많은 비가 예상된다고 보도된다.
① 영남 지방의 폭우
② 낙동강의 범람
③ 곧 그칠 비
④ 폭우에 의해 파괴된 마을

37 다음 글의 주제는 무엇인가?

> At the time of the first European contact, there were from 500 to 700 languages spoken by North American Indians. These were divided into some 60 languages families, with no demonstrable genetic relationship among them. Some of these families spread across several of the seven cultural areas. The Algonquin family, for instance, contained dozens of languages and occupied a vast territory. Speakers of Algonquin languages included the Algonquins of the Eastern Woodland, the Blackfoots of the Plains, and the Wiyots and Yuroks of California. Other language families, like the Zuni family of the Southwest, occupied only a few square miles of area and contained only a single tribal language.

① Each of the cultural areas was dominated by one of the language families.

② The Zuni language is closely related to the Algonquin language.

③ There is considerable diversity in the size and the number of languages in language families of the North American Indians.

④ Contact with Europeans had an extraordinary effect on the languages of the Indian tribes of North America.

단어 **contact** 접촉 **divide into** ~으로 나누다, 분류하다 **language family** 어족 **demonstrable** 논증(증명)할 수 있는 **genetic** 기원·유전·발생의, 발생(학)적인, 유전적인 **spread** ~을 펴다, 퍼뜨리다, 보급·유포·전파시키다(되다) **dozens of** 수십 개의 **occupy** ~을 차지하다, 점유하다, 점령(점거)하다 **territory** 영토, 영역, (활동)범위, 세력권 **tribal** 종족의, 부족의, 동족적인 **dominate** ~을 지배하다, 우세하다, 우위를 차지하다 **considerable** 상당한, 중요한 **diversity** 차이(점), 다양(성), 변화 **extraordinary** 보통이 아닌, 비상한, 특별한

해석 최초로 유럽인들과의 접촉이 있었던 시기에 북아메리카의 인디언들은 500~700여 개의 언어를 말하고 있었다. 이들 언어는 증명이 가능한 발생학적 연관성 없이 60여개의 어족으로 나뉘었다. 이 어족들 가운데 몇 개의 어족은 7개 문화지역들 중의 몇 지역으로 퍼져나갔다. 예를 들면, Algonquin 어족은 수십 개의 언어를 포함하고 있었으며 광대한 영역을 점유하였다. Algonquin 언어로 말하는 부족은 이스턴 우드랜드의 Algonquin족과 플레인즈의 Blackfoot족, 그리고 캘리포니아의 Wiyot과 Yurok족이 있다. 다른 어족들은 남서부의 Zuni 어족처럼 겨우 수평방 마일의 지역만을 점유했으며 그 부족의 (고유)언어는 단지 하나밖에 없었다.

① 각각의 문화지역은 하나의 어족에 의해 지배되었다.

② Zuni어(語)는 Algonquin어(語)와 밀접하게 관련되어 있다.

③ 북아메리카 인디언의 어족에는 규모와 수적인 면에서 상당한 다양성이 존재한다.

④ 유럽인과의 접촉은 북아메리카 인디언 부족의 언어에 특별한 영향을 가져왔다.

Answer 36.① 37.③

38 다음 글의 주제를 가장 잘 나타낸 문장은?

> Researchers at the University of Michigan are studying the effects of nicotine on the brain. Nicotine is the major drug in cigarettes. Recently they have found that cigarettes give several "benefits" to smokers that may help explain why quitting smoking is so hard. The nicotine in cigarettes seems to help smokers with problems of daily living. It helps them feel calm. Nicotine also caused short-term improvements in concentration, memory, alertness, and feelings of well-being.

① Researchers at the University of Michigan are studying how to help smokers stop smoking.
② Nicotine improves concentration, memory, and alertness.
③ Some "benefits" of smoking may help explain why smokers have a hard time quitting.
④ Researchers at the University of Michigan have developed a new program to help people stop smoking.

단어 nicotine 니코틴　major 큰, 대부분의, 중요한, 주요한　cigarette 담배　improvement 개량, 개선, 향상　concentration 집중　alertness 경계, 조심, 경보　well-being 복지, 안녕, 행복

해석 Michigan 대학의 연구원들은 뇌에 미치는 니코틴의 영향에 대해 연구하고 있다. 니코틴은 담배의 주된 약제이다. 최근에 그들은 담배가 흡연자들에게 금연하기가 어려운 이유를 설명하는 데 도움이 될 수 있는 몇 가지 이로움을 준다는 것을 알아냈다. 담배의 니코틴은 흡연자들에게 일상생활의 문제에 관해 도움을 주는 것 같다. 니코틴은 흡연자들이 차분해지도록 도와준다. 니코틴은 또한 집중력, 기억력, 조심성, 그리고 행복감을 단시간에 향상시켰다.
① Michigan 대학의 연구원들은 흡연자들이 금연을 하도록 도와주는 방법을 연구하고 있다.
② 니코틴은 집중력, 기억력, 조심성을 향상시킨다.
③ 흡연의 몇 가지 이로움은 왜 흡연자들이 금연하기 어려운지를 설명하는 데 도움이 된다.
④ Michigan 대학의 연구원들은 사람들이 금연하는 데 도움이 되는 새로운 프로그램을 개발하였다.

39 다음 글의 요지로 가장 절절한 것은?

> The intelligent doctor listens carefully to patients' complaints before diagnosing the cause of their illnesses. Investment counselors listen to clients' accounts of how they currently manage their financial portfolios before suggesting any changes. The good car salesperson listens to customers' comments on what they are looking for in a vehicle before showing them around the lot. Assembly line workers and construction workers have to listen to and master safety regulations if the company or crew is to remain accident free. The wise manager listens to subordinates' concerns and ideas before moving forward with some bold, potentially costly ventures.

① Many managers of whitecollar workers are good listeners.
② Many managers of bluecollar workers have poor listening skills.
③ It is necessary for teachers to try to develop students' listening skills.
④ No matter what you do for a living it is important to be a good listener.

단어 diagnose (질병·문제)의 원인을 진단하다　portfolio (개인·기관의) 유가 증권 보유 일람표　assembly line (대량 생산의) 조립 라인

해석 유능한 의사는 병의 원인을 진단하기 전에 환자의 말을 주의 깊게 듣는다. 투자상담가들은 어떤 변화들을 제시하기 전에 현재 고객의 유가증권들을 어떤 식으로 관리하고 있는지 듣는다. 유능한 자동차 판매원은 많은 것들을 보여주기 전에 그들이 찾고 있는 차 안에서 그들이 찾고 있는 것들에 대한 고객의 평가를 듣는다. 조립 라인과 건설현장의 노동자들은 회사, 직원이 무사고인 상태를 유지하기 위해서는 안전규칙들을 듣고 숙지해야 한다. 현명한 관리자는 대단하고 잠재적인 비용이 드는 모험적인 사업들을 하기 전에 부하 직원들의 아이디어에 귀를 기울인다.
① 많은 사무직 노동자들의 관리자는 남이 하는 말을 잘 들어준다.
② 많은 육체노동자들의 관리자는 남의 말을 듣는 능력이 부족하다.
③ 교사들은 학생들의 듣기 능력을 개발시키기 위해 노력해야 한다.
④ 무슨 일을 할지라도 타인의 말을 듣는 것은 중요하다.

TIP 다른 사람의 말에 귀 기울여 듣는 다양한 직업을 가진 사람들의 예를 들면서 잘 듣는 것이 중요하다는 이야기를 하고 있다.

40 다음 글의 제목으로 가장 적절한 것은?

> Medicine comes in lots of different packages. Painkillers in a tablet can make your headache go away. Antibiotic cream from a tube can prevent your cuts from becoming infected. But can medicine come packaged in chicken eggs? A team of scientists from Scotland says yes. They've engineered special chickens that lay eggs with disease-treating drugs inside. These drugs are made of proteins. Since animals can make proteins easily, they're good candidates for making protein drugs. Researchers have already made cows, sheep, and goats that pump out protein drugs in their milk. But chickens are cheaper to take care of, need less room, and grow faster than these other animals. Those qualities could make chickens the best choice.

① Medicine for Chickens
② Chickens as Drug Factories
③ Use of Animal Protein Drugs
④ Side Effects of Genetically Produced Medicine

 Point

단어 painkiller 진통제 tablet 알약 antibiotic 항생물질의 candidate 후원자, 지원자

해석 의약품은 다른 여러 포장들로부터 온다. 한 정의 진통제는 당신의 두통을 날려버린다. 어떤 튜브에 있는 항생물질 크림은 당신의 상처들을 감염되는 것에서 보호할 수 있다. 그러나 달걀에 약이 포장될 수 있을까? 스코틀랜드의 한 과학자들 팀은 그렇다고 말한다. 그들은 질병 치유약이 든 달걀을 낳는 특별한 닭을 구상했다. 이 약물들은 단백질로부터 만들어진다. 동물들이 쉽게 단백질을 만들 수 있기 때문에 그들은 단백질이 든 약을 만드는 데 좋은 후보다. 연구원들은 이미 그들의 젖에서 단백질 약을 쏟아내는 소, 양, 염소들을 만들어왔다. 그러나 닭은 다른 동물에 비해 기르는 데 적은 비용, 적은 공간이 필요하고 빨리 자란다. 이러한 장점들이 닭을 최상의 선택으로 만든다.

① 닭을 위한 의약품
② 약품 제조공장으로서의 닭
③ 동물 단백질 약의 사용
④ 유전학적으로 생산된 약품의 부작용

Answer 40.②

02 문맥 속 어구 파악

TYPE 1 지시어 추론 – 다음 글에서 밑줄 친 대명사 또는 명사 등이 구체적으로 가리키는 것으로 가장 알맞은 것은?

이 유형은 주어지는 글에서 쓰이고 있는 대명사나 명사 등이 가리키고 있는 대상을 추론하는 문제로, 대부분 글의 전체 내용을 종합적으로 가리키고 있으므로 정확하고 구체적인 정보파악능력과 함께 논리적이고 종합적인 사고능력도 함께 필요로 한다.

2020. 9. 19. 제2차 경찰공무원(순경)
다음 글의 밑줄 친 부분 중 가리키는 대상이 나머지 셋과 다른 것은?

In every culture, there are topics that are hard to talk about directly. People often speak about these topics using euphemisms. The reason why people use euphemisms is that they can hide unpleasant or disturbing ideas behind ㉠them. So, people don't have to bring up the ideas directly and upset people. However, euphemisms pose an additional burden to people who are learning English as a foreign language. Learners have to learn which expressions are appropriate in different situations. Euphemisms are also problematic for English learners because ㉡they often contain more difficult words than ㉢their more direct counterparts. Learners of English, for instance, have to memorize that an old person can be referred to as "a senior citizen," while a police officer can be described as "a law-enforcement officer." They also have to learn to use euphemisms like "vertically challenged"when ㉣they can get by with "short."

① ㉠   ② ㉡
③ ㉢   ④ ㉣

단어
euphemism 완곡어법
counterpart 대응물

해석 ●

모든 문화에서, 직접적으로 말하기 어려운 주제들이 있다. 사람들은 자주 이런 주제들을 완곡한 표현들을 사용해 말한다. 사람들이 완곡 표현들을 사용하는 이유는 그들이 ㉠완곡한 표현들 뒤로 불쾌함이나 불편함을 숨길 수 있기 때문이다. 그래서 사람들은 직접적으로 그런 생각들을 꺼내 다른 사람들 기분을 상하게 할 필요가 없다. 하지만 완곡어법은 외국어로서 영어를 배우고 있는 사람들에게 추가적인 부담을 제기한다. 배우는 사람들은 다른 상황마다 어떤 표현들이 적절한지 학습해야

정답 ④

기출문제

한다. 완곡어법들은 또한 영어를 배우는 사람들에게 문제가 많다. 왜냐하면 ⓒ완곡한 표현들에는 빈번하게 ⓒ그것들의 더 직접적인 표현보다 더 어려운 단어들이 있기 때문이다. 예를 들어, 영어를 배우는 사람들은 나이 든 사람이 "어르신"으로 언급될 수 있고, 경찰관을 "경관"으로 나타낼 수 있음을 외워야만 한다. 또한 ⓔ영어를 배우는 사람들은 "키 작은"을 쓸 수 있을 때에도 "땅딸보"같은 완곡한 표현 사용을 배워야만 한다.

TIP

ⓔ의 they는 앞 문장의 주어인 Learners of English와 동일하다.

제시된 글은 대명사가 지칭하는 인물을 파악하는 문제이다.

단어
contain 방지하다, 억제하다
incident 사건
cordon 저지선
Auxiliary Fire Service 보조 소방서
blitz 대공습
bomb 폭격하다
in a row 연속으로

2020. 6. 20. 소방직
밑줄 친 부분이 가리키는 대상이 나머지 셋과 다른 것은?

> The London Fire Brigade rushed to the scene and firefighters were containing the incident when an elderly man approached the cordon. ① He told one of the crew that he used to be a fireman imself, as a member of the Auxiliary Fire Service in London during World War Ⅱ. Now 93 years old, ② he still remembered fighting fires during the Blitz—a period when London was bombed for 57 nights in a row. ③ He asked the officer if he could do anything to help. The officer found himself not ready for a proper response at that moment and ④ he just helped him through the cordon. Later, he invited him to his fire station for tea and to share his stories with him.

해석

런던 소방대가 현장으로 달려갔고 소방관들은 한 노인이 저지선에 접근할 때 그 사건을 진압하고 있었다. ①그는 대원 중 한 명에게 제2차 세계 대전 중 런던의 보조 소방서의 일원으로 소방관이었다고 말했다. 현재 93세인 ②그는 런던이 57일 연속 폭격을 당했던 기간인 대공습 기간 동안 화재와 싸웠던 것을 여전히 기억했다. ③그는 장교에게 도울 일이 없느냐고 물었다. 그 장교는 그 자신이 그 순간 적절한 대응을 할 준비가 되어 있지 않다는 것을 알았고 ④그는 그가 저지선을 통과하도록 도왔다. 나중에 그는 그를 소방서에 초대하여 차를 마시게 하고 그의 이야기를 나누게 했다.

TIP

①②③의 He는 93세 노인을 ④는 the officer를 가리킨다.

정답 ④

2020. 6. 20. 소방직

밑줄 친 They(they)/their가 가리키는 대상으로 가장 적절한 것은?

They monitor the building for the presence of fire, producing audible and visual signals if fire is detected. A control unit receives inputs from all fire detection devices, automatic or manual, and activates the corresponding notification systems. In addition, they can be used to initiate the adequate response measures when fire is detected. It is important to note that their requirements change significantly depending on the occupancy classification of the building in question. Following the right set of requirements is the first step for a code-compliant design.

① fire alarm systems
② fire sprinklers
③ standpipes
④ smoke control systems

단어

presence 존재
audible 청취할 수 있는
input 입력
automatic 자동의
manual 수동의
activate 활성화시키다
corresponding 상응하는
notification 통지
in addition 게다가
initiate 시작하다
adequate 적절한
measure 조취
requirement 요구사항
significantly 상당히
occupancy 점유
classification 분류
in question 논의되고 있는
firesprinkler 화재 스프링클러
standpipe 급수탑
smoke control system
연기 제어 시스템

해석 ◉

그것들은 화재의 발생에 대해 건물을 감시하여 화재가 감지되면 청각 및 시각 신호를 생성한다. 제어부는 모든 화재 감지 장치로부터 자동 또는 수동으로 입력을 수신하고, 해당 알림 시스템을 활성화한다. 또한 그것들은 화재가 감지되면 적절한 대응 조치를 시작하는 데 사용할 수 있다. 논의 중인 해당 건물의 사용 구분에 따라 그것들의 요건이 크게 변경된다는 것을 주목하는 것이 중요하다. 올바른 요구 사항 집합을 따르는 것이 코드 준수 설계의 첫 번째 단계다.

TIP ◉

화재발생에 대해 건물을 감시하고 화재 발생시 청각 및 시각 신호를 생성한다고 했으므로 ①의 화재경보시스템이 적절하다.

정답 ①

기출문제

단 어
a claim to fame
명성을 얻을 자격
wield 휘두르다, 사용하다
bend 구부리다
lash out 채찍질하다, 강타하다
extraordinary 대단한, 비상한
velocity 속도
snap ~를 탕하고 닫다, 물다
secretive 숨기는
subterranean 지하의

2019. 6. 15. 제2회 서울특별시
밑줄 친 부분이 지칭하는 대상이 다른 것은?

> Dracula ants get their name for the way they sometimes drink the blood of their own young. But this week, ①the insects have earned a new claim to fame. Dracula ants of the species Mystrium camillae can snap their jaws together so fast, you could fit 5,000 strikes into the time it takes us to blink an eye. This means ②the blood-suckers wield the fastest known movement in nature, according to a study published this week in the journal Royal Society Open Science. Interestingly, the ants produce their record-breaking snaps simply by pressing their jaws together so hard that ③they bend. This stores energy in one of the jaws, like a spring, until it slides past the other and lashes out with extraordinary speed and force-reaching a maximum velocity of over 200 miles per hour. It's kind of like what happens when you snap your fingers, only 1,000 times faster. Dracula ants are secretive predators as ④they prefer to hunt under the leaf litter or in subterranean tunnels.

해 석 ●

드라큘라 개미들은 그들이 때때로 자기 새끼의 피를 마시는 방식 때문에 그들의 이름을 얻었다. 하지만 이번 주, 이 곤충들은 명성을 얻을 새로운 자격을 얻었다. Mystrium camillae 종의 드라큘라 개미들은 그들의 턱을 아주 빠르게 부딪칠 수 있어서, 당신이 눈을 깜빡이는 데 걸리는 시간에 5,000번의 타격을 맞출 수 있다. 이것은 이번 주에 Royal Society Open Science지에 발표된 한 연구에 따르면, 피를 빨아먹는 그들이(개미들이) 자연에서 가장 빠른 것으로 알려진 동작을 사용한다는 것을 의미한다. 흥미롭게도, 이 개미들은 단순히 그들의 턱을 너무 세게 부딪쳐서 그것들이 구부러지게 함으로써, 그들의 기록적인 부딪침을 만들어 낸다. 이것은 한쪽 턱이 다른 쪽 턱을 미끄러지면서 지나가 엄청난 속도와 힘- 다시 말해 시속 200마일 이상의 최대 속도에 도달하는-으로 강타할 때까지, 스프링처럼 한쪽 턱에 에너지를 저장한다. 그것은 당신이 손가락을 탁 칠 때 발생하는 것과 같은데, 1,000배 더 빠를 뿐이다. 드라큘라 개미들은 그들이 낙엽 밑이나 지하 터널 안에서 사냥하는 것을 더 좋아하기 때문에 비밀스러운 포식자들이다.

TIP ●

①, ②, ④는 개미를, ③은 개미의 턱(their jaws)을 가리킨다.

정답 ③

TYPE 2 어구의 의미파악 – 다음 글에서 밑줄 친 부분의 의미로 가장 적절한(알맞은) 것은?

이 유형은 주어지는 글에서 쓰이고 있는 어구의 표면적인 뜻이 아니라 이면적인 의미를 간파해내야 하는 문제로, 주어지는 글에 충실하여 문맥의 전체적인 흐름과 전반적인 분위기를 파악하여 이중적 의미를 찾아 내는 것이 중요하다. 또한 이러한 유형의 문제들을 풀기 위해서는 다양한 의미로 쓰이는 어휘와 표현들을 잘 익혀야 한다.

2020. 2. 22. 법원행정처

밑줄 친 the issue가 가리키는 내용으로 가장 적절한 것은?

Nine-year-old Ryan Kyote was eating breakfast at home in Napa, California, when he saw the news: an Indiana school had taken a 6-year-old's meal when her lunch account didn't have enough money. Kyote asked if that could happen to his friends. When his mom contacted the school district to find out, she learned that students at schools in their district had, all told, as much as $25,000 in lunch debt. Although the district says it never penalized students who owed, Kyote decided to use his saved allowance to pay off his grade'hs debt, about $74—becoming the face of a movement to end lunch-money debt. When California Governor Gavin Newsom signed a bill in October that banned "lunch shaming," or giving worse food to students with debt, he thanked Kyote for his "empathy and his courage" in raising awareness of <u>the issue</u>. "Heroes," Kyote points out, "come in all ages."

① The governor signed a bill to decline lunch items to students with lunch debt.

② Kyote's lunch was taken away because he ran out of money in his lunch account.

③ The school district with financial burden cut the budget failing to serve quality meals.

④ Many students in the district who could not afford lunch were burdened with lunch debt.

단 어
penalize 부당하게 대우하다
empathy 공감

┃정답 ④

┃**121**

기출문제

해석 ☞

9살 인 Ryan Kyote가 그 뉴스를 봤을 때 그는 California Napa에 있는 집에서 아침식사를 하고 있었다. 그 뉴스는 인디애나의 한 학교가 한 여섯 살짜리 아이의 급식계좌에서 급식비가 부족하자 그녀의 식사를 가져가 버렸다는 내용이었다. Kyote는 만약 그런 일이 그의 친구들에게 일어날 수 있는지 물었다. 그의 엄마가 이를 알아내기 위해 교육청에 연락했을 때, 그녀는 그 학군의 학생들에게 통틀어 급식비 25,000 달러 정도의 미납이 있다는 사실을 알게 되었다. 그 교육청에서는 절대 미납된 학생들을 부당하게 대우하지 않았다고 말하지만, Kyote는 그가 모은 용돈을 그의 학년의 미납금 약 74달러를 지불하는데 사용하기로 결정했고 이것은 급식비 미납을 해결하려는 운동의 시작이 되었다. 10월에 California 주지사 Gavin Newsom은 '부끄러운 점심식사' 혹은 미납 때문에 '질 낮은 급식 제공'을 금지하는 법안에 서명했을 때, 이런 문제에 대한 인식을 높이는 데 있어서 Kyote가 보여준 "그의 공감과 용기"에 감사를 표했다. Kyote는 이렇게 말한다. "영웅들은, 다양한 연령에서 나옵니다."

① 주지사가 급식비 미납인 학생들에게 점심 메뉴를 줄이라는 법안에 서명했다.
② Kyote가 급식비가 부족했기 때문에 그는 급식을 받지 못했다.
③ 재정적 부담이 있던 교육청은 양질의 급식을 제공하지 못한 예산을 삭감했다.
④ 급식비를 낼 수 없었던 그 지역의 많은 학생들은 급식비 미납인 상태였다.

TIP ☞

Kyote가 뉴스를 접하고 자신의 지역 학생들의 상황에 관심을 갖고 그의 어머니가 알아봤을 때, 그 지역에 상당한 급식비 미납 상황이 있음이 드러났고 급식비 미납상황으로 인해 곤란할 학생들을 돕기 위한 활동이 시작됨을 암시하는 글이다. 따라서 ④번이 the issue가 가리키는 내용이다.

2019. 2. 23. 법원행정처

밑줄 친 brush them off가 다음 글에서 의미하는 바로 가장 적절한 것은?

단어
brush -off -를 무시하다

Much of the communication between doctor and patient is personal. To have a good partnership with your doctor, it is important to talk about sensitive subjects, like sex or memory problems, even if you are embarrassed or uncomfortable. Most doctors are used to talking about personal matters and will try to ease your discomfort. Keep in mind that these topics concern many older people. You can use booklets and other materials to help you bring up sensitive subjects when talking with your doctor. It is important to understand that problems with memory, depression, sexual function, and incontinence are not necessarily normal parts of aging. A good doctor will take your concerns about these topics seriously and not brush them off. If you think your doctor isn't taking your concerns seriously, talk to him or her about your feelings or consider looking for a new doctor.

*incontinence (대소변)실금

정답 ②

① discuss sensitive topics with you
② ignore some concerns you have
③ feel comfortable with something you say
④ deal with uncomfortable subjects seriously

해석 ▶

의사와 환자 사이의 많은 의사소통은 개인적이다. 당신의 의사와 원만한 관계를 갖기 위해 당신이 부끄럽거나 불편하더라도 섹스나 기억력 문제 같은 민감한 주제들에 관해 이야기하는 것이 중요하다. 대부분의 의사들은 개인적인 문제에 관해 이야기를 나누는 것에 익숙하고 당신의 불편함을 덜어주려 노력할 것이다. 많은 노인들이 이런 주제와 관련되어 있다는 것을 명심해라. 당신은 당신이 의사와 이야기 할 때 민감한 주제를 꺼내는데 도움이 되도록 소책자와 다른 자료들을 활용할 수 있다. 기억력 문제, 우울증, 성기능 문제, 요실금이 불가피하게 노화의 정상적인 증상이 아님을 이해하는 것이 중요하다. 훌륭한 의사는 이런 화제에 관해 당신의 걱정들을 진지하게 다루고, <u>그것들을 무시하지 않을 것이다.</u> 만약 당신이 의사가 당신의 걱정을 진지하게 듣지 않는다고 생각된다면, 당신의 감정을 의사에게 말하던지 새로운 의사를 찾는 것을 고려해봐라.

① 당신과 민감한 화제를 의논하다.
② 당신이 갖고 있는 걱정들을 무시한다.
③ 당신이 말하는 것에 편안해하다.
④ 불변한 주제를 진지하게 다루다.

2016. 6. 18 제1회 지방직
밑줄 친 'your dad's character'를 가장 잘 표현하는 것은?

> I began to get a pretty good sense of your father the first time I came to visit you at your house. Before my visit, he asked me some detailed questions about my physical needs. As soon as he learned about my heavy wheelchair, he began planning how he would build a ramp to the front door. The first day I came to the house, the ramp was ready, built with his own hands. Later on, when your dad found out about your younger brother's autism, he said one thing I will never forget. "If Sam can't learn in school," he told me, "I will take a couple of years off work and we will sail around the world. I will teach him everything he needs to know in those two years." That says everything about <u>your dad's character</u>.
>
> *autism : 자폐증

① strict and stern   ② funny and humorous
③ lazy and easygoing   ④ considerate and thoughtful

단어
ramp 경사로
autism 자폐증

| 정답 ④

기출문제

해 석 ❯

처음 내가 당신의 집에 당신을 방문하러 왔을 때 나는 당신의 아버지에 대해 꽤 좋은 느낌을 가지기 시작했다. 내가 방문하기 전에, 그는 나에게 나의 신체적인 어려움들에 대해 몇몇의 상세한 질문들을 해왔다. 그가 내 무거운 휠체어에 대해 안 순간, 그는 어떻게 그가 현관에 경사로를 만들 것인가 계획을 짜기 시작했다. 첫날 나는 그 집에 왔고, 경사로는 그가 만든 경사로가 준비가 되어 있었다. 후에, 당신의 아버지가 당신의 어린 형제의 자폐증에 대해 발견을 했을 때, 그는 내가 잊을 수 없는 한 가지를 말했다. "만약 Sam이 학교에서 배울 수 없다면," 그가 내게 말했다, "나는 2년간 일을 쉴 것이고 우리는 세계를 항해할 것이다. 나는 그에게 그가 그 2년 동안 알아야 할 필요가 있는 모든 것을 가르쳐 줄 것이다." 그것은 당신 아버지의 성격에 대한 모든 것을 말해 준다.

① 엄격하고 근엄한
② 재밌고 유머러스한
③ 게으르고 느긋한
④ 사려 깊고 신중한

2013. 9. 7 서울특별시
문맥상 밑줄 친 부분과 뜻이 가장 가까운 것은?

In today's business climate, you've got to be clever enough to come up with ideas that others haven't thought of yet. Take my friend Mr. Kim, an organic apple farmer. Five years ago, his business wasn't making a profit. It was about to go under. Then organic fruit really caught on. Suddenly it seemed that everyone wanted to buy his organic apples! He then decided to try something new. He set up a mail-order business so his customers could order his apples from home and get them quickly. Sales took off and Mr. Kim made even more money. Now he's thinking about retiring early.

① become popular
② break even
③ decrease
④ become bankrupt
⑤ get right down to business

단 어
business climate 기업 풍토
come up with ~을 생산하다, ~을 제안하다
go under 도산하다
catch on 유행하다
take off 급격히 인기를 얻다

정답 ④

해석 ●

오늘날의 기업 풍토는 다른 사람들이 미처 생각하지 못한 아이디어를 제안할 만큼 충분히 영리해야 한다. 유기농 사과 농부인 내 친구 Mr. Kim을 보자. 5년 전 그의 사업은 이익을 내지 못해 파산 지경이었다. 그때 유기농 과일이 인기를 얻었다. 갑자기 모든 사람들이 그의 유기농 사과를 사기를 원하는 것 같았다! 그때 그는 새로운 것을 시도하기로 결심했다. 그는 통신 판매 사업을 마련했고 그로 인해 고객들은 그의 사과를 집에서 주문하고 빠르게 받을 수 있게 되었다. 판매는 급격히 인기를 얻었고 Mr. Kim은 더 많은 돈을 벌었다. 현재 그는 조기퇴직에 대하여 생각하고 있다.

① 인기를 얻게 되다
② 본전치기를 하다
③ 감소하다
④ 파산하다
⑤ 바로 요점으로 들어가다

1 문맥상 밑줄 친 'gut feelings'와 뜻이 가장 가까운 것은?

Most of us live in our heads and pay little or no attention to the feelings that we so aptly call 'gut feelings.' Our gut knows far more than we give it credit for. So, start listening to it. This is the gateway to our inner world or intuition. Intuition, as opposed to logic, reasoning, and rationale, is a gentler source of information that often opposes logic, challenges reason, and is strongly connected to feelings in the body rather than in the mind or head. Paying attention to our inner world requires that we press the pause button on the endless mental processing. It allows us to focus on emotions, feelings, and our body. With this we have taken the first crucial step to accessing our intuitive self.

① attention   ② intuition
③ logic   ④ rationale

단어 oaptly 적절히 gateway 입구 gentler 고상한

해석 우리들 중 대부분은 우리의 머리로 살고 우리가 그렇게 적절하게 '직감'이라고 부르는 느낌을 거의 신경 쓰지 않는다. 우리의 직감은 우리가 신용하는 것보다 더 많이 안다. 그러니 귀 기울이기 시작하라. 이것이 우리의 내면세계 혹은 직감으로 가는 통로이다. 논리, 추리, 이론적 설명과 반대되는 직감은 종종 논리에 반대되고 이성에 도전적이며 머리와 정신보다 오히려 육체에 강하게 연결되는 고상한 정보의 원천이다. 우리 내면에 주의를 집중하는 것은 끝없는 정신적 과정에 정지 버튼을 누르기를 요구한다. 그것은 우리의 감정, 느낌, 육체에 집중토록 하고 있다. 이것으로 우리는 우리의 직관적인 자아에 접근하는 첫 번째 중요한 단계에 들어선다.
① 주의 ② 직관 ③ 논리 ④ 근거

TIP 'gut feeling'과 'intuition'은 직관을 뜻하는 단어이다.

2 밑줄 친 they가 가리키는 대상이 나머지 셋과 다른 것은?

Aborigines are the native peoples in Australia. Throughout their history, ①they have used art to reflect their religious beliefs. ②They believe that their culture and environment are the result of the Jugurrba or the dreaming. During the dreaming, spirit beings took the forms of men and animals and created the land and animals. Wherever the spirits created and whatever they touched, ③they supposedly left behind some of their essence. The Aborigines believe that the spirits' essence caused life to spring up. ④They still call on the spirits of animals and places to ensure such things as good weather or a successful hunt. Since the 1960s, the art world has become interested in Aboriginal bark painting. This interest has generated a big market for the Aborigines, and they are producing more art to sell than ever before.

단어 aborigine 원주민 native (사람이) 태어난 곳의, 토박이의 throughout 도처에, ~동안, 내내 essence 본질, 정수, 진수 spring up 갑자기 생겨나다 ensure 반드시 ~하다, 보장하다 generate 발생시키다

해석 Aborigine은 호주의 원주민이다. 그들의 역사 동안, ①그들은 그들의 종교적 믿음을 반영하는 예술을 해왔다. ② 그들은 그들의 문화와 환경이 Jugurrba나 꿈의 결과라고 믿는다. 꿈을 꾸는 동안, 영혼은 인간과 동물의 형상을 갖추었고, 땅과 동물을 창조했다. 그 영혼들이 어디를 창조하든지, 무엇을 믿든 ③그들은 그들의 정수를 좀 남겨 두었던 것 같다. Aborigine은 영혼의 정수가 생명을 샘솟게 한다고 믿는다. ④그들은 아직도 동물과 장소의 정령에게 좋은 날씨나 성공적인 사냥 같은 것들을 보장해 달라고 청한다. 1960년대 이래로, 예술 세계는 Aboriginal의 나무껍질 그림에 관심을 갖기 시작했다. 이러한 관심은 Aborigine 사이에서 대형 시장을 발생시켰고, 그들은 전보다 더 많은 예술품을 팔기 위해 더 많은 예술품을 생산하고 있다.

TIP 나머지는 Aborigine을 가리키고, ③은 spirit(영혼, 정기)를 가리킨다.

Answer 1.② 2.③

3 밑줄 친 부분이 가리키는 대상이 나머지와 다른 것은?

> Misty May-Treanor and Kerri Walsh are great athletes, and they are great people. In the semifinals of the beach volleyball event at the 2008 Olympics in Beijing, ①they defeated a very good Brazilian team. Afterward, they shook hands with the members of the Brazilian team and said "thank you." ②They then shook hands with many, many volunteers who do such things as retrieve balls and rake the sand. In awe, journalist Mike Celizic wrote, "They literally chased down some of the volunteers from behind as they were leaving the court, not wanting ③them to get away without knowing how much their efforts were appreciated." ④They also waved to the fans and promised to come back after the mandatory drug testing. They did come back, posing for photographs and signing autographs for many, many fans. And yes, the fans really appreciated shaking hands with them.

단어 ☑ **retrieve** ~을 되찾다 **rake** 갈퀴질 하다 **awe** 경외(敬畏)감 **mandatory** 의무적인, 필수적인

해석 ▶ Misty May-Treanor와 Kerri Walsh는 훌륭한 운동선수이며 멋진 사람들이다. 2008 북경올림픽의 비치발리볼 준결승에서 ①그들은 매우 훌륭한 브라질 팀을 이겼다. 그 후에, 그들은 브라질 팀의 선수들과 악수를 나누며 "고맙습니다"라고 말했다. 그런 다음에, ②그들은 공을 되찾아오고, (경기장) 모래를 정리(갈퀴질)하는 것과 같은 일을 하는 많은 자원봉사자들과 악수를 했다. 저널리스트 Mike Celizic는 경탄하면서, "③그들은 그들의 노력이 얼마나 고맙게 생각되고 있는지를 모르는 채 떠나가도록 하는 것을 원하지 않았기 때문에, 그들은 몇몇의 자원봉사자들이 코트를 떠날 때 글자 그대로 그들의 뒤를 좇아갔었다"라고 썼다. ④그들은 또한 팬들에게 손을 흔들어 인사를 했으며 의무적인 약물테스트 후에 다시 돌아오겠다고 약속했다. 그들은 정말 돌아왔고, 사진포즈를 취해주었고 정말 많은 팬들에게 사인을 해주었다. 그리고 물론, 팬들은 그들과 악수했던 것을 진실로 고맙게 생각했다.

TIP ☑ 지칭하는 They(they)가(이) 가리키는 것이 나머지 넷과 다른 것을 고르는 문제로서 ①②④는 Misty May-Treanor와 Kerri Walsh를 지칭하고, ③은 자원봉사자들을 지칭한다.

4   다음 글에서 밑줄 친 They가 뜻하는 것은?

> <u>They</u> sometimes work for large department stores and draw pictures of the stores' latest fashions. They must picture the dress on the model — in the mood and setting that will make it seem most attractive. They often work for advertising agencies, where they create striking pictures and tasteful designs. In this way, they will attract public attention and show the product to be advertised in a good light. Newspapers carry many examples of their art. Indeed, instances of it are all around us.

① store clerks
② art designers
③ fashion models
④ newspaper reporters

단어 ✔ **setting** 배경, 환경   **striking** 인상적인, 현저한   **tasteful** 멋있는, 심미안이 있는   **attract** 관심을 끌다   **indeed** 사실, 과연

해석 ▶ <u>그들은</u> 때때로 큰 백화점에서 일하면서 그 백화점의 최신 패션을 그린다. 그들은 드레스가 가장 매력적으로 보이는 분위기와 배경으로, 모델에게 입힐 드레스를 그려내어야 한다. 그들은 종종 광고대행사에서도 일하는데, 여기서 인상적인 그림과 세련된 디자인을 창출해낸다. 이런 방식으로, 그들은 대중의 관심을 유발할 것이고, 멋진 조명 아래에서 상품을 광고해 보여준다. 신문은 그들의 많은 작품을 싣는다. 사실, 그 실례는 우리 주위에 널려 있다.

5 다음 글에서 밑줄 친 this가 뜻하는 것은?

> In high mountains, the heat of summer is not sufficient to melt all the snow which falls in winter. Wherever this occurs year after year, there is a gradual accumulation of snow. In the sunny days of summer the surface of snowfields melts, and the water, sinking into the snow, freezes beneath the surface and helps change the snow to ice. The weight of the snow above also compacts the snow below. By the melting and refreezing of the water and by pressure, the large part of the snow of a snowfield is changed into <u>this</u>.

① 온천   ② 암석
③ 빙하   ④ 지하수

단어   sufficient 충분한   year after year 매년, 해마다   accumulation 축적, 누적   snowfield 설원(雪原), 만년설   compact 압축하다, 굳히다

해석   높은 산에서는 여름의 더위가 겨울에 내린 눈을 모두 녹이기에 충분하지 않다. 이런 일이 매년 일어나는 곳에서는 어디에서나 눈이 점차 축적된다. 여름에 햇볕이 나는 날에 설원의 표면이 녹게 되고, 그 물은 눈 밑으로 가라앉아서 표면 밑에서 얼게 되어 눈이 얼음으로 바뀌는 것을 촉진한다. 위에 있는 눈의 무게는 또한 밑에 있는 눈을 굳힌다. 물이 녹고 어는 것에 의해서, 또 압력에 의해서 설원에 있는 눈의 상당한 부분은 <u>이것</u>으로 변한다.

6 다음 글에서 밑줄 친 They가 가리키는 것으로 가장 알맞은 것은?

> <u>They</u> are mammals, not fish, but they swim together in a school. They talk to the other ones in the school. They give information. They tell when they are happy or sad or afraid. They say "Welcome" when one of their members comes back to the school. They talk when they play. They make a few sounds above water. They make many more sounds under water. People cannot hear these sounds because they are very, very high. Scientists make tapes of the sounds and study them.

① dolphins   ② crocodiles
③ penguins   ④ turtles

Point

단어 **mammal** 포유동물 **school** (물고기 등의) 떼 **make a tape of** ~을 (테이프로) 녹음하다 **dolphin** 돌고래 **crocodile** 악어 **penguin** 펭귄 **turtle** 거북이

해석 그것들은 물고기가 아니라 포유류이지만 떼를 지어 함께 헤엄친다. 그것들은 그 무리 속에 있는 다른 것들과 말을 한다. 그것들은 정보를 준다. 그것들은 행복하다거나 슬프다거나 두렵다는 것을 전달한다. 그것들은 구성원 중의 어느 하나가 다시 그 무리로 돌아오면 "환영한다"고 말한다. 그것들은 놀면서 이야기한다. 그것들은 물 위에서도 약간의 소리를 낸다. 그것들은 물 속에서 더 많은 소리를 낸다. 이 소리들이 너무 고음이기 때문에 사람들은 들을 수 없다. 과학자들은 이런 소리들을 녹음하여 연구하고 있다.

TIP ① 무리를 지어서 헤엄치면서 의사소통을 할 수 있는 포유류는 돌고래이다.

7 다음 글에서 밑줄 친 the search가 뜻하는 것은?

Just as I was leaving my friend's office, it struck me that I had no idea where I had parked my car. I could not go up to a policeman and tell him that I had lost a small green car somewhere! I would have to look for it myself. Walking down street after street, I examined each car closely and saw a small green car just by wall. But how disappointed I was to discover that though the car was exactly like my own, it belonged to someone else! Feeling tired now, I gave up the search and went off for lunch.

① 주차장을 찾는 것 ② 식당을 찾는 것
③ 사무실을 찾는 것 ④ 자동차를 찾는 것

Point

단어 **strike** ~을 치다, 때리다, (생각 등이) 떠오르다, 갑자기 생각나다 **park** 주차하다 **go up to** ~에 다가가다, ~쪽으로 가다 **look for** ~을 찾다(= search for) **examine** ~을 검사하다, 조사하다 **give up** ~을 포기하다, 그만두다

해석 친구의 사무실을 막 나왔을 때, 나는 내가 차를 어디에 주차시켜 놓았는지 모른다는 것을 불현듯 깨달았다. 나는 경찰에게 가서 내가 어디에선가 작은 녹색 자동차를 잃어버렸다고 말할 수는 없었다. 나는 스스로 차를 찾아보아야 했다. 거리마다 걸어가면서 모든 차를 면밀히 조사한 끝에 담장 바로 옆에서 작은 녹색 자동차를 발견했다. 그러나 그 차가 내 차와 꼭 같이 생겼지만 누군가 다른 사람의 차라는 것을 알고 얼마나 실망했던가! 이제 지쳤기 때문에 나는 찾기를 포기하고 점심을 먹으러 갔다.

Answer 5.③ 6.① 7.④

8 밑줄 친 'Not the smartest cookies in the box,'의 의미로 가장 적절한 것은?

I was recently searching a school that had been broken into. I had my trusty general purpose dog with me, called Louis. We had received reports that the intruders were still inside the school, so I sent the dog in first to try and locate them. He had picked up the scent and as I approached the communal toilet block, he started to bark, telling me there was someone inside. As I entered the room there was a line of about twelve toilet cubicles along the wall. They were all standing with the doors wide open—apart from two which were closed. I shouted that anyone inside the toilet cubicle should come out immediately. No response. Again I called for the suspects to come out and face me. Again nothing. And as I looked under the doors of the cubicles I could see a pair of feet in each one—clearly they were sitting on the toilets. 'Not the smartest cookies in the box,' I thought. Well, I had given them the chance and they refused to open the door, so I sent Louis in who pulled them both out. They will not be breaking into anywhere else for a while.

---

① The intruders did not accept the things the way they were.

② The suspects did not recognize you when you visited them again.

③ The intruders were not clever enough to find a better hiding place.

④ The suspects were unemotional and not easily hurt by what you said.

단어 communal 공동의 cubicle 직육면체, 칸 intruder 침입자 suspect 용의자 break into 침입하다

해석 나는 믿을 만한 만능견인 Louis를 데리고 최근 침입을 당한 학교를 조사 중이었다. 우리는 침입자가 아직 학교 안에 있다는 보고를 받고, 그들의 위치를 확인하기 위하여 개를 먼저 들여보냈다. 개가 냄새를 확인하고, 나는 공중 화장실 쪽으로 다가갔고, 그곳에 들어갔을 때, 개가 그곳에 누군가 있다면서 짖어대기 시작했다. 화장실 벽면엔 12개의 칸이 줄지어 있었다. 그것들은 닫혀 있는 두 개만을 제외하고 모두 문이 열린 채로 있었다. 나는 화장실 칸 안에 있는 용의자들에게 당장 나오라고 소리쳤지만 응답이 없었다. 나는 다시 한 번 나오라고 소리쳤지만 역시 대답이 없었다. 그래서 화장실 칸의 문 아래를 보았더니, 변기에 앉아 있는 그들의 발이 보였다. "저 안에 있는 자들이 그다지 똑똑하지 않군."하고 생각했다. 나는 그들에게 또 한 번의 기회를 주었지만 그들은 문을 열지 않았다. 그래서 나는 Louis를 보내 그들이 밖으로 나오도록 했다. 그들은 한동안은 더 이상 어디에도 침입하지 못할 것이다.

① 침입자들은 그들이 처한 상황을 받아들일 수 없었다.
② 용의자들은 당신이 그들을 다시 방문했을 때, 당신을 알아보지 못했다.
③ 침입자들은 숨을 더 좋은 장소를 발견할 만큼 영리하지 않았다.
④ 용의자들은 감정적이지 않고, 내 말에 잘 다치지 않았다.

TIP 제시문에서 내가 '똑똑한 사람들이 안에 있지는 않네'라고 생각한 부분이 단서가 된다.

9 다음 글에서 밑줄 친 that company가 뜻하는 것은?

> Think of unpacking the box! Think of seeing, on the outside, 'Cut Flowers, immediate,' undoing the string, taking off the paper, lifting the lid! What then? Ah, violets, perhaps, or roses ; lilies of the valley, lilac or pale pink peonies or mimosa with its warm sweetness. The little room would be like a greenhouse. She would borrow jam pots from the landlady, and it would take all evening to arrange them. And the room would be wonderful — like heaven. It would be wonderful to wake, slowly and luxuriously, on a Sunday morning, and see <u>that company</u> — what bliss!

① 동료들
② 하숙생들
③ 항아리들
④ 꽃들

Point

단어 unpack 포장을 뜯다 undo the string 끈을 풀다 lid 뚜껑 violet 제비꽃 lily of the valley 은방울꽃 lilac 라일락 pale 창백한, (빛깔이) 연한 peony 모란, 작약 mimosa 함수초, 미모사 landlady 집주인(여) ↔landlord(남) luxuriously 화려하게, 호화롭게, 사치스럽게 company 동료, 친구, 집단, 떼 bliss 다시없는 기쁨, 지고의 행복

해석 상자를 풀어보는 것을 생각하여 보아라! 겉에 '꽃꽂이를, 당장에'라는 문구를 보고, 끈을 풀고, 종이를 뗀 다음, 뚜껑을 들어올리는 것을 생각하여 보아라! 그런데 (과연) 무엇일까? 아, 제비꽃일거야, 아니면 장미든가, 은방울꽃, 라일락 아니면 연분홍 모란, 어쩌면 훈훈하게 달콤한 향기를 지닌 미모사일거야. 작은 방이 마치 온실 같을 것이다. 그녀는 하숙집 아주머니에게서 잼을 넣는 항아리를 빌려서 꽃꽂이를 하는 데 저녁시간을 몽땅 보낼 것이다. 그리고 그 방은 멋있어질 것이다 – 마치 천국처럼. 일요일 아침에 천천히 그리고 화사하게 깨어나서 <u>그것들과</u> 마주치는 것은 멋진 일이다 – 참으로 축복일 것이다!

10 다음 글에서 밑줄 친 They가 나타내는 것은?

In the United States, about 10 million computers are thrown away every year! Because most unwanted computers are sent to a dump, they have caused a problem. The computer industry and the government are working on ways to solve it. They have concluded that there must be changes in the way computers are built. They must be made in ways that will allow their parts to be recycled.

① Old computers

② Unwanted computers

③ The computer industry and the government

④ Computers

단어 **throw away** 내버리다, 낭비하다 **dump** 쓰레기더미 **unwanted** 불필요한, 쓸모없는 **recycle** 재생하다

해석 ▶ 미국에서는 매년 1,000만 대의 컴퓨터가 버려지고 있다. 대부분의 쓸모없는 컴퓨터들은 쓰레기장으로 보내지기 때문에 문제를 야기시켜 왔다. 컴퓨터 업계와 정부는 그 문제를 해결할 방법을 찾고 있다. 그들은 컴퓨터를 만드는 방법에 변화가 있어야 한다는 결론에 도달했다. <u>그것들(컴퓨터들)</u>은 부품이 재활용될 수 있게 만들어져야 한다.

11 다음 글에서 밑줄 친 these가 뜻하는 것은?

Most of these were made by water that wore away soft rock. The water above the ground sank down into the soft rock. The water sank until it reached harder rock and then flowed slowly without going any deeper. Slowly, very slowly — for millions of years — the water wore away the soft rock and carried it along, making a small, tunnel−like opening. As more and more soft rock was worn away, the opening grew wider and deeper. Now more and more water could flow into it. In time many of these openings became <u>these</u>.

① 화석   ② 호수

③ 바다   ④ 동굴

단어 wear away 마멸시키다, 닳아빠지게 하다 sink 가라앉다 opening 틈, 구멍 in time 제 시간에, 늦지 않고,
이윽고 조만간

해석 이것들의 대부분은 단단하지 않은 바위를 마멸시키는 물에 의해 만들어졌다. 땅 위에 있는 물이 단단하지 않은 바위
속으로 가라앉았다. 그 물은 더 단단한 바위에 도달할 때까지 가라 앉았고, 그리고 나서 더 이상 깊이 내려가지 않고
천천히 흘렀다. 천천히, 아주 천천히 – 수백만 년 동안 – 바위가 닳아지면서 그 구멍은 더 넓고 더 깊어졌다. 이제 점
점 더 많은 물이 그 속으로 흐를 수 있었다. 이윽고 이 많은 구멍들은 <u>이것들이</u> 되었다.

12 다음 글에서 광고되고 있는 Transderm Scop는 무엇인가?

Your body goes one way, your stomach goes the other. Your eyes say you're going up, the rest of
you says you're going down. That's how motion sickness feels. That's how any enjoyable boat ride
or flight turns into complete misery. That's when Transderm Scop can help. Transderm Scop has
been clinically tested, proving it safe and effective. When that boat starts to roll, when that
plane starts to pitch, you'll be glad you discovered Transderm Scop.

① 진통제   ② 소화제
③ 멀미약   ④ 수면제

단어 motion sickness 멀미 misery 비참, 불행(한 상태) clinically 임상적으로 effective 효과적인, 효력있는
roll (배, 비행기가) 좌우로 흔들리다 pitch (배, 비행기가) 앞뒤로 흔들리다

해석 당신의 몸은 한 쪽으로 가고 당신의 위는 다른 쪽으로 갑니다. 당신의 눈은 당신이 위로 가고 있다고 말하며 당신의
몸의 나머지 부분은 당신이 아래로 내려가고 있다고 말합니다. 멀미는 그런 식으로 느껴집니다. 그런 식으로 즐거워
야 할 보트 타기나 또는 비행기여행이 완전히 불행으로 바뀝니다. 그 때가 바로 Transderm Scop가 도움을 줄 수 있
는 때입니다. Transderm Scop는 임상실험을 거쳐 안전하고 효과적이라는 것이 증명되었습니다. 배가 좌우로 흔들리
기 시작할 때, 그리고 비행기가 앞뒤로 흔들리기 시작할 때 당신은 Transderm Scop를 발견했다는 것을 기뻐할 것입
니다.

Answer 10.④ 11.④ 12.③

13 다음 글에서 밑줄 친 He's sharing it with a dog!의 의미로 가장 적절한 것은?

> I have two sons and three daughters. You can always tell the difference between a first-born baby and the other ones who come after. For your first baby you buy a very expensive bottle and it is never put in his mouth until it's boiled for two hours. Now, by the time your fifth baby comes along, it's a little different with the bottle. He's sharing it with a dog!

① 아이가 개를 좋아한다.
② 아이가 개를 싫어한다.
③ 아이가 개에게 먹을 것을 준다.
④ 아이에게 대한 관심이 적어진다.

Point

단어 tell the difference 차이점을 알다 boil 끓이다 share A with B B와 A를 함께 쓰다, 공유하다

해석 나는 아들이 둘이 있고 딸이 셋이 있다. 첫 번째 태어난 아이와 그 뒤에 태어난 다른 아이들 사이의 차이점을 알 수 있다. 첫 번째 태어난 아이에게는 비싼 젖병을 사서, 그 병을 두 시간 동안 끓이고 나서야 비로소 아이 입에 갖다 댄다. 그런데, 다섯 번째 아이가 태어날 때쯤에는 젖병을 다루는 것이 조금 달라진다. 그 아이는 젖병을 개와 같이 사용한다.

14 다음 글에서 밑줄 친 부분의 의미로 가장 알맞은 것은?

> Tom Davis did not have much hair. His wife Grace had thick, black hair. They had a six-year-old daughter. Her name was Jane. There was a photograph of her father in the living room, and a few days ago Jane looked at it for a long time and then said to her mother, "Mom, why has Daddy got very little hair?" Grace laughed and said, "Because he's a clever man." Jane looked at her mother's thick, black hair for a moment, and she asked, "Mom, why have you got a lot of hair?"

① 엄마는 똑똑하지 못한가요?
② 엄마는 아름답지 않은가요?
③ 엄마가 몹시 부러워요.
④ 사진을 찍어보아요.

단어 thick 두꺼운, 굵은, 빽빽한 for a long time 오랫동안 for a moment 잠시 동안

해석 Tom Davis는 머리숱이 많지 않았다. 그의 아내 Grace는 숱이 많은 검은 머리카락을 가지고 있었다. 그들에게는 여섯 살 난 딸이 있었다. 그녀의 이름은 Jane이었다. 거실에 그녀의 아버지 사진이 있었는데 며칠 전에 Jane은 그것을 오랫동안 쳐다보고 나서 그녀의 어머니에게 말했다. "엄마, 왜 아빠는 머리숱이 아주 적어?" Grace는 웃으면서 말했다. "아빠는 똑똑한 사람이기 때문이란다." Jane은 잠시 동안 엄마의 숱이 많은 검은 머리카락을 쳐다보며 물어보았다. "<u>엄마, 엄마는 왜 머리숱이 많지?</u>"

15 다음 글에서 밑줄 친 "What wall?"이라고 말한 의도로 가장 적절한 것은?

> A young man was called up for army service, but he didn't want to become a soldier. When he went for his medical test, he wanted the doctor to decide that his eyesight was very bad. The doctor pointed to the eye chart on the wall and said, "Please read the top line."
> "The top of what?," the young man asked.
> "The top of the chart," the doctor replied.
> "What chart?," the man asked.
> "The one on the wall," the doctor replied.
> "<u>What wall?</u>," the man asked.
> Finally, the doctor decided that the man's eyes were not good enough for army service.

① 의사가 싫다.　　　　　② 잘 안보인다.
③ 나는 건강하다.　　　　④ 글자를 쓸 수 없다.

단어 call up for 소집하다, 소환하다, 동원하다 army service 군복무 medical test 신체검사 eyesight 시력 be good for ~에 적합하다

해석 한 젊은이가 군대에 가야 한다는 연락을 받았지만, 군인이 되고 싶지 않았다. 신체검사를 받으러 갔을 때, 그는 의사가 그의 시력이 대단히 나쁘다고 결정을 내려주기를 바랐다. 의사는 벽에 걸린 시력검사표를 가리키며 말했다. "첫째 줄을 읽어보세요."
"뭐의 첫째 줄이라고요?" 젊은이는 물었다.
"표의 첫째 줄이요." 의사는 대답했다.
"무슨 표요?" 그 남자가 물었다.
"벽에 있는 표요." 의사는 대답했다.
"<u>무슨 벽이요?</u>" 그 남자가 물었다.
마침내, 의사는 그 남자의 시력이 군복무를 할만큼 충분히 좋지 않다고 결정했다.

Answer 13.④ 14.① 15.②

16 다음 글의 밑줄 친 I could see her new house의 의미로 Fred가 의도한 것과 Jane이 이해한 것을 바르게 짝지은 것은?

Fred and Jane are two friends of mine. I have noticed that Fred has special feelings for Jane even though he has never showed such feelings to me directly. When Jane moved last weekend into a new house in a neighboring city, I advised Fred to go there with a bouquet of roses and to tell her how he felt about her. I saw Fred yesterday, and he looked terribly sad. When I asked why, he answered, "I called Jane and asked if I could see her new house."

"Great!," I said, "What did she say?"

"She said she'd send me a picture of it." He said with a sigh.

Oh, poor Fred!

〈Fred가 의도한 것〉　　　　　　〈Jane이 이해한 것〉

① 만나러 가겠다.　　　　　　　집을 보고 싶다.

② 집 사진을 찍겠다.　　　　　　집을 보고 싶다.

③ 집을 사고 싶다.　　　　　　　집 사진을 찍겠다.

④ 집을 보고 싶다.　　　　　　　집을 사고 싶다.

단어 **notice** 알아차리다, 주목하다　**neighboring** 이웃의　**bouquet** 꽃다발　**terribly** 지독하게　**sigh** 한숨, 탄식

해석 Fred와 Jane은 나의 친구들이다. 나는 Fred가 내게 직접적으로 그런 감정을 드러낸 적은 없었지만 Jane에게 특별한 감정을 가지고 있음을 알아차렸다. Jane이 지난 주말 이웃 도시의 새 집으로 이사했을 때 나는 Fred에게 장미 꽃다발을 가지고 거기에 가서 그녀에게 그가 그녀를 어떻게 생각하는지 고백하라고 조언했다. 어제 나는 Fred를 보았는데 그는 몹시 슬퍼보였다. 내가 이유를 물었을 때 그는 말했다. "내가 Jane에게 전화해서 <u>내가 그녀의 새 집을 볼 수 있을지</u>(그녀를 만나러 가도 되는지) 물어보았어." "잘했어!"라고 내가 말했다. "그녀가 뭐라고 이야기했어?" "그녀는 내게 집의 사진을 보냈다고 했어." 그는 한숨을 쉬며 말했다. 아, 불쌍한 Fred!

17 다음 글의 밑줄 친 come down의 의미로 소녀가 의도한 뜻과 점원이 이해한 뜻을 가장 잘 짝지은 것은?

> A girl was buying a gift set for her grandfather. High on a shelf behind the counter, she saw the box of honey she wanted. "Could I have a look at that honey gift set?," she asked the clerk. The clerk got a ladder and climbed halfway up. "How much is it?," the girl asked. The clerk looked up at the price. "50,000 won," he said. The girl looked in her purse and counted her money. She didn't have enough. She needed a price cut. "Could you <u>come down</u> a bit?," the girl asked. "Don't worry," the clerk said. "I'll come straight down as soon as I've got your honey."

〈소녀가 의도한 뜻〉	〈점원이 이해한 뜻〉
① 마음을 가라앉히다.	아래에서 계산하다.
② 마음을 가라앉히다.	값을 내리다.
③ 값을 내리다.	내려오다.
④ 값을 내리다.	마음을 가라앉히다.

 Point

단어 ☑ shelf 선반 have a look at ~을 한 번 보다, 훑어보다 ladder 사다리 count 세다, 계산하다 come down 내려오다, 물건값이 떨어지다 a bit 조금, 약간

해석 ▶ 어떤 소녀가 할아버지를 위해서 선물세트를 사려고 했다. 그녀는 계산대 뒤에 있는 선반 높은 곳에 그녀가 사고 싶어 했던 꿀 상자를 보았다. "저 꿀 선물세트 좀 볼 수 있을까요?"라고 그녀는 점원에게 물었다. 점원은 사다리를 가져다가 중간쯤까지 올라갔다. "얼마지요?"라고 그 소녀가 물었다. 점원은 가격표를 올려다보았다. "5만 원입니다." 라고 그가 대답했다. 소녀는 지갑을 뒤져서 있는 돈을 세어 보았다. 그녀는 돈을 충분히 가지고 있지 않았다. 소녀 는 가격을 깎아야 했다. "<u>가격을 조금 깎을 수 있을까요?</u>"라고 소녀가 물었다. "걱정마세요. 꿀을 갖고 곧바로 내려 갈 테니."라고 점원이 말했다.

18 다음 글의 밑줄 친 crane의 의미로 손자가 의도한 것과 할머니가 이해한 것을 바르게 짝지은 것은?

> My mother is 75 years old but she often enjoys speaking with her young grandchildren. One afternoon my five-year-old son was reading a picture book next to grandma. He looked at a picture of a huge crane at a construction site and read the explanation. "Grandma, a <u>crane</u> can lift heavy weights," he said. My mother looked thoughtful for a moment and then replied, "No, my boy. It cannot. A crane isn't able to lift much of anything. It has a long neck and flies with widespread wings." My son looked confused and said, "But grandma, how can a crane fly?"

〈손자가 의도한 것〉	〈할머니가 이해한 것〉
① 장난감	두루미
② 두루미	기중기
③ 기중기	두루미
④ 장난감	기중기

단어 construction 건설, 건축 site 위치, 장소, 부지 crane 기중기, 두루미 weight 무거운 것

해석 내 어머니는 75세이지만, 그녀는 종종 어린 손자와 대화하는 것을 즐기신다. 어느 날 오후 내 다섯 살 먹은 아들이 할머니 옆에서 그림책을 읽고 있었다. 그는 건설현장에 있는 거대한 기중기 그림을 보고 그 설명을 읽었다. "할머니, crane(기중기)은 무거운 물건을 들 수 있대요."라고 말했다. 내 어머니는 잠시 동안 생각에 잠겼다가 이윽고 대답했다. "아니란다, 얘야. 그것은 그럴 수 없단다. crane(두루미)은 많은 것을 들어올릴 수 없어. 그것은 목이 길고, 날개를 넓게 펼치고 날아다닌단다." 내 아들은 혼란스러운 표정을 짓다가 말했다. "하지만 할머니, crane(기중기)이 어떻게 날 수 있어요?"

19 다음 글에서 밑줄 친 부분을 통해 알 수 있는 TV의 영향력은?

> People in the United States spend a lot of time in front of their television sets. In the average home, the TV is on more than six hours a day. But how much attention do people pay to the program? Most people say that when the TV is on, they seldom pay attention to it. During a typical television program, people may eat dinner, do housework, read a newspaper or magazine, or talk or read to their children. The TV becomes 'background music.'

① 주의를 끌지 못한다.
② 중요한 역할을 한다.
③ 식사에 방해가 된다.
④ 가족간의 대화를 단절시킨다.

단어 average 평균의, 보통의 pay attention to ~에 주의를 기울이다 typical 전형적인, 대표적인, 상징적인

해석 미국 사람들은 텔레비전 수상기 앞에서 많은 시간을 보낸다. 보통 가정에서는 텔레비전이 하루에 여섯 시간 이상씩 켜져 있다. 하지만 사람들은 (텔레비전) 프로그램에 얼마나 많은 주의를 기울일까? 대부분의 사람들은 텔레비전이 켜져 있을 때 거기에다 거의 주의를 기울이지 않는다고 말한다. 전형적인 텔레비전 프로그램들이 진행되는 동안, 사람들은 저녁을 먹고 집안일을 하고, 신문이나 잡지를 읽거나, 아이들에게 이야기를 하거나 책을 읽어줄 수도 있다. 텔레비전은 '배경음악'이 되고 있다.

Answer 18.③ 19.①

20 학생이 밑줄 친 부분과 같이 말한 의도는?

> My budget being tight, I asked my wife to cut my hair. She agreed, but reminded me that she had no professional training. After an hour under her scissors, I emerged with my hair looking like a thatched roof. Still bent on saving money, I went to the local barber college to see if some improvement could be made. When I sat down in the chair, the student barber suddenly excused himself and returned shortly with his instructor. "He came in this way," the student was saying, "Honest! I haven't touched him."

① 손님에게 공손하게 행동한다는 것을 보여주기 위하여
② 자기가 이발을 해준 것으로 오해받지 않기 위하여
③ 이발 연습할 기회를 얻기 위하여
④ 강사를 존경하고 있다는 것을 보여주기 위하여

Point

단어 budget 예산 emerge (~에서) 나타나다, 보이다 thatch 초가지붕, (지붕을) 짚으로 이다 be bent on ~ing ~하는 데 열중(전념)하다, ~하려고 결심(각오)하다 barber 이발사 excuse oneself 사과하다, 변명하다 instructor 교사, 교관, 강사

해석 생활비가 빠듯했기 때문에 나는 아내에게 머리를 깎아달라고 부탁했다. 아내는 동의(승낙)했지만, 그녀가 전문적인 훈련을 받은 적이 없다는 것을 상기시켰다. 아내가 (가위로) 이발한 한 시간 후에, 초가지붕 같아 보이는 머리를 한 내 모습이 드러났다. 여전히 돈을 절약할 작정으로, 나는 어느 정도 (머리 모양이) 나아질 수 있지 않을까 해서 마을의 이발기술학교에 갔다. 내가 의자에 앉았을 때 학생 이발사는 갑자기 용서를 구하고 자리를 뜨더니 곧 강사와 함께 돌아왔다. "그는 이런 상태로 왔습니다."라고 그 학생은 말하고 있었다. "정말입니다. 저는 그에게 손대지 않았습니다."

21 다음 밑줄 친 Flash의 의미와 가장 가까운 것은?

News <u>Flash</u> :

Flood claims the lives of 100 plus in a small village just east of Rome, Italy. Local authorities are still unable to determine the extent of the damages but property damages are expected to run in the millions.

① a sudden burst of light

② to look at someone suddenly or smile at them

③ to look expensive and fashionable

④ to send information quickly

 Point

단어 🔽 **flash** 섬광, (감정 등의) 폭발, (신문·방송)속보, 특보 **news flash** (TV, 라디오의) 뉴스속보 **claim** (목숨을) 빼앗다, 요구하다, 주장하다 **authority** 권위, 당국(authorities) **determine** 측정하다, 결정하다, 예정하다 **extent** 정도, 범위, 한계, 한도 **property** 재산, 자산, 소유(권) **run in** ~에 육박하다, (수량, 액수 등이) ~에 달하다 **burst** 파열, 폭발 **fashionable** 최신유행의, 유행하는, 현대풍의

해석 ▶ 뉴스속보 :
이탈리아 로마 바로 동쪽의 작은 마을에서 홍수가 발생해 100명 이상의 생명을 앗아갔습니다. 지역당국은 지금까지도 피해 정도를 측정하지 못하고 있으나, 재산피해는 수백만에 달할 것으로 예상됩니다.
① 빛의 갑작스런 폭발
② 어떤 사람을 갑자기 쳐다보거나 사람들을 보고 웃는 것
③ 비싸고 최신유행처럼 보이는 것
④ 정보를 신속하게 내보내는 것

22 다음 글의 밑줄 친 it의 의미로 가장 알맞은 것은?

Now researchers have confirmed <u>it</u> — at least in rats. Laboratory animals never exposed to nicotine can take in the rat's equivalent of five drinks an hour, enough to make them unable to run on the treadmill. When researchers give them an injection of nicotine equal to that in 20 cigarettes a day, the rats' alcohol intake shoots up to seven drinks, nearly 50% higher. When nicotine brain receptors are chemically blocked, however, tolerance for alcohol is cut in half in both groups.

① Smoking increases alcohol intake.

② When stressed, people have more desire for alcohol and nicotine.

③ Experiments with rats do not produce the same result as with human beings.

④ The relationship between smoking and alcoholism is not as close as once thought.

 Point

단어 confirm 확실히 하다, 확인하다 at least 적어도, 최소한 expose ~을 드러내다, 노출시키다 nicotine 니코틴 take (음식물을) 섭취하다, 먹다, 마시다, (약을) 복용하다 equivalent 동등물, 상당물, 대응물 treadmill 쳇바퀴 injection 주입, 주사 intake 흡입, 흡입량, 섭취량 shoot up 급속히 성장하다, 우뚝 솟다, (물가 등이) 급등하다, 치솟다 receptor 수용기관, 감각기관, (동물의) (감각)수용체 tolerance 관용, 관대, 내성 alcoholism 알코올 중독

해석 이제 연구원들은 – 적어도 쥐에게 있어서는 – <u>그것</u>을 확신한다. 니코틴에 결코 노출된 적이 없는 실험실 동물들은 쥐가 쳇바퀴에서 달릴 수 없을 정도로 충분한 양인 시간당 5잔의 술을 마실 수 있다. 연구원들이 그 동물들에게 하루 담배 20개피의 양과 같은 니코틴을 주사했을 때, 쥐의 알코올 섭취량은 7잔으로 거의 50%까지 높아졌다. 그러나 뇌의 니코틴 수용체가 화학적으로 차단되면, 알코올에 대한 내성은 두 그룹 모두 절반으로 떨어진다.
① 흡연은 알코올 섭취량을 증가시킨다.
② 스트레스를 받을 때, 알코올과 니코틴에 대해 욕구가 더 많아진다.
③ 쥐를 대상으로 한 실험은 인간을 대상으로 할 때와 같은 결과를 산출하지 않는다.
④ 흡연과 알코올 중독의 관계는 생각했던 것만큼 긴밀하지 않다.

23 다음 글에서 밑줄 친 they've broken the ice의 의미로 가장 적절한 것은?

It was the first day of the winter vacation camp. The four boys began to unpack their clothes and make their beds in silence. None of the boys knew each other, and no one knew what to say. Bob couldn't stand the silence any longer. "Hey, look!," he said. The other three boys turned, and Bob did a back flip in the middle of the room. Everyone laughed and clapped, and he bowed. Finally <u>they've broken the ice</u>.

---

① 잠자리에 들었다.

② 얼음놀이를 했다.

③ 터놓는 사이가 되었다.

④ 모임의 대표를 선출했다.

 Point

단어 unpack 풀다 stand 참다, 견디다 do a back flip 공중제비를 돌다 in the middle of ～의 중앙(한가운데)에, ～의 도중에 clap 손뼉을 치다 bow 허리를 굽히다, 머리를 숙이다, 인사하다, 절하다 break the ice 긴장을 풀다, 이야기를 시작하다

해석 겨울방학 캠프의 첫날이었다. 네 소년은 그들의 옷가지를 풀기 시작했고 조용히 잠자리를 만들기 시작했다. 소년들 중의 누구도 서로 몰랐고 아무도 무엇을 말해야 할지 몰랐다. Bob은 침묵을 더 이상 참을 수가 없었다. "헤이, 보라구!"라고 그가 말했다. 다른 세 소년이 돌아보았고, Bob은 방 가운데에서 뒤로 공중제비를 넘었다. 모두 웃으며 손뼉을 쳤고, 그는 인사를 했다. 마침내 <u>그들은 이야기를 하기 시작했다.</u>

Answer 22.① 23.③

24 다음 글의 밑줄 친 부분을 통해 Kevin이 의도한 것과 Sean이 이해한 것으로 알맞게 짝지어진 것은?

> Two Irishmen, Sean and Kevin, meet on the street, not having seen one another in many years. "Tell me now," says Sean, "did you ever marry?" "Ah, yes," Kevin replies. "<u>My wife's an angel</u>." "You're a lucky man," says Sean. "Mine's still with me."

〈Kevin이 의도한 것〉 〈Sean이 이해한 것〉

① 아내는 천사같이 착하다 아내는 죽어 하늘나라에 갔다.

② 아내는 죽어 하늘나라에 갔다. 아내는 천사같이 착하다.

③ 아내와 별거 중이다. 천사와 결혼했다.

④ 아내는 악처이다. 아내와 이혼했다.

 Point

단어 ⓒ one another (보통 셋 이상에서) 서로 **reply** 대답하다

해석 ▶ 여러 해 동안 서로 만나지 못했던 두 아일랜드인 Sean과 Kevin이 거리에서 만났다. "결혼했는지 말해주겠나?"라고 Sean이 말했다. "그럼, 했지. 내 아내는 천사라네."라고 Kevin이 말했다. "자네는 운이 좋군. 나는 아직도 아내와 함께 살고 있다네."라고 Sean이 말했다.

25 다음 글의 밑줄 친 old hat과 그 뜻이 가장 가까운 것은?

By A.D. 2020, the United States population will have risen to about 400 million, and nine out of ten Americans will be living in supercities or their suburbs. But cities, like industry, will tend to decentralize ; with instant communications, it will no longer be necessary for business enterprises to cluster together. Futurist Marshall McLuhan even foresees the possibility that many people will stay at home, doing their work via countrywide telecommunication.

None of the forecasters seem to have any good solution for the traffic problem, though they count on automated highways. McLuhan and others predict that both the wheel and the highway will be obsolete, giving way to hovercraft that ride on air. Planes carrying 1,000 passengers and flying just under the speed of sound will be <u>old hat</u>. The new thing will be transport by ballistic rocket, capable of reaching any place on earth in 40 minutes.

① dangerous

② autonomous

③ old-fashioned

④ adventuresome

Point

단어 super-city 거대도시, 대도시권 suburb 교외, 근교 decentralize 분산시키다, 지방분권화하다 instant 즉각의, 즉시의 communication 의사소통, 통신, 교통(수단) no longer 더 이상 ~아닌 enterprise 기획, 기업(체) cluster 송이를 이루다, 밀집하다 futurist 미래학자 foresee ~을 예견하다, 미리 알다 via ~을 거쳐, ~을 통해서 countrywide 전국적인 telecommunication 원거리통신, 원격통신 forecaster 예측자, (일기)예보관 count on 의지하다, 기대하다 automate 자동화하다 predict ~을 예언하다 obsolete 시대에 뒤떨어진, 구식의, 못쓰게(쓸모없게) 된 give way to ~에게 지다, 양보하다, 물러나다 hovercraft 호버크래프트(고압공기를 아래쪽으로 분사하여 지상에 띄워서 나는 탈것) old hat 구식의, 시대에 뒤진, 진부한 transport 수송(선), 운송 ballistic 탄도의, 비행물체의 dangerous 위험한 autonomous 자치권이 있는, 독립한 old-fashioned 구식의, 시대(유행)에 뒤진 adventuresome 모험적인

해석 서기 2020년까지, 미국의 인구는 약 4억 명까지 증가할 것이며, 미국인 열 명 중에 아홉 명은 대도시나 교외에서 살고 있을 것이다. 그러나 도시도 산업처럼 지방분권화되는 경향을 갖게 될 것이며, 또한 즉각적인 통신수단으로 더 이상 기업체들이 함께 밀집할 필요가 없을 것이다. 미래학자 Marshall McLuhan은 많은 사람들이 집에 머물면서 전국적인 원거리통신을 통해 일하게 될 가능성을 예측하기도 한다.
예측자들은 자동화된 고속도로를 기대하고 있지만, 그들 중 어느 누구도 교통문제에 관한 좋은 해결책을 가지고 있는 것 같지 않다. McLuhan과 다른 사람들은 바퀴와 고속도로가 모두 구식이 되어 쓸모없게 될 것이며, 공중에서 타는 호버크래프트에 그 자리를 양보하게 될 것이라고 예언한다. 1,000명의 승객을 실어나르고 음속에 조금 못미치는 속도로 나는 비행기도 구식이 되어버릴 것이다. 새로운 것은 지구상에 있는 어떤 곳이든지 40분 안에 닿을 수 있는 탄도로켓에 의한 수송선이 될 것이다.

Answer 24.① 25.③

03 문맥의 이해

TYPE 1 내용 일치 여부의 판단 – 다음 글의 내용과 일치하는(일치하지 않는) 것은?

이 유형은 글의 세부적인 내용파악을 주로 요구하는 문제로, 주어지는 글보다 질문과 보기의 내용을 먼저 본 후에 질문에 해당하는 부분을 집중적으로 살펴야 한다. 이 때 중요한 것은 반드시 주어지는 글에 담긴 사실적인 내용을 근거로 판단해야 한다는 것이다.

2024. 3. 23. 국가직
다음 글의 내용과 일치하지 않는 것은?

> The tragedies of the Greek dramatist Sophocles have come to be regarded as the high point of classical Greek drama. Sadly, only seven of the 123 tragedies he wrote have survived, but of these perhaps the finest is *Oedipus the King*. The play was one of three written by Sophocles about Oedipus, the mythical king of Thebes (the others being *Antigone* and *Oedipus at Colonus*), known collectively as the Theban plays. Sophocles conceived each of these as a separate entity, and they were written and produced several years apart and out of chronological order. *Oedipus the King* follows the established formal structure and it is regarded as the best example of classical Athenian tragedy.

① A total of 123 tragedies were written by Sophocles.
② *Antigone* is also about the king Oedipus.
③ The Theban plays were created in time order.
④ *Oedipus the King* represents the classical Athenian tragedy.

해석 ○

그리스 극작가 소포클레스의 비극은 그리스 고전 드라마의 정점으로 여겨져 왔다. 안타깝게도 그가 쓴 123편의 비극 중 단 7편만이 남아있지만, 그중에서도 가장 훌륭한 작품은 〈오이디푸스 왕〉일 것이다. 이 희곡은 소포클레스가 테베의 신화 속 왕인 오이디푸스에 대해 쓴 세 편의 희곡 중 하나이며(다른 두 편은 〈안티고네〉와 〈콜로노스의 오이디푸스〉이다), 총칭하여 테베의 희곡들로 알려져 있다. 소포클레스는 이 희곡 각각을 별개의 작품으로 구상했으며, 그 작품들은 몇 년 간격으로 연대순을 벗어나 집필 및 제작되었다. 〈오이디푸스 왕〉은 정해진 형식적 구조를 따르고 있으며 아테네 고전 비극의 가장 좋은 예로 꼽힌다.

정답 ③

단어
tragedy 비극
Greek 그리스의
regard A as B A를 B로 여기다, 간주하다
perhaps 아마도
finest 가장 좋은
play 희곡, 연극
mythical 신화 속에 나오는
collectively 집합적으로, 모두
conceive 구상하다, 상상하다
separate 별개의, 분리된
entity 독립체
apart 떨어져, 간격으로
chronological order 연대순
established 기존의
formal 공식적인
structure 구조
Athenian 아테네의
time order 시간 순서
represent 대표하다

① Sophocles는 총 123편의 비극을 썼다.
② 〈안티고네〉도 Oedipus 왕에 대한 내용이다.
③ 테베 희곡들은 시대순으로 창작되었다.
④ 〈오이디푸스 왕〉은 고전 아테네 비극을 대표한다.

TIP

③ 지문에서는 테베의 희곡들은 연대순을 벗어나 집필 및 제작되었다고 언급된다.

기출문제

2024. 6. 22. 제1회 지방직
다음 글의 내용과 일치하지 않는 것은?

According to the historians, neckties date back to 1660. In that year, a group of soldiers from Croatia visited Paris. These soldiers were war heroes whom King Louis XIV admired very much. Impressed with the colored scarves that they wore around their necks, the king decided to honor the Croats by creating a military regiment called the Royal Cravattes. The word cravat comes from the word Croat. All the soldiers in this regiment wore colorful scarves or cravats around their necks. This new style of neckwear traveled to England. Soon all upper class men were wearing cravats. Some cravats were quite extreme. At times, they were so high that a man could not move his head without turning his whole body. The cravats were made of many different materials from plaid to lace, which made them suitable for any occasion.

① A group of Croatian soldiers visited Paris in 1660.
② The Royal Cravattes was created in honor of the Croatian soldiers wearing scarves.
③ Some cravats were too uncomfortable for a man to move his head freely.
④ The materials used to make the cravats were limited.

단어

date back to (시기 따위가) ~ 까지 거슬러 올라가다
admire 존경하다
impressed 감명을 받은
scarves 스카프들(scarf의 복수)
regiment 연대, 다수
upper class 상류층
plaid 격자무늬의
suitable 적당한, 어울리는
occasion (특정한) 때, 경우

해석

역사가들에 따르면, 넥타이의 역사는 1660년으로 거슬러 올라간다. 그해 크로아티아에서 온 한 무리의 군인들이 파리를 방문했다. 이 군인들은 루이 14세가 매우 존경했던 전쟁 영웅들이었다. 그들이 목에 두른 색색의 스카프에 감명을 받은 왕은 Royal Cravattes라는 군사 연대를 만들어 크로아티아 군인들을 기리기로 결정했다. 'cravat(크라바트 : 넥타이처럼 매는 남성용 스카프)'라는 단어는 'Croat(크로아티아인)'라는 단어에서 유래했다. 이 연대의 모든 병사들은 목에 화려한 스카프나 크라

정답 ④

바트를 두르고 다녔다. 이 새로운 스타일의 넥웨어는 영국으로 전파되었다. 곧 모든 상류층 남성들이 크라바트를 착용하게 되었다. 일부 크라바트는 매우 극단적이었다. 때로는 그것들이 너무 높아서 남자가 온몸을 돌리지 않고는 머리를 움직일 수 없을 정도였다. 크라바트는 격자무늬부터 레이스까지 매우 다양한 재료로 제작되어 어떤 상황에도 어울렸다.

① 크로아티아 군인들이 1660년에 파리를 방문했다.
② Royal Cravattes는 스카프를 착용한 크로아티아 군인들을 기리기 위해 만들어졌다.
③ 일부 크라바트는 남자가 머리를 자유롭게 움직이기에는 너무 불편했다.
④ 크라바트를 만드는 데 사용된 재료는 제한적이었습니다.

TIP●

④ 마지막 문장에서 크라바트가 'many different materials(매우 다양한 재료들)'로 제작되었다고 언급하고 있으므로 재료가 제한적이었다는 설명은 지문과 일치하지 않는다.

2023. 4. 8. 인사혁신처
다음 글의 내용과 일치하지 않는 것은?

> Are you getting enough choline? Chances are, this nutrient isn't even on your radar. It's time choline gets the attention it deserves. A shocking 90 percent of Americans aren't getting enough choline, according to a recent study. Choline is essential to health at all ages and stages, and is especially critical for brain development. Why aren't we getting enough? Choline is found in many different foods but in small amounts. Plus, the foods that are rich in choline aren't the most popular: think liver, egg yolks and lima beans. Taylor Wallace, who worked on a recent analysis of choline intake in the United States, says, "There isn't enough awareness about choline even among health-care professionals because our government hasn't reviewed the data or set policies around choline since the late '90s."

① A majority of Americans are not getting enough choline.
② Choline is an essential nutrient required for brain development.
③ Foods such as liver and lima beans are good sources of choline.
④ The importance of choline has been stressed since the late '90s in the U.S.

단어

chances are 아마도
nutrient 영양분
radar 레이더
deserve ~할 가치가 있다
according to ~에 따르면
recent 최근의
essential 필수적인
especially 특히
critical 중요한
liver 간
lima bean 강낭콩(리마콩)
work on ~에 착수하다
intake 섭취량
analysis 분석연구
awareness 인식
review 검토하다
policy 정책
required 요구되는
be stressed 강조하다

정답 ④

기출문제

해 석 ◉

당신은 충분한 콜린을 받고 있는가? 아마도 이 영양소는 당신의 레이더에도 없을 것이다. 이제 콜린이 당연히 가치가 있다고 관심을 받을 때이다. 최근 연구에 따르면 미국인들의 충격적인 퍼센트인 90%가 충분한 콜린을 얻지 못하고 있다. 콜린은 모든 연령과 단계에서 필수적이고 특히 뇌의 발달에 아주 중요하다. 왜 우리는 충분히 얻지 못하고 있는 것일까? 콜린은 작은 양이지만 많은 다양한 음식에서 발견된다. 게다가, 콜린이 풍부한 음식(간, 달걀노른자, 강낭콩)은 가장 인기가 없다. 미국에서 최근 콜린 섭취량 분석에 참여했던 Taylor Wallace는 "의료 전문가들 사이에서조차 콜린에 대한 충분한 인식이 없는데, 우리 정부가 지난 90년대 말 이후로 콜린에 관한 데이터를 검토하거나 정책을 세우지 않았기 때문입니다."라고 말했다.

④ 콜린의 중요성은 미국에서 90년대 말부터 강조되어 왔다.
① 대다수의 미국인들은 충분한 콜린을 얻지 못하고 있다.
② 콜린은 뇌 발달에 필요로 한 필수 영양소이다.
③ 간과 강낭콩은 콜린의 좋은 공급원이다.

TIP ◉

90년대 말부터 미국 정부가 콜린에 대해 충분히 검토하거나 정책을 세우지 않았기 때문에 ④의 강조되어 왔다는 내용은 일치하지 않다.

2023. 4. 8. 인사혁신처
다음 글의 내용과 일치하는 것은?

Around 1700 there were, by some accounts, more than 2,000 London coffeehouses, occupying more premises and paying more rent than any other trade. They came to be known as penny universities, because for that price one could purchase a cup of coffee and sit for hours listening to extraordinary conversations. Each coffeehouse specialized in a different type of clientele. In one, physicians could be consulted. Others served Protestants, Puritans, Catholics, Jews, literati, merchants, traders, Whigs, Tories, army officers, actors, lawyers, or clergy. The coffeehouses provided England's first egalitarian meeting place, where a man chatted with his tablemates whether he knew them or not.

① The number of coffeehouses was smaller than that of any other business.
② Customers were not allowed to stay for more than an hour in a coffeehouse.
③ Religious people didn't get together in a coffeehouse to chat.
④ One could converse even with unknown tablemates in a coffeehouse.

단 어

by some accounts 어떤 점에서는
premises 부지, 구내
occupy 점유하다
be known as ~로 알려지다
extraordinary 기상천외한, 비범한
physician 의사
Protestant 개신교
Catholic 청교도
Jew 유대인 **literati** 지식인들
merchant 상인
Whig 휘그당원
Tories 토리당원
clergy 성직자들
egalitarian 평등주의
the number of ~의 수
religious 종교적인
get together 모이다
converse 대화를 나누다

┃정답 ④

기출문제

단 어

sugat maple tree 설탕단풍나무
sap 수액
bark 나무껍질
slit 구멍
even so 그렇다 해도

해 석 ◉

1700년경에 2000개 이상의 런던 커피하우스가 있었는데, 어떤 점에서는 다른 어떤 무역보다 더 많은 부지를 점유하고 더 많은 임대료를 지불했다. 커피 한 잔을 지불한 값으로 수시간을 앉아 비범한 대화를 들을 수 있었기 때문에, 페니 대학으로 알려지게 되었다. 각 커피하우스들은 다른 종류의 고객으로 전문화했다. 한 곳에서는 의사들에게 상담을 받을 수 있었다. 다른 곳에서는 개신교, 청교도도, 유대인, 지식인들, 상인, 무역업자, 휘그당원, 토리당원, 육군 장교, 배우, 변호사 또는 성직자를 대접했다. 커피하우스들은 영국 최초의 평등적인 만남 장소를 제공했고, 그 장소는 한 남자가 테이블에 있는 자들을 알든지 모르든지 상관없이 이야기를 나누었다.

④ 커피하우스에서는 누구든 테이블의 모르는 사람들과도 대화할 수 있었다.
① 커피하우스의 수는 어떤 다른 사업들의 수보다 작았다.
② 손님들은 커피하우스에서 한 시간 이상은 머무르지 못하게 돼있었다.
③ 종교적인 사람들은 커피하우스에서 이야기를 나누기 위해 모이지 못했다.

2023. 6. 10. 지방직
다음 글의 내용과 일치하지 않는 것은?

> The traditional way of making maple syrup is interesting. A sugar maple tree produces a watery sap each spring, when there is still lots of snow on the ground. To take the sap out of the sugar maple tree, a farmer makes a slit in the bark with a special knife, and puts a "tap" on the tree. Then the farmer hangs a bucket from the tap, and the sap drips into it. That sap is collected and boiled until a sweet syrup remains—forty gallons of sugar maple tree " water" make one gallon of syrup. That's a lot of buckets, a lot of steam, and a lot of work. Even so, most of maple syrup producers are family farmers who collect the buckets by hand and boil the sap into syrup themselves.

① 사탕단풍나무에서는 매년 봄에 수액이 생긴다.
② 사탕단풍나무의 수액을 얻기 위해 나무껍질에 틈새를 만든다.
③ 단풍나무시럽 1갤론을 만들려면 수액 40갤론이 필요하다.
④ 단풍나무시럽을 만들기 위해 기계로 수액 통을 수거한다.

해 석 ◉

메이플 시럽을 만드는 전통적인 방법은 흥미롭다. 사과단풍나무는 물기가 가득한 수액을 매 봄마다 생산하는데, 땅에 아직 많은 눈이 있는 때에도 그렇다. 설탕단풍나무에서 수액을 꺼내기 위해서 농부는 나무껍질에 특별한 칼을 가지고 틈새를 만들고, 나무에 "수도꼭지"를 넣는다. 그런 다음 그 농부는 수도꼭지에 양동이를 걸면 수액은 그 안으로 떨어진다. 그 수액은 수거되어 달콤한 시럽이 남을 때까지 졸여진다—40갤런의 설탕단풍나무 "수액"이 시럽 1갤런을 만든다. 많은 양동이에 김도 많고, 노동도 많다. 그렇다 해도, 대부분의 메이플 시럽 생산자들은 손으로 직접 양동이를 수거하고 수액을 시럽으로 졸이는 가족 농부들이다.

┃정답 ④

TIP ❶ ··

위의 문장에서 손으로 직접 수액이 담긴 양동이를 모아 시럽으로 졸이는 가족 농부들에 대해 언급했기 때문에 ④ 기계로 수액 통을 수거한다는 내용은 본문과 일치하지 않는다.

TYPE 2 무관한 문장 고르기 – 글의 흐름상 가장 어색한 문장은?

> 이 유형은 글의 전체적인 일관성과 통일성을 해치는 문장을 골라내는 문제로, 주제와 그 주제를 뒷받침하지 않고 주제를 벗어나거나 서술방향이 다른 문장을 찾아야 한다. 이때 무관한 문장은 그 문장 없이도 글의 흐름이 자연스럽게 연결될 수 있다.

2024. 3. 23. 국가직

다음 글의 흐름상 어색한 문장은?

In spite of all evidence to the contrary, there are people who seriously believe that NASA's Apollo space program never really landed men on the moon. These people claim that the moon landings were nothing more than a huge conspiracy, perpetuated by a government desperately in competition with the Russians and fearful of losing face. ①These conspiracy theorists claim that the United States knew it couldn't compete with the Russians in the space race and was therefore forced to fake a series of successful moon landings. ②Advocates of a conspiracy cite several pieces of what they consider evidence. ③Crucial to their case is the claim that astronauts never could have safely passed through the Van Allen belt, a region of radiation trapped in Earth's magnetic field. ④They also point to the fact that the metal coverings of the spaceship were designed to block radiation. If the astronauts had truly gone through the belt, say conspiracy theorists, they would have died.

단 어
in spite of ~에도 불구하고
evidence 증거
to the contrary 반대되는
seriously 진지하게, 심각하게
land 착륙하다, 착륙시키다
claim 주장하다
nothing more than ~에 지나지 않는, ~에 불과한
huge 거대한
conspiracy 음모론, 음모
perpetuate 영속시키다
desperately 필사적으로
fearful 두려운
lose face 체면을 잃다
radiation 방사선, 복사에너지

┃정답 ④

해석

반대되는 모든 증거에도 불구하고 NASA의 아폴로 우주 프로그램이 실제로 사람을 달에 착륙시킨 적이 없다고 진지하게 믿는 사람들이 있다. 이들은 달 착륙이 러시아와의 필사적인 경쟁을 하고 있고 체면을 잃을까 두려워한 정부가 영속시킨 거대한 음모에 지나지 않는다고 주장한다. ① 이러한 음모론자들은 미국이 우주 경쟁에서 러시아와 경쟁할 수 없다는 것을 알았고, 따라서 일련의 성공적인 달 착륙을 조작할 수밖에 없었다고 주장한다. ② 음모론 옹호자들은 그들이 증거로 간주하는 몇 가지 부분들을 인용한다. ③ 그들의 논거에 결정적인 것은 우주 비행사들이 지구 자기장에 갇힌 방사능 지역인 밴 앨런 벨트를 결코 안전하게 통과할 수 없었을 것이라는 주장이다. ④ 그들은 또한 그 우주선의 금속 덮개가 방사선을 차단하도록 설계되었다는 사실도 지적한다. 음모론자들은 우주 비행사들이 정말 이 벨트를 통과했다면 사망했을 것이라고 말한다.

TIP

④ 지문은 미국의 달 착륙이 조작이라고 믿는 사람들의 주장이다. ④는 그들의 주장으로 들어가기에 어색한 내용이다.

2024. 6. 22. 제1회 지방직
다음 글의 흐름상 어색한 문장은?

Critical thinking sounds like an unemotional process but it can engage emotions and even passionate responses. In particular, we may not like evidence that contradicts our own opinions or beliefs. ①If the evidence points in a direction that is challenging, that can rouse unexpected feelings of anger, frustration or anxiety. ②The academic world traditionally likes to consider itself as logical and free of emotions, so if feelings do emerge, this can be especially difficult. ③For example, looking at the same information from several points of view is not important. ④Being able to manage your emotions under such circumstances is a useful skill. If you can remain calm, and present your reasons logically, you will be better able to argue your point of view in a convincing way.

해석

비판적 사고는 감정적이지 않은 과정처럼 들리지만, 감정 그리고 심지어는 열렬한 반응을 끌어들일 수 있다. 특히, 우리는 자신의 의견이나 신념과 모순되는 증거를 싫어할지도 모른다. 증거가 도전적인 방향을 가리키면, 그것은 예상치 못한 분노, 좌절 또는 불안을 일으킬 수 있다. 학계는 전통적으로 스스로 논리적이며 감정으로부터 자유롭다고 간주하기를 좋아하기 때문에, 감정이 드러날 경우 이는 특히 힘들어질 수 있다. 예를 들어, 같은 정보를 여러 관점에서 바라보는 것은 중요하지 않다. 이러한 상황에서 당신의 감정을 관리할 수 있는 것은 유용한 기술이다. 침착함을 유지하고 근거를 논리적으로 제시할 수 있다면, 당신은 자신의 관점을 설득력 있는 방법으로 더 잘 주장할 수 있을 것이다.

정답 ③

TIP

③ 지문은 비판적 사고와 감정에 대한 이야기를 하고 있다.

2023. 4. 8. 인사혁신처
다음 글의 흐름상 어색한 문장은?

In our monthly surveys of 5,000 American workers and 500 U.S. employers, a huge shift to hybrid work is abundantly clear for office and knowledge workers. ①An emerging norm is three days a week in the office and two at home, cutting days on site by 30% or more. You might think this cutback would bring a huge drop in the demand for office space. ②But our survey data suggests cuts in office space of 1% to 2% on average, implying big reductions in density not space. We can understand why. High density at the office is uncomfortable and many workers dislike crowds around their desks. ③Most employees want to work from home on Mondays and Fridays. Discomfort with density extends to lobbies, kitchens, and especially elevators. ④The only sure-fire way to reduce density is to cut days on site without cutting square footage as much. Discomfort with density is here to stay according to our survey evidence.

단어
survey 설문조사
employer 고용주
employee 고용자, 피고용인
abundantly 아주 분명하게
emerging 최근에 생겨난
norm 규범, 기준
cutback 삭감
on average 평균적으로
imply 암시하다
reduction 삭감, 축소
density 밀도
extend to ~까지 미치다
as much 그것과 동일한(것)
according to ~에 따르면
evidence 증거

해석

미국의 5,000명의 근로자와 500명의 고용주들을 대상으로 한 우리의 월간 설문조사에서 사무직, 지식인 근로자들에게 하이브리드 근로로의 거대한 변화가 아주 분명하게 보인다. 새로운 규준은 일주일에 사무실에서 3일, 집에서 2일 일하면 30%나 그 이상 근무일이 절감된다. 당신은 이 삭감이 커다란 추락이 사무실 공간에 대한 수요에 가져올 거라고 생각할지도 모른다. 그러나 우리의 설문조사 데이터는 밀도가 낮아진 공간에서 큰 절감을 암시하며, 사무실 공간 안에서 평균적으로 1%에서 2%의 절감을 제안한다. 우리는 그 이유를 알 수 있다. 사무실에서의 높은 밀도는 불편하고 많은 근로자들이 그들 책상 주변이 붐비는 것을 좋아하지 않는다. <u>대부분의 고용주들은 월요일에서 금요일까지 집에서 일하는 것을 원한다.</u> 밀도로 인한 불편함은 로비, 부엌, 특히 엘리베이터로까지 미친다. 평방 넓이를 줄이지 않고도 밀도를 줄이는 유일하고 확실한 방법은 그것과 동일한 만큼 일하는 날을 줄이는 것이다. 우리의 설문조사의 증거에 따르면 밀도로 인한 불편함은 여전히 존재하고 있다.

TIP

위의 글은 근로자들이 북적이는 사무실에서 불편함을 느끼고, 공간이 더 필요하게 되었을 때, 하이브리드식의 근로의 필요를 설문조사 결과를 근거로 보여주고 있다. 하지만 ③은 고용주의 입장을 맥락 없이 넣었기 때문에 흐름상 어색한 문장으로 보인다.

정답 ③

기출문제

단어
renowned 유명한, 명성 있는
paragraph 단락, 절
keep ~ing ~하는 것을 계속하다
stress 강조하다
conclude 끝맺다, 결론을 내리다

2023. 6. 10. **지방직**

다음 글의 흐름상 어색한 문장은?

I once took a course in short-story writing and during that course a renowned editor of a leading magazine talked to our class. ① He said he could pick up any one of the dozens of stories that came to his desk every day and after reading a few paragraphs he could feel whether or not the author liked people. ② "If the author doesn't like people," he said, "people won't like his or her stories." ③ The editor kept stressing the importance of being interested in people during his talk on fiction writing. ④ Thurston, a great magician, said that every time he went on stage he said to himself, "I am grateful because I'm successful." At the end of the talk, he concluded, "Let me tell you again. You have to be interested in people if you want to be a successful writer of stories."

해석 ◉

한번은 내가 단편 글쓰기 강좌를 들었고, 그 강좌 동안에 한 유명 잡지사의 명성 있는 편집자가 우리 반에서 수업을 했다. 그는 매일 그의 책상으로 찾아오는 많은 이야기들 중 어떤 하나를 고를 수 있었고 몇 단락을 읽은 후에 그 작가가 사람들을 좋아하는지 아닌지를 느낄 수 있었다고 말했다. "만약 작가가 사람들을 좋아하지 않는다면, 사람들은 그나 그녀의 이야기를 좋아하지 않을 겁니다." 라고 말했다. 그 편집자는 소설 쓰기에 대한 이야기를 하는 동안 사람들에게 관심을 갖는 것의 중요성을 계속 강조했다. 훌륭한 마술사 Thurston은 그가 무대로 갈 때마다 자신에게 "내가 성공적이기 때문에 나는 감사하다."라고 말했다. 그 이야기의 끝에 그 편집자는 "내가 다시 한번 당신들에게 말하겠다. 만약 당신들이 이야기에서 성공적인 작가가 되고 싶다면 당신은 반드시 사람들에게 관심이 있어야 합니다."라고 끝을 맺었다.

TIP ◉

본문은 사람에 관심과 애정이 있는 작가가 성공한 작가가 된다는 내용인데, ④는 성공했기 때문에 감사하다고 말하는 마술가의 이야기를 전달하고 있기 때문에 글의 흐름상 어색한 문장이다.

| 정답 ④

TYPE 3 주어진 문장 넣기 – 주어진 문장이 들어갈 위치로 가장 적절한 곳은?

이 유형은 주어지는 문장이 제자리에 들어가 더 논리적이고 일관성 있는 글이 되는 문제로, 문장과 문장 사이의 관계 추론능력을 필요로 한다.

2024. 3. 23. 국가직

주어진 문장이 들어갈 위치로 적절한 것은?

> Tribal oral history and archaeological evidence suggest that sometime between 1500 and 1700 a mudslide destroyed part of the village, covering several longhouses and sealing in their contents.

> From the village of Ozette on the westernmost point of Washington's Olympic Peninsula, members of the Makah tribe hunted whales. (①) They smoked their catch on racks and in smokehouses and traded with neighboring groups from around the Puget Sound and nearby Vancouver Island. (②) Ozette was one of five main villages inhabited by the Makah, an Indigenous people who have been based in the region for millennia. (③) Thousands of artifacts that would not otherwise have survived, including baskets, clothing, sleeping mats, and whaling tools, were preserved under the mud. (④) In 1970, a storm caused coastal erosion that revealed the remains of these longhouses and artifacts.

해석 ○

「워싱턴주 올림픽 반도의 가장 서쪽 지점에 있는 Ozette 마을에서 Makah족의 구성원들이 고래를 사냥했다. 그들은 포획물을 선반 위와 훈제실에서 훈제하여 Puget Sound만 주변 및 Vancouver섬 인근의 이웃 부족들과 거래했다. Ozette는 그 지역에 수천 년간 터를 잡고 살아온 원주민인 Makah족이 거주하던 다섯 개의 주요 마을 중 하나였다. 부족의 구전 역사와 고고학적 증거에 따르면, 1500년에서 1700년 사이 어느 때에 진흙 사태가 마을 일부를 파괴하면서, 여러 채의 전통 가옥들을 덮어 그 안에 든 것들이 빠져나가지 못하게 했다고 한다. 그렇지 않았으면 살아남지 못했을, 바구니, 의복, 요, 포경 도구를 포함한 수천 개의 유물이 진흙 아래에 보존되어 있었다. 1970년, 한 폭풍으로 인해 해안 침식이 일어났고, 그것이 이 전통 가옥들과 유물들의 잔해를 드러냈다.」

기출문제

단어

tribal 부족의
oral 말로 하는, 구전의
archaeological 고고학적인
mudslide 진흙 사태
destroy 파괴하다
longhouse 전통가옥
seal in ~ 을 빠져 나가지 못하게 하다
content 내용
peninsula 반도
tribe 부족
rack 선반, 받침대
smokehouse 훈제실
trade 거래하다
neighboring 인근의, 이웃의
nearby 근처에
inhabit 거주하다
indigenous 토착의, 고유의
be based in ~에 터를 잡다
region 지역, 영역
millennia (millennium의 복수형) 수천 년
otherwise 그렇지 않으면
whaling 고래잡이
preserve 보존하다
coastal 해안의
erosion 침식
reveal 드러내다, 밝히다
remains 유물, 유적

▮정답 ③

기출문제

2024. 6. 22. 제1회 지방직

주어진 문장이 들어갈 위치로 적절한 것은?

> But she quickly popped her head out again.

The little mermaid swam right up to the small window of the cabin, and every time a wave lifted her up, she could see a crowd of well-dressed people through the clear glass. Among them was a young prince, the handsomest person there, with large dark eyes. (①) It was his birthday, and that's why there was so much excitement. (②) When the young prince came out on the deck, where the sailors were dancing, more than a hundred rockets went up into the sky and broke into a glitter, making the sky as bright as day. (③) The little mermaid was so startled that she dove down under the water. (④) And look! It was just as if all the stars up in heaven were falling down on her. Never had she seen such fireworks.

단 어

mermaid 인어

The little mermaid 인어공주(동화)

cabin 오두막, 선실

crowd 군중

well-dressed 잘 차려입은

excitement 흥분, 격앙

deck 갑판

sailor 선원

glitter 반짝임

startle 깜짝 놀라다

firework 불꽃놀이

해 석

인어공주는 선실의 작은 창문 바로 앞까지 헤엄쳐 올라왔고, 파도가 그녀를 들어 올릴 때마다, 그녀는 투명한 유리를 통해 잘 차려입은 사람들의 무리를 볼 수 있었다. 그들 중에는 크고 짙은 눈을 가진, 그곳에서 가장 잘생긴 사람인 젊은 왕자가 있었다. 그날은 그의 생일이었고, 그것이 바로 그토록 격앙된 이유였다. 그 젊은 왕자가 선원들이 춤을 추고 있는 갑판으로 나왔을 때, 100개 이상의 폭죽이 하늘로 올라갔다가 반짝이가 되어 하늘을 낮처럼 밝게 만들었다. 인어공주는 깜짝 놀라서 물속으로 들어갔다. <u>그러나 그녀는 재빨리 다시 고개를 밖으로 내밀었다.</u> 그리고 보라! 마치 하늘에 있는 모든 별들이 그녀 위로 떨어지는 것 같았다. 그녀는 그런 불꽃놀이를 본 적이 없었다.

┃정답 ④

2023. 4. 8. 인사혁신처
주어진 문장이 들어갈 위치로 알맞은 것은?

> They installed video cameras at places known for illegal crossings, and put live video feeds from the cameras on a Web site.

> Immigration reform is a political minefield. (①) About the only aspect of immigration policy that commands broad political support is the resolve to secure the U.S. border with Mexico to limit the flow of illegal immigrants. (②) Texas sheriffs recently developed a novel use of the Internet to help them keep watch on the border. (③) Citizens who want to help monitor the border can go online and serve as "virtual Texas deputies." (④) If they see anyone trying to cross the border, they send a report to the sheriff's office, which follows up, sometimes with the help of the U.S. Border Patrol.

단어

install 설치하다
known for ~로 알려진
illegal 불법적인
crossing 교차지점
immigration 이민, 이주
political 정치적인
minefield 지뢰밭
aspect 양상, 측면
resolve 결단
secure 단속하다, 확보하다
reform 개혁
sheriff 보안관
novel 새로운
virtua 사실상의
deputyl 부보안관
follow up 추적하다
patrol 순찰대

해석

이민 개혁은 정치적 지뢰밭이다. 폭넓은 정치적 지지를 명령하는 이민 정책의 유일한 양상은 불법 이민자들의 흘러들어옴을 제한하기 위해 멕시코와 맞닿은 미국 국경을 단속하기 위한 결단이다. 텍사스 보안관들은 최근에 그들이 국경을 계속 감시하는 것을 돕기 위하여 새로운 인터넷 사용법을 개발했다. 그들은 동영상 카메라를 불법적 교차지점으로 알려진 장소에 설치하고, 카메라로부터 라이브 동영상 피드를 웹사이트에 올린다. 국경을 계속 관찰하는 것을 돕기 원하는 시민들은 "실질적인 텍사스 부보안관들"로서 온라인으로 가서 봉사할 수 있다. 만약 그들이 국경을 넘으려고 하는 누군가를 본다면, 그들은 보안사무국에 보고를 보내고서 가끔은 미국 국경 순찰대들의 도움으로 추격을 한다.

TIP

국경 감시를 하기 위해 새로운 인터넷 사용법을 개발을 했다고 하므로 구체적인 방법을 보여주는 주어진 문장이 들어갈 위치로 ③이 적절하다.

정답 ③

기출문제

TYPE 4 문장의 순서 정하기 – 주어진 글 다음에 이어질 글의 순서로 가장 적절한 것은?

이 유형은 배열순서가 뒤바뀐 여러 문장들을 연결사와 지시어 등에 유의하여 문장과 문장 사이의 논리적 관계를 정확하게 파악하여 논리적으로 재배열하는 문제로, 기준이 되는 문장이 제시되기도 한다.

2024. 3. 23. 국가직
주어진 글 다음에 이어질 글의 순서로 적절한 것은?

Interest in movie and sports stars goes beyond their performances on the screen and in the arena.

(A) The doings of skilled baseball, football, and basketball players out of uniform similarly attract public attention.
(B) Newspaper columns, specialized magazines, television programs, and Web sites record the personal lives of celebrated Hollywood actors, sometimes accurately.
(C) Both industries actively promote such attention, which expands audiences and thus increases revenues. But a fundamental difference divides them: What sports stars do for a living is authentic in a way that what movie stars do is not.

① (A) − (C) − (B)
② (B) − (A) − (C)
③ (B) − (C) − (A)
④ (C) − (A) − (B)

해석

영화와 스포츠 스타에 대한 관심은 극장과 경기장에서의 그들의 활약을 넘어선다.
(B) 신문 칼럼, 전문 잡지, 텔레비전 프로그램, 웹 사이트는 유명 할리우드 배우의 사생활을 때로는 정확하게 기록한다.
(A) 유니폼을 입지 않은(=평상시 모습의) 뛰어난 야구, 축구, 농구 선수의 행동도 마찬가지로 대중의 관심을 끈다.
(C) 두 업계 모두 이러한 관심을 적극적으로 장려하는데, 이는 관중을 늘리고 따라서 수익을 증가시킨다. 하지만 그들을 구분하는 근본적인 차이가 있는데, 그것은 스포츠 스타가 생계를 위해 하는 일이 영화 스타가 하는 일과는 다르게 진정성이 있다는 것이다.

단어
go beyond 뛰어넘다
performance 성과, 실적
arena 경기장
skilled 노련한, 숙련된
attract 매혹시키다
attention 관심, 주의
specialized 전문화된
record 기록하다
celebrated 유명한
accurately 정확하게
promote 장려하다
expand 확장하다, 늘리다
revenue 수익
fundamental 근본적인
divide 나누다, 구분하다
do for a living 생계를 유지하다
authentic 진짜인, 진정한

정답 ②

2024. 6. 22. 제1회 지방직

주어진 글 다음에 이어질 글의 순서로 적절한 것은?

기출문제

> Computer assisted language learning(CALL) is both exciting and frustrating as a field of research and practice.

> (A) Yet the technology changes so rapidly that CALL knowledge and skills must be constantly renewed to stay apace of the field.
> (B) It is exciting because it is complex, dynamic and quickly changing—and it is frustrating for the same reasons.
> (C) Technology adds dimensions to the domain of language learning, requiring new knowledge and skills for those who wish to apply it into their professional practice.

① (A) — (C) — (B)
② (B) — (A) — (C)
③ (B) — (C) — (A)
④ (C) — (B) — (A)

단어

assist 돕다, 조력하다
exciting 흥분시키는
frustrating 좌절감을 주는
practice 실습
dimension 차원
domain 영역
require 요구하다
apply 적용하다
rapidly 빠르게, 재빨리
constantly 끊임없이
renew 갱신시키다
apace 뒤떨어지지 않게

해 석 ◐

컴퓨터 보조 언어 학습(CALL)은 연구와 실습의 한 분야로서 흥미롭기도 하고 좌절감을 주기도 하다.
(B) 그것은 복잡하고 역동적이며 빠르게 변화하기 때문에 흥미로우며, 같은 이유로 좌절감을 준다.
(C) 기술은 언어 학습 영역에 차원들을 더해서, 그것을 자신들의 전문적인 실무에 적용하고자 하는 사람들에게 새로운 지식과 기술을 요구한다.
(A) 그러나 기술은 너무 빠르게 변화해서 CALL 지식과 기술은 그 분야에 뒤떨어지지 않기 위해 끊임없이 갱신되어야 한다.

정답 ③

기출문제

단어

civilization 문명
rely on ~에 기대다
administraion 행정, 집행
exemplify 예, 전형적인 예가 되다
ancient 고대의
territory 영역
all the way 완전히
Mediterranean 지중해의
basin 유역, 분지
all the way 완전히
Black Sea 흑해

2023. 4. 8. 인사혁신처
주어진 글 다음에 이어질 글의 순서로 알맞은 것은?

> All civilizations rely on government administration. Perhaps no civilization better exemplifies this than ancient Rome.

> (A) To rule an area that large, the Romans, based in what is now central Italy, needed an effective system of government administration.
> (B) Actually, the word "civilization" itself comes from the Latin word civis, meaning "citizen."
> (C) Latin was the language of ancient Rome, whose territory stretched from the Mediterranean basin all the way to parts of Great Britain in the north and the Black Sea to the east.

① (A) − (B) − (C) ② (B) − (A) − (C)
③ (B) − (C) − (A) ④ (C) − (A) − (B)

해 석

모든 문명은 정부 국정에 달려있다. 아마도 고대 로마 보다 이 점을 예시로 더 잘 보여줄 문명이 없을 것이다.
(B) 사실 "문명"이라는 단어 자체가 시민을 의미하는 civis라는 라틴어 단어에서 왔다.
(C) 라틴어는 고대 로마의 언어였고, 고대 로마의 영토는 지중해 유역에서부터 북쪽으로는 영국의 부분들과 동쪽으로는 흑해까지 완전히 뻗어있었다.
(A) 그렇게 큰 지역을 통치하는 현재 이탈리아 중앙에 있던 로마인들은 효과적인 정부 행정시스템이 필요했다.

TIP

주어진 글은 고대 로마를 언급하며 가장 적절한 예시임을 말했다. 따라서 고대 로마의 언어였던 라틴어의 어원을 살피는 (B)가 따라오는 것이 글의 순서로 알맞다. (C)에서 영역 확장, (A)에서는 시스템의 필요를 차례로 정리했을 때 글의 맥락이 맞는다.

정답 ③

TYPE 5 내용 흐름 문장 추론 – 밑줄 친 부분에 들어갈 말로 적절한 것은?

이 유형은 글의 중간이나 마지막 부분에 들어갈 말을 찾는 문제이므로 글 전체의 내용을 빠르고 정확하게 파악하는 것이 중요하다.

2024. 3. 23. 국가직

밑줄 친 부분에 들어갈 말로 적절한 것을 고르시오.

_____. Nearly every major politician hires media consultants and political experts to provide advice on how to appeal to the public. Virtually every major business and special-interest group has hired a lobbyist to take its concerns to Congress or to state and local governments. In nearly every community, activists try to persuade their fellow citizens on important policy issues. The workplace, too, has always been fertile ground for office politics and persuasion. One study estimates that general managers spend upwards of 80% of their time in verbal communication—most of it with the intent of persuading their fellow employees. With the advent of the photocopying machine, a whole new medium for office persuasion was invented—the photocopied memo. The Pentagon alone copies an average of 350,000 pages a day, the equivalent of 1,000 novels.

① Business people should have good persuasion skills
② Persuasion shows up in almost every walk of life
③ You will encounter countless billboards and posters
④ Mass media campaigns are useful for the government

해석 ◉

설득은 거의 각계각층에서 나타난다. 거의 모든 주요 정치인들은 대중에게 어필하는 방법에 대한 조언을 제공하는 미디어 컨설턴트와 정치 전문가를 고용한다. 사실상 모든 주요 기업 및 특수 이익 단체는 자신들의 관심사를 의회나 주 정부 또는 지방 정부에 전달하기 위해 로비스트들을 고용해 왔다. 거의 모든 지역사회에서, 활동가들은 중요한 정책 문제에 대해 동료 시민들을 설득하기 위해 노력한다. 직장 역시, 언제나 사무실 내 정치와 설득 활동을 위한 비옥한 터전이 되어 왔다. 한 연구에 따르면 일반 관리자들은 업무 시간의 80% 이상을 언어적 의사소통에 소비하며, 이 중 대부분은 동료 직원을 설득하기 위한 목적으로 사용한다고 추정한다. 복사기의 등장과 함께, 전 직원의 설득을 위한 완전히 새로운 매체, 즉 복사 메모가 발명되었다. 펜타곤에서만 하루 평균 350,000페이지를 복사하는데, 이는 소설 1,000권에 해당하는 분량이다.
① 기업인은 좋은 설득 기술을 가져야 한다.
② 설득은 거의 각계각층에서 나타난다.

기출문제

단 어

nearly 거의
major 주된, 주요한
politician 정치가
consultant 상담사, 컨설턴트
expert 전문가
provide 제공하다
appeal 호소하다
virtually 사실상
special-interest group 특수 이익 단체
hire 고용하다
concern 관심, 관심사
persuade 설득하다
fellow 동료
policy 정책
fertile 비옥한
persuasion 설득
estimate 추정하다, 추산하다
upwards 위쪽으로, 이상
verbal 언어적인, 말로 하는
intent 의도, 목적
advent 출현, 도래
photocopy 복사하다

정답 ②

기출문제

③ 당신은 수많은 광고판과 포스터를 접하게 된다.
④ 대중 매체 캠페인은 정부에게 유용하다.

2024. 3. 23. 국가직
밑줄 친 부분에 들어갈 말로 적절한 것을 고르시오.

> It is important to note that for adults, social interaction mainly occurs through the medium of language. Few native-speaker adults are willing to devote time to interacting with someone who does not speak the language, with the result that the adult foreigner will have little opportunity to engage in meaningful and extended language exchanges. In contrast, the young child is often readily accepted by other children, and even adults. For young children, language is not as essential to social interaction. So-called 'parallel play', for example, is common among young children. They can be content just to sit in each other's company speaking only occasionally and playing on their own. Adults rarely find themselves in situations where _____.

① language does not play a crucial role in social interaction
② their opinions are readily accepted by their colleagues
③ they are asked to speak another language
④ communication skills are highly required

단어

note 주목하다
interaction 상호작용
mainly 주로
occur 나타나다
medium 매체, 매개
be willing to ~ 기꺼이 ~하다
devote A to B A를 B하는 데 몰두하다
interact with ~와 상호작용하다
opportunity 기회
engage in ~에 참여하다
meaningful 의미 있는
extended 폭넓은, 확장된
exchange 교환
in contrast 이와는 반대로
readily 쉽게, 즉시
accept 받아들이다
essential 필수적인
so-called 소위
parallel 평행
content 만족한
company 함께 있음
occasionally 가끔
rarely 거의 ~ 않는
situation 상황
play a role 역할을 하다
crucial 결정적인
colleague 동료
highly 아주, 매우
require 요구하다

해석

성인에게는 사회적 상호 작용이 주로 언어라는 매개를 통해 이루어진다는 점에 주목하는 것이 중요하다. 특정 언어를 모국어를 사용하는 성인 중 그 언어를 사용하지 않는 사람과 교류하는 데 기꺼이 시간을 할애하려는 사람은 거의 없으며, 그 결과 성인 외국인은 의미 있으면서 폭넓은 언어 교환을 할 기회가 거의 없을 것이다. 반대로, 어린아이는 다른 아이들에게, 심지어 어른들에게도 쉽게 받아들여진다. 어린아이에게 언어는 사회적 상호 작용만큼 필수적이지는 않다. 예를 들어, 소위 '평행 놀이'는 어린아이들 사이에서 흔하다. 아이들은 서로의 사이에 앉아서 가끔씩 말을 하고 혼자 노는 것만으로도 만족할 수 있다. 성인들은 <u>사회적 상호 작용에서 언어가 중요한 역할을 하지 않는</u> 상황에 놓이는 경우가 거의 없다.

① 사회적 상호 작용에서 언어가 중요한 역할을 하지 않는
② 그들의 의견이 동료들에게 쉽게 받아들여지는
③ 다른 언어를 사용하도록 요청받는
④ 의사소통 능력이 매우 요구되는

| 정답 ①

2024. 6. 22. 제1회 지방직
밑줄 친 부분에 들어갈 말로 적절한 것을 고르시오.

Javelin Research noticed that not all Millennials are currently in the same stage of life. While all Millennials were born around the turn of the century, some of them are still in early adulthood, wrestling with new careers and settling down. On the other hand, the older Millennials have a home and are building a family. You can imagine how having a child might change your interests and priorities, so for marketing purposes, it's useful to split this generation into Gen Y.1 and Gen Y.2. Not only are the two groups culturally different, but they're in vastly different phases of their financial life. The younger group is financial beginners, just starting to show their buying power. The latter group has a credit history, may have their first mortgage and is raising young children. The _____ in priorities and needs between Gen Y.1 and Gen Y.2 is vast.

① contrast
② reduction
③ repetition
④ ability

단어
notice 주목하다
currently 현재, 지금
adulthood 성인, 성년
wrestle 맞서 싸우다, 씨름하다
settling down 정착
priority 우선순위
split 쪼개다, 분할하다
vastly 대단히, 엄청나게
buying power 구매력
mortgage 대출, 담보대출
vast 거대한

해석

Javelin Research는 모든 밀레니얼 세대가 현재 같은 삶의 단계에 있는 것은 아니라는 사실에 주목했다. 모든 밀레니얼 세대가 세기가 바뀔 무렵에 태어났지만, 그중 일부는 아직 성인 초기에서 새로운 직업과 정착 문제로 씨름하고 있다. 반면, 나이가 더 많은 밀레니얼 세대는 집이 있고 가정을 꾸리고 있다. 아이가 생기면 관심사와 우선순위가 어떻게 달라질지 상상할 수 있으므로, 마케팅 목적을 위해 이 세대를 Y.1 세대와 Y.2 세대로 나누는 것이 유용하다. 두 집단은 문화적으로 다를 뿐만 아니라, 크게 다른 재정적 삶의 단계에 있기도 하다. 더 어린 집단은 이제 막 구매력을 발휘하기 시작한 금융 초보자들이다. 후자의 집단은 신용 기록이 있고, 첫 담보대출을 받았을 수도 있으며, 어린 자녀들을 양육하고 있다. Y.1 세대와 Y.2 세대 간 우선순위와 요구의 차이는 매우 크다.

① 차이 ② 감소
③ 반복 ④ 능력

단어

pressure 압력
liberalize 자유화하다
existing 현재의
hydropower 수력 발전
scheme 계획
structure 구조
earn 벌다
short-term 단기의
investment 투자
electricity generation 발전(發電)
private 사적인, 민간의
prefer 선호하다
paradoxical 역설적인
shareholder 주주
municipality 지자체
security 안전성
supply 공급
long-term 장기의
appreciate 평가하다

2024. 6. 22. 제1회 지방직
밑줄 친 부분에 들어갈 말로 적절한 것을 고르시오.

Cost pressures in liberalized markets have different effects on existing and future hydropower schemes. Because of the cost structure, existing hydropower plants will always be able to earn a profit. Because the planning and construction of future hydropower schemes is not a short-term process, it is not a popular investment, in spite of low electricity generation costs. Most private investors would prefer to finance _____, leading to the paradoxical situation that although an existing hydropower plant seems to be a cash cow, nobody wants to invest in a new one. Where public shareholders/owners (states, cities, municipalities) are involved, the situation looks very different because they can see the importance of the security of supply and also appreciate long-term investments.

① more short-term technologies
② all high technology industries
③ the promotion of the public interest
④ the enhancement of electricity supply

해석

자유화된 시장에서의 비용 압력은 기존 및 미래의 수력 발전 계획에 서로 다른 영향을 미친다. 비용 구조 때문에 기존 수력발전소는 항상 수익을 낼 수 있다. 미래 수력 발전 계획에 대한 계획안과 건설은 단기적인 과정이 아니기 때문에, 낮은 발전 비용에도 불구하고 대중적인 투자는 아니다. 대부분의 민간 투자자들은 <u>더 단기적인 기술</u>에 자금을 조달하는 것을 선호하는데, 이는 기존 수력발전소가 캐시카우(고수익 사업)처럼 보이는데도 불구하고 아무도 새로운 곳에 투자하지 않으려는 역설적인 상황으로 이어진다. 공공 주주/소유주(주, 시, 지자체)가 참여하는 경우, 그 상황은 매우 다르게 보이는데, 그들은 공급 안정성의 중요성을 인식하고 장기적인 투자도 중요하게 평가하기 때문이다.

① 더 단기적인 기술
② 모든 첨단 기술 산업
③ 공공 이익의 증진
④ 전력 공급의 향상

정답 ①

2023. 4. 8. 인사혁신처
밑줄 친 부분에 들어갈 말로 알맞은 것은?

기출문제

In recent years, the increased popularity of online marketing and social media sharing has boosted the need for advertising standardization for global brands. Most big marketing and advertising campaigns include a large online presence. Connected consumers can now zip easily across borders via the internet and social media, making it difficult for advertisers to roll out adapted campaigns in a controlled, orderly fashion. As a result, most global consumer brands coordinate their digital sites internationally. For example, Coca-Cola web and social media sites around the world, from Australia and Argentina to France, Romania, and Russia, are surprisingly _____. All feature splashes of familiar Coke red, iconic Coke bottle shapes, and Coca-Cola's music and "Taste the Feeling" themes.

① experimental

② uniform

③ localized

④ diverse

단 어
boost 가속화하다
standardization 표준화
zip 잠그다
roll out (캠페인을) 시작하다, 출시하다
adapted 개조된, 적당한
as a result 결과적으로
coordinate 조정하다
internationally 국제적으로
feature 특징화하다

해 석 ⊙

최근 몇 년 동안, 온라인 마케팅과 SNS의 높아진 인기는 세계적 브랜드들에 대한 광고 표준화의 필요성을 가속화시키고 있다. 대부분의 대형 마케팅과 광고 캠페인은 거대한 온라인의 실재를 내포한다. 접속한 소비자들은 이제 인터넷과 소셜미디어를 통해 국경을 쉽게 건너 넘어갈 수 있고, 광고주들이 자신들이 통제하던 적당한 캠페인을 시작하기를 어렵게 만든다. 결과적으로 대부분의 글로벌 소비자 브랜드들은 그들의 디지털 사이트들을 국제적으로 조정시킨다. 예를 들어, 호주와 아르헨티나에서부터 프랑스, 루마니아, 러시아까지의 전 세계에 있는 코카콜라 웹과 소셜미디어 사이트는 놀랍게도 균일화된다. 모든 것을 친숙한 빨간 코카, 아이코닉한 코카 병 모양, 코카콜라의 음악 그리고 "감각을 맛 보라"라는 테마를 특징으로 삼는다.

② 균일한
① 실험적인
③ 토착화된
④ 다양한

단원평가 | 문맥의 이해

1 다음 글의 흐름상 빈칸에 들어갈 가장 적절한 것을 고르시오.

Have you ever been made fun of because you were left-handed? These days, most people don't care which hand you prefer, but it wasn't always so. Many ancient cultures discriminated against people who primarily used their left hand for everyday tasks. This sort of thinking has been passed on to modern cultures through language. Think of alternate meanings for the word "right" in English; it also means "being correct or accurate". This is the case in mainly only a few. _____, the Latin word for right-handed is dexter. We recognize this word today in English as "dexterity", which means "skillful". _____, the Latin word for left-handed is "sinister", which is the English word meaning "evil" or "unlucky". This association of left-handed with bad things carries over not into most European languages, but even Chinese, as the Mandarin word for "left" can also mean "improper" or "immoral". Left-handed people weren't well-liked in ancient times.

① Therefore − Besides
② Nonetheless − Despite
③ Futhermore − However
④ In the same way − However

단어 make fun of ~을 놀리다, 비웃다 **left-handed** 왼손잡이의 **discriminate** 구별하다, 차별하다 **only a few** 극히[불과] 소수의, 근소한 **association** 함축, 암시적 의미 **carry over** (습관 등이) 미치다

해석 여러분이 왼손잡이라서 놀림을 받은 적이 있는가? 요즈음 대부분의 사람들은 여러분이 어떤 손을 선호하든지 상관하지 않는다. 하지만 항상 그렇지는 않았다. 많은 고대의 문화는 일상적인 일에서 주로 왼손을 사용하던 사람들을 차별했다. 이러한 종류의 생각은 언어를 통해서 현대 문화에 전달되었다. 영어에서 right라는 단어의 다른 의미를 생각해 보아라. 그것은 또한 옳거나 정확하다는 것을 의미한다. 이것은 주로 극히 소수에만 해당되는 경우이다. 같은 방법으로, right-handed에 해당하는 라틴어는 dexter이다. 우리는 오늘날 이 단어를 영어로 'dexterity(손재주 있음, 솜씨 좋음)'로 간주하며 이것은 '솜씨 좋은'이라는 의미이다. 하지만 left-handed에 해당하는 라틴어는 'sinister(불길한)'인데, 이것은 '불길한'이나 '불행한'이라는 의미의 영단어이다. 나쁜 것들을 가진 왼손잡이의 의미는 대부분의 유럽어에는 영향이 미치지 않지만, 중국어에서조차 '왼쪽'에 해당하는 만다린어는 '부적당한'이나 '부도덕한'이라는 의미도 나타낼 수 있다. 왼손잡이인 사람들은 고대에 그다지 선호되지 않았다.

TIP ④ 첫 번째 빈칸 앞에서 right의 예를 들고 있고 뒤에서 비슷한 단어인 right-handed에 대한 예를 들고 있으므로 첫 번째 빈칸에는 In the same way가 적절하다. 두 번째 빈칸 앞에서는 right-handed에 대한 내용이 나오고 빈칸 뒤에서는 left-handed에 대한 내용이 나오는 것으로 보아 서로 상반되는 내용이므로 빈칸에는 However가 적절하다.

2 다음 중 밑줄 친 곳에 들어갈 말로 적절한 것은?

Oscar Wilde once wrote, "In this world there are only two tragedies. One is not getting what one wants, and the other is getting it." He was trying to warn us that no matter how hard we work at being successful, success won't satisfy us. By the time we get there, having sacrificed so much on the altar of being successful, we will realize that success was not what we wanted. People who have money and power know something that you and I do not know and might not believe even when we are told. Money and power do not satisfy that unnameable hunger in the soul. Even the rich and powerful find themselves yearning for something more. We read about the family problems of the rich and famous, we see fictionalized conflicts on television, but we never get the message. Instead, we keep thinking that _____.

① if we had what they have, we would be happy

② the lives of the rich and powerful entirely depend on luck

③ though we have worked hard, we are not successful in life

④ money and power cannot replace valuable things in our life

단어 tragedy 비극 work at ~을 하려고 열심히 노력하다 by the time ~할 무렵에 altar 제단 unnameable 말할 수 없는 hunger 굶주림, 갈망 yearning 갈망 fictionalize 소설화하다, 각색하다 conflict 갈등, 충돌 entirely 전적으로, 완전히

해석 오스카 와일드는 한때 "이 세상에는 오직 두 가지 비극만이 있다. 하나는 자신이 원하는 것을 가지지 못하는 것, 그리고 다른 하나는 그것을 가지는 것이다."라고 썼다. 그는 우리가 성공하려고 아무리 열심히 노력하더라도 성공은 우리를 만족시키지 않을 것이라는 것을 우리에게 경고하려고 하고 있었다. 우리가 성공이라는 제단에 아주 많은 것을 희생한 후에 그것에 다다를 무렵이 되면 우리는 성공이 우리가 원하던 것이 아니었음을 깨달을 것이다. 돈과 권력을 가진 사람들은 당신과 내가 알지 못하고 심지어 우리가 듣고도 믿지 못할 어떤 것을 안다. 돈과 권력은 뭐라 말할 수 없는 마음속의 갈망을 만족시키지 못한다. 부유한 자들과 권력자들조차 더 많은 무언가를 열망하고 있는 스스로를 발견한다. 우리는 부유하고 유명한 사람들의 가족문제에 대해 읽고, 텔레비전에서 소설화 된 갈등들을 보지만 결코 그 메시지를 얻지 못한다. 대신에 우리는 <u>만약 우리가 그들이 가지고 있는 것을 가진다면 우리는 행복할 것</u>이라고 되풀이해서 생각한다.

① 만약 우리가 그들이 가지고 있는 것을 가진다면 우리는 행복할 것이라고

② 부유하고 힘 있는 사람들의 삶은 전적으로 운에 따른다고

③ 우리가 일을 열심히 해왔어도 우리는 삶에서 성공적이지 못하다고

④ 돈과 권력은 우리의 삶에서 가치 있는 것들을 대신하지 못한다고

Answer 1.④ 2.①

3 주어진 문장이 들어갈 위치로 가장 적절한 곳은?

> In other words, our behavior is neither wholly determined by our genes nor wholly free from them.

> Grub's birth rekindled my interest in the nature vs. nurture debate, which was at that time producing bitter arguments in scientific circles. (A) Were we humans mainly the product of our genetic makeup or the product of our environment? (B) In recent years, these flames of controversy have died down, and it is now accepted that in all animals with reasonably complex brains, adult behavior is acquired through a mix of inherited traits and experience gained as the individual goes through life. (C) The more sophisticated an animal's brain, the greater the role that learning is likely to play in shaping its behavior, and the more variation we shall find between one individual and another. (D) And the information acquired and lessons learned during infancy and childhood, when behavior is at its most flexible, are likely to have particular significance.

① A   ② B
③ C   ④ D

Point

단어 grub (곤충의) 유충 rekindle 다시 불러일으키다 nature 자연, 천성, 본성 nurture 양육, 육성 die down 차츰 잦아들다 reasonably 상당히, 꽤 acquired 획득한, 기득의 inherited 상속한, 유전의 sophisticated 세련된, 정교한 variation 변화, 변형 infancy 유아기, 초창기 significance 중요성

해석 유충의 탄생은 그 당시 과학계에 격렬한 논쟁을 일으킨 유전론 대 환경론의 토론에 대한 나의 흥미를 다시 불러일으켰다. 우리 인간은 유전자 구성의 생산물인가 아니면 환경의 생산물인가? 최근에 와서 이런 논쟁의 불씨는 차츰 잦아들었고, 이제는 상당히 복잡한 뇌를 가진 모든 동물들에게서 성인의 행동은 유전적 특징과 개개인이 인생을 살면서 얻은 경험이 섞여서 획득된다고 받아들여진다. <u>다시 말하면, 우리의 행동은 완전히 유전자에 의해서만 결정되는 것이 아니며, 그렇다고 그것으로부터 완전히 자유롭지도 않다.</u> 동물의 두뇌가 더 정교할수록 학습이 그들의 행동을 형성하는 데에서 역할이 커지며, 개개인 사이의 보다 많은 다양함을 찾을 것이다. 그리고 행동이 가장 유연한 유아기와 아동기 동안 획득한 정보와 학습된 교훈은 특별한 의미를 가질 것이다.

4 다음 주어진 글 뒤에 이어질 글의 순서로 가장 적절한 것은?

Is it a curiosity that the last days of Socrates were spent in meditating on Aesop's fables? The fable of the Crow and the Pitcher illustrates a clever episode.

(A) Unable to reach them, it reasons that the grapes are not ripe and so would rather not eat the sour grapes. The lesson is that people criticize what they cannot achieve. This is also the origin of the English phrase 'sour grapes.'

(B) A crow wants to drink water from a pitcher. When its beak can no longer reach the water, it fills the pitcher with pebbles until the water rises high enough.

(C) The moral of this fable is that ingenuity beats brute strength or that necessity is the mother of invention. Another fable is the Fox and the Grapes. A fox wants to eat grapes hanging high on a tree.

① (A) – (B) – (C) 　　　　② (B) – (C) – (A)

③ (B) – (A) – (C) 　　　　④ (A) – (C) – (B)

단어 curiosity 호기심, 진기함, 신기함　meditate 숙고하다, 명상하다　fable 우화　sour grapes(단수 취급) 지기 싫어함, 오기　pebble 자갈, 조약돌　moral 교훈　ingenuity 창의력, 독창력　brute strength 완력(腕力)

해석 소크라테스가 마지막 날들을 이솝우화를 숙고하는 데 소비했다는 것이 신기한가? 까마귀와 주전자의 우화는 현명한 에피소드를 보여 준다. (B) 까마귀는 주전자에 든 물을 마시고 싶어한다. 부리가 물에 더 이상 닿을 수 없을 때, 물이 충분히 높이 올라올 때까지 주전자를 자갈로 채운다. (C) 이 우화의 교훈은 창의력이 완력을 이긴다는 것이나 필요는 발명의 어머니라는 것이다. 또 다른 우화는 여우와 포도이다. 여우는 나무에 높이 매달려 있는 포도를 먹고 싶어한다. (A) 그것(포도)에 닿을 수 없자, 포도는 익지 않아서 신 포도는 먹지 않겠다고 판단한다. 그 교훈은 사람들이 성취할 수 없는 것을 비판한다는 것이다. 이것은 영어 관용구 '오기'의 기원이기도 하다.

TIP ② 까마귀와 주전자의 우화→(B) 까마귀와 주전자 우화의 내용→(C) 까마귀와 주전자 우화의 교훈, 또 다른 우화인 여우와 포도→(A) them은 포도를 가리킴. 여우와 포도 우화의 교훈

Answer 3.③　4.②

┃171

5 아래 주어진 문장들을 가장 적절한 순서로 배열한 것을 고르시오.

ⓖ In the contemporary world it has often been argued that those societies in which religion has continued to survive as a major force have been those where the church has been an arm of the state.

ⓛ Economic growth, technological sophistication, and the development of new forms of popular culture, would all weaken the grip of religion on ordinary citizens, and usher in a society where the blinders of religious belief would be discarded in favor of rational and self-determined choices about how to live the good life.

ⓒ The principle of the separation of church and state assumed the secular identity of the state and forbade it from the promotion of specific forms of religious belief and practice.

ⓔ Secularization, in contrast, came hand in hand with modernization which by its very nature offered a series of irresistible challengers to traditional forms of religious influence.

---

① ⓖ – ⓛ – ⓒ – ⓔ   ② ⓒ – ⓖ – ⓔ – ⓛ

③ ⓒ – ⓔ – ⓖ – ⓛ   ④ ⓒ – ⓛ – ⓖ – ⓔ

 Point

단어 contemporary 현대의 secular 비종교적인, 세속의 secularization 비종교화, 세속화

해석 ⓒ교회와 국가의 분리 원칙은 국가의 비종교적 정체성을 취하면서 국가가 어떠한 특정한 종교적 신념과 관행을 장려하는 것을 금한다. ⓖ현대 사회에서 종교가 주된 힘으로 계속 남아 있는 그런 사회는 교회가 정부의 한 권력으로 남아 있는 사회라고 종종 주장되어 왔다. ⓔ이에 비해, 비종교화는 현대화와 같이 진행되어 왔으며, 현대화는 그 속성상 종교가 영향을 미치는 전통적인 형태에 일련의 강력한 도전장을 내밀었다. ⓛ경제적 성장과 기술의 정교화, 새로운 형태의 대중문화의 발달은 시민들을 종교의 손아귀에서 풀어놓았으며, 종교적 믿음만 보게 하는 눈가리개를 버리고 대신 어떻게 훌륭한 삶을 살 것인가에 대해 자신이 결정한 합리적인 선택을 따르는 그런 사회로 인도하게 되었다.

TIP ② ⓒ교회와 국가의 분리→ⓖ종교가 주된 힘으로 계속 남아 있는 사회는 교회가 정부의 한 권력으로 남아 있는 사회→ⓔ비종교화→ⓛ비종교화의 구체적인 내용으로 이어져야 내용이 자연스럽다.

6 다음 글에서 전체 흐름과 가장 관계없는 문장을 고르시오.

> Consider the following implication involving the role of social bonds and affection among group members. If strong bonds make even a single dissent less likely, the performance of groups and institutions will be impaired. ①A study of investment clubs showed that the worst-performing clubs were built on affective ties and were primarily social, while the best-performing clubs limited social connections and focused on making money. ②Dissent was far more frequent in the high-performing clubs. ③The low performers usually voted unanimously, with little open debate. ④As illustrated in the study, the high performers placed more importance on social bonds than the low performers, resulting in their high rate of success. The central problem is that the voters in low-performing groups were trying to build social cohesion rather than to produce the highest returns.

 Point

단어 implication 암시, 함축, 내포 **affection** 애정, 호의 **dissent** 불찬성, 이의 ; 의견을 달리하다 **impair** 손상시키다, 해치다 **affective** 감정의(=emotional), 감정적인 **cohesion** 결속성, 결합(력), (분자의) 응집력, 단결

해석 집단 구성원들 사이의 사교적인 결속력과 애정의 역할에 관련된 다음의 암시를 고려해 보라. 만약 강한 결속력이 작은 불찬성이라도 덜 가능하게 만든다면, 집단과 단체의 수행은 손해를 입을 것이다. 투자 클럽에 대한 한 연구는 최악의 성과를 보이는 클럽은 애정의 유대 위에 조직되었고 기본적으로 사교적인 반면에, 최고의 성과를 내는 클럽은 사교적인 연결을 제한했고 돈을 버는 데 집중했다는 것을 보여 주었다. 불일치는 높은 성과를 보여 주는 클럽에서 훨씬 더 빈번했다. 낮은 성취를 보여 주는 사람들은 보통 만장일치로 투표를 했고 공개적인 토론은 거의 가지지 않았다. (그 연구에서 보여 준 것처럼, 높은 업무수행자들은 낮은 업무수행자들보다 사교적인 결속력에 더 큰 중요성을 두었으며, 그 결과 그들의 높은 성공률에 이르렀다.) 중심적인 문제는 낮은 성취를 이룬 집단들의 투표자들은 가장 높은 수익을 만들어 내기보다는 사교적인 응집성을 구축하려고 했다는 것이다.

TIP 주제는 '집단에서 사교적 유대와 애정의 역할에 관한 글로, 유대가 강해 반대 의견을 표출할 수 없는 집단은 업무 수행이 손상된다는 내용을 다루고 있다. ④는 수행 능력이 뛰어난 사람은 사회적 유대를 중시한다고 하는데, 사회적 유대가 강하면 수행 능력에 손상을 준다는 주제와는 상반된 내용이다.

Answer 5.② 6.④

7 다음 지문 내용과 가장 거리가 먼 것을 고르시오.

Heredity allows the traits of a parent to be passed to the offspring through the unit of heredity known as the gene. These traits include the physical characteristics such as eye color, height, hair color, body shape, and blood type. However, although there may be a similarity in the facial features of the parent and offspring, their faces are not exactly the same. There are small differences. Heredity also includes the intellectual characteristics of the parent as passed on to the child. One example is the proclivity toward solving math problems. This does not always occur, however.

① A parent's intellectual capacity is not always passed on to the child.

② The proclivity to solve math problems is usually passed on.

③ Characteristics such as eye color and blood type are the same in parent and child.

④ The physical traits passed on are not totally identical in parents and children.

단어 heredity 유전 gene 유전자 proclivity 성향, 성질, 경향

해석 유전은 부모의 특징이 유전자로 알려진 유전의 단위를 통해서 자손에게 전달되도록 한다. 이러한 특징은 눈 색깔과 키, 머리카락 색깔, 체형, 혈액형 같은 신체적인 특징을 포함한다. 하지만 부모와 자손의 얼굴 모양이 비슷할 수는 있지만 그들의 얼굴이 완전히 똑같다는 것은 아니다. 작은 차이가 있다. 유전은 또한 자식에게 전달된 것과 같은 부모의 지적 특징도 포함한다. 한 예로, 수학 문제를 푸는 것에 대한 성향이다. 하지만 이것이 항상 그런 것은 아니다.

① 부모의 지적 능력이 항상 자녀에게 전달되는 것은 아니다.

② 수학 문제를 푸는 성향은 대체로 전달된다.

③ 눈 색깔과 혈액형 같은 특징은 부모와 자식이 같다.

④ 유전된 신체적인 특징은 부모와 자식이 완전히 동일하지는 않다.

TIP These traits include ~ exactly the same.의 내용으로 보아 지문의 내용과 거리가 먼 것은 ③이라는 것을 알 수 있다.

8 다음 글의 흐름으로 보아 주어진 문장이 들어가기에 가장 적절한 곳은?

> The sizes and shapes of coins are different in various countries, and the size and color of paper money also vary.

> When we think of money, we usually think of currency, or coins and bills. (ⓐ) In the modern world, almost every country uses coins and paper money to exchange for other objects of value. (ⓑ) In India, for example, some coins have square sides. (ⓒ) In Japan, coins have holes in the center. (ⓓ) In the United States, all paper money is the same size and the same color ; only the printing on the bills is different.

① ⓐ

② ⓑ

③ ⓒ

④ ⓓ

 Point

단어 coin 동전 paper money 지폐 vary 여러 가지이다, 다양하다 currency 통화(通貨), 화폐 bill 지폐 of value 가치 있는, 귀중한, 중요한 square 정사각형

해석 우리가 돈에 대하여 생각할 때, 우리는 보통 화폐, 즉 동전이나 지폐를 생각한다. ⓐ현대 세계에서 거의 모든 나라들은 다른 유용한 물건들과 교환하기 위해서 동전과 지폐를 사용한다. ⓑ동전의 크기와 모양은 여러 나라에서 서로 다르며, 지폐의 크기와 색깔 역시 다양하다. 예를 들면 인도에서는 몇 개의 동전은 정사각형의 면을 가지고 있다. ⓒ일본에서는 동전들이 중앙에 구멍이 있다. ⓓ미국에서는 모든 지폐가 똑같은 크기이며 똑같은 색깔이다. 단지 지폐의 인쇄내용만이 다를 뿐이다.

Answer 7.③ 8.②

9 글의 흐름으로 보아 주어진 문장이 들어가기에 가장 적절한 것을 고르시오.

> Every clan represented in a village has a clanhouse in which the masks and other sacred items used in the ceremonies are kept when not in use.

> Hopi religion features a ritual calendar that includes a large number of annually required ceremonies. In most cases, each ceremony is "owned" by the members of a certain clan. (①) The clanhouse usually consists of a room adjoining the dwelling of a senior female member of the clan. (②) This woman is in charge of storing ritual equipment and of seeing to it that they are treated with the proper respect. (③) There is also a male head of each clan whose duties likewise are partly religious because he is in charge of the performance of ceremonies owned by his clan. (④) A male clan head passes his position down to either his younger brother or his sister's son. In this way, culturally important ritual knowledge is kept within the clan.

단어 **adjoin** 인접하다 **feature** ~을 특징으로 하다 **annually** 해마다 **own** 지배하다, 소유하다 **see to it that** ~하도록 돌보다, 조처하다 **performance** 실행, 수행 **dwelling** 사는 곳, 주거 **ritual** 종교적 의식, 제사 ; 종교적 의식의, 제사의 **ceremony** 의식, 의전 **sacred** 신성한 **be in charge of** ~을 책임지다 **artifact** 문화유물, 인공물 **ethnic** 인종의, 민족의 **civilization** 문명, 문명사회 **chronicle** 연대기 **genealogy** 계통 연구, 혈통 **rational** 이성적인, 온당한 **metropolis** 대도시, 중심도시

해석 호피족의 종교는 해마다 요구되는 많은 의식이 기재된 종교 의식 달력을 특징으로 한다. 대부분의 경우, 각 의식은 특정 씨족의 일원들에 의해 주관된다. ①마을에 있는 모든 씨족은, 의식에 사용되는 가면과 다른 신성한 도구들을 쓰지 않을 때 보관해 두는 씨족회관을 보유한다. 씨족회관은 대개 씨족의 고참 여성이 사는 곳과 인접해 있는 방으로 이루어져 있다. ②이 여성은 제사 도구를 보관하고, 그 도구들이 적절한 경의를 받으며 다뤄지고 있는지를 보는 임무를 맡고 있다. ③또한 각 씨족의 남성 우두머리의 임무는 마찬가지로 부분적으로 종교적인데, 그 이유는 그가 씨족에 의해 주관되는 종교 의식을 수행할 책임이 있기 때문이다. ④씨족의 남성 우두머리는 자신의 지위를 남동생이나 누이의 아들에게 물려준다. 이런 식으로, 문화적으로 중요한 종교 의식에 관련된 지식이 씨족 내에서 보존된다.

TIP ① 다음에 The clanhouse가 나온 것으로 보아 앞에 a clanhouse가 나와야 한다는 것을 알 수 있다. 따라서 주어진 문장은 ①에 들어가야 한다.

10 다음 글의 "ice cream headache"에 대한 내용과 일치하지 않는 것은?

> Not a lot is known about what causes "ice cream headaches" or "brain freeze" as these headaches are commonly called. Scientists know that this type of headache is triggered by cold food or drink hitting the roof of the mouth, but they still have no idea what causes the pain. One theory suggests that pain is caused because the blood vessels constrict from the cold.
>
> Scientists do know that the pain reaches its peak somewhere between 25 and 60 seconds after eating or drinking something too cold and that the temperature of the forehead falls by almost two degrees. The pain typically lasts from a few seconds to a minute or two.
>
> Although this type of headache can occur anytime, it is more common during very hot weather or when a person is overheated. Hot weather and ice cream seem to go together, which is probably the reason why most ice cream headaches occur in the summer.

① "ice cream headache"의 원인에 대해 명확히 밝혀진 것은 없다.

② 찬 음료수를 마시고 25~60초 정도 사이에 고통이 극에 달한다.

③ "ice cream headache"에 의한 고통은 5~10분 정도 지속된다.

④ 더운 날씨에 더 자주 발생한다.

Point

단어 brain freeze 브레인 프리즈(찬 음식을 먹으면 일시적으로 머리가 짜르르 아픈 현상) **trigger** 유발하다 **blood vessel** 혈관 **constrict** 수축하다 **last** 지속하다 **overheated** 지나치게 더운

해석 "아이스크림 두통" 또는 "브레인 프리즈"를 유발시키는 원인에 대해 잘 알려져 있지는 않다. 과학자들은 이러한 유형의 통증이 입천장을 자극하는 차가운 음식이나 음료에 의해 유발된다고 알고 있지만, 무엇이 고통을 유발시키는지는 모른다. 하나의 이론에 따르면 혈관이 추위로부터 수축되기 때문이라고 한다. 과학자들은 너무 찬 것을 마시고 25~60초 사이 고통이 극에 도달하고 이마의 온도는 2도만큼 하락한다는 것을 안다. 그 고통은 몇 초에서 1~2분까지 지속된다. 이러한 유형의 두통은 언제든지 발생할 수 있지만 아주 무더운 날씨나, 사람의 체온이 높을 때 자주 발생한다. 더운 날씨에 아이스크림은 잘 어울리는 것처럼 보이나, 그것은 대부분의 아이스크림 두통이 여름에 발생하는 원인이 될 수도 있다.

TIP The pain typically lasts from a few seconds to a minute or two.(그 고통은 몇 초에서 1~2분까지 지속된다.)의 내용으로 보아 ③이 일치하지 않는다는 것을 알 수 있다.

11 주어진 글 다음에 이어질 글의 순서로 가장 적절한 것은?

> Democracy is a system of government based on the assumption that all citizens have the right to participate in shaping the face of the society in which they live.
>
> (A) Besides, since the poor and disadvantaged are far less likely to vote than any other socioeconomic group, they can safely be ignored by mainstream politicians.
>
> (B) Therefore, the only way to break this cycle, I believe, is compulsory voting.
>
> (C) In this system, low participation rates are dangerous because they mean our politicians are not representative of the population as a whole.

① (B) — (A) — (C)
② (B) — (C) — (A)
③ (C) — (B) — (A)
④ (C) — (A) — (B)

 Point

단어 democracy 민주주의 assumption 가정, 추정 participate in ~에 참가하다 disadvantaged 사회적 약자인, 사회적 혜택을 받지 못하는 mainstream 주류 compulsory 강제의 representative 대표 the population as a whole 전체 주민

해석 민주주의는 모든 시민들이 그들이 살아가는 사회의 모습을 결정하는 데 참여할 권리가 있다는 가정을 기반으로 하는 정부 체제이다. (C) 이 체제에서, 저조한 참여는 위험할 수 있다. 왜냐하면 정치인들이 전체 인구를 대표해 주는 것이 아니기 때문이다. (A) 게다가, 가난하고 불우한 계층은 다른 사회집단보다 투표를 하지 않는 경향이 훨씬 크므로, 그들은 주요 정치인에 의해 철저히 무시당할 수 있다. (B) 따라서 이 악순환을 깰 수 있는 유일한 방법은 의무 투표이다.

TIP ④ 글의 순서 문제에서는 특히 연결사와 지시사에 주목해야 한다. (C)의 this system, (A)의 besides, (B)의 therefore를 통해서 단서를 얻을 수 있다.

12 다음 문장에 이어질 글의 순서로 가장 알맞은 것은?

Scientists put flowers in a laboratory in constant darkness to know why flowers open and close at different times.

(A) But in fact they continued to open as if they were in a normal garden.

(B) One might predict that these flowers, not having any information about the time of day, would not open as they usually do.

(C) This suggests that they have some mysterious way of keeping time ; that they have, in other words, a kind of "biological clock."

① (A) − (B) − (C)

② (B) − (A) − (C)

③ (B) − (C) − (A)

④ (C) − (B) − (A)

Point

단어 constant 일정한, 부단한, 불변의　open (꽃이) 피다, (꽃잎을) 열다　close (꽃잎을) 닫다　in other words 다시 말해서　biological 생물학적인

해석 꽃들이 왜 다른 시간대에 피고 지는가를 알기 위해서 과학자들은 항상 어두컴컴한 실험실에 꽃들을 놓아두었다.
(B) 어떤 사람은 이 꽃들이 하루의 시간대에 대한 어떤 정보도 가지고 있지 않기 때문에 보통 때처럼 피지 않을 것이라고 예견했을 수도 있다.
(A) 그러나 사실은 꽃들은 마치 정상적인 정원에 있는 것처럼 계속해서 피었다.
(C) 이것은 꽃들이 시간을 지키는 어떤 신비스러운 방법을 가지고 있다는 것, 다시 말해 일종의 "생물학적 시계"를 가지고 있다는 것을 알려준다.

13 다음 글의 내용과 일치하지 않는 것은?

Many non-Memphians think that I admire Elvis Presley and always attend the annual candlelight vigil near his grave site on August 23, the anniversary of his death. They also think that I own all of his albums. I do live in Memphis. Elvis lived here, too. But, I do not make annual visits to his house.

I hope that you understand I resent the automatic association of Memphis with Elvis. I might sound cynical towards a man who has bolstered my city's economy so much, but I have a right to sound that way. Many worshippers tend to skip over the details of his life. His first albums are masterpieces, but from there his music and his life steadily decline. Elvis' heart failure was brought on by a massive drug overdose.

That is my frustration with Elvis. The man had everything but threw it all away. The story of Elvis taught me a lesson, though. Now, as I strive for success, I know how not to use any achievements that I may obtain carelessly. Elvis is a classic example of a man who was ruined by fame and fortune. So whenever I meet non-Memphians I do my best to convince them that I do not follow that cult of Elvis worshippers who account for three-fourths of all the tourists in Memphis.

① Elvis의 죽음은 지나친 약물 복용과 큰 관련이 있다.
② 필자는 Elvis의 첫 앨범을 걸작이라고 생각한다.
③ 필자는 멤피스에서 Elvis 관광 안내인이다.
④ 멤피스 방문객의 약 4분의 3은 Elvis 숭배자이다.

Point

단어 non-Memphian 멤피스의 주민이 아닌 사람 **annual** 연례의 **vigil** 철야기도, 밤샘 간호 **grave site** 묘소 **resent** 분개하다, 화내다 **cynical** 냉소적인 **bolster** 북돋우다, 부양하다 **worshipper** 숭배자 **masterpiece** 걸작 **heart failure** 심장마비 **bring on** 야기하다 **massive** 대량의 **overdose** 과다 복용 **frustration** 실망, 좌절 **throw away** 버리다, 던지다 **strive** 노력하다, 애쓰다 **carelessly** 부주의하게, 무심코 **a classic example** 모범적인 예 **do one's best** 최선을 다하다 **convince** 확신시키다, 납득시키다 **cult** 의식

해석 멤피스 외지인들은 내가 엘비스를 존경하고 매년 10월 23일 엘비스 사망일에 그의 묘지 근처에 모여 철야기도를 할 것이라고 생각한다. 그들은 또한 내가 그의 앨범을 모두 갖고 있을 것이라고 생각한다. 나는 멤피스에 살고 있다. 엘비스도 여기 살았다. 하지만 나는 그의 묘소에 매년 방문하지 않는다. 나는 내가 엘비스와 멤피스를 연결 지어 생각하는 것을 싫어한다는 것을 당신이 이해해 주길 바란다. 우리 도시의 경제를 강화시켜 준 사람(엘비스)에 대해 난 냉소적인 태도를 보일지도 모르지만, 그러나 나는 그러한 태도를 가질 권리가 있다. 많은 숭배자들은 그의 삶의 세부적인 부분을 간과하는 경향이 있다. 그의 첫 번째 앨범은 걸작이었지만, 그 후로 그의 음악과 삶은 꾸준히 퇴락하였다. 엘비스의 심장마비는 엄청난 마약의 과다복용에서 비롯되었다. 그 점이 내가 엘비스에게 실망한 점이다. 그 남자는 모든 걸 가졌지만 모든 것을 던져 버렸다. 하지만 엘비스의 이야기는 나에게 교훈을 주었다. 지금 나는 성공을 위해 매진하고 있으므로 우연히 얻게 된 공적을 이용하지 않는 법을 알고 있다. 엘비스는 부와 명성에 의해 몰락한 사람의 전형적인 예이다. 그래서 난 멤피스의 모든 관광객을 만날 때마다 멤피스 관광객의 4분의 3을 차지하는 엘비스 숭배자들의 숭배의식을 수행하지 않는다는 것을 알리기 위해 최선을 다한다.

TIP 필자는 멤피스에 살고 있는 주민이지만, Elvis에 실망한 사람으로, 그에 대한 관광안내인은 아니므로 ③이 이 글의 내용과 일치하지 않는다.

14 다음 글에서 전체 흐름과 관계없는 문장은?

For early people, body rhythm came first. ⓐDancing was a necessary and important part of life. ⓑEarly people danced to make their crops grow, to make the rains fall or to make the sun shine. ⓒThey danced in special, secret places, sometimes around a symbolic tree. ⓓDancing was one of the first ways for children to express their own feelings. In many parts of Europe, you can still see people dancing around a symbolic tree which is decorated with flowers and ribbons.

① ⓐ

② ⓑ

③ ⓒ

④ ⓓ

단어 **crop** 곡식 **symbolic** 상징적인 **express one's feeling** 감정을 나타내다 **decorate** 장식하다

해석 초기 인류에게는 신체의 율동이 우선이었다. ⓐ춤은 삶에 필요하고 중요한 일부분이었다. ⓑ초기 인류는 곡식을 자라게 하고 비를 내리게 하고 태양을 비추게 하기 위하여 춤을 추었다. ⓒ그들은 특별하고 비밀스러운 장소, 때로는 상징적인 나무 주위에서 춤을 추었다. (ⓓ춤은 아이들이 그들 자신의 감정을 표현하는 최초의 방법 중의 하나였다.) 유럽의 많은 지역에서 아직도 사람들이 꽃과 리본으로 장식된 상징적인 나무 주위에서 춤추는 것을 볼 수 있다.

Answer 13.③ 14.④

15 다음 글에서 런던 택시에 관한 내용이 잘못된 것은?

> The most welcome sight on a cold, wet winter night in London is the familiar shape of a London taxi cab approaching with its yellow "for hire" sign shining brightly. That shows it is ready to pick you up.
>
> There are now 12,000 taxis in London. Most of them are still the old style black color, although some are now dark red or white. No other car is the same "round" shape as taxis. It is quite common for brides in London to use taxis as their wedding cars. The taxis are specially designed so that a wheelchair will fit easily in the back.

① 주로 검은색으로 되어 있다.
② 둥근 모양으로 되어 있다.
③ 항상 노란색 불을 켜고 다닌다.
④ 장애인이 쉽게 탈 수 있다.

Point

단어 **welcome** 환영받는, 반가운 **wet** 젖은, 축축한, 비 내리는 **familiar** 잘 알려진, 익숙한, 친근한 **taxi cab** 택시 **approach** 접근하다, 다가가다(오다) **wheelchair** 휠체어

해석 춥고 비 내리는 런던의 겨울밤에 가장 반가운 광경은 노란색의 "빈 차"라는 표시를 밝게 빛내며 다가오는 런던 택시의 친근한 모습이다. 그것은 당신을 태울 준비가 되어 있다는 것을 보여준다.
지금 런던에는 12,000대의 택시가 있다. 몇몇의 택시들은 현재 짙은 빨간색 또는 흰색이지만, 대부분의 택시들은 여전히 구식인 검은색이다. 어떤 차도 택시처럼 "둥근" 모양을 하고 있지 않다. 런던에서 신부들이 그들의 결혼용 차로서 택시를 이용하는 것은 아주 흔한 일이다. 택시들은 뒷좌석에 휠체어가 쉽게 들어갈 수 있도록 특별히 고안되어 있다.

16 상어에 관한 설명이 다음 글의 내용과 일치하는 것은?

> Most people are afraid of sharks, but they usually do not know very much about them. For example, there are 350 kinds of sharks, and all of them are meat eaters. Sharks are 100 million years old. In fact, they lived at the same time as dinosaurs. Today, sharks live in every ocean in the world. They keep the oceans clean because they eat sick fish and animals. Sharks do not have ears. However, they 'hear' sounds and movements in the water. Sharks use their large eyes to find food, too. Most sharks see best in low light. They often hunt for food at dawn, in the evening, or in the middle of the night.

① 한낮에만 사냥을 한다.
② 모두가 육식동물인 것은 아니다.
③ 공룡과 같은 시대에 살았다.
④ 병든 고기는 잡아먹지 않는다.

단어 shark 상어 dinosaurs 공룡 dawn 새벽

해석 대부분의 사람들은 상어를 두려워하지만, 대개 상어에 대해 잘 알지 못한다. 예를 들어 350가지 종류의 상어들이 있으며 모두 육식을 한다. 상어가 출현한 지는 1억 년 정도 되었다. 사실 상어는 공룡과 동시대에 살았다. 오늘날 상어는 세계의 모든 바다에 산다. 그들은 병든 물고기와 동물들을 잡아먹기 때문에 바다를 깨끗하게 유지시킨다. 상어는 귀가 없다. 그러나 물속의 소리와 움직임을 '감지'한다. 또한 상어는 먹이를 찾기 위해 커다란 눈을 사용한다. 대부분의 상어들은 흐릿한 빛 속에서 가장 잘 본다. 그들은 종종 새벽에, 저녁에, 또는 한밤중에 먹이를 사냥한다.

17 다음 글에서 전체 흐름과 관계없는 문장은?

> Elephants are the giants of the animal kingdom. The most unusual thing about an elephant is its trunk. ⓐAn elephant uses it to smell, wash, eat, drink, 'talk', and hug. ⓑA newborn elephant weighs about 260 pounds and stands about three feet tall. ⓒHowever, elephant babies do not know how to use their trunks, just as human babies are not born with the ability to walk. ⓓIt is not easy for human babies to learn how to walk, and it takes a lot of practice. In the same way, baby elephants must also learn how to use their trunks.

① ⓐ   ② ⓑ
③ ⓒ   ④ ⓓ

Point

단어 unusual 정상이 아닌, 이상한, 이례적인, 색다른, 독특한 trunk (코끼리의) 코, 나무줄기, 트렁크 hug 껴안다, 포옹하다 newborn 갓 태어난 just as ~ 꼭 ~처럼

해석 코끼리는 동물왕국의 거인이다. 코끼리의 가장 독특한 점은 그 코이다. ⓐ코끼리는 냄새를 맡고, 씻고, 먹고, 마시고 '말하고', 포옹을 하는 데 코를 사용한다. (ⓑ갓 태어난 코끼리는 무게가 약 260파운드이며 키는 약 3피트이다.) ⓒ그러나 사람의 아기가 걷는 능력을 지니고 태어나지 않는 것처럼 아기 코끼리도 코를 사용하는 방법을 모른다. ⓓ사람의 아기가 걷는 방법을 배우는 것은 쉽지 않으며 많은 연습이 필요하다. 똑같은 방식으로 아기 코끼리도 역시 코를 사용하는 방법을 배워야 한다.

18 다음 글에서 전체 흐름과 관계없는 문장은?

> The Thames provided the people with plenty of fish. ⓐFor centuries they believed that salmon from the Thames were the best in Europe. ⓑDuring the 19th century, however, more and more factories were built all over the city and a lot of waste was poured into the river. ⓒThe New London Bridge over the Thames was made of concrete and was opened in 1973. ⓓThe Thames was so polluted that few fish survived in the river. It had almost become a dead river until a cleanup campaign started in the 1960s.

① ⓐ   ② ⓑ
③ ⓒ   ④ ⓓ

단어 salmon 연어 pour 쏟아붓다 pollute 더럽히다, 오염시키다 survive 살아남다, 보다 오래 살다 cleanup 정화, 청소 campaign (정치적·사회적) 운동, 군사행동

해석 Thames 강은 사람들에게 풍부한 물고기를 제공해 주었다. ⓐ수 세기 동안 그들은 Thames 강에서 잡은 연어가 유럽에서 최고라고 믿었다. ⓑ그러나 19세기 동안 더욱 더 많은 공장들이 도시 곳곳에 세워지고 많은 폐수가 강으로 쏟아졌다. (ⓒThames강 위에 놓은 New London 다리는 콘크리트로 만들어졌으며 1973년에 개통되었다.) ⓓThames 강은 너무 오염되어서 물고기가 거의 그 강에서 살아남지 못했다. Thames강은 1960년대에 정화운동이 시작될 때까지는 거의 죽은 강이 되었었다.

19 다음 글에서 전체 흐름과 관계없는 문장은?

> There are many fine points about a pearl that contribute to determining its value. ⓐFirst, though not most important, there is color. ⓑThen there is shape, which may be round, pear-shaped, egg-shaped, or flat. ⓒWhen an object such as a grain of sand manages to get inside the oyster's shell, the oyster covers it with a secretion and this becomes a pearl. ⓓFurther, there is size, which does not determine value except when it is found in combination with color and shape. But the determining factor is luster, and the luster of a really valuable pearl is obvious.

① ⓐ

② ⓑ

③ ⓒ

④ ⓓ

단어 pearl 진주 contribute to ~에 기여하다, ~의 도움(원인)이 되다 pear 배 object 물체, 사물, 대상 grain 낟알, 미량 manage to do 용케 ~하다, 간신히 ~하다 get inside ~안에 들어가다, 잠입하다 oyster 굴 secretion 분비물, 분비액
in combination with ~와 결합하여 luster 광택 obvious 명백한, 알기 쉬운

해석 진주의 가치를 결정하는 데 기여하는 좋은 점들이 많이 있다. ⓐ첫 번째는, 비록 가장 중요하지는 않지만, 색깔이다. ⓑ그 다음이 모양인데, 둥글거나 배 모양이거나 계란형이거나 납작한 모양일 수 있다. (ⓒ모래알과 같은 것이 굴 껍질 안에 어쩌다 들어가면 굴은 분비물로 그것을 덮는데 이것이 진주가 된다.) ⓓ더 나아가서 크기가 있는데, 색과 모양과 결합되어 있을 때를 제외하고는 가치를 결정하지는 않는다. 그러나 결정적인 요소는 광택인데, 정말로 가치 있는 진주의 광택은 대번에 알 수 있다.

Answer 17.② 18.③ 19.③

20 다음 글에서 전체의 흐름과 관계없는 문장은?

The orchestra conductor Arturo Toscanini was born with a great memory, and throughout his career it served him well. ⓐHe could remember every note of every musical score he had ever studied. ⓑAt nine he entered the Parma Conservatory on a scholarship and studied piano, cello, and composition. ⓒOnce when he couldn't find a musical score he needed for a performance, he simply wrote it down from memory. ⓓWhen the score was finally discovered, it was clear that Toscanini had not made one single error. When late in life his eyelight failed him, Toscanini conducted all of his concerts from memory.

① ⓐ   ② ⓑ
③ ⓒ   ④ ⓓ

단어 conductor 지휘자, 안내자   career 생애, 경력   serve 봉사하다, ~에 도움이 되다   note 음표   score 악보   conservatory 음악학교(= conservatoire), 온실   scholarship 장학금   composition 구성, 작곡, 작문   performance 공연

해석 오케스트라의 지휘자인 Arturo Toscanini는 굉장한 기억력을 가지고 태어났고 그의 전 생애를 통해 그것이 그에게 많은 도움이 되었다. ⓐ그는 그가 배웠던 전 악보의 모든 음을 기억할 수 있었다. (ⓑ9살 때 그는 장학금을 받고 Parma 음악학교에 입학했고 피아노, 첼로, 그리고 작곡을 배웠다.) ⓒ한번은 그가 연주에 필요한 악보를 찾을 수 없었는데, 그는 그 때 단지 기억을 해서 그것을 썼다. ⓓ그 악보가 마침내 발견되었을 때 Toscanini가 단 하나의 오류도 범하지 않았던 것이 분명했다. 만년에 시력을 잃었을 때 Toscanini는 기억으로 그의 모든 연주회를 지휘했다.

21 다음 주어진 문장에 이어질 글의 순서로 가장 적절한 것은?

> The sun, the largest, brightest, and hottest object in the solar system, is mostly made of a gas called hydrogen.

> (A) At the center of the sun, hydrogen atoms may reach temperatures as high as 15,000,000℃.
> (B) And when the hydrogen atoms change into helium, they also give off energy, which heats up the sun and makes it shine.
> (C) At such a high temperature, some of the atoms move so fast that they hit each other and form a gas called helium.

① (A) − (B) − (C) ② (A) − (C) − (B)

③ (B) − (C) − (A) ④ (C) − (A) − (B)

 단어 solar system 태양계 hydrogen 수소 give off (빛·열·냄새 등을) 방출하다 heat up 뜨겁게 하다

해석 태양계에서 가장 크고, 밝으며, 뜨거운 물체인 태양은 대부분이 수소라고 불리는 가스로 만들어졌다.
(A) 태양의 중심에는 수소원자가 1,500만℃까지 이를 수 있다.
(C) 그렇게 높은 온도에서, 일부 원자는 매우 빠르게 움직여 서로 충돌하여 헬륨이라고 불리는 기체를 형성한다.
(B) 수소원자가 헬륨으로 변하면, 그것들은 에너지를 방출하는데, 이 에너지가 태양을 뜨겁게 하고 빛나게 한다.

Answer 20.② 21.②

22 다음 글의 흐름으로 보아, 주어진 문장이 들어가기에 가장 알맞은 곳은?

Plankton, another significant source of food, may also someday be harvested commercially.

Life on land is insignificant compared to the vast richness of life in the ocean. (ⓐ) Although life itself probably originated in the ocean and new forms are continually being discovered, many life forms in the ocean remain unknown. (ⓑ) With their abundance, the ocean offers huge potential as a source of food for humans. (ⓒ) Fish, for example, is a source of protein for people who suffer from food shortage. (ⓓ) In fact, Thor Heyerdahl, the Norwegian scientist and writer reported that he found plankton good for eating during a vacation.

① ⓐ
② ⓑ
③ ⓒ
④ ⓓ

Point

단어 plankton 플랑크톤 significant 중요한, 의미심장한, 상당한 insignificant 중요하지 않은, 사소한 (as) compared to(with) ~와 비교하여 originate ~에서 시작되다, 기원하다 abundance 풍부 potential 잠재적인, 가능성 protein 단백질

해석 육지의 생명체는 해양 생명체의 광대한 풍부함과 비교하여 사소한 것이다. ⓐ비록 생명체 그 자체가 아마도 해양에서 기원하였고 새로운 생명체들이 계속 발견될지라도, 해양의 많은 생명체의 형태들은 아직 잘 알려져 있지 않다. ⓑ바다는 그 풍부함으로 인간들을 위한 식량자원으로서 거대한 가능성을 제공한다. ⓒ예를 들어 물고기는 식량 부족으로 고통을 겪는 사람들에게는 단백질의 근원이다. ⓓ또 다른 중요한 식량자원인 플랑크톤 역시 언젠가는 상업적으로 수확될 수도 있을 것이다. 실제로 노르웨이 과학자이자 작가인 Thor Heyerdahl은 휴가 동안 먹기에 좋은 플랑크톤을 발견했다고 보고하였다.

23 다음 글의 흐름으로 보아, 주어진 문장이 들어가기에 가장 알맞은 곳은?

> To solve this problem, standard units were developed, which are always the same and do not vary.

> Units of money, distance, weight, and time were used by very ancient civilizations. (ⓐ) These units began in various ways. (ⓑ) In England, an inch was measured as the length of three barley grains, and a foot was the length of the king's foot. (ⓒ) But some barley grains and some kings' feet were longer than others. (ⓓ) The National Bureau of Standards keeps extremely accurate units of measure with which scientists and manufacturers can check their measuring instruments.

① ⓐ

② ⓑ

③ ⓒ

④ ⓓ

 Point

단어 **unit** 단위 **measure** 측정하다, 측량하다 **barley** 보리 **National Bureau of Standards** 국립표준국 **extremely** 극도로, 대단히, 몹시 **accurate** 정확한 **manufacturer** 제조업자 **check** 확인하다, 조사하다, 검사하다

해석 돈, 거리, 중량, 그리고 시간의 단위들은 고대문명들에 의해 사용되었다. ⓐ이러한 단위들은 여러 방식으로 시작되었다. ⓑ영국에서 1인치는 3알의 보리 낟알을 늘어놓은 길이로 측정되었으며, 1피트는 왕의 다리의 길이였다. ⓒ그러나 어떤 보리 낟알들과 어떤 왕들의 다리는 다른 낟알들이나 다른 왕들의 다리보다 더 길었다. ⓓ<u>이 문제를 해결하기 위해서 표준 단위가 개발되었는데, 그것은 언제나 동일하고 변하지 않았다.</u> 국립표준국은 과학자들과 제조업자들이 그들의 측량도구를 조사할 수 있는 대단히 정확한 측량 단위들을 지니고 있다.

Answer 22.④ 23.④

24 다음 글의 바로 앞에 올 수 있는 내용으로 가장 적절한 것은?

Then, in the 1980s, scientists began to discuss a new theory. Their new theory was that 65 million years ago, a large comet struck the Earth near Mexico. It was very damaging. In fact, it made a very big hole. The dirt and ash blew high up into the sky, covered the entire planet with a thin layer of dust, and blocked the sun for many months. The temperature fell all around the Earth for a long time, perhaps years. Plants died rapidly because there was not enough sunlight. Like other animals, dinosaurs also died quickly because they had nothing to eat and because the climate was too cold.

① 공룡 멸종 원인에 대한 기존의 이론
② 1970년대의 새로운 과학적 발견
③ 지구 기후의 변화가 가져온 결과
④ 6,500만 년 전에 번성했던 동식물

Point

단어 **comet** 혜성 **strike** 충돌하다, 치다 **damaging** 파괴적인, 해로운 **dirt** 먼지(= dust) **ash** 재 **planet** 행성 **layer** 층 **block** 막다, 방해하다

해석 ▶ 그러던 중 1980년대에 과학자들은 새로운 이론을 논의하기 시작했다. 그들의 새 이론은 6,500만 년 전에 커다란 혜성이 멕시코 근처에 지구와 충돌했다는 것이다. 그것은 매우 파괴적이었다. 사실 혜성 충돌은 아주 큰 구덩이를 만들었다. 먼지와 재가 하늘 높이 날아올라 얇은 먼지층으로 지구 전체를 덮었고, 여러 달 동안 해를 가렸다. 오랫동안, 아마도 수 년 동안, 전 지구의 기온이 내려갔다. 충분한 햇빛이 없어서 식물들이 급속하게 죽어갔다. 다른 동물들과 같이, 공룡들 또한 먹을 것이 없고 너무 추워서 빠르게 죽어갔다.

25 다음 글에 이어서 자연스럽게 나올 내용은?

The lowest piece of land in the Western Hemisphere is a desert valley that stretches across parts of California and Nevada. It is 282 feet below sea level in places. The valley is also very hot. In summer, afternoon temperatures often reach 120°F to 125°F. Once it hit 134°F. The name of this land is Death Valley. Death Valley got its name in 1850.

① Death Valley가 위험한 이유
② Death Valley가 유명한 이유
③ Death Valley를 탐험한 이유
④ Death Valley라는 이름이 생긴 이유

단어 ✅ hemisphere 반구(체) desert 사막의, 건조한 stretch 뻗다, 펴다, 펼쳐지다 sea level 해수면 °F 화씨(= Fahrenheit)

해석 ▶ 서반구에서 가장 낮은 지대는 캘리포니아와 네바다 지역을 가로질러 펼쳐져 있는 건조한 계곡이다. 그 곳은 지역에 따라 해수면보다 282피트 낮은 곳도 있다. 그 계곡은 또한 매우 덥다. 여름에 오후 온도는 화씨 120˚에서 125˚에 이를 때도 자주 있다. 한 번은 화씨 134˚까지 이른 적도 있다. 이곳의 이름은 '죽음의 계곡'이다. '죽음의 계곡'은 1850년에 그 이름을 얻었다.

26 다음 글의 바로 뒤에 올 문단의 내용으로 가장 자연스러운 것은?

There is always an argument concerning whether or not to tell a terminally ill patient the truth about his condition. Many people say that patients with an incurable disease have the right to know the truth. I am also all for total honesty. We should always tell a patient the truth about his illness. If he had a terminal disease and his days were numbered, we should let him prepare for his final day. But this is just my opinion. There are many people who think otherwise.

① 가족이 환자에게 미치는 영향
② 진실이 환자의 건강에 미치는 영향
③ 환자에게 진실을 비밀로 해야 한다는 의견
④ 환자의 권리 보호를 위한 제도적 장치의 필요성

단어 ✅ incurable 불치의, 치료할 수 없는 be all for ~에 대찬성이다 terminal 끝의, 말기의 number 수를 세다

해석 ▶ 말기의 질병에 걸린 환자에게 그의 상태에 대한 진실을 말해야 하는지 말아야 하는지에 관한 논쟁은 항상 있다. 많은 사람들은 불치병을 앓고 있는 환자들이 진실을 알 권리가 있다고 말한다. 나도 또한 솔직하게 전부 털어놓는 것에 대찬성이다. 우리는 늘 환자에게 그의 병에 대해 진실을 말해야 한다. 만약 그가 말기의 질병을 지니고 있고 그가 살 날이 얼마 남지 않았다면, 우리는 그가 마지막 날을 준비하게 해야 한다. 그러나 이것은 단지 나의 의견일 뿐이다. 달리 생각하는 사람들도 많이 있다.

Answer 24.① 25.④ 26.③

27 다음 글의 내용과 일치하지 않는 것은?

> The community center is pleased to announce that it will be hosting the Midwestern Women's Association's 5th annual bazaar next weekend. Items to be sold at the event include home-made quilts, freshly baked pies, jam, and hand-made crafts. All participating community members are asked to bring at least one item to sell at the bazaar. Of course, donations are welcomed and will be used to improve the community center facilities. We are considering the installation of a media center for the education and convenience of the community youth who aren't fortunate enough to have access to such technology. With your contributions, it will also be possible to organize and hold more meaningful events for the community. As always, please spread the word to your neighbors about the event next Saturday.

① The bazaar is a yearly event.
② People can buy some food at the bazaar.
③ All of the participants must donate more than one items.
④ A media center will be set up for the youth of the community.

 Point

단어 community center 마을회관 announce 알리다, 발표하다 host 개최하다 association 연합회 annual 연례적인 bazaar 바자회 item 물품 home-made 집에서 만든, 수제의 freshly 신선하게 baked 구워진 craft 공예품 potluck 각자 음식을 가지고 오는 파티 donation 기부, 기부금 installation 설치, 증축 media center 시청각 센터 youth 청소년 contribution 기부금 organize 조직하다 meaningful 의미 깊은 spread the word 말을 퍼뜨리다

해석 마을 회관에서 다음 주말에 중서부 여성 연합회의 제5회 연례 바자회를 개최하게 됨을 알리는 바입니다. 행사에서 판매될 품목들에는 집에서 만든 퀼트 제품, 갓 구운 파이들과 잼, 각종 수제품 등이 있습니다. 참가하시는 모든 마을 회원들은 판매할 물건 최소한 한 가지는 가지고 오셔야 합니다. 물론, 기부금은 환영하는 바이고 이는 마을 회관 시설을 향상시키는 데 사용될 것입니다. 저희는 그러한 기술을 접하지 못하는 마을 청소년들의 교육과 편의를 위해 시청각 센터의 설립을 고려하고 있습니다. 여러분의 기여로 지역사회를 위한 좀 더 의미 있는 행사를 조직·개최할 수 있게 됩니다. 언제나처럼 이웃들에게 다음 주 토요일의 행사에 대해 알려 주시기 바랍니다.

① 바자회는 연례행사이다.
② 사람들은 바자회에서 몇 가지 음식을 살 수 있다.
③ 참가자들 모두는 한 가지 품목 이상을 기부해야만 한다.
④ 시청각 센터는 그 마을의 청소년들을 위해 건립될 것이다.

TIP All participating community members are asked to bring at least one item to sell at the bazaar.의 내용으로 보아 ③이 이 글의 내용과 일치하지 않는다는 것을 알 수 있다.

28 다음 글의 바로 앞에 올 문단의 내용으로 가장 자연스러운 것은?

> Another way men and women have traveled has been on water. Early people made rivers their highways by floating down them on boats made from trees. Soon oars and sails were developed. These enabled the boats to go against the flow of the rivers. Later, as people became more clever, they invented engines. They also used these engines on land, and after that to fly into the air. Now men and women have made rockets to explore a new world — outer space.

① 교통수단의 발달
② 수상교통의 발달
③ 인류의 탄생
④ 교통수단 발명의 필요성

 Point

단어 **float** (물에) 떠다니다, 표류하다 **oar** 노 **sail** 돛, 항해 **go against** ~에 거스르다, 대항하다 **explore** 탐험 하다, 탐사하다 **outer space** 우주

해석 인간이 여행을 하는 또 다른 방법은 물을 이용하는 것이다. 옛날 사람들은 나무로 만들어진 배를 타고 떠내려감으로 써 강을 고속도로로 만들었다. 곧 노와 돛이 개발되었다. 이것들 덕분에 배가 강의 흐름을 거슬러 올라갈 수 있게 되 었다. 나중에 사람들이 점점 더 영리해지면서 엔진을 발명했다. 그들은 또한 이 엔진을 육상교통에, 그리고 나중에는 공중을 나는 데 사용했다. 이제 인간은 새로운 세계 – 우주 – 를 탐험하기 위해 로켓을 만들었다.

29 전체 글의 흐름상 다음 문장이 들어갈 수 있는 가장 적합한 곳은?

> Celebrities also sacrifice their private lives.

(ⓐ) Many people dream of being celebrities, but they might change their minds if they considered all the disadvantages there are to being famous. (ⓑ) For one thing, celebrities have to look perfect all the time. (ⓒ) There's always a photographer ready to take an unflattering picture of a famous person looking dumpy in old clothes. (ⓓ) Their personal struggles, divorces, or family tragedies all end up as front-page news. Most frighteningly, celebrities are in constant danger of the wrong kind of attention. Threatening letters and even physical attacks from crazy fans are things the celebrity must contend with.

① ⓐ   ② ⓑ

③ ⓒ   ④ ⓓ

Point

단어 🔽 **celebrity** 유명인사, 명성 **disadvantage** 불이익, 손해 **unflattering** 아첨(아부)하지 않는, 있는 그대로의, 솔직한 **dumpy** 땅딸막한, 뭉툭한, 추한 **struggle** 싸움, 몸부림, 노력 **divorce** 이혼 **tragedy** 비극(적 사건) **end up** 끝나다, 결국 ~이 되다 **front-page** 신문의 제1면에 실을 만한, 중요한 **frighteningly** 놀랍게도 **constant** 불변의, 끊임없는 **attention** 주의, 관심 **threatening** 위협(협박)적인 **contend with** ~와 싸우다, 다투다, 투쟁하다 **sacrifice** 희생하다

해석 ▶ ⓐ많은 사람들은 유명인사가 되기를 꿈꾼다. 그러나 그들이 유명해지면 생기는 모든 단점들을 생각한다면 그들은 그들의 마음을 바꿀지도 모른다. ⓑ첫째로 유명인사는 언제나 완벽하게 보여야만 한다. ⓒ사진사들은 낡은 옷을 입어 추하게 보이는 유명한 사람의 솔직한 사진을 찍을 준비가 되어 있다. ⓓ<u>유명인사들은 또한 그들의 사생활도 희생한다.</u> 그들의 개인적인 싸움, 이혼 또는 가족의 비극적인 사건들이 모두 결국은 1면 기사(중요한 기사)가 된다. 가장 놀라운 것은, 유명인사들은 잘못된 종류의 관심을 받을 위험에 항상 처해 있다는 점이다. 광적인 팬들의 협박편지와 신체적인 공격까지도 유명인사가 싸워야 하는 것들이다.

30 다음 글에서 논리적인 흐름상 불필요한 문장은?

Laws exist to maintain safety and order in our communities. ⓐLaws are like rules that tell people what they can and cannot do. ⓑUnfortunately, not everybody obeys these rules. When a person breaks a law, or commits a crime, police officers are often called to arrest the criminal or provide other forms of assistance. ⓒIf the criminal escapes or is unknown, investigators and detectives may be called upon to find the criminal. ⓓThere are no formal education requirements for most private detective and investigator jobs.

① ⓐ   ② ⓑ

③ ⓒ   ④ ⓓ

단어 maintain 유지하다 unfortunately 불행하게도, 유감스럽게도 obey 준수하다, 순종하다, 복종하다 commit (죄, 과실 등을) 범하다 crime 죄, 범죄, 죄악 arrest 체포하다, 검거(구속)하다 criminal 범죄자, 범인 assistance 지원, 원조, 보조 escape 달아나다, 도망하다, 도피하다 investigator 조사자, 연구자, 수사관 detective 형사, 탐정, 수사관 call upon 요구하다, (원조 등을) 요청하다 formal 형식적인, 정규의 requirement 요구, 필요(조건), 자격 private 사적인, 개인의, 사립의

해석 법은 우리 사회의 안전과 질서를 유지하기 위해 존재한다. ⓐ법은 사람들에게 그들이 할 수 있는 것과 할 수 없는 것을 구별해 주는 규칙과 비슷하다. ⓑ불행하게도 모든 사람이 이러한 규칙을 지키는 것은 아니다. 어떤 사람이 법을 어기거나 죄를 범할 때, 경찰관들은 종종 그 범인을 체포하거나 다른 형태의 도움을 주기 위해 소집된다. ⓒ만일 범인이 도주하거나 밝혀지지 않으면, 수사관과 형사들은 범인을 찾도록 요청받을지도 모른다. (ⓓ대부분의 사립탐정과 수사관의 일에 있어서 정규교육은 필요가 없다.)

31 전체 글의 흐름상 다음 문장이 들어가기에 가장 알맞은 곳은?

> Interestingly enough, even if the unpleasantness is auditory, we tend to shut it out by closing our eyes.

> We frequently avoid eye contact when a couple argues on a bus, as if to say, "We don't mean to intrude ; we respect your privacy." (ⓐ) Eye avoidance can signal disinterest in a person, a conversation, or some visual stimulus. (ⓑ) At times, like the ostrich, we hide our eyes in an attempt to cut off unpleasant stimuli. (ⓒ) Notice, for example, how quickly people close their eyes in the face of some extreme unpleasantness. (ⓓ) Sometimes we close our eyes to block out visual stimuli and thus heighten our other senses ; we often listen to music with our eyes closed.

① ⓐ   ② ⓑ
③ ⓒ   ④ ⓓ

단어 avoid ~을 피하다, 비키다, 회피하다   intrude 억지로 밀어넣다, 들이밀다, 주제넘게 나서다, 참견하다 avoidance 회피, 기피   signal 눈짓하다, 신호(눈짓)로 알리다   disinterest 이해관계가 없음, 공평무사, 무관심 visual 시각의, 눈에 보이는   stimulus 자극(물)(복수형 stimuli)   at times 때때로, 이따끔, 가끔   ostrich 타조   cut off ~을 잘라내다, 절단하다, 삭제하다   in the face of ~의 면전에서, ~을 마주보고, ~에 직면하여 extreme 극도의, 극심한, 극단적인   block ~을 방해하다, 막다   heighten ~을 높이다, 증가시키다, 강화하다 auditory 청각(기관)의   shut out ~을 못들어오게 하다, 가로막다

해석 버스 안에서 말다툼을 하는 커플을 볼 때 마치 "우리는 참견하고 싶지 않아요. 우리는 당신의 사생활을 존중해요."라고 말하는 것처럼, 우리는 자주 시선을 마주치지 않으려 한다. ⓐ시선의 회피는 어떤 사람, 대화 또는 시각적인 자극물에 대한 무관심을 눈짓으로 알릴 수 있다. ⓑ때로는 마치 타조처럼, 우리는 불쾌한 자극물들을 차단하기 위해 눈을 가린다. ⓒ예를 들어 사람들이 매우 불쾌한 일에 직면하여 얼마나 빨리 눈을 감는지 생각해 보라. ⓓ심지어 불쾌한 일이 청각적일지라도 우리는 눈을 감음으로써 그것을 차단하는 경향이 흥미롭게도 많다. 때때로 우리는 시각적인 자극물들을 차단하기 위해 눈을 감아서 우리의 다른 감각들을 강화시킨다. 우리는 자주 눈을 감은 채 음악을 듣는다.

32 다음 주어진 글에 이어 논리적인 단락이 전개되도록 순서대로 배열된 것은?

> Buying at auction is quite different from buying something at a fixed price in a shop. At an auction, it is up to you to make an offer, called "a bid", for what you want to buy.

> (A) First, prospective purchasers need not interrupt their working schedules.
> (B) You can bid in two ways.
> (C) There are two advantages in leaving bids.
> (D) Either you can attend yourself or you can leave your bids with a member of the salesroom staff.
> (E) Second, the dangers of bidding unwisely are eliminated.

① (B) − (A) − (E) − (C) − (D)
② (B) − (D) − (C) − (A) − (E)
③ (C) − (A) − (E) − (B) − (D)
④ (C) − (D) − (B) − (A) − (E)

 Point

단어 auction 경매 up to ~에게 달려있는, ~의 책임인 make an offer 신청하다, 제의하다, 제공하다 bid 입찰 prospective 기대되는, 예상되는, 장래의 interrupt 간섭하다, 방해하다, 중단하다 advantage 이점, 장점, 이득 leave 맡기다, 일임하다, 위탁하다 salesroom 판매장, 경매장 unwisely 분별(지각)없이, 어리석게 eliminate 제거하다, 없애다

해석 경매로 구입하는 것은 가게에서 고정가격에 물건을 구입하는 것과 꽤 차이가 난다. 경매에서는, "입찰"이라고 불리는, 당신이 사고자 하는 것을 신청하는 것은 당신 자신에게 달려있다.
(B) 당신은 두 가지 방법으로 입찰할 수 있다.
(D) 당신 자신이 참석하거나, 또는 경매장 직원 한 명에게 당신의 입찰을 위탁할 수 있다.
(C) 입찰위탁에는 두 가지 이득이 있다.
(A) 첫째, 장래의 구매자는 자신의 작업계획(직장 스케줄)을 방해받을 필요가 없다.
(E) 둘째, 잘못 입찰할 위험이 없어진다.

Answer 31.④ 32.②

33 다음 글의 흐름으로 보아, 빈칸에 들어가기에 가장 알맞은 것을 옳게 짝지은 것은?

> Throughout history people have observed strange and unexplainable events. Scientists have studied nature and have found perfect order in it, down to the smallest levels of existence. _____, as deep as we go into things, there are always mysteries that lie just beyond our understanding. Within nature we have discovered a particle smaller than the electron. We also have found the link between matter and energy. But _____ all the scientific progress we have made, there are still questions and happenings that we call "supernatural" because we do not understand them.

① Therefore — besides
② However — despite
③ Instead — despite
④ Moreover — besides

Point

단어 **down to A** 아래로 A에 이르기까지 **particle** 미립자, 분자 **electron** 전자 **link** (연결)고리 **matter** 물질 **happening** 사건 **supernatural** 초자연적인 **therefore** 그러므로 **besides** 게다가 **however** 그러나 **despite** **+ 명사(구)** ~에도 불구하고 **instead** 대신에 **moreover** 게다가, 더구나

해석 역사를 통해서 사람들은 이상하고 설명할 수 없는 사건들을 관찰해 왔다. 과학자들은 자연을 연구하고 그 안에서 아래로 존재의 가장 작은 단계에 이르기까지 완전한 질서를 발견해 왔다. <u>그러나</u> 우리가 사물에 깊이 들어가면 갈수록 항상 우리의 이해를 넘어서는 신비가 놓여 있다. 자연 속에서 우리는 전자보다 더 작은 미립자를 발견했다. 우리는 또한 물질과 에너지 사이의 관련을 발견했다. 그러나 우리가 이룩한 모든 과학적 진보에도 <u>불구하고</u>, 우리가 그것들을 이해하지 못하기 때문에 "초자연적"이라 부르는 문제들과 사건들이 여전히 있다.

※ 다음 글의 흐름상 빈칸에 들어갈 가장 적절한 것을 고르시오. 【34~40】

34

> Some newcomers to a society do well in their first year of cultural adjustment. However, they may have a more difficult time later. Perhaps they expected the second year to be as easy and successful as the first year, but are not prepared to deal with obstacles that arise during the second year. Those who had problems from beginning may actually find the second year easier _____. They expect difficulties and aren't surprised by them.

① because new society doesn't like them

② in order to be successful in new culture

③ to get more support from their neighbors

④ because they are used to solving problems

 Point

단어 **newcomer** 새로 온 사람, 신출내기, 풋내기 **adjustment** 적응 **obstacle** 장애, 장애물

해석 한 사회의 새로운 일원이 된 몇몇 사람들은 그 첫해에 그 사회의 문화에 잘 적응하게 된다. 그러나 그들은 그 후에 많은 어려운 나날들을 경험하게 될지도 모른다. 아마도 그들은 다음 해도 첫해만큼이나 쉽고 성공적이길 기대하지만, 다음 해에 발생할 장애물에 대처할 준비가 되어 있지 않다. 처음에 많은 어려움을 경험한 사람들은 <u>문제를 해결하는 데 익숙하기 때문에</u>, 그 다음 해에는 적응이 쉬워질 것이다. 그들은 어려움을 예상하고 있기에 별로 놀라지 않는다.

① 새로운 사회는 그들을 좋아하지 않기 때문에

② 새로운 문화에서 성공하기 위해서

③ 그들의 이웃으로부터 좀 더 많은 지지를 얻기 위해

④ 문제를 해결하는 데 익숙하기 때문에

TIP ④ 빈칸 다음 문장(They expect difficulties and aren't surprised by them.)으로 보아 빈칸에는 'because they are used to solving problems'가 가장 적절하다는 것을 알 수 있다.

Answer 33.② 34.④

35

> Some experts think bullying _____. For our ancestors, they argue, being able to control others was a useful strategy for survival. By acting tough, some people would earn a higher rank than others. These leaders would take responsibility for the group. Everyone else would respect the leaders and do as they were told. When each member of the group knew where he or she belonged, society would run smoothly. Monkeys and apes, humans' closest relatives, still organize their societies this way. But for modern people, the behavior can backfire. Teenage bullies don't take care of their classmates, like top-ranked apes do. Instead, their meanness simply causes trouble.

① is a problem at school
② makes people hurt inside
③ comes naturally to humans
④ happens more now than before

 Point

단어 bullying 약자를 괴롭히기 come naturally to ~에게 자연스럽다 smoothly 순조롭게, 부드럽게 ape 유인원 backfire 역효과를 내다 top-ranked 최상위의 meanness 비열한 짓

해석 몇몇 전문가들은 약자를 괴롭히는 것이 <u>인간에게 자연스럽게 일어난다고</u> 생각한다. 그들은 주장하기를, 선조들에게 다른 사람을 통제할 수 있는 것은, 생존을 위해, 유용한 전략이었다. 거칠게 행동함으로써, 어떤 사람들은 다른 사람보다 더 높은 지위를 얻었다. 이러한 지도자들이 집단을 책임졌다. 다른 모든 사람은 지도자들을 존경하고, 지시받은 대로 행동했다. 집단의 각 구성원이 자기가 어디에 속하는지 알 때, 사회는 잘 돌아갔다. 인간과 가장 가까운 종족인, 원숭이와 유인원은 여전히 이런 식으로 사회를 조직한다. 하지만, 현대인들에게 있어, 그러한 행동은 역효과를 낼 수 있다. 10대의 골목대장들은, 최상위에 있는 유인원들이 하는 것과 같은, 그들의 급우를 돌보는 행동을 하지 않는다. 대신에 그들의 비열한 짓들은 단지 문제만을 일으킬 뿐이다.
① 학교에서의 문제이다.
② 사람들을 마음속으로 상처입게 한다.
③ 인간에게 자연스럽게 일어난다.
④ 예전보다 지금 더 많이 발생한다.

TIP ③ 글 전체의 내용이 약자를 괴롭히는 것이 선조들에게 인간의 생존을 위해 필요했으며, 원숭이와 유인원, 나이가 어린 10대들이 이런 행동을 한다는 등의 내용으로 보아, 빈칸에는 'comes naturally to humans'가 가장 적절하다.

36

Golf is quickly becoming one of the most popular sports in the world. Millions of men and women all over the world play golf either professionally or for the fun of it. _____; however, playing golf is excellent exercise which includes a significant amount of walking, often up and down hills. The golf swing itself requires the use of many muscles. To excel and stay healthy in this sport, a golfer must have very strong and flexible muscles.

① Some people can not afford to play golf
② There are few people who don't like golf
③ To play golf means to spend a lot of money
④ Many people do not think of golf as a physical sport

 Point

단어 professionally 직업적으로, 프로(선수)로 **for the fun of it** 재미 삼아(=for fun) **excel** 뛰어나다, 탁월하다 **flexible** 유연한, 구부리기 쉬운

해석 골프는 빠르게 세계에서 가장 유명한 스포츠 중의 하나가 되고 있다. 전 세계의 수백만 명의 남녀들은 직업적으로 또는 취미로 골프를 친다. 많은 사람들은 골프를 육체적인 운동으로 생각하지 않는다. 하지만, 골프를 치는 것은 종종 언덕을 오르내리며 상당한 양의 보행을 포함하는 훌륭한 운동이다. 골프 스윙 자체는 많은 근육의 사용을 필요로 한다. 이 스포츠에서 뛰어나고 건강을 유지하기 위해 골퍼는 매우 강하고 유연한 근육을 가져야만 한다.
① 어떤 사람들은 골프를 칠 여유가 없다.
② 골프를 좋아하지 않는 사람들은 거의 없다.
③ 골프를 치는 것은 많은 돈을 소비한다는 것을 의미한다.
④ 많은 사람들은 골프를 육체적인 운동으로 생각하지 않는다.

TIP ④ 빈칸 뒤의 내용(however, playing golf is excellent exercise which includes a significant amount of walking, often up and down hills.)으로 보아 빈칸에는 'Many people do not think of golf as a physical sport'가 적절하다는 것을 알 수 있다.

Answer 35.③ 36.④

37

Journeys are the midwives of thought. Few places are more conducive to internal conversations than a moving plane, ship, or train. There is an almost peculiar correlation between what is in front of our eyes and the thoughts at times requiring large views, new thought, and new places. Introspective reflections which are liable to stall are helped along by the flow of landscape. The mind _____ when thinking is all it is supposed to do. The task can be as paralyzing as having to tell a joke or mimic an accent on demand. Thinking improves when parts of the mind are given other tasks or are charged with listening to music or following a line of trees.

① can be distracted from what is before the eyes
② can become confused by multitasking
③ may be reluctant to think properly
④ is likely to be paralyzed by fear of new tasks

단어 midwife 조산사, 산파   conducive to ~에 도움이 되는   internal 내면적인   peculiar 이상한, 특이한 correlation 상관관계   introspective 자기 성찰적인   reflection 반성, 숙고   be liable to ~하기 쉽다   stall 지연하다, 미루다   help along (사람을) 도와서 나아가게 하다, (일을) 촉진시키다   reluctant 꺼리는, 마지못해 하는   paralyze 무력[무능]하게 하다, 마비 상태로 만들다   on demand 요구에 따라서   mimic 흉내 내다   be charged with ~로 가득 차 있다   a line of trees 가로수

해석 여행은 생각의 산파(産婆)이다. 움직이는 비행기, 배 혹은 기차보다 내면적인 대화에 더 도움이 되는 장소는 거의 없다. 우리 눈앞에 있는 것과 우리가 머릿속에서 생각할 수 있는 사고 사이에는 대개 특이한 상관관계가 있다. 그것은 때때로 넓은 시각을 요구하는 넓은 사고, 새로운 장소를 요구하는 새로운 사고이다. 미루기 쉬운 자아 성찰적 반성은 풍경의 흐름에 따라 촉진된다. 사고가 해야 할 일의 전부일 때 (인간의) 정신은 올바로 생각하는 것을 꺼릴지도 모른다. 그 일은 농담을 해야 하거나 혹은 요구대로 말씨를 따라해야 하는 것처럼 무력하게 할 수도 있다. 정신의 일부에게 다른 일이 주어지거나 그것이 음악을 듣거나 가로수를 따라 걷는 일로 가득 채워질 때 사고는 향상된다.
① 눈앞에 있는 것으로부터 산만해질 수 있다.
② 다중 작업으로 인해 혼란스러워질 수 있다.
③ 올바로 생각하는 것을 꺼릴지도 모른다.
④ 새로운 일에 대한 두려움으로 마비되기 쉽다.

TIP ③ 단지 사고만을 해야 하는 경우에는 올바로 생각하는 것이 쉽지 않지만, 여행을 할 때는 인간의 사고가 향상된다는 내용의 글이다. 따라서 빈칸에는 사고만을 해야 하는 경우에 해당하므로, '올바로 생각하는 것을 꺼릴지도 모른다.'가 가장 적절하다.

38

History can provide insights into current issues and problems. ___(A)___, any attempt to understand the separation of Yugoslavia would be incomplete without an examination of the long history of hatred and cooperation between the Muslim peoples. The division of the Korean peninsula must be understood with reference to the prior international war between the South and the North. Similarly, it is impossible to understand the continuous national unity question in Canada without some knowledge of the colonial period in North America. History is all around us, ___(B)___, we shouldn't ignore it to understand the present.

(A)	(B)
① However	in fact
② For example	thus
③ In addition	otherwise
④ Therefore	conversely

Point

단어 **insight** 통찰력 **separation** 분리, 이탈 **conversely** 거꾸로 말하면, 반대로

해석 ▶ 역사는 현시점의 논점과 문제에 대한 통찰력을 제공할 수 있다. 예를 들어, 유고슬라비아의 분열을 이해하는 어떠한 시도도 이슬람 민족들 사이의 증오와 협력에 관한 오랜 역사의 설명 없이는 불완전한 것이다. 한반도의 분단은 남한과 북한과의 이전의 국제적인 전쟁과 관련하여 이해되어야 한다. 마찬가지로, 북아메리카에서의 식민지 기간에 대한 지식이 없이는 캐나다의 지속적인 국제 간의 단결 문제를 이해하는 것은 불가능하다. 역사는 우리 주변에 항상 존재하며, 그래서 우리는 현재를 이해하기 위해 그것을 무시해서는 안 된다.

TIP ❖ (A) 빈칸 뒤에서 유고슬라비아, 한반도, 캐나다의 경우를 예를 들어 설명하고 있으므로 빈칸에는 For example 이 적절하다.
(B) 빈칸 앞에는 역사가 우리 주변에 항상 존재한다는 내용이 나오고, 뒤에는 우리는 역사를 이해하는 것을 무시해서는 안 된다는 내용이 나오므로, 문맥상 빈칸에는 thus가 적절하다.

Answer 37.③ 38.②

39

When most people are asked to suggest a future power source, they think of solar energy. After all, the sun is a huge furnace, sunlight is free and it doesn't pollute the air. It's also a renewable energy source, which means that it will never run out. But there are some problems. First of all, the sun does not shine all the time, so backup systems are needed, and changing solar energy to electricity is too expensive for normal use. So are plates needed to collect solar energy. For these reasons, _____ solar power will ever become our primary energy source.

① it is certain that

② it seems that

③ it is believed that

④ it is unlikely that

단어 ☑ **power source** 전력원 **after all** 결국, 어쨌든 **furnace** 용광로 **pollute** 오염시키다 **renewable** 재생 가능한 **run out** 다 떨어지다 **all the time** 줄곧, 내내 **backup system** 예비 시스템 **primary** 제1의, 기본적인

해석 ▶ 대부분의 사람들이 미래의 전력원에 대해 제안할 것을 요청받을 때, 그들은 태양 에너지에 대해 생각한다. 결국, 태양은 큰 용광로이다. 햇빛은 무료이고 공기를 오염시키지 않는다. 그것은 또한 재생 가능한 에너지원이다. 이는 그것이 결코 다 떨어지지 않는다는 것을 의미한다. 그러나 몇몇 문제가 있다. 우선, 태양은 줄곧 비추지는 않는다. 그래서 백업(예비) 시스템이 필요하다. 그리고 태양 에너지를 전기로 바꾸는 것은, 정상적인 사용을 위해서 너무 비용이 많이든다. 태양 에너지를 모으기 위해 필요한 전극판도 그렇다. 이러한 이유 때문에, 태양력은 우리의 기본적 에너지원이 될 것 같지는 않다.

TIP ☑ ④ 빈칸 앞에서 태양 에너지의 문제점을 들고 있으므로, 태양 에너지가 기본적 에너지원이 될 것 같지 않다는 내용이 와야 자연스럽다. 따라서 빈칸에는 it is unlikely that이 가장 적절하다.

40

For the most part, we like things that are familiar to us. To prove the point to yourself, try a little experiment. Get the negative of an old photograph that shows a front view of your face and have it developed into a pair of pictures — one that shows you as you actually look and one that shows a reverse image so that right and left sides of your face are interchanged. Now decide which version of your face you like better and ask a good friend to make the choice, too. If you are like most people, you should notice something odd : Your friend will prefer the true print, but you will prefer the reverse image. Why? Because you both will be responding favorably to the more familiar face — your friend to _____ and you to the reversed one you find in the mirror every day.

① his own true face
② other people's faces
③ the one the world sees
④ the negative of his own face

 Point

단어 **for the most part** 대체로, 대부분은 **develop** (사진을) 현상하다 **favorably** 호의적으로, 유리하게

해석 ▶ 대체로 우리는 우리에게 친숙한 것들을 좋아한다. 그 점을 스스로 입증하기 위해 간단한 실험을 해 보라. 당신의 얼굴을 정면으로 보여 주는 옛날 사진의 원판을 가지고 두 개의 사진 – 실제 모습을 그대로 보여 주는 사진과 얼굴의 좌우가 서로 바뀐 반대되는 이미지를 보여 주는 사진 – 으로 현상하라. 이제 어떠한 형의 얼굴이 더 마음에 드는지 결정하고, 친한 친구에게도 선택을 해 보라고 요청하라. 대부분의 사람들과 비슷하다면 당신은 이상한 점을 주목하게 될 것인데, 그것은 당신의 친구는 원래 모습을 담은 것을 더 좋아할 것이지만 당신은 반대되는 이미지를 더 좋아하게 될 것이라는 점이다. 왜 그럴까? 당신과 친구 둘 다 더 친숙한 얼굴, 즉 당신의 친구는 <u>세상 사람들이 바라보는 모습</u>, 그리고 당신은 매일 거울 속에서 발견하는 반대되는 모습에 호의적으로 반응할 것이기 때문이다.
① 자신의 원래 모습의 얼굴을
② 다른 사람들의 얼굴을
③ 세상이 보는 것을
④ 자신의 사진 원판 모습을

TIP ③ 문맥상 뒤에 나오는 '매일 거울로 보는 자신의 모습'과 반대되는 내용이 빈칸에 들어가야 적절하므로 'the one the world sees(세상이 보는 것을)'가 들어가야 한다.

Answer 39.④ 40.③

04 글의 감상

TYPE 1 글의 어조(tone)·분위기(mood) 파악 – 다음 글의 어조·분위기로 가장 적절한 것은?

이 유형은 글 속에 명시적이거나 암시적으로 나타나있는 여러 정황들을 종합적으로 감상하는 능력을 요구하는 문제로, 글의 전체적인 분위기를 잘 드러내는 어휘들, 특히 형용사와 부사에 주목하여야 하며, 평소 글의 어조·분위기를 나타내는 단어를 잘 알아두어야 한다.

2018. 3. 24. 제1회 서울특별시

〈보기〉 글의 분위기로 가장 적절한 것은?

〈보기〉

I go to the local schoolyard, hoping to join in a game. But no one is there. After several minutes of standing around, dejected under the netless basketball hoops and wondering where everybody is, the names of those I expected to find awaiting me start to fill my mind. I have not played in a place like this for years. What was that? What was I thinking of, coming here? When I was a child, a boy, I went to the schoolyard to play. That was a long time ago. No children here will ever know me. Around me the concrete is empty except for pebbles, bottles, and a beer can that I kick, clawing a scary noise out of the pavement.

---

① calm and peaceful　　② festive and merry

③ desolate and lonely　　④ horrible and scary

단어

deject 낙담시키다
pebble 조약돌, 자갈
claw (발톱으로) 할퀴다
pavement 인도, 보도, 노면

해석 ◑

나는 경기에 참가하기를 바라며 지역 학교 운동장에 간다. 하지만 아무도 없었다. 그물 없는 농구 골대 밑에서 낙담한 채 모두 어디에 있는 건지 궁금해하며 몇 분을 우두커니 서 있은 후에 나를 기다릴 거라고 생각되는 사람들의 이름들이 내 마음을 채우기 시작했다. 나는 몇 년 동안 이런 장소에서 놀아보지 못했다. 그게 뭐였을까? 나는 무엇 때문에 여기에 온 건가? 어렸을 때, 나는 놀기 위해 학교 운동장에 갔다. 이미 오래전 일이다. 이곳의 어떤 아이도 나를 알지 못할 것이다. 사실 내 주변에는 자갈, 빈병 그리고 내가 발로 차서 인도에서 무시무시한 소음을 내고 있는 맥주캔 말고는 아무것도 없다.

① 평온하고 평화로운　　② 즐겁고 기쁜
③ 황량하고 외로운　　④ 끔찍하고 무서운

ㅣ정답 ③

2016. 6. 25 서울특별시

다음 글의 분위기로 가장 어울리는 것은?

As Ryan Cox was waiting to pay for his coffee order at an Indiana, US fast food drive-through, he decided to try something he'd seen on a TV news show — he paid for the coffee order of the driver in the car behind. The small gesture made the young Indianapolis entrepreneur feel great, so he shared his experience on Facebook. An old friend suggested that rather than paying for people's coffee, Ryan put that money towards helping school students pay off their delinquent school lunch accounts. So the following week Ryan visited his nephew's school cafeteria and asked if he could pay off some accounts, and handed over $100.

① gloomy
② serene
③ touching
④ boring

기출문제

단어
entrepreneur 사업가
delinquent 비행의, 범죄 성향을 보이는

해석

Ryan Cox가 US 패스트푸드 드라이브 스루인 Indiana에서 주문한 커피 값을 지불하려고 기다리고 있을 때, 그는 TV 뉴스에서 봤던 것－한 남자가 뒤차 운전자의 커피 값을 지불했다.－을 하려고 결심했다. 그 작은 행동이 젊은 Indianapolis 사업가를 기분 좋게 했고 그래서 그는 그의 경험을 Facebook에 공유했다. 한 오랜 친구가 사람들의 커피 값을 지불하기보다는 그 돈으로 학생들의 밀린 급식비를 지불하는 것을 돕기를 제안했다. 그래서 Ryan은 그 다음 주 조카의 학교식당을 방문했고 그가 몇 개의 계산서를 지불할 수 있는지를 물었고 100달러를 주었다.

① 우울한
② 고요한
③ 감동적인
④ 지루한

정답 ③

단어

at a time 한 번에, 단번에
craftsmanship 손재주, 솜씨
cabin 선실
marble 대리석
sit-down (식사를) 앉아서 하는
intimate 아늑한, 친숙한
vessel 배

2011. 7. 9 경상북도교육청

다음 글의 어조로 가장 알맞은 것은?

The Sunflower is a legendary ship. Built in 1932 at a time when the greatest attention was paid to detail and fine craftsmanship, the Sunflower is decorated with original oil paintings, antique furniture, and rich wood paneling. The cabins are beautifully decorated, some with fireplaces, and each with a private marble bathroom. Breakfast and lunch are buffet style and there is a sit-down meal served for dinner. A journey aboard the Sunflower, which carries only 64 passengers, is an intimate experience on one of the most elegant vessels on the sea.

① apologetic
② grateful
③ sympathetic
④ descriptive

해석 ▶

Sunflower호는 전설적인 배이다. 세부 장식과 훌륭한 장인정신에 큰 관심이 모아져 1932년에 한 번에 건조된 Sunflower호는 독창적인 유화와 고가구, 화려한 나무 장식판자로 장식되어 있다. 선실들은 아름답게 꾸며져 있는데, 일부에는 벽난로가 있고, 각 선실에는 개인적인 대리석 욕실이 있다. 아침과 점심은 뷔페식이고, 저녁으로 제공되는 앉아서 하는 식사가 있다. Sunflower호를 타고 하는 여행은 오직 64명의 승객들만을 태우는데, 바다에서 가장 우아한 배 중의 하나에서의 아늑한 경험이다.

① 미안해하는, 사과하는
② 고마워하는, 감사하는
③ 동정적인, 호의적인
④ 설명적인, 서술적인

TIP ▶

이 글은 Sunflower호에 대한 설명으로, 어조는 descriptive가 가장 알맞다.

정답 ④

TYPE 2 글의 심경·태도(attitude) 파악 – 다음 글에 나타나 있는 필자의 심경·태도로 가장 적절한 것은?

이 유형은 글의 어조·분위기를 감상하는 문제와 같이 글의 종합적인 이해·감상능력을 요구하는 문제로, 어떤 일련의 사건들을 통해 드러나는 등장인물의 성격과 태도를 판단할 수 있으며, 평소 글의 심경·태도를 나타내는 단어를 잘 알아두면 유용하다.

2018. 5. 19. 제1회 지방직
다음 글에 나타난 화자의 심경으로 가장 적절한 것은?

단어

white as a sheet 백지장처럼 창백하다
convincing 설득력 있는
tornado 분출
curb 억제하다, 제한하다
proctor 시험 감독관
desperately 필사적으로
arithmetic 연산
scramble 허둥지둥 해내다
doom 운명
declare 선언하다
algebraic 대수학
swim 빙빙 돌듯 보이다
geometric 기하학

My face turned white as a sheet. I looked at my watch. The tests would be almost over by now. I arrived at the testing center in an absolute panic. I tried to tell my story, but my sentences and descriptive gestures got so confused that I communicated nothing more than a very convincing version of a human tornado. In an effort to curb my distracting explanation, the proctor led me to an empty seat and put a test booklet in front of me. He looked doubtfully from me to the clock, and then he walked away. I tried desperately to make up for lost time, scrambling madly through analogies and sentence completions. "Fifteen minutes remain," the voice of doom declared from the front of the classroom. Algebraic equations, arithmetic calculations, geometric diagrams swam before my eyes. "Time! Pencils down, please."

① nervous and worried
② excited and cheerful
③ calm and determined
④ safe and relaxed

해석 ▶

내 얼굴은 창백해졌다. 나는 시계를 쳐다보았다. 지금쯤 시험은 거의 끝나갈 것이다. 나는 완전한 공황상태로 시험장에 도착했다. 나는 내 사정을 이야기하려고 노력했지만 내 말과 설명하려는 몸짓이 너무 혼란스러워 나는 감정이 폭발하는 상황에서 설득력 있는 무엇도 전달할 수 없었다. 나의 산만한 설명을 제지하고자 시험 감독관은 나를 빈 좌석으로 이끌었고 시험지를 내 앞에 놓아두었다. 그는 미심쩍게 나로부터 시계로 눈을 돌렸고, 걸어서 나로부터 멀어져갔다. 나는 필사적으로 놓친 시간을 만회하려고 했고, 미친 듯이 허둥지둥 유사점과 문장 완성들을 이어갔다. "15분 남았습니다." 운명의 목소리가 교실을 울렸다. 대수방정식과 산술계산, 기하학도표가 내 눈앞에서 빙빙 도는 것 같이 보였다. "끝. 연필 내려놓으세요."

① 긴장되고 걱정하는 ② 흥분되어 들뜬
③ 차분하고 단호한 ④ 편안하고 안전한

│정답 ①

기출문제

단 어
incident 사건
occasional 가끔씩, 때때로
concentrate on ~에 집중하다
indifferent 냉담한, 무관심한
frightened 깜짝 놀란

2014. 3. 8 법원사무직

다음 글에 드러난 'I'의 심경으로 가장 적절한 것은?

I still remember the incident that happened last summer. We were staying at a country inn that had a small movie theater. Before every evening's presentation, my husband and I instructed our three-year-old son to sit quietly. Except for an occasional whispered question, he concentrated on the movie quietly. The soundtrack, however, was impossible to hear. That's because two children bounced on their seats, talked loudly and raced up and down the aisles. Never once did I see their parents. After several evenings of this, I followed the children to the dining room. There sat their parents enjoying a relaxed meal.

① annoyed and irritated
② regretful and apologetic
③ cold and indifferent
④ frightened and scared

해 석 ◉ ....

나는 아직도 작년에 생겼던 그 일을 기억한다. 우리는 작은 영화관을 가진 한 시골의 여관에 머무르고 있었다. 매일 저녁 상영 전 내 남편과 나는 우리의 세 살배기 아들에게 조용히 앉아 있으라고 지시하였다. 그는 가끔 속삭이는 질문 외에는 조용히 영화에 집중하였다. 하지만 그 소리(사운드트랙)는 들을 수 없는 지경이었다. 왜냐하면 두 명의 아이들이 그들의 자리에서 뛰었고 크게 말하며 통로 위·아래로 달리기 경주를 했기 때문이다. 나는 단 한 번도 그들의 부모를 보지 못했다. 이런 몇 번의 저녁 후에 나는 그 아이들을 식당까지 따라갔다. 거기에는 그들의 부모들이 앉아서 느긋한 저녁식사를 즐기고 있었다.

① 약이 오르고 짜증이 난
② 후회하고 미안해하는
③ 냉정하고 무관심한
④ 무서워하고 겁먹은

정답 ①

2014. 3. 15. 제1차 경찰공무원(순경)

다음 글에 드러난 Sally의 심경으로 가장 적절한 것은?

기출문제

Suddenly, Sally heard a voice. "Good afternoon, Let's start with Afternoon of a Faun, please," the voice repeated wearily. Sally's heart began to pound. She spread her music out on the music stand slowly. A lifetime of preparation, four long weeks of intensive practice, and it all came down to this moment. She felt sweat rolling down on her back. She lifted the flute to her lips, took a deep breath, and began to play. The opening notes of Afternoon of a Faun came from her flute, but her two hands that were holding it were still trembling.

① nervous
② relieved
③ satisfied
④ sympathetic

단어
Afternoon of a Faun
목신의 오후(드뷔시 작곡)
wearily 녹초가 되어, 지쳐서,
싫증이 나서
pound 요동치다
preparation 준비
intensive 집중적인
note 음표, 음
tremble 떨다, 떨리다

해석

갑자기 Sally는 "안녕하세요, 목신의 오후로 시작해봅시다."라는 목소리가 지겹도록 반복되는 것을 들었다. Sally의 심장은 요동치기 시작했다. 그녀는 자신의 악보를 보면대에 천천히 펼쳤다. 평생의 준비, 4주 동안의 강도 높은 연습, 이 모든 것이 지금 이 순간으로 다가왔다. 그녀는 등에 땀이 흘러내리는 것을 느꼈다. 그녀는 입술로 플루트를 들어 올리고 심호흡을 한 뒤 연주하기 시작했다. 목신의 오후의 첫 음이 그녀의 플루트에서 흘러나왔다. 하지만 플루트를 잡고 있는 그녀의 두 손은 여전히 떨리고 있었다.

① 불안해하는
② 안도하는
③ 만족해하는
④ 동정어린

정답 ①

211

기출문제

[글의 어조 · 분위기 · 심경태도를 나타내는 주요 단어]

admiring	감탄하는	affectionate	애정어린
aggressive	공격적인	agitative	선동적인
agonizing	고통스러운	alarmed	겁에 질린
ambiguous	애매모호한	ambitious	야망(야심)적인
amused, amusing	재미있는	angry	화난
anguished	고민하는	annoyed, annoying	성가신, 귀찮은
anxious	걱정하는	apologetic	미안해하는, 사과하는
appalling	무시무시한	appreciative	감사하는
apprehensive	염려하는	approving	찬성하는
argumentative	논쟁적인	arrogant	거만한
attractive	매력적인	authoritative	권위적인
avaricious	탐욕스러운	awful	무서운, 끔찍한
benevolent	인자한	blue	우울한
boring	지루한	brave	용감한
busy	바쁜, 분주한	calm	고요한, 침착한
causal	인과적인	cheerful	기분 좋은, 명랑한
cold	차가운, 냉담한	compassionate	동정적인
confessional	고백적인	confused	혼란스러운
considerate	신중한	contemptuous	경멸적인
contented	만족하는	cordial	애정어린
courageous	용감한	cowardly	겁이 많은, 비겁한
creative	창조적·창의적인	critical	비평(비판)적인
cruel	잔인한	cunning	교활한
cynical	냉소적인	defensive	방어적인
delighted	기쁜	depressed	의기소침한, 낙담한
descriptive	묘사적인	desperate	절망적인, 필사적인
devoted	헌신적인	disappointed	실망한
disapproving	찬성하지 않는	disinterested	공평한, 공정한
dismayed	당황한	dramatic	극적인
earnest	진지한, 성실한	ecstatic	도취한, 황홀한

elated	마냥 행복해하는	eloquent	감정을 드러내는, 유창한
embarrassed	당황스러운	emotional	감정적·정서적인
encouraging	격려하는	enigmatic	수수께끼 같은
enthusiastic	열광적인	envious	부러워하는
exaggerative	과장하는	excited, exiting	흥분한
exhausted	지친	exhilarated	쾌활한
explanatory	설명조의	fantastic	환상적인
fascinating	매혹적인	fatalistic	운명·숙명(론)적인
festive	축제 분위기의	foolish	어리석은
forgiving	용서하는, 관대한	frightened(-ning)	무서운, 놀라는
frustrated	실망한, 좌절한	funny	재미있는, 우스운
gloomy	어두운, 우울한	grave	엄숙한
greedy	욕심이 많은	happy	행복한
harmonious	조화로운	hateful	증오에 찬, 미운
hilarious	아주 유쾌한, 들뜬	honest	솔직한
hopeful	희망찬	horrible, horrific	무서운
hostile	적대적인	humble	겸손한, 겸허한
humorous	해학적인	illuminating	이해를 돕는, 분명하게 하는
impatient	참을성이 없는	impressive	인상적인
indifferent	무관심한	informative	정보를 주는
inhuman	몰인정한, 잔혹한	inspiring	고무적인
instructive	교육(교훈)적인	insulted	모욕적인
ironic	반어적인	irritated	짜증난
joyful, joyous	즐거운	kind	친절한
lazy	게으른	lively	활기찬
logical	논리적인	lonely	외로운
melancholy	우울한	miserable	비참한
monotonous	단조로운	moral	도덕적인
moving	감동적인	mysterious	신비로운
narrow-minded	편협한	negative	부정적인
nervous	신경과민한	neutral	중립적인

기출문제

213

noisy	시끄러운	nostalgic	향수(鄕愁)의
objective	객관적인	opinionated	독선적인, 고집센
optimistic	낙관적(낙천적)인	painful	괴로운
panic	공포에 질린	paradoxical	역설적인
passionate	정열적인	passive	소극적(수동적)인
patriotic	애국적인	peaceful	평화로운
persuasive	설득적인	pessimistic	비관적인
philosophical	철학적인	picturesque	그림 같은, 생생한
poetic	시적인, 서정적인	polite	공손한, 예절바른
positive	적극적(긍정적)인	practical	실용적인
prejudiced	편파적인	prophetic	예언적인
proud	자부심이 강한	quiet	조용한
realistic	사실적(현실적)인	reckless	무모한
regretful	후회하는, 뉘우치는	religious	종교적인, 경건한
reserved	내성적인	resolute	단호한, 확고한
respectful	정중한, 공손한	revengeful	복수심에 불타는
ridiculous	우스꽝스러운	romantic	낭만적인
sad	슬픈	sanguine	쾌활한, 낙천적인
sarcastic	비꼬는, 빈정대는	sardonic	냉소적인
satirical	풍자적인	satisfied	만족스러운
scared	겁에 질린	scientific	과학적인
selfish	이기적인	selfless	사심 없는, 이타적인
sentimental	감상적인	serious	진지한, 심각한
shy	수줍어하는	skeptical	회의적인
social	사교적인	solemn	엄숙한, 장엄한
sorrowful	슬픈	sour	불쾌한, 못마땅한
spiteful	앙심을 품은	stern	엄격한
striking	인상적인, 현저한	subjective	주관적인
suspicious	의심하는	sweet	달콤한
sympathetic	동정적인	thankful	감사하는
thoughtful	사려 깊은	timid	겁이 많은, 소심한

1 다음 글의 어조로 가장 적절한 것은?

Those people who study animal behavior professionally must dread those times when their cover is blown at a dinner party. The unfortunate souls are sure to be seated next to someone with animal stories. The conversation will invariably be about some pet that did this or that, and nonsense is the polite word for it. The worst stories are about cats. The proud owners like to talk about their ingenuity, what they are thinking, and how they 'miss' them while they're at the party. Those cats would rub the leg of a burglar if he rattled the cans of their food.

① humorous
② instructive
③ angry
④ nostalgic

 Point

단어 **dread** ~을 몹시 무서워하다 **invariably** 변함없이, 언제나 **ingenuity** 천재성 **burglar** 절도범 **rattle** 달가
닥거리다

해석 전문적으로 동물의 행동을 연구하는 사람들은 만찬에서 그들의 은폐가 드러나는 그러한 때를 염려해야 한다. 운이 없
는 사람들은 동물 이야기를 하는 누군가의 옆자리에 반드시 앉게 된다. 대화는 변함없이 이런저런 행동을 한 애완동
물에 관한 것일 것이며 허튼소리는 그에 대한 정중한 표현이다. 최악의 이야기들은 고양이에 관한 것이다. 자부심이
강한 주인들은 만찬 동안에 고양이의 재간과 그들이 생각하는 것들 그리고 얼마나 고양이를 그리워하는지에 대하여
말하기를 좋아한다. 이러한 고양이들은 만약 강도가 그들의 밥그릇을 달그락거렸다면 강도의 다리를 문지르고 있었을
지도 모른다.
① 유머 있는 ② 교훈적인 ③ 화난 ④ 과거에 대한 향수가 있는

2 다음 글의 분위기로 가장 적절한 것은?

> Edward was now in total darkness. The glow of the oil lamps through the high windows of the hall had been extinguished, wrapped up in an obscurity which was like some black velvet textile or soft inky stuff which filled space and touched Edward's face. His feet, lacking confidence in this deprivation of sensory guidance, moved slowly and uncertainly, and he had lost his sense of direction... The night sky, the arching trees, could as well have been the walls of a tiny black lightless room, an underground prison in the centre of which he was now standing. He reached out again but could touch nothing. Then suddenly something took him by the throat, an insufferable sensation that made him stagger and gasp harshly... The sensation which had suddenly felled him was the one he had never experienced before.

① dreadful   ② peaceful

③ festive   ④ gloomy

단어 glow 반짝임, 빛남 extinguish 꺼지다 obscurity 잊혀짐, 무명 deprivation 박탈, 부족 insufferable 참을 수 없는 stagger 흔들리다 gasp 숨이 턱 막히다

해석 에드워드는 그 때 암흑 속에 있었다. 홀의 높은 창문을 통해서 비치는 기름램프의 불빛이 사라져가고 에드워드의 얼굴에 와 닿는 공간을 가득 채운 어떤 검은 벨벳 옷감이나 부드러운 새까만 물질 같은 어둠 속에 둘러싸였다. 이러한 감각의 결핍 속에 자신감 없이 그는 천천히 불안하게 움직였고 방향감각을 잃어갔다... 밤하늘과 아치를 이룬 나무들은 마치 작고 빛이 없는 어두운 방인 지하 감옥의 벽 같았고 그는 그 한가운데에 서 있었다. 그는 다시 손을 뻗었지만 아무 것도 잡을 수 없었다. 갑자기 무언가가 그의 목을 잡았는데 그것은 그를 비틀거리게 하고 무자비하게 숨 막히는, 참을 수 없는 느낌이었다. 그 전에는 한 번도 느껴보지 못한 그 느낌 때문에 그는 갑자기 쓰러졌다.
① 무서운 ② 평화로운 ③ 축제의 ④ 우울한

TIP 어두운 밤과 참을 수 없는 감각은 무서운 느낌을 준다.

3 Mrs. Santos의 심경 변화를 가장 잘 나타내는 것은?

> Mrs. Santos saw her two-year-old daughter, Carmelita, leaning out of the kitchen window of a fifth-floor apartment. She had climbed onto a chair, and soon was climbing out onto the window sill. Mrs. Santos called to Carmelita to go back inside. But the little girl did not understand the situation and only waved to her mother. Then she lost her balance and her feet slipped off the window sill. She managed to hold on for a while with her hands, but she began to be afraid. Her mother screamed for help, and now Carmelita was crying desperately. And then she could hold on no longer. Down she fell, five long stories and landed safe and sound in the arms of three strong men who had run out into the street, and been ready to catch her. Carmelita's parents cannot believe how close they came to losing their daughter.

① worried → desperate

② scared → relieved

③ confused → clear

④ uncomfortable → relaxed

 Point

단어 slip off 미끄러지다 **desperately** 필사적으로

해석 Santos 부인은 5층 아파트의 부엌 창문으로 몸을 내밀고 있는 2살짜리 딸인 Carmelita를 보았다. 그 아이는 의자를 밟고 올라가서 바로 창문턱까지 올라갔던 것이다. Santos부인은 Carmelita에게 안으로 들어가라고 소리쳤지만, 그 작은 여자아이는 그 상황을 이해하지 못하고 엄마를 향해 손짓을 했다. 그러자 그 아이는 중심을 잃고 발이 창문턱으로 미끄러졌다. 손으로 잡고 잠시 동안 버티고 있었지만 두려워하기 시작했다. Santos부인은 도움을 요청하려고 소리를 질렀고 그 때 Carmelita은 필사적으로 울었다. 그러자 그 아이는 더 이상 버틸 수 없어 5층 아래로 떨어졌고, 거리에서 달려와 아이를 받을 준비가 된 세 명의 건장한 남자의 팔에 안전하게 안겼다. Carmelita의 부모는 그녀의 딸을 거의 잃을 뻔했었다는 것을 믿을 수 없었다.
① 걱정스러운 → 절망적인 ② 무서운 → 안도하는 ③ 혼란스러운 → 명백한 ④ 불편한 → 편안한

TIP 제시문에서 Santos 부인은 딸이 떨어질까 걱정스럽고 무서운 상황이었는데, 다행히 3명의 사람들이 구해주어서 안도하는 상황이다.

4 다음 글의 어조로 가장 적절한 것은?

> Eyes often lighten with age and certain medical conditions cause color variations, but the most likely reason eyes change color is due to your surroundings. Eyes reflect their environment. Your eyes will appear darker if you're dressed in dark colors and are in a dimly lit room. Medications can also permanently darken the eyes. If just one eye changes color, it could put patients at risk of glaucoma.

① cynical   ② appealing

③ informative   ④ commanding

단어 dimly 희미한 **permanently** 영구히, 불변으로 **glaucoma** 녹내장

해석 눈은 종종 나이가 들면서 밝아지는 경우가 있고, 어떤 의학적인 경우에 의하여 색깔이 변하기도 한다. 그러나 눈의 색깔이 변하는 가장 큰 이유는 주변 상황 때문이다. 눈은 환경을 반영한다. 만약 어두운 색의 옷을 입고 어둑하게 조명이 켜진 방안에 있으면, 눈의 색깔은 더 어둡게 보인다. 약물을 사용하면 눈을 영원히 어둡게 할 수도 있다. 만약 한쪽 눈의 색깔만 변한다면 녹내장의 위험성이 있다.

① 냉소적인 ② 설득적인 ③ 정보 전달적인 ④ 명령적인

TIP 눈에 대해 설명하는 정보를 전달하는 글이다.

5 다음 글에서 "I"의 심경으로 가장 적절한 것은?

> I had to get up at 4:30 a.m. to drive into Los Angeles to catch a plane to Toronto. So I set the alarm clock on the table beside my bed in the hotel, to go off at 4:30 a.m. At 4:30 a.m. I was awoken and set about switching off the alarm so that all my neighbours would not also be awoken at an hour which might not have suited them. I tried everything, including disconnecting the electricity supply. Nothing had any effect. The sound continued. I was just about to drown the clock in a basin of water when I suddenly noticed that the sound was coming from my travel clock which I had set and then forgotten all about.

① passionate   ② melancholic

③ delighted   ④ embarrassed

단어 catch a plane 비행기를 타다 basin 양푼, 대야

해석 ▶ 토론토행 비행기를 타기 위해 나는 새벽 4시 30분에 일어나서 L.A.로 운전을 해서 가야했다. 그래서 나는 호텔 침대 옆 탁자 위에 있는 알람시계를 오전 4시 30분에 울리도록 맞춰놓았다. 새벽 4시 30분에 일어났다. 그리고 이웃 사람들이 그들이 원하지 않는 시간에 깨지 않도록 알람시계의 모든 스위치를 끄려고 했지만 소용이 없었다. 알람소리는 계속 울렸다. 내가 시계를 물속에 넣으려는 순간, 나는 순간적으로 이 소리는 내가 맞추어 놓고 잊어버렸던 여행용 알람시계에서 나는 소리임을 알았다.

① 열정적인 ② 우울한 ③ 기쁜 ④ 당황한

TIP 제시문의 필자는 알람을 소리 안 나도록 하였으나, 계속 소리가 나자 당황스러웠을 것이다.

6 다음 글이 주는 분위기로 가장 적절한 것은?

The bedroom smelled of the wood it was made of. Early in the morning the pleasant smell of the wet forest entered through the screen. The walls in the camp were thin, and when I woke up, I dressed softly so as not to wake the others. I came out quietly into the sweet outdoors and started out in the boat along the shore. The lake was cool and motionless in the long shadows of the tall trees. Nothing disturbed the stillness of the lake.

① sad
② noisy
③ peaceful
④ humorous

단어 so as not to do ~하지 않도록 shore 기슭, 해안, 호숫가 motionless 움직이지 않는, 정지한 disturb 방해하다, 훼방하다, 어지럽히다 stillness 고요함, 정적, 침묵

해석 ▶ 침실은 나무로 만들어져서 나무 냄새가 났다. 이른 아침 축축한 숲의 상쾌한 냄새가 장막을 통해서 들어왔다. 캠프의 벽이 얇아서 내가 일어났을 때, 다른 사람들을 깨우지 않도록 살며시 옷을 입었다. 나는 조용히 향기로운 실외로 나와서 배를 타고 호숫가를 따라 출발했다. 호수는 큰 나무들의 긴 그늘 속에서 서늘하고 움직임이 없었다. 아무것도 그 호수의 고요함을 방해하지 않았다.

Answer 4.③ 5.④ 6.③

7 다음 글의 성격으로 옳은 것은?

Minnie, a longtime client at my beauty salon, was about to celebrate her 100th birthday, and I had promised her complimentary hair services when she reached the century mark. I was delighted when she came in to collect her gift. As I prepared her permanent wave, we discussed the fact that she was exactly twice my age. Minnie was silent for a moment and then said, "There's only one thing that concerns me. Whatever will I do when you get too old to do my hair?"

① tragic
② scientific
③ instructive
④ humorous

단어 **longtime** 오랜, 오랫동안의 **client** 변호의뢰인, 단골고객 **beauty salon** 미용실 **celebrate** 경축하다, 거행하다 **complimentary** 인사의, 무료의, 경의를 표하는

해석 내 미용실의 오랜 고객인 Minnie는 100번째 생일을 곧 경축하게 되었으며, 나는 그녀가 100살이 되면 무료로 머리손질을 해주기로 했었다. 나는 그녀가 그 선물(무료 머리손질)을 받으려고 들어왔을 때 기뻤다. 그녀에게 파마를 해주면서 우리는 그녀가 내 나이의 꼭 두 배가 된다는 사실에 대해 이야기했다. Minnie는 잠시 동안 침묵하더니, "걱정되는게 하나 있어요. 당신이 너무 나이가 들어서 내 머리를 손질할 수 없게 되면 난 어떻게 하죠?"라고 말했다.

8 다음 글에서 주인공 'I'의 심정으로 가장 적절한 것은?

My mother hadn't seen my dad in four years of war. In my mind, he was a tall, darkly handsome man I wanted very much to love me. I couldn't wait, thinking about all the things I had to tell him of school and grades. At last, a car pulled up, and a large man with a beard jumped out. Before he could reach the door, my mother and I ran out screaming. She threw her arms around his neck, and he took me in his arms, lifting me right off the ground.

① joyful
② lonely
③ worried
④ horrified

단어 **pull up** (말 · 차를) 멈추다 **beard** 턱수염 **scream** 소리를 지르다, 외치다

해석 나의 어머니는 4년간의 전쟁 동안 아버지를 본 적이 없다. 내 생각에 그는 키가 크고 검은 피부에 잘 생긴 분이셨고 나는 나를 사랑해 주기를 무척 많이 원했다. 아버지에게 학교와 성적에 대해 시시콜콜 얘기할 생각을 하면서, 나는 조바심을 내며 기다렸다. 마침내 차가 멈추었고 턱수염을 기른 커다란 사람이 뛰어내렸다. 현관문에 이르기도 전에 어머니와 나는 소리를 지르며 달려 나갔다. 그녀는 그녀의 팔로 그의 목을 얼싸안았고, 그는 그의 팔에 나를 안아서 땅에서 번쩍 들어올렸다.

9 다음 글에 나타나는 필자의 어조를 가장 적절히 표현한 것은?

> I cannot stand smoke, but it seems the world is fitted for smokers. In waiting rooms and in almost all public places, if the nonsmoker wants to escape the pollution of smokers, he has to find a smoke-free corner where he can breathe some fresh air. Why don't they post NO SMOKE signs in all places where people gather, and provide the smokers with a little airtight room off to one side somewhere where they can all crowd in together and smoke to their hearts' content? Then, the fresh air will be left for the nonsmokers.

① 호의적 ② 낭만적
③ 고백적 ④ 비판적

단어 **stand** 인내하다, 견디다, 참다 **pollution** 오염 **smoke-free** 연기가 없는 **post** 붙이다, 게시하다 **airtight** 밀폐된, 공기가 통하지 않는 **to one's hearts' content** 마음껏

해석 나는 담배연기를 견딜 수가 없다. 그러나 세상은 흡연자들에게 맞춰진 것 같다. 대기실과 거의 모든 공공장소에서는 비흡연자들이 흡연자들로 인한 공해를 피하고 싶다면, 담배연기가 없는 구석을 찾아야만 약간의 신선한 공기를 마실 수 있다. 왜 사람들이 모이는 모든 장소에 '금연' 표시를 붙이지 않고, 흡연자들에게 그들 모두가 함께 모여 마음껏 담배를 필 수 있게 한쪽 편에 떨어진 곳에 작은 밀폐된 방을 제공하지 않는가? 그렇게 되면 신선한 공기는 비흡연자들을 위해 남겨지게 될 것이다.

10 다음 글에 묘사된 상황이 주는 느낌으로 가장 적절한 것은?

> The mother duck started out with her children behind her. They had to cross a busy street. The street was about forty meters wide. The mother looked right and left and found that there was no traffic. Then she made her children march across the street. The drivers had stopped their cars, and more than a hundred people were watching the march. When the duck family reached the pond, the mother jumped into the water first, and her children followed her one after another. As the last baby duck jumped into the water, there was a big applause from the people watching the march.

① calm and quiet

② funny and cheerful

③ noisy and busy

④ shocking and surprising

단어 duck 오리 march 행진(하다), 전진하다 pond 연못 one after another 하나씩 하나씩, 차례로 applause 박수

해석 어미 오리는 새끼들을 뒤에 거느리고 출발했다. 그들은 번잡한 거리를 건너야만 했다. 그 거리는 약 40m 정도의 폭이었다. 어미 오리는 좌우를 둘러보고 차량통행이 전혀 없다는 것을 알았다. 그러자 어미 오리는 새끼들에게 길을 가로질러 행진하도록 했다. 운전자들은 차를 세웠고, 100명 이상이나 되는 사람들이 그 행진을 지켜보고 있었다. 오리 가족이 연못에 도착했을 때 어미 오리가 먼저 물속에 뛰어들었고 새끼들이 차례로 어미 뒤를 따랐다. 마지막 아기오리가 물속에 뛰어들었을 때 그 행진을 지켜보고 있던 사람들로부터 큰 박수가 터져 나왔다.

11 다음 글의 어조로 가장 적절한 표현은?

> Other major changes in journalism occurred around this time. In 1846 Richard Hoe invented the steam cylinder rotary press, making it possible to print newspapers faster and cheaper. The development of the telegraph made possible much speedier collection and distribution of news. Also in 1846 the first wire service was organized. A new type of newspaper appeared around this time, one that was more attuned to the spirit and needs of the new America. Although newspapers continued to cover politics, they came to report more human interest stories and to record the most recent news, which they could not have done before the telegraph. New York papers and those of other northern cities maintained corps of correspondents to go into all parts of the country to cover newsworthy events.

① objective   ② optimistic

③ negative   ④ humorous

 Point

단어 journalism 저널리즘, 신문(잡지)업 invent 발명하다, 창안하다, 고안하다 cylinder 원주, (엔진의) 실린더, (인쇄기에서) 윤전기의 몸통 rotary press 윤전(인쇄)기 telegraph 전신, 전보 distribution 배포, 배달, 분배 wire service (미국의) (뉴스)통신사 organize 조직·편성·구성하다 attune ~을 맞추다, 조율하다 cover ~을 덮다, 감추다, 망라(포함)하다, 보도(취재)하다 corps 군단, 단체 correspondent 통신자, 통신원(기자), 특파원 go into ~을 조사하다, 연구하다, ~에 들어가다, 참가하다 newsworthy 보도(뉴스)가치가 있는, 신문 기사 거리가 되는

해석 저널리즘의 다른 중요한 변화들도 이 시기를 전후해서 일어났다. 1846년에 Richard Hoe가 증기 실린더를 이용한 윤전기를 발명하여 신문을 더 빠르고, 더 싸게 인쇄하는 것이 가능해졌다. 전보(전신)의 발달은 뉴스의 수집과 전달을 훨씬 더 신속하게 만들었다. 또한 1846년에는 최초의 뉴스통신사가 조직되었다. 새로운 형태의 신문은 새로운 미국의 정신, 새로운 미국의 요구에 더 부합하는 신문으로 이 무렵에 나타났다. 신문은 정치기사를 계속 보도하기는 했으나 사람들이 더 관심을 갖고 있는 이야기를 전달하거나 가장 최신뉴스들을 싣기 시작했는데, 이는 전보가 등장하기 전에는 불가능했을 것이다. 뉴욕의 신문들과 다른 북부 도시의 신문들은 전국 곳곳으로 특파원단(團)을 파견하여 뉴스거리가 될 만한 사건들을 취재하도록 하였다.

12 Terry와 Ron의 어조로 가장 적절한 것은?

Eighth-grader Terry met his friend Ron in front of Ron's house on the first day of summer vacation. Ron looked at Terry's broad grin and remarked sympathetically. "I can't help noticing that you look utterly miserable. You can confide in me — what's the matter?"

Terry's smile expanded, but he sighed and replied, "Well, who wouldn't be bummed out? We have nothing to do but waste the most beautiful months of the year on unimportant pursuits like basketball, fishing, and bike riding."

"Yeah," sighed Ron, as the two ambled towards the nearby basketball court. "And the most depressing thing of all is that we don't get to see our valued colleague, Mr. Petersham, in the principal's office all summer."

"We must try to endure it with superior courage," Terry replied, and then he dashed onto the court for his first lay-up.

① ironic   ② admiring

③ pessimistic   ④ forgiving

단어 **grin** 싱긋웃음, 밝게 웃다, 싱글거리다, 히죽히죽 웃다 **remark** (소견 등을) 말하다, ~에 주의하다 **sympathetically** 동정적으로, 호의적으로 **utterly** 완전히, 철저히, 아주 **confide** 신뢰하다, 신용하다, (비밀 등을) 털어놓다 **expand** 펴다(퍼지다), 확장(확대)하다, 팽창시키다 **sigh** 한숨 쉬다, 탄식(한탄)하다 **bummed** 실망한, 낙담한 **pursuit** 추적, 추구, 종사, 수행 **amble** (사람이) 느릿느릿(천천히) 걷다 **depressing** 억누르는, 침울한, 울적해지는 **endure** ~을 견디다, 참다, 지탱하다 **superior** 고급의, 상위의, 뛰어난 **dash** 내던지다, 박살내다, 돌진하다 **lay-up** 레이업(숫)

해석 8학년생인 Terry는 여름방학 첫날에, Ron의 집 앞에서 그의 친구 Ron을 만났다. Ron은 히죽히죽 웃는 Terry를 보며 동정하는 듯 한마디 했다. "너 아주 비참해(불행해) 보인다. 나한테 다 털어놔 봐. 무슨 일이야?"

Terry는 더 크게 웃었지만, 한숨을 쉬면서 대답했다. "글쎄, 누군들 실망하지 않을 수 있겠니? 일년 중 가장 좋은 때를 농구, 낚시나 자전거 타기 같이 별로 중요하지도 않은 것들로 허비하는 것 외에는 할 일이 아무것도 없으니."

"맞아." Ron은 한숨을 푹 쉬었고, 둘은 가까이 있는 농구 코트로 천천히 걸어갔다. "그리고 무엇보다 슬픈 일은 여름 내내 교장실에 계신 우리의 소중한 친구 Petersham 교장 선생님을 볼 수 없다는 거야."

"우리는 엄청난 정신력(용기)으로 참아야 해." Terry는 이렇게 대답하고서는 첫 레이업을 하기 위해 코트로 뛰어 들어갔다.

13   다음 글의 분위기로 가장 알맞은 것은?

> A friend of mine told his seven−year−old son that he had to leave the apartment for a while, and that under no circumstances was the boy to open the door to anyone. The father had not gone far when he realized that he had forgotten his door key. He returned home and rang the doorbell repeatedly, but got no answer. He went to the nearest phone and called home. He said, "Jimmy, this is your dad. Please open the door for me. I've left my keys inside." Without a word, the boy hung up. The father was finally able to obtain a door key elsewhere, and got into the apartment. He asked his son, "Why didn't you let me in? You knew it was dad." "I thought you were testing me," his son replied.

① gloomy   ② amusing

③ frightening   ④ romantic

단어 ⊗ **circumstance(s)** (주변의) 사정, 상황, 환경   **realize** 깨닫다, 자각하다, 실감하다   **doorbell** 초인종 **repeatedly** 되풀이해서, 반복해서   **hang up** 전화를 끊다   **obtain** ~을 얻다, 손에 넣다, 획득하다   **let in** ~을 들어오게 하다, 통하게 하다

해석 ⟩ 내 친구 중 한 명이 그의 일곱 살 된 아들에게 잠시 동안 아파트를 비워야 하니까 어떤 상황에서도 어느 누구에게도 문을 열어주지 말라고 말했다. 그 아버지는 멀리 가지 않아서 그가 대문 열쇠를 (가지고 나온다는 것을) 깜빡 잊었다는 것을 알았다. 그는 집으로 돌아와 초인종을 계속해서 눌렀지만, 어떤 대답도 없었다. 그는 가장 가까이 있는 전화로 가서 집에 전화를 했다. 그는 "Jimmy, 나 아빠다. 문 좀 열어다오. 내가 집에 열쇠를 두고 나왔구나."라고 말했다. 아무 말 없이 아들은 전화를 끊었다. 아버지는 마침내 다른 어딘가에서 열쇠를 얻어 아파트 안으로 들어왔다. 그는 아들에게 물었다. "왜 너는 날 들어오게 하지 않았니? 너도 아빠라는 것을 알았잖아." "아빠가 절 시험하시는 줄 알았죠."라고 그의 아들이 대답했다.

14 다음 글의 밑줄 친 반응을 듣고 필자가 느낄 감정으로 가장 알맞은 것은?

> My father, an announcer for television commercials, works in Seattle, and it's always a treat to hear his voice when I visit other parts of the country. My job once took me to Pennsylvania. I was at a pub with friends when an ad for athletic equipment came on the lounge TV. As a shapely blonde dressed in a leotard worked out on an exercise device, a very familiar voice delivered the sale pitch. Without thinking, I said, "Hey, you guys, that's my dad!" My friends turned to look at me. "Geoff!" They replied in unison. "<u>He's beautiful</u>."

① anger

② excitement

③ elation

④ embarrassment

단어 commercial 광고방송 treat 한턱내기, 큰 기쁨 pub 선술집 ad 광고(= advertisement) athletic 운동(경기)의, 체육의 equipment 장비, 설비 lounge 휴게실, 라운지 shapely 균형 잡힌, 맵시 있는 blonde (살결이 흰) 금발의 (여성) leotard 소매가 없고 몸에 착 달라붙는 옷 work out (선수가) 훈련하다, 연습하다 device 장치, 고안품 familiar 잘 알고 있는, 익숙한 deliver 배달하다, 전하다 sales pitch 팔기 위한(구매) 권유 in unison 일제히 excitement 흥분, 자극 elation 의기양양, 득의만면 embarrassment 난처, 당황, 당혹

해석 TV광고 아나운서이신 나의 아버지는 시애틀에서 근무하시고, 내가 나라의 다른 지방을 방문할 때 그(아버지)의 목소리를 듣는 것은 항상 큰 기쁨이다. 한때 나의 직장은 펜실베니아에 있었다. 운동기구 광고가 휴게실에 있는 TV에서 나왔을 때 나는 친구들과 술집에 있었다. 균형 잡힌 금발의 여성이 몸에 착 붙는 옷을 입고 운동기구로 운동을 할 때, 매우 익숙한 목소리가 구매권유를 하였다. 생각할 여지도 없이 "얘들아, 나의 아빠야"라고 나는 말했다. 내 친구들은 나를 쳐다보기 위해 뒤돌았다. 그들은 일제히 대답했다. "네 아버지 아름다우신데."

15 다음 글에 나타난 필자의 어조로 가장 적절한 것은?

I had hoped that the white moderate would understand that the present tension in the South is a necessary phase of the transition from the negative peace, in which the Negro passively accepted his unjust plight, to the positive peace, in which all men will respect the dignity and worth of human personality. Actually, we who engage in nonviolent direct action are not the creators of tension. We merely bring to the surface the hidden tension that is already alive. We bring it out in the open, where it can be seen and dealt with.

① humble
② absurd
③ assertive
④ dissuasive

단어 **moderate** 절제있는, 온건한 **tension** 긴장 **transition** 변천, 변화 **unjust** 옳지 못한, 공정하지 못한 **dignity** 존엄성, 위엄 **engage in** ~에 참가하다, ~을 시작하다 **nonviolent** 비폭력의 **direct action** 직접 행동 **plight** 나쁜 상태, 궁지, 곤경 **absurd** 불합리한, 모순된 **assertive** 단호한, 단정적인 **dissuasive** 만류하는

해석 ▶ 나는 남부에서 현재의 긴장이 정의롭지 못한 상태를 흑인들이 수동적으로 받아들이는 소극적 평화에서, 모든 사람들이 인간의 존엄성과 가치를 존중하는 적극적 평화로 옮겨가는 변화의 단계에 있어서 필수적이라는 것을 백인 온건주의자들이 이해하기를 바랐다. 실제로, 비폭력 직접운동에 참가하는 우리들은 긴장을 야기시키는 사람들이 아니다. 우리는 이미 존재하는 감추어져 있는 긴장을 표면으로 드러나게 할 뿐이다. 우리는 그것이 사람들의 눈에 띄어 다루어질 수 있도록 그것을 공개화시키는 것이다.

16 다음 글의 분위기를 가장 잘 나타낸 것은?

> On Wednesday morning the Queen was brought into the court to hear her sentence. Being asked if she had anything to say, she answered, "Nothing." Her hands were tired behind her with cords, and she was conveyed to the prisoner-carrying car that waited for her. They covered her face with a black cloth and took her up to the platform.

① monotonous and tedious
② quiet and peaceful
③ solemn and heavy
④ warm and cozy

단어 ✏ **sentence** (형사상의) 선고, 판결 **cord** 밧줄, 노끈 **convey** 나르다, 전달하다, 운반하다 **platform** 대, 연단 **monotonous** 단조로운 **tedious** 지루한, 싫증나는 **solemn** 침통한, 엄숙한 **cozy** 아늑한, 안락한, 기분 좋은

해석 ▶ 수요일 아침에 여왕은 판결을 듣도록 법정으로 소환되었다. 할 말이 있느냐는 질문을 받고 그녀는 "없소."라고 답했다. 그녀의 손은 등 뒤로 밧줄에 묶여져 있었고 그녀는 그녀를 기다리는 죄수 호송차에 옮겨졌다. 그들은 그녀의 얼굴을 검은 천으로 덮고 그녀를 단두대까지 데리고 갔다.

17 다음 글이 주는 분위기로 가장 적절한 것은?

> The downtown area had begun to change early in the morning. Car club members were parading down the street. The men and women walking down the main street were wearing leather jackets as if they had just arrived in a time machine. The music echoing from Shain Park stirred memories of a simpler time. Young kids were competing to see who could blow the biggest bubble in town. Youngsters were showing off their creatively decorated bicycles to get a free lunch.

① lonely   ② calm
③ humorous   ④ festive

단어 ▼ **downtown area** 중심가, 상가 **parade** 행진하다 **leather** 가죽 **echo** 울려 퍼지다, 반향하다 **stir** 휘젓다, (감정이) 일게 하다 **compete** 경쟁하다 **youngster** 젊은이 **show off** 뽐내다, 과시하다 **creatively** 독창적으로 **decorated** 꾸며진, 장식된

해석 ▶ 중심가는 아침 일찍부터 변하기 시작했다. 자동차 클럽 회원들은 거리 아래로 행진하고 있었다. 대로를 따라 걸어 내려오고 있는 남자들과 여자들은 막 타임머신을 타고 도착한 것처럼 가죽 재킷을 입고 있었다. Shain Park에서 울려 퍼지는 음악은 더 소박하던 시절의 기억들을 떠올리게 해주었다. 어린 아이들은 마을에서 누가 제일 큰 비눗방울을 불 수 있는지 보기(알기) 위해 서로 경쟁하고 있었다. 젊은이들은 무료로 제공되는 점심을 먹기 위해 자신들이 독창적으로 장식한 자전거를 뽐내고 있었다.

18 다음 글에 나오는 town의 분위기는?

It was a town of red brick. It contained several large streets all very like one another, and many small streets still more like one another, full of people equally like one another. They all went in and out at the same hours, with the same sound upon the same pavements, to do the same work. To them every was the same as yesterday and tomorrow, and every year the same as the last and the next.

① monotonous

② tranquil

③ harmonious

④ majestic

단어 ▼ **equally** 똑같이, 마찬가지로 **pavement** 포장도로, 보도, 인도 **tranquil** 조용한, 평온한, 잔잔한 **majestic** 위엄이 있는, 장엄한

해석 ▶ 그것은 붉은 벽돌로 된 읍이었다. 그것은 모두 서로 아주 닮은 몇 개의 큰 거리와 더욱 더 서로 닮은 많은 작은 거리들과 똑같이 서로 닮은 사람들로 가득차 있었다. 그들은 모두 똑같은 일을 하기 위하여 똑같은 인도에 똑같은 소리를 내면서 똑같은 시간에 들어가고 나왔다. 그들에게 매일매일은 어제나 내일이나 같았으며 매년 작년이나 내년이나 같았다.

Answer) 16.③ 17.④ 18.①

19 다음 글의 어조로 가장 알맞은 것은?

The proposed Missile-Defense Shield is designed to protect the U.S. and its allies. Even if it were to work, a smart terrorist could surely find many cheap and easy ways to bypass it. Why would an enemy state that doesn't have much money spend billions on intercontinental missiles? Why not just use an individual to smuggle a nuclear, chemical or biological device across our porous borders? U.S. security would be better served if the billions of dollars wasted on this illogical idea were used to bolster our National Guard and Reserve units.

① critical   ② forgiving

③ hesitant   ④ sympathetic

Point

단어 propose 제의(제안)하다, 계획하다 shield 방패, 방어물, 보호물 ally 동맹국, 연합국(allies) bypass ~을 우회하다, 회피하다 smuggle ~을 밀수입(수출)하다 intercontinental 대륙 간의 porous 구멍이 많은, (물, 공기 등이) 스며드는, 침투성의 border 가장자리, 경계(선), 국경선 illogical 비논리적인, 불합리한 bolster ~에 괴다(대다), ~을 지지하다, 지원하다, 보강하다, 강화하다 National Guard 주(州)방위군 reserve(s) 예비(증원)부대, 예비군, 지원군 unit 구성단위, 부대 hesitant 머뭇거리는, 주저하는 sympathetic 동정어린

해석 계획된 미사일 방어벽은 미국과 그 동맹국들을 보호하기 위해 고안된 것이다. 비록 그 계획이 이루어지더라도, 똑똑한 테러리스트는 분명히 그것을 회피할 저렴하고 손쉬운 방법을 많이 찾아낼 수 있을 것이다. 왜 돈도 많지 않은 적대국이 대륙 간 미사일에 수십억의 돈을 쓰겠는가? 허술한 국경을 통과해 핵무기, 화학무기 또는 생화학무기들을 밀수입할 수 있는 개인을 왜 이용하지 않겠는가? 만약 이 비논리적인 생각에 낭비되는 수십억 달러가 주방위군과 예비군부대를 강화하는 데 사용된다면, 미국의 안전에 더 공헌할 것이다.

20 다음 글에서 서술하고 있는 사건에 대해 글쓴이가 느끼는 감정을 가장 잘 나타낸 것은?

> The eye accepted what the mind could not : a sudden burst of white and yellow fire, then white trails streaming up and from the fireball to form a twisted Y against a pure heaven, and the metal turning to rags, dragging white ribbons into the ocean. A terrible beauty exploded like a primal event of physics — the birth of a universe ; the death of a star ; a fierce, enigmatic violence out of the blue. The mind recoiled in sheer surprise. Then it filled with horror.

① anger
② playfulness
③ shock
④ melancholy

단어 ☞ **sudden** 갑작스러운 **burst** 폭발, 파열 **trail** (지나간) 자국, 흔적, (혜성 등의) 꼬리 **stream** 흐르다, 흘러나오다 **fireball** 불덩어리 **twisted** 꼬인, 뒤틀린 **pure** 순수한, 맑은, 깨끗한 **rag** 넝마, 누더기, 조각 **drag** ~을 끌다, 끌고 가다 **explode** 폭발하다, 파열하다 **primal** 원시의, 근원의, 최초의 **physics** 물리학 **fierce** 맹렬한, 격렬한, 사나운 **enigmatic** 수수께끼 같은, 불가해한 **violence** 격렬함, 맹렬함, 폭력 **out of the blue** 뜻밖에, 불시에 **recoil** 반동하다, 주춤하다, 뒷걸음질 치다 **sheer** 완전한, 절대적인, 순전한 **playfulness** 명랑함, 쾌활함, 재미남 **melancholy** 우울, 침울 **frustration** 좌절, 실패

해석 ▶ 눈은 마음이 받아들일 수 없는 것을 받아들였다. 희고 노란 불의 갑작스러운 폭발, 그리고 나서 불덩어리로부터 흘러나온 흰 자국이 맑은 하늘에 뒤틀린 Y자를 만들었으며, 그 금속은 누더기 조각들로 변해 하얀 리본(연기)을 바다 속으로 끌고 갔다. 끔찍한 아름다움이 물리학 최초의 사건 – 우주의 탄생, 별의 소멸, 맹렬하고 불가해한 격렬함과 같이 불시에 폭발했다. 마음은 완전한 놀라움(경악)으로 움찔했다. 그리고 나서 그것은 공포에 휩싸였다.

21 다음 글에 나타나는 I의 심리상태를 가장 알맞게 표현한 것은?

> It was a clear autumn night. I got to my apartment building. I walked to the elevator and pushed the button. When the doors opened, a tall blond man was standing inside. He walked past me quickly without saying a word. I didn't think anything about it until the elevator stopped on my floor. Then I noticed blood on the door and a large pool of blood on the floor. The door opened and I walked out. I walked slowly down the hall toward my apartment. Then I heard the elevator doors open again. Someone was walking toward me! I couldn't move.

① afraid   ② peaceful
③ disappointed   ④ excited

단어 get to ~에 도착하다 notice 알아채다, 인지하다, 주의하다, 주목하다 a pool of blood 피바다

해석 맑은 가을밤이었다. 나는 나의 아파트에 도착했다. 나는 엘리베이터로 걸어가서는 버튼을 눌렀다. 문이 열렸을 때, 키가 큰 금발의 남자가 안에 서 있었다. 그는 아무 말 없이 재빨리 걸어서 나를 지나갔다. 나는 엘리베이터가 나의 층에서 멈출 때까지 아무것도 알지 못했다. 그런데 그 때 나는 문에 피가 묻어 있으며 바닥이 피로 흥건하다는 것을 알아챘다. 문이 열렸고 나는 걸어 나갔다. 나는 나의 아파트를 향해 복도를 천천히 걸어갔다. 그 때 나는 엘리베이터가 다시 열리는 소리를 들었다. 누군가가 나를 향해 걸어오고 있었다. 나는 움직일 수조차 없었다.

22 다음 글의 분위기로 가장 알맞은 것은?

> My days in the woods were not very long ones ; yet I usually carried my dinner of bread and butter. I read the newspaper in which it was wrapped, at noon, sitting among the green pine trees which I had cut off. Sometimes a soft breeze gently rustled my paper. Several butterflies were dancing around my dinner. My bread had some of their fragrance, for my hands were covered with a thick coat of pitch. I was more the friend than the enemy of the pine trees, though I had cut down some of them. I made no haste in my work.

① noisy and busy
② calm and peaceful
③ funny and exciting
④ monotonous and boring

단어 woods 숲 pine tree 소나무 wrap 싸다 cut off 자르다 breeze 산들바람, 미풍 rustle 바스락거리다(거리게 하다), 사각거리다(거리게 하다) fragrance 향기 pitch 송진 more A than B B라기보다는 A이다

해석 ▶ 나는 숲 속에서 오랫동안 보내지는 않았지만 그래도 대개 버터 바른 빵을 식사로 가지고 갔다. 정오에 내가 잘라냈었던 소나무들 사이에 앉아서 식사가 싸여 있던 신문을 읽었다. 때때로 부드러운 산들바람이 온화하게 내 신문을 바삭거리게 했다. 나비 몇 마리가 내 식사 주위를 날아 다녔다. 내 빵에는 소나무의 향기가 배어 있었다. 왜냐하면 손에 송진이 두껍게 묻어 있었기 때문이었다. 비록 몇몇 소나무를 자르기는 했었지만 나는 소나무의 적이라기보다는 친구였다. 나는 내 일을 서두르지 않았다.

23 다음 글의 전개방식으로 가장 알맞은 것은?

In some societies, women overeat to become plump because large women are considered beautiful, while skinny ones are regarded as ugly. A woman's plumpness is also an indication of her family's wealth. In other societies, however, a fat person is considered unattractive, so men and women eat little and try to remain slim. In many parts of the world, people lie in the sun for hours to darken their skin, while in other places light, soft skin is seen as attractive. People with gray hair often dye it black, whereas those with naturally dark hair often change its color to blond.

① Cause-Effect
② Analysis
③ Description
④ Contrast

단어 overeat 과식하다 plump 통통한, 포동포동한, 풍만한 indication 지시, 지적, 표시 unattractive 매력 없는 slim 호리호리한, 가냘픈, 날씬한 darken 어둡게 하다, 검게 하다 attractive 매력적인 dye 염색하다, 물들이다 cause-effect 인과관계 analysis 분석 description 묘사 contrast 대조

해석 ▶ 어떤 사회에서는, 마른 사람은 못생겼다고 여겨지는 반면 몸집이 큰 여성들은 아름답다고 여기기 때문에 여성들은 풍만해지기 위해 과식한다. 여성의 풍만함은 또한 가족의 부를 나타낸다. 그러나 다른 사회에서, 뚱뚱한 사람은 매력적이지 않게 여겨져서, 남성들과 여성들은 적게 먹고 날씬해지려고 노력한다. 다른 곳에서는 밝고 부드러운 피부가 매력적으로 보이는 데 반해서, 세계 많은 지역에서 사람들은 피부를 태우기 위해 몇 시간 동안 햇볕 아래 누워있다. 원래 검은색 머리를 가진 사람이 종종 금발로 바꾸는 반면에, 회색빛 머리카락을 가진 사람들은 머리카락을 검은색으로 물들인다.

24 윗글에 나타난 필자의 태도는?

Can we eliminate pollution altogether? Probably not. Today we pollute with everything we do, so total elimination would require drastic measures. Every power plant would have to shut down. Industries would have to close. We would have to leave all our automobiles in the garage. Every bus and truck and airplane would have to stop running. There would be no way to bring food to the cities. There would be no heat and no light. Under these conditions, our population would die in a short time. Since such a drastic solution is impossible, we must employ determined public action. We can reduce pollution, even if we can't eliminate it altogether. But we must all do our part. Check your car to see if the pollution control device is working. Reduce your use of electricity. Is air conditioning really necessary? Don't dump garbage or other waste on the land or in the water. Demand that government take firm action against polluters. We can have a clean world or we can do nothing. The choice is up to you.

① pessimistic
② enthusiastic
③ optimistic
④ realistic

단어 eliminate 제거하다, 삭제하다 pollution 오염, 공해 pollute 더럽히다, 오염시키다 drastic 격렬한, 철저한, 발본적인 measure(s) 수단, 방책, 조치 power plant 발전소 shut down (공장 등을) 폐쇄하다, 닫다 garage 차고 employ 쓰다, 사용하다, (사람을) 고용하다 determined 단호한, (단단히) 결심한 reduce 줄이다, 감소시키다, 축소하다 do one's part 자기 본분(역할)을 다하다 dump (쓰레기 등을) 내버리다 garbage 쓰레기, (음식)찌꺼기 waste 폐기물, 쓰레기 firm 단호한, 결연한, 굳은

해석 우리는 공해를 전부 제거할 수 있을까? 아마도 아닐 것이다. 오늘날 우리는 우리가 행하는 모든 것을 가지고 오염시키고 있어서 공해를 완전히 없애는 데에는 발본책이 요구될 것이다. 모든 발전소는 폐쇄되어야 할 것이다. 산업들은 문을 닫아야 할 것이다. 우리는 모든 자동차를 차고에 두어야 할 것이다. 모든 버스와 트럭과 비행기는 운행을 멈춰야 할 것이다. 그렇게 되면 도시로 식량을 가져올 방법이 없을 것이다. 난방이나 불빛도 없어질 것이다. 이러한 상황 하에서 우리 사람들은 곧 죽고 말 것이다.
이러한 격렬한 해결방법은 불가능하기 때문에 우리는 대중의 단호한 행동을 사용해야만 한다. 우리가 비록 오염을 완전히 제거할 수 없다고 하더라도 줄일 수는 있다. 그러나 우리는 모두 우리의 본분을 다하여야 한다. 공해제어장치가 작동하고 있는지 당신의 차를 확인해 보아라. 전기사용을 줄여라. 에어컨이 정말로 필요한가? 쓰레기나 다른 폐기물을 땅 위나 물속에 내버리지 마라. 정부가 공해를 일으키는 사람에 대해 단호한 조치를 취하도록 요구하라. 우리는 깨끗한 세계를 가질 수 있거나 아무것도 가질 수 없다. 그 선택은 당신에게 달려있다.

25 다음 글에서 느껴지는 분위기를 가장 잘 나타낸 것은?

> Summer was turning into fall, and the leaves of the poplar trees surrounding the school playground in the town were turning yellow. On my way home I had to pass the town office to which I belonged. A group of persons I knew stood in front of the office building, and passing by them I could hear them talk in low voices among themselves. Unlike a few days ago, they all looked very serious and worried in their faces. It was obvious that everything was not going so well as they had expected.

① gloomy and grave
② busy and noisy
③ funny and humorous
④ quiet and peaceful

 Point

단어 poplar 포플러나무, 미루나무 on one's way ~하는 길에, 도중에 belong ~에 속하다(일원으로서) 소속하다
serious 진지한, 엄숙한, 심각한 **obvious** 뚜렷한, 명백한, 알기 쉬운 **gloomy** 우울한 **grave** 심각한

해석 여름이 가을로 바뀌고, 마을에 있는 학교 운동장을 둘러싸고 있는 포플러 나뭇잎이 노랗게 물들고 있었다. 집으로 가는 길에 나는 내가 근무하는 읍사무소를 지나가야 했다. 내가 아는 일단의 사람들이 사무실 건물 앞에 서 있었다. 그리고 나는 그들을 지나쳐 가면서 그들이 그들끼리 서로 낮은 목소리로 이야기하는 것을 들을 수 있었다. 며칠 전과 달리, 그들 모두는 매우 진지했고 얼굴에 근심이 가득해 보였다. 모든 것이 그들이 예상했던 것처럼 그렇게 잘 진행되지 않는 것이 분명했다.

05 실용문의 이해

TYPE 1 글의 종류와 목적 파악 – 다음 글의 종류·목적은?

이 유형은 실용문을 바탕으로 그 문의 종류와 목적을 정확하게 알고 있는지를 평가하는 문제로, 다양한 실용문을 접해야 한다.

2016. 6. 25 서울특별시
다음 글의 목적으로 가장 적절한 것은?

단어
cope with ~에 대처하다
operate 영업하다, 작동하다

> Casa Heiwa is an apartment building where people can learn some important life skills and how to cope with living in a new environment. The building managers run a service that offers many programs to children and adults living in the building. For the children, there is a day-care center that operates from 7 a.m. until 6 p.m. There are also educational programs available for adults including computer processing and English conversation courses.

① to argue for a need for educational programs
② to recruit employees for an apartment building
③ to attract apartment residents toward programs
④ to recommend ways to improve the living standard

해석 ◉

Casa Heiwa는 사람들이 중요한 삶의 기술과 새로운 환경에서 어떻게 삶에 대처해야 하는지를 배울 수 있는 아파트이다. 빌딩 매니저는 아파트에 살고 있는 아이들과 어른들에게 많은 프로그램을 제공하는 서비스를 한다. 아이들을 위해 오전 7시부터 저녁 6시까지 운영되는 어린이집이 있다. 또한 성인들이 이용 가능한 컴퓨터 처리와 영어회화 과정을 포함하는 교육 프로그램들이 있다.

① 교육적인 프로그램을 위한 필요에 대해 논의하기 위해서
② 아파트를 위한 고용인을 모집하기 위해서
③ 아파트 주민들을 프로그램들로 끌어들이기 위해서
④ 삶의 기준을 향상시키는 방법을 추천하기 위해서

|정답 ③

2015. 6. 13. 서울특별시
다음 글의 종류로 적절한 것은?

기출문제

New York City's Department of Education plans to announce on Wednesday that it will lift the ban on cellphones in schools, a person familiar with the decision said Tuesday. The ban, which was put in place by former Mayor Michael R. Bloomberg, has been unpopular among parents, who worry about not being able to contact their children during school hours and in the time just before and after. According to a different news report, under the new policy, principals would decide, in consultation with teachers and parents, on a range of options for cellphone use.

① An advertisement
② A news article
③ A cellphone manual
④ A statement of legal disposal

단 어
lift (제재를) 풀다, 해제하다
consultation 협의, 상의
disposal 처리, 처분

해 석 ◐

뉴욕시 교육부가 수요일에 교내에서 핸드폰 사용 금지를 해제하는 발표를 할 예정이라고 그 결정에 정통한 자가 화요일에 말했다. 전임 시장인 Michael R. Bloomberg가 시행한 이 금지제도는 수업시간과 그 전후에 아이들과 연락할 수 없다는 것에 대해 걱정하는 부모들 사이에서 인기가 없었다. 다른 뉴스 보도에 따르면 새로운 정책 하에서 교장은 교사와 부모들과의 협의를 통해 휴대폰 사용 선택의 범위를 결정하게 될 것이다.

① 광고
② 뉴스 기사
③ 휴대폰 사용설명서
④ 법적 처분에 대한 성명서

┃정답 ②

기출문제

본문의 마지막 부분에서 글쓴이가 느낀 감사함을 전달하려고 한다는 것을 알 수 있다.

단 어

calamity 재앙, 재난

thoughtfulness 생각에 잠김, 사려 깊음

whisk off ~를 재빨리 데려가다

incredibly 믿을 수 없을 정도로, 엄청나게

adequate 충분한, 적절한

2014. 6. 21 제1회 지방직

다음 글을 쓴 목적으로 가장 적절한 것은?

Last month felt like the longest in my life with all the calamities that took us by surprise. There was only one light at the end of the tunnel, and that light was you. I cannot begin to tell you how much your thoughtfulness has meant to me. I'm sure I was too tired to be thinking clearly, but each time you appeared to whisk my children off for an hour so that I could rest, or to bring a dinner with a pitcher of iced tea, all I knew was that something incredibly wonderful had just happened. Now that we are back to normal, I know that something incredibly wonderful was you. There are no adequate words to express thanks with, but gratefulness will always be in my heart.

① 어려움에 처한 사람을 격려하려고
② 아이들을 돌보아 줄 사람을 찾아 부탁하려고
③ 힘들 때 도와주었던 사람에게 감사하려고
④ 건강이 좋지 않았던 사람의 안부를 물으려고

해석 ◉

지난 한 달은 우리를 놀라움에 빠트린 재앙들로 인해 제가 살면서 가장 길게 느낀 것 같습니다. 터널의 끝에 단 하나의 불빛이 있었고 그 불빛이 바로 당신이었습니다. 당신의 사려 깊음이 제게 얼마나 큰 의미가 있었는지 이루 말할 수가 없습니다. 제가 분명히 확신하기에는 너무 지쳐있었지만, 당신이 제가 쉴 수 있도록 한 시간 동안이나 제 아이들을 데려간 것이나, 또한 아이스티를 곁들인 저녁을 가져올 때마다 나는 그저 믿을 수 없이 굉장한 일이 일어났다는 것을 알 뿐이었습니다. 이제 정상으로 돌아온 지금 그 믿을 수 없을 정도로 대단한 것이 바로 당신이었다는 것을 알았습니다. 어떠한 말로 고마움을 표현해야 할지 말로는 충분하지 않지만 감사하는 마음이 항상 제 가슴에 있을 것입니다.

|정답 ③

TYPE 2 다양한 실용문의 이해

이 유형은 실용문의 내용 중 구체적인 사항에 관한 질문이 주를 이루므로 숫자와 함께 문장구조를 잘 파악해서 정확한 해석을 해야 한다.

2024. 3. 23. 국가직

Northeastern Wildlife Exposition에 관한 다음 글의 내용과 일치하는 것은?

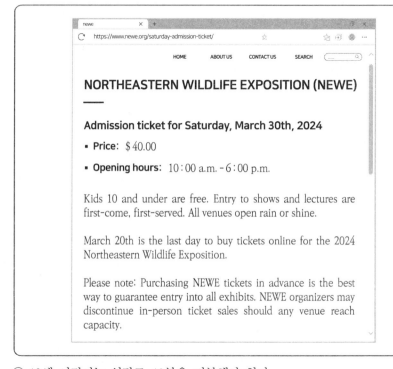

① 10세 어린이는 입장료 40불을 지불해야 한다.
② 공연과 강연의 입장은 선착순이다.
③ 비가 올 경우에는 행사장을 닫는다.
④ 입장권은 온라인으로만 구매할 수 있다.

해석 ⊙

북동부 야생동물 박람회(NEWE)
2024년 3월 30일 토요일 입장권
• 가격 : 40달러
• 개장 시간 : 오전 10:00 – 오후 6:00
10세 이하 어린이는 무료입니다. 공연과 강연 입장은 선착순입니다. 모든 공연장은 날씨에 상관없이 운영됩니다.

기출문제

단어
wildlife exposition 야생동물 박람회
admission ticket 입장권
entry 입장
lecture 강연
first-come first-served 선착순
venue 행사장
rain or shine 날씨에 상관없이
purchase 구매하다
in advance 미리, 앞서서
guarantee 보장하다
exhibit 전시회
organizer 주최자
discontinue 중단하다
in-person 있는 그대로의, 실황의
reach ~에 이르다, 다다르다
capacity 수용력

|정답 ②

PART 2 독해

기출문제

3월 20일은 2024 북동부 야생동물 박람회의 온라인 입장권 구매 마지막 날입니다.
참고 : NEWE 입장권을 미리 구매하는 것이 모든 전시회 입장을 확실히 할 수 있는 가장 좋은 방법입니다. NEWE 주최자는 행사장이 수용 인원에 도달할 경우 현장 입장권 판매를 중단할 수 있습니다.

① 10세 이하 어린이는 무료이다.
③ 날씨에 상관없이 운영된다.
④ 입장권은 현장에서도 판매한다.

단어
venue 개최지
delegate 대표자
book 예약하다
accommodation 숙박시설

2024. 6. 22. 제1회 지방직
다음 이메일의 내용과 일치하지 않는 것은?

To: reserve@metropolitan.com
From: BruceTaylor@westcity.com
Date: June 22, 2024
Subject: Venue facilities

Dear Sir,
I am writing to ask for information about Metropolitan Conference Center.
We are looking for a venue for a three-day conference in September this year. We need to have enough room for over 200 delegates in your main conference room, and we would also like three small conference rooms for meetings. Each conference room needs wi-fi as well. We need to have coffee available mid-morning and mid-afternoon, and we would also like to book your restaurant for lunch on all three days.
In addition, could you please let me know if there are any local hotels with discount rates for Metropolitan clients or large groups? We will need accommodations for over 100 delegates each night.
I look forward to hearing from you.
Best regards,
Bruce Taylor, Event Manager

|정답 ③

① 주 회의실은 200명 이상의 대표자를 수용할 수 있어야 한다.
② wi-fi가 있는 작은 회의실 3개가 필요하다.
③ 3일간의 저녁 식사를 위한 식당 예약이 필요하다.
④ 매일 밤 100명 이상의 대표자를 위한 숙박시설이 필요하다.

해석 ▶

안녕하세요.
Metropolitan Conference Center에 대한 정보를 요청하기 위해 메일을 보냅니다.
저희는 올해 9월에 3일 동안 콘퍼런스를 개최할 장소를 찾고 있습니다. 귀사의 주 회의실에 200명 이상의 대표자를 수용할 수 있는 충분한 공간이 필요하며, 회의를 위한 소회의실 3개도 필요합니다. 각 회의실에는 wi-fi도 필요합니다. 오전 중간쯤과 오후 중간쯤에 이용할 수 있는 커피가 필요하며, 3일 동안 귀사의 식당에 점심 식사 예약을 하고 싶습니다.
더불어, Metropolitan 고객이나 대규모 단체를 위한 할인 요금이 적용되는 현지 호텔이 있는지 알려 주시겠어요? 매일 밤 100명 이상의 대표자가 묵을 수 있는 숙소가 필요합니다.
귀사의 답장을 기다리겠습니다.
진심을 담아,
행사 매니저 Bruce Taylor 드림

TIP ▶

③ 3일간의 점심 식사를 위한 식당을 예약하고 싶다고 언급하고 있다.

1 다음 글의 목적으로 가장 적절한 것은?

> It is hard to build precise boundaries around periods in art history. But in the case of Cubism it is possible to say that the movement was ushered in by the Demoiselles d'Avignon conceived by Picasso towards the end of 1906 and abandoned in its present state during the course of the succeeding year. It is a disturbing and daring painting today. Sixty years ago, it must have seemed nothing short of incredible. It certainly dismayed and baffled even Picasso's warmest supporters. Braque, an intelligent and open-minded young painter, was frankly horrified when he first saw it. Yet some months later his great Female Bathers was to demonstrate that the Demoiselles d'Avignon had altered the entire course of his artistic evolution.

① 피카소의 파격적인 화풍 기술
② 저명한 화가들의 회화작품 비교
③ 화가들의 화풍이 바뀌는 이유 설명
④ 미술사에서의 입체파의 등장 소개

 Point

단어 **boundary** 경계 **conceive** 인지되다 **abandon** 버리다, 포기하다 **daring** 대담한 **dismay** 당혹스럽게 하다 **baffle** 완전히 당황하게 만들다

해석 미술사에서 뚜렷하게 경계를 구분 짓는 것은 쉽지 않다. 하지만, 입체파의 경우 그 사조는 피카소가 1906년 말에 그려서 다음 해까지 국가에 위탁되어 있던 "아비뇽의 처녀들"에 의해 소개되었다고 할 수 있다. 오늘날 이 그림은 혼란스럽고 대담한 것이다. 60년 전에도 이 그림은 매우 놀라웠을 것이다. 이 그림은 피카소의 가장 가까운 후원자들조차 당혹스럽고 놀라게 하였다. 지적이고 열린 마음을 가진 젊은 화가 브라크는 이 작품을 처음 보고 매우 놀랐다. 그러나 몇 달 후 그의 명작 '목욕하는 여인들'은 '아비뇽의 처녀'가 그의 예술적 발전의 전 과정을 바꿔놓았다는 것을 보여주었다.

2 다음 글의 종류로 가장 적절한 것은?

> In one of the most widespread man-made disasters the region has known, smoke from the fires has blanketed a broad swath of Southeast Asia this month.
>
> Flights have been canceled around the region, the busy shipping lanes of the Strait of Malacca have been disrupted by low visibility, and millions of people are coughing and wheezing. It is impossible to say how many people have been made sick by the smoke.
>
> The fires are mostly intentionally set. Hundreds of Indonesian and Malaysian companies — mostly large agricultural concerns, and some with high-placed Government connections — are using fire as a cheap and illegal means of land-clearing.

① 신문기사　　　　　　　　　② 문학 비평

③ 기행문　　　　　　　　　　④ 관광 안내

 Point

단어 widespread 광범위한, 일반적인 blanket 전면을 뒤덮다, 포괄하다 broad 광대한, 넓은 swath 넓은 길, 긴 행렬 Strait of Malacca 말라카 해협 shipping lane 대양 항로 disrupt 붕괴시키다, 혼란시키다 visibility 가시성, 시야 wheeze (숨쉬기가 힘들어서) 쌕쌕거리다 intentionally 의도적으로, 고의적으로 agricultural 농업의, 농사의

해석 그 지역에서 여태까지 알려진 가장 광범위한 인재 중의 하나에 속하는 화재로 인하여 연기가 이번 달에 동남아시아 지역을 넓게 뒤덮었다. 그 지역의 항공편은 취소되었고, 말라카 해협의 분주한 대양 항로는 낮은 시계성으로 중단되었으며, 수백만 명의 사람들이 기침과 호흡곤란을 겪고 있다. 얼마나 많은 사람들이 연기로 인하여 고통을 받는지 말할 수 없을 정도이다. 화재는 일반적으로 고의적으로 나타난다. 대개 거대한 농업에 관련되고, 일부는 고위 정부기관과 연계한 수백 곳의 인도네시아와 말레이시아 기업들이 개간을 위해 값싼 불법수단으로 불을 사용하고 있다.

TIP 동남아 지역의 화재 상황을 알리는 기사문이다.

Answer 1.④ 2.①

3 다음 글의 목적으로 가장 적절한 것은?

Dear Principal,

My daughter Mary loves attending your school, and she is doing well in class. However, I can't help but think she could be performing even better. The problem is that mary is too exhausted after running around at recess to concentrate in her afternoon classes. I realize we have discussed this issue before, but I would just like to repeat my opinion that it would be better to schedule recess before lunch. I think eating later in the day would give students more energy for their afternoon classes. I'm sure that Mary and many other students would benefit greatly from this minor adjustment in the schedule.

Sincerely,

Ann Smith

---

① 학교 시간표 조정을 건의하려고
② 교사의 교수법에 대해 건의하려고
③ 자녀의 과잉 행동에 대해 사과하려고
④ 일일 시간표 변경에 대한 불만을 제기하려고

Point

단어 principal 교장 can't help but do ~하지 않을 수 없다 exhausted 지칠 대로 지친 run around 뛰어다니다 at recess 휴식 시간에 adjustment 적응, 조정

해석 교장 선생님께

제 딸 Mary는 학교에 다니는 것을 좋아하고 수업 중에 잘하고 있습니다. 하지만 저는 그 애가 훨씬 더 잘할 수 있을 거라고 생각하지 않을 수 없습니다. 문제는 Mary가 오후 수업에 집중하려고 휴식 시간에 뛰어다니다가 너무 지쳐 버린다는 것입니다. 저는 전에 이러한 문제로 논의한 적이 있다는 것을 알지만, 휴식 시간을 점심시간 전으로 조정하는 것이 더 나을 것이라는 제 의견을 반복하고 싶을 뿐입니다. 저는 하루 중 나중에 먹는 것이 오후 수업을 위해 학생들에게 더 많은 에너지를 줄 것이라고 생각합니다. 저는 Mary와 많은 다른 학생들이 이러한 작은 스케줄 조정으로 큰 혜택을 볼 것이라고 확신합니다.

Ann Smith 올림

TIP 글을 내용으로 보아 학부모가 교장 선생님께 '학교 시간표 조정을 건의하려고' 쓴 편지라는 것을 알 수 있다.

4   다음 글을 쓴 목적으로 가장 적절한 것은?

I have a problem that is causing me to lose a lot of sleep. The woman who lives in the apartment above mine practices the piano late at night. Sometimes she plays until one o'clock in the morning. And that's not all ; to accompany her on the piano, sometimes she plays recorded music. I can hear it as I lie in bed trying to fall asleep. I've asked the apartment manager to tell her to stop, but he said there's nothing he can do. I hope that you have some suggestions for me.

---

① 조언 요청   ② 구직 의뢰

③ 제품 주문   ④ 부동산 매매

단어 ✔ **practice the piano** 피아노 연습을 하다   **accompany A on the B** B로 A의 반주를 하다   **suggestion** 제안, 제의

해석 ▶ 나는 잠을 설치게 만드는 문제가 한 가지 있습니다. 내 아파트의 위층에 살고 있는 여자는 밤늦게 피아노 연습을 합니다. 때때로 그녀는 새벽 한 시까지 연주합니다. 그것뿐만이 아닙니다 ; 피아노로 그녀의 반주를 하기 위해 가끔 녹음된 음악을 틀어 놓기까지 합니다. 내가 잠자리에 누워서 잠들려고 애쓸 때면 그 소리가 들립니다. 나는 아파트 관리인에게 그녀가 그만두도록 해달라고 말했지만, 그가 할 수 있는 일은 없다고 말했습니다. 나는 당신이 나에게 몇 가지 제안들을 해줄 수 있기를 기대합니다.

5 다음은 편지의 일부분이다. 이 글을 쓴 목적은?

> I had the privilege of knowing Mr. James for many years and always regarded him as a personal friend. By his untimely passing, our industry has lost one of its best leaders. He will be greatly missed by all who knew him and had dealings with him. Please convey our sympathy to lady Langley and her family.

① compassion   ② advice

③ condolence   ④ thanks

 Point

> **단어**   privilege 특권   untimely 때 아닌, 너무 이른   passing 죽음   dealing 거래   convey 나르다, 전달하다   sympathy 동정, 연민, 조위(弔慰)   compassion 동정   condolence 애도
>
> **해석**   저는 여러 해 동안 James 씨를 알고 지내는 영광을 누려왔으며 언제나 그를 개인적인 친구로 여겼습니다. 그의 너무 이른 죽음으로 인해 우리 업계는 가장 훌륭한 지도자 중의 한 사람을 잃게 되었습니다. 그를 알고 그와 교제해 왔던 모든 사람들은 그를 매우 그리워할 것입니다. Langley 여사와 그 가족에게 애도의 뜻을 전해 주십시오.

6 다음 글을 쓴 목적은?

> During the war I met a boy who would now be around 54 or 55 years old. It has been 41 years since I saw him last. I have often wondered about him and want to ask for your help in this search. During the war he gave me courage, the will to live, and best of all, warm friendship. I want to thank him for the spiritual support he gave me, for it helped me a lot. The boy was called Park San as I remember. Please help me find him. I will be very grateful.

① 친구 격려   ② 환자 위로

③ 사람 찾기   ④ 취직 부탁

Point

> **단어**   will 의지   best of all 무엇보다도, 단언   spiritual 정신적인
>
> **해석**   전쟁 동안에 나는 지금은 54세나 55세쯤 되었을 한 소년을 만났습니다. 내가 그를 마지막으로 본 이래로 41년이 되었습니다. 나는 종종 그에 대해 궁금해 해왔고, 이번 찾기에서 당신의 도움을 요청하고 싶습니다. 그 전쟁 동안에 그는 내게 용기와 살아야겠다는 의지, 무엇보다도 따뜻한 우정을 주었습니다. 나는 그것이 큰 도움이 되었기에, 그가 내게 준 정신적인 지지에 대해 그에게 감사하고 싶습니다. 그 소년은 내가 기억하기로는 Park San이라고 불렸습니다. 그를 찾는 것을 도와주십시오. 그러면 매우 감사하겠습니다.

7 다음 글의 종류는?

> We're now taxiing in to gate. May I remind you to remain in your seats with your seat belts fastened until we have come to complete standstill? It in now 7 : 52. The temperature on the ground is 29° Fahrenheit, with clear skies and some light snow cover. Passengers with connecting flights should report immediately to the Transfer Desk in Concourse A. Thank you for flying us and we hope you'll fly with us again soon.

① a direction sign
② an entertainment guide
③ a broadcast announcement
④ a flight announcement

단어 taxi 비행기를 지상에서 활주하게 하다　seat belt 안전벨트　standstill 정지　Fahrenheit 화씨(°F) concourse (공항, 역 등의) 중앙홀

해석 우리는 출구를 향해 활주하고 있습니다. 완전히 정지할 때까지 안전벨트를 매고 좌석에 앉아 계시기 바랍니다. 지금 시각은 7시 52분입니다. 지상온도는 화씨 29°이며, 하늘은 맑고, 눈이 약간 내려 쌓여 있습니다. 비행기를 바꿔 타실 승객은 즉시 중앙홀 A의 환승창구에 신고하십시오. 우리 비행기를 이용해 주셔서 감사드리며, 다시 우리 비행기를 이용해 주시기를 바랍니다.
① 안내 지시문　② 오락 안내서　③ 방송 안내　④ 비행 안내

Answer 5.③ 6.③ 7.④

8 다음 글은 신문이나 잡지의 어느 면에 실릴 것 같은가?

> A melon farmer had noticed that thieves were stealing his crop from the fields at night. Desperate to save what was left to sell at market, he put up a sign with a skull and crossbones that read, "One of these melons is poisoned." Sure enough, for two nights not one melon was stolen. But after the third night, he noticed that his sign had been altered. It now read, "Two of these melons are poisoned."

① Editorial   ② Advertisement

③ Humor   ④ Domestic

단어   **crop** 작물   **desperate** 절망적인, 자포자기의, 필사적인   **put up** 세우다   **skull and crossbones** 해적·죽음의 상징, 독약의 표시   **poison** 독(약)을 넣다, 독살하다   **alter** 바꾸다, 고치다, 개조하다   **editorial** 사설, 논설   **advertisement** 광고, 선전   **humor** 유머, 해학, 익살   **economy** 경제, 절약   **domestic** 국내의, 가정의

해석   멜론을 재배하는 어떤 농부가 밤에 도둑들이 밭에서 그의 농작물을 훔치고 있다는 것을 알아차렸다. 시장에 내다 팔 남겨진 것을 필사적으로 구하기 위해서, 그는 해적표시가 그려진 표지판을 세웠는데, 표지판에는 "이 멜론들 중 한 개는 독이 들었음."이라고 씌어 있었다. 충분히 확실하게도, 이틀밤 동안 한 개의 멜론도 도둑맞지 않았다. 사흘밤 후에, 그는 그의 표지판이 바뀐 것을 알았다. 이제 표지판에는 "이 멜론들 중 두 개는 독이 들었음."이라고 씌어 있었다.

9 다음 글은 무엇에 관한 광고인가?

> Top rated digital Coolpix 9500 lets you take greater pictures with ease. Featured aperture priority as well as continuous shooting mode at up to 3 frames per second lets create the effects you want.

① Computer   ② Laser Printer

③ Accessories   ④ Camera

단어   **top rated** 최고 등급의   **with ease** 쉽게(= easily)   **featured** 특색있는, ~한 용모를 갖춘   **aperture** 틈, 구멍, (렌즈의) 구경(口徑)   **priority** (시간, 순서가) 앞섬, 우선(권)   **continuous** 계속되는, 연속적인   **shooting** 촬영, 사격   **mode** 양식, 방식, 모드   **up to** (최대) ~까지   **frame** 한 화면, 구도   **accessory** 부속품, 액세서리, 장신구

해석   최고급 디지털 Coolpix 9500으로 멋진 사진을 쉽게 찍을 수 있습니다. 초당 3컷까지 가능한 연속촬영 모드뿐만 아니라 특수렌즈가 당신이 원하는 효과를 만들어내게 도와줍니다.

10 다음 글의 종류로 가장 알맞은 것은?

> There is absolutely no excuse for ever being late if you own these radio controlled watches made by a German company. Once an hour the watches receive a signal from the transmitter at the German National Standards Laboratory, which is accurate to within one second in a million years. The watch then automatically resets itself to the precise time. The watches can be adjusted to different time zones and receive the signal anywhere in Europe. Other features include an internal time memory and an extra tough protective casing.

① 신상품 소개문
② 관광안내서
③ 실험보고서
④ 제품사용설명서

단어 radio 무선(의)(= wireless) signal 신호 transmitter 전달자(장치), 송신기 accurate 정확한, 틀림없는 automatically 자동(적)으로 reset ~을 다시 (고쳐)놓다 precise 명확한, 정확한, 정밀한 adjust ~에 맞추다, 적응시키다, 조절(조정)하다 feature 용모, 생김새, 특징 internal 안의, 내부의 extra 여분의, 임시의, 특별한 casing 케이스, 포장, 틀

해석 만약 당신이 독일 회사에서 만든 이 무선조정시계를 차고 있다면, 당신이 지각한 것에 대한 변명은 절대적으로 있을 수 없다. 한 시간에 한 번 이 시계는 German National Standards Laboratory의 송신기로부터 신호를 받으며 이 신호는 백만 년에 1초조차 정확하다. 그 때 시계는 자동적으로 정확한 시간을 다시 맞추게 된다. 이 시계는 다른 시간대에서도 조정될 수 있으며 유럽 어디에서나 신호를 받는다. 다른 특징으로는 시간기억장치가 내장되어 있으며 여분의 튼튼한 보호 케이스가 있다.

Answer 8.③ 9.④ 10.①

11 다음 글의 목적으로 가장 알맞은 것은?

A good brand name must distinguish the product from competitive brands. The failure to do so creates consumer confusion and increases the chances that consumers will mistakenly select another brand. Sears recently introduced its own distinctively named brand of jeans to compete against the well-known Levi's, Lee, and other brands. Marketers at Sears chose the distinct name — Canyon River Blues — to distinguish this brand from the category leaders as well as to evoke a positive, rustic brand image.

① to admire
② to persuade
③ to reply
④ to warn

단어 ✓ **distinguish** 구별하다 **competitive** 경쟁적인 **confusion** 혼란, 혼동 **chance** 기회, 가능성 **mistakenly** 잘못되어, 오해하여, 실수로 **distinctively** 독특하게, 특색적으로 **compete** 경쟁하다 **well-known** 유명한, 잘 알려진 **category** 부문, 범주 **evoke** (기억 등을) 되살려내다, 환기하다 **rustic** 시골(풍)의, 꾸밈 없는, 소박한 **A as well as B** B뿐만 아니라 A도 **explain** ~을 설명하다 **persuade** ~을 설득하다, 확신(납득)시키다

해석 ▶ 훌륭한 상표명은 상품을 경쟁상표와 구별해야 한다. 훌륭한 상표명을 짓는 데 실패하는 경우 소비자들은 혼란을 겪게 되고, 소비자들이 실수로 다른 상품을 선택하는 경우가 많아진다. Sears는 최근에 잘 알려진 Levi's, Lee, 그리고 다른 브랜드와 경쟁하기 위해 자신들의 청바지를 독특한 브랜드로 이름 붙여 소개하였다. Sears의 마케팅 담당자는 이 브랜드를 그 분야의 선두 브랜드와 구별할 뿐만 아니라 실용적이고 소박한 브랜드 이미지를 불러일으키기 위해 – Canyon River Blues라는 – 독특한 이름을 선택했다.

12 다음 글의 목적으로 가장 알맞은 것은?

There was a shop in a small town. Business was slow, but the shopkeeper could earn a living because there wasn't much competition. The shopkeeper was dismayed, however, when a brand new business much like his own opened up next door and put up a huge sign which read "Best Deals." He was horrified when another competitor opened up on his right, and announced its arrival with an even larger sign, reading "Lower Prices." The shopkeeper panicked, until he got an idea. He put the biggest sign of all over his own shop. It read "Main Entrance."

① to inform
② to announce
③ to complain
④ to entertain

 Point

단어 **earn a living** 생활비를 벌다, 생계를 꾸리다 **competition** 경쟁 **dismay** 당황하게 하다, 실망(낙담)시키다 **open up** 열다, 개업하다 **horrified** 공포에 휩싸인, 충격을 받은 **competitor** 경쟁자, 경쟁상대 **announce** 알리다, 공시하다 **panic** 당황하게 하다, 허둥거리게 하다 **inform** 알리다, 정보를 주다 **complain** 불평하다 **entertain** 즐겁게 하다, 재미있게 하다

해석 작은 마을에 가게가 하나 있었다. 장사는 지지부진했지만, 경쟁이 심하지 않았기 때문에 가게 주인은 생계를 꾸릴 수 있었다. 그러나 그 가게 주인은 자신과 유사한 업종의 새로운 가게가 옆 집에 개업하고 "최고의 판매"라고 쓰여 있는 거대한 표지판을 세우자 당황했다. 또 다른 경쟁자가 오른쪽에 개업하여 "보다 저렴한 가격"이라고 쓰여 있는 훨씬 더 큰 표지판으로 개점을 알리자 두려움에 떨었다. 그 가게 주인은 한 가지 생각을 해낼 때까지 전전긍긍했다. 그는 자신의 가게 위에 가장 큰 표지판을 세웠다. 거기에는 "입구"라고 쓰여 있었다.

Answer 11.② 12.④

13 다음 편지는 어떤 유형인가?

> Dear Carla,
>
> Thank you for taking the time to attend our Mothers of Young Children meeting. Everyone enjoyed your participation. We believe that each member has something special to offer, and we all look forward to getting to know you better and discovering the treasure in you. God bless.

① A Letter of Apology   ② A Letter of Blessing

③ A Letter of Invitation   ④ A Letter of Welcome

 Point

단어 **take the time to do** 시간을 내서 ~하다 **attend** ~에 참석(출석)하다, 다니다 **participation** 참석, 참가, 가입 **look forward to** + (동)명사 ~하기를 기대하다, 고대하다 **treasure** 보물, 보배, 소중한 것(자질) **God bless (you)!** 신의 가호(축복)가 있기를! **apology** 사과, 변명 **blessing** 축복 **invitation** 초대, 초청, 안내 **welcome** 환영

해석 친애하는 Carla씨에게
시간을 내어 자모회(慈母會)에 참석해 주신 것에 대해 감사드립니다. 당신이 참석해 주셔서 모두가 즐거웠습니다. 우리는 회원들 제각기 독특한 제안을 할 것으로 믿으며, 앞으로 당신을 더 잘 알게 되어서 당신의 훌륭한 점을 발견하게 되기를 바랍니다. 신의 가호가 있기를.

14 다음 글은 무엇에 관한 광고인가?

> **Elizabeth Arden Ceramide Herbal 12**
>
> These botanical supplements for the face are some of the purest, most potent ingredients to leave skin feeling radiant, healthy and young.

① Bath Soap   ② Perfume and Odorant

③ Haircare Products   ④ Skincare Products

 Point

단어 **herbal** 풀의, 초본의 **botanical** 식물(학)의, 식물성의, 식물에서 채취한 **supplement** 보충, 추가, 부록 **pure** 순수한, 맑은, 깨끗한 **potent** 유력한, 강력한, (약 등이) 효능 있는 **ingredient** (혼합물의) 성분, 원료, 재료 **radiant** 빛나는, 찬란한, 눈부신 **bath soap** 목욕비누 **perfume** 향수 **odorant** 취기제(臭氣劑)

해석 Elizabeth Arden Ceramide Herbal 12
얼굴에 바르는 이 식물성 영양제는 가장 순수하고, 아주 효능이 뛰어난 성분이 함유되어 피부를 윤기있고, 건강하고, 젊게 만들어 줍니다.

15 다음 글을 쓴 목적으로 가장 적절한 것은?

I won't say, "You shouldn't have done it," because that is a worn-out expression. But I will say that you were so generous that you took our breath away, even accustomed as we are to your thoughtfulness. All members of the family are enjoying your gifts to the fullest. We all appreciate them, and are writing you separately. My special appreciation for the fantastic ring. It will remind me of you whenever I wear it, and I promise you I'll not often be without it.

① 감사   ② 축하
③ 주문   ④ 홍보

단어 **worn-out** 닳아 해진, 진부한 **generous** 아까워하지 않는, 관대한, 너그러운 **take a person's breath away** ~을 깜짝 놀라게 하다 **accustomed** 습관된, 익숙한 **appreciate** 감사하다, 고맙게 생각하다 **separately** 따로따로, 단독으로 **fantastic** 환상적인

해석 나는 "그러실 필요가 없었는데."라는 말은 하지 않겠습니다. 왜냐하면 그것은 진부한 표현이기 때문입니다. 하지만 나는 비록 우리가 당신의 사려 깊음에 익숙하긴 하지만, 당신이 너무 너그러워서 우리를 깜짝 놀라게 했다고 말하겠습니다. 우리 가족 모두는 당신의 선물에 매우 흡족해 한답니다. 우리 모두는 그것들을 고마워하며, 당신에게 각자 편지를 쓰고 있습니다. 그 환상적인 반지에 대해서 저는 특별히 감사드립니다. 제가 그 반지를 낄 때마다 당신을 떠올릴 것이며, 나는 자주 그것을 끼겠다고 당신께 약속합니다.

03

문법

01 주어와 동사의 이해

기출문제

🔲 우리말을 영어로 바르게 옮긴 것은?
　　　　　　▶ 2024. 3. 23. 인사혁신처

① 지원자 수가 증가하고 있어서 우리는 기쁘다.
　→We are glad that the number of applicants is increasing.

② 나는 2년 전에 그에게서 마지막 이메일을 받았다.
　→I've received the last e-mail from him two years ago.

③ 어젯밤에 그가 잔 침대는 꽤 편안했다.
　→The bed which he slept last night was quite comfortable.

④ 그들은 영상으로 새해 인사를 교환했다.
　→They exchanged New Year's greetings each other on screen.

Tip ② two years ago에서 볼 때 과거이므로 I've→I로 고쳐야 한다.
③ 관계대명사 which 뒤에 1형식의 완전한 절이 이어지고 있으므로 which를 관계부사 where로 고치거나, which 앞에 전치사 in을 더해 '전치사+관계대명사'로 고쳐야 한다.
④ 'exchange A with B'는 'A를 B와 교환하다'라는 뜻이다. 따라서 each other 앞에 전치사 with가 들어가야 한다.

정답 ①

section 1 주어의 이해

(1) 주어가 될 수 있는 기본요소는 '명사'와 '대명사'

Music is my greatest love, and **it** makes me easy. (명사 – 대명사)

Robert is still sick, but **he** is getting better slowly. (명사 – 대명사)

(2) '부정사'와 '동명사'도 명사적 성격이 있어 주어로 사용

To want to love is the basic emotion of man. (부정사)

Helping others makes our mind relaxed and pleased. (동명사)

(3) 'That, Whether, 의문사(Who, How, Why, When, Where...), 관계대명사 What'이 만드는 절은 '명사절'로 주어로 사용

That she sings well makes her popular. (That절)

How he won the game is still a mystery. (의문사절)

What I hate most is talking too much. (What절)

Whether she likes me or not is no concern of mine. (Whether절)

Point 팁 접속사 That이 이끄는 절이 주어가 될 때는 'That + 주어 + 동사 + 목적어 / 보어'의 구조로 완전한 문장이 되어야 하며, 관계대명사 What이 이끄는 절이 주어가 될 때는 'What + 동사 + 목적어/보어' 혹은 'What + 주어 + 동사'의 구조로 '주어나 목적어가 빠져' What 속에 포함되어 있으므로 불완전한 문장이 된다.

That she said nothing made me angry. (That절이 주어 – 완전한 문장)

What she said made me angry. (What절이 주어 – said의 목적어가 없음)

section 2 동사의 이해

(1) 주어에는 반드시 동사가 이어져 '주어 + 동사'의 구조를 취해야 하며, 때로는 주어에 수식어가 붙어 '수식어 + 주어 + 수식어 + 동사'의 구조를 취하는 경우가 많은데, 이때에도 동사의 수는 언제나 주어의 수에 따라 결정된다.

Computers can do a lot of things. (주어 + 동사)

Students in our school <u>love</u> Ms. Reed. (주어 + 수식어 + 동사)

The most important subject of all <u>is</u> English. (수식어 + 주어 + 수식어 + 동사)

People in the United States <u>don't</u> like Chinese food. (주어 + 수식어 + 동사)

(2) 동사는 주어의 수에 따라 단수동사와 복수동사 사용

Oscar <u>speaks</u> English and Spanish. (단수주어 + 단수동사)

Candles <u>burn</u> slowly. (복수주어 + 복수동사)

(3) '부정사·동명사·절'이 주어일 때는 하나의 명사로 간주하며 언제나 단수동사를 사용

To have friendly neighbors <u>is</u> good luck. (부정사–단수동사 is)

Having many friends <u>does</u> not always make you happy. (동명사–단수동사 does)

That he passed the four exams <u>was</u> a surprise to everyone. (절–단수동사 was)

(4) 'There + 동사' 구문의 동사의 수는 뒤에 이어지는 주어의 수에 따라 결정

There is **a good movie** on TV tonight.

There are **eleven players** on a soccer team.

There were **many phone messages** for me yesterday.

(5) 수량 수식어가 붙은 주어의 수 일치

All (of), Some (of), Two-thirds(2/3) of + 단수명사(복수명사) + 단수동사(복수동사)

One of + 복수명사 + 단수동사

A number of (많은) + 복수명사 + 복수동사

The number of (~의 수) + 단수 or 복수명사 + 단수동사

기출문제

🔘 밑줄 친 부분 중 어법상 옳지 않은 것은?
▶ 2022. 4. 2. 인사혁신처

To find a good starting point, one must return to the year 1800 during ① which the first modern electric battery was developed. Italian Alessandro Volta found that a combination of silver, copper, and zinc ② were ideal for producing an electrical current. The enhanced design, ③ called a Voltaic pile, was made by stacking some discs made from these metals between discs made of cardboard soaked in sea water. There was ④ such talk about Volta's work that he was requested to conduct a demonstration before the Emperor Napoleon himself.

Tip ② that절의 주어가 combination으로 3인칭 단수이기 때문에 동사는 were가 아닌 was가 되어야 한다.

정답 ②

257

주어와 동사의 이해

1 우리말을 영어로 잘못 옮긴 것은?

① 그들은 지구상에서 진화한 가장 큰 동물인데, 공룡보다 훨씬 크다.

→They are the largest animals ever to evolve on Earth, larger by far than the dinosaurs.

② 그녀는 나의 엄마가 그랬던 것만큼이나 아메리카 원주민이라는 용어를 좋아하지 않았다.

→She didn't like the term Native American any more than my mother did.

③ 우리가 자연에 대해 정보로 받아들이는 것의 4분의 3은 눈을 통해 우리 뇌로 들어온다.

→Three-quarters of what we absorb in the way of information about nature comes into our brains via our eyes.

④ 많은 의사들이 의학에서의 모든 최신의 발전에 뒤떨어지지 않기 위해서 열심히 공부한다.

→The number of doctors study hard in order that they can keep abreast of all the latest developments in medicine.

Point

단어 absorb 흡수하다   keep abreast of ~에 뒤지지 않게 하다

TIP ① 최상급 다음에 ever to~를 써서 '지금까지 ~한 것 중 가장 ~한'의 뜻이 된다.

② not A any more than B : B가 아닌 것처럼 A도 아니다.

③ '분수 of 명사' 구에서 뒤에 오는 명사가 셀 수 있는지 없는지에 따라 수를 일치시킨다.

Three quarters of what we absorb in the way of information about nature(주어)/ comes into(동사)/our brains via our eyes.

'what we absorb~'는 셀 수 없으므로, 전체 주어를 단수 취급한다. 따라서 동사도 comes into로 쓰는 것이 맞다.

④ the number of ~ : ~의 수 / a number of : 많은

The number of doctors study(→studies) hard~ → A number of doctors study hard~

2 다음 글의 밑줄 친 부분 중, 어법상 가장 옳지 않은 것은?

People who are satisfied appreciate what they have in life and don't worry about how it compares to ① <u>what</u> others have. Valuing what you have over what you do not or cannot have ② <u>lead</u> to greater happiness. Four-year-old Alice runs to the Christmas tree and sees wonderful presents beneath it. No doubt she has received fewer presents ③ <u>than</u> some of her friends, and she probably has not received some of the things she most wanted. But at that moment, she doesn't ④ <u>stop to think</u> why there aren't more presents or to wonder what she may have asked for that she didn't get. Instead, she marvels at the treasures before her.

단어 value 가치, ~을 가치 있게 여기다   beneath ~아래에   no doubt 의심할 여지가 없이 ~일 것이다   marvel 경이로워하다

해석 만족하는 사람은 그들이 삶에서 가진 것을 감사히 여긴다. 그리고 그것이 다른 사람들이 가진 것에 어떻게 비교되는지에 대해 걱정하지 않는다. 당신이 가진 것을 가치 있게 여기는 것은 당신이 가지고 있지 않거나 가질 수 없는 것을 넘어 더 큰 행복으로 이어진다. 네 살배기 앨리스는 크리스마스트리로 달려가서 그것 아래에 있는 아주 멋진 선물들을 본다. 아마 그녀는 의심할 여지없이 그녀의 친구들 중 몇몇보다 더 적은 선물들을 받았을 것이다. 그리고 그녀는 아마도 그녀가 가장 원하던 것들 중 몇몇을 받지 못했을 것이다. 그러나 그 순간 그녀는 왜 더 많은 선물들이 없는지 생각하려고, 또는 그녀가 얻지 못한 것에 대해 무엇을 요청할 수 있었을지 궁금해 하려고 멈추지 않는다. 대신 그녀는 그녀 앞에 놓인 보물들에 경이로워 한다.

TIP ① compare to에서 to는 전치사이므로 명사구/명사절을 이끈다. others have가 오는 명사절에서 have의 목적어 역할도 해야 하므로 밑줄 친 자리에 올 수 있는 것은 what뿐이다.

② 'Valuing what you have over ~ (주어)/ leads(동사) to greater happiness.'의 문장구조이다. Valuing 이하가 주어이므로 단수 취급하여 leads로 쓰는 것이 맞다.

③ 비교급 fewer가 있으므로 than을 쓰는 것이 맞다.

④ stop to-(to 부정사)는 '~을 하려고 멈추다'이고, stop -ing(동명사)는 '~하던 것을 멈추다'이다. '앨리스가 자신이 적게 가진 것에 대해 생각하려고, 혹은 의문을 가지려고 (가던 것을) 멈추지 않는다.'는 말이므로 stop to think~ or (stop to) wonder~ 로 쓴다.

Answer 1.④ 2.②

3 우리말을 영어로 잘못 옮긴 것은?

① 그녀는 등산은 말할 것도 없고, 야외에 나가는 것을 좋아하지 않는다.

→She does not like going outdoors, not to mention mountain climbing.

② 그녀는 학급에서 가장 예쁜 소녀이다.

→She is more beautiful than any other girl in the class.

③ 그 나라는 국토의 3/4이 바다로 둘러싸여 있는 소국이다.

→The country is a small one with the three quarters of the land surrounded by the sea.

④ 많은 학생들이 졸업 후 취직을 위해 열심히 공부한다.

→The number of students are studying very hard to get a job after their graduation.

단어 **not to mention** ~은 말할 것도 없고

TIP ① like는 목적어로 to부정사와 동명사 둘 다 취하므로 like 뒤에 going이 올 수 있다. not to mention N은 '~은 말할 필요 없이'라는 뜻으로 mountain climbing의 명사 형태가 왔으므로 맞다.

② more ~ than any other 단수명사 : 다른 어떤 것(any other 단수명사)보다 더 ~한→'가장 ~한'의 뜻을 가지는 최상급 표현이 된다.

③ surrounding by the sea의 수식을 받고 있는 것은 the three quarters of the land 명사구이다. 땅의 4분의 3이 바다에 의해 둘러싸여(수동) 있으므로 surrounded로 맞게 표현되었다.

④ '많은'이라는 뜻을 가진 표현은 a number of이다. the number of ~는 '~의 수'라는 뜻이며 단수 동사를 취한다.

4 어법상 옳지 않은 것은?

① While working at a hospital, she saw her first air show.

② However weary you may be, you must do the project.

③ One of the exciting games I saw were the World Cup final in 2010.

④ It was the main entrance for which she was looking.

단어 **weary** 지친, 피곤한

해석 ① 병원에서 일하는 동안에, 그녀는 그녀의 첫 번째 에어쇼를 봤다.

② 네가 얼마나 지치게 되든지 간에, 너는 그 프로젝트를 반드시 해야 한다.

③ 내가 본 흥미진진한 게임들 중 하나는 2010년 월드컵 결승전이었다.

④ 그것은 그녀가 찾고 있었던 중앙출입구였다.

TIP ① While절은 분사구문으로 주절의 주어 she가 생략되었다. 그녀가 일을 하는 것(능동)이므로 working으로 맞게 쓰였다.

While she worked at a hospital, she saw her first air show. =(While) working at a hospital, she saw her first air show.

② how(ever) + 형용사 + S + V : S가 아무리 V하든지 간에

③ 'one of the exciting games ~'에서 수일치 시켜야 하는 주어 부분은 one이므로 동사 were를 단수주어에 맞춰 was로 고쳐야 한다.

④ It was the main entrance + she was looking for the main entrance

→It was the main entrance(선행사) that/which she was looking for.

→It was the main entrance for which she was looking.

관계대명사 that은 전치사(for) 다음에 오지 못한다. 따라서 which가 적절하다.

5 어법상 옳지 않은 것을 고르시오.

Moreover, the use of pattern books ① meet the criteria for literacy scaffolds by modeling reading, ② by challenging students' current level of linguistic competence, and ③ by assisting comprehension ④ through the repetition of a simple sentence pattern.

Point

단어 phrase 구 refrain 후렴 rhyme 운 frequently 자주 facilitate 용이하게 하다 comprehension 이해력 predictable 예측할 수 있는 involve 수반하다 literacy 글을 읽고 쓸 줄 아는 능력 criterion 기준 scaffold (건축 공사장의) 비계, 발판 linguistic 언어의 competence 능숙함 repetition 반복

해석 구문 교재는 반복되는 구절, 후렴, 때로는 운을 사용한 내용을 담고 있다. 게다가 구문 교재는 흔히 내용 이해를 용이하게 할 수 있는 그림을 담고 있다. 그 예측할 수 있는 구문은 제2외국어를 시작하는 사람들이 제2외국어로 읽고 쓰는 일에 즉시 몰두할 수 있도록 한다. 게다가 구문 교재의 활용은 독서를 가능하게 함으로써, 학생들의 현재 언어 능력 수준에 도전하게 함으로써, 그리고 단순한 문장의 반복을 통해 이해를 도움으로써 읽고 쓰는 능력의 발판에 대한 기준을 충족시킨다.

TIP the use of pattern books에서 the use가 주어이므로 수일치시켜 단수 동사 meets를 써준다.

Answer 3.④ 4.③ 5.①

6 밑줄 친 부분 중 어법상 옳지 않은 것을 고르시오.

> The middle-class Americans who chose ① to avoid the suburban lifestyle and ② live in the central city ③ was most often those least ④ depending on central-city government services.

 Point

단어 suburban 교외의

해석 교외의 생활양식을 피하여 중심도시에 사는 것을 선택한 중산층 미국인들 대부분이 중심도시의 정부 서비스에 최소한으로 의존했다.

TIP ③ was → were
주어인 The middle-class Americans가 복수이므로 was가 아닌 were로 쓴다.

7 어법상 옳은 것을 고르시오.

① The poor woman couldn't afford to get a smartphone.
② I am used to get up early everyday.
③ The number of fires that occur in the city are growing every year.
④ Bill supposes that Mary is married, isn't he?

 Point

단어 occur 일어나다, 발생하다

해석 ① 그 가난한 여자는 스마트폰을 살 수 없다.
② 나는 매일매일 일찍 일어나는 게 익숙하다.
③ 그 도시에서 일어난 화재들의 수는 매년 증가하고 있다.
④ Bill은 Mary가 결혼한 상태라고 가정하고 있어, 그렇지 않아?

TIP ① cannot afford to부정사 : ~할 여유가 없다
② I am used to get up~ → I am used to getting up~
'be used to 동사원형'에서 to는 to부정사를 나타내며 '~하는 데에 이용되다'라는 수동태 구문이다. 반면, 'be used to -ing'에서의 to는 전치사로 뒤에 동명사를 취해 '~하는 데에 익숙하다'라는 뜻을 가진다. '나는 매일 일찍 일어나는 데 익숙하다'라는 뜻이 되어야 하므로 getting이 와야 한다.
③ The number of fires that occur ~ are growing → The number of fires that occur is growing ~
the number of는 '~의 숫자'를 나타내는 단수 취급하는 명사이다. 따라서 동사 are growing을 is growing으로 고쳐준다. that절의 동사 occur는 선행사 fires를 수식하고 있으므로 수일치가 올바르다.
④ Bill supposes that~, isn't he? → Bill supposes that~, doesn't he?
주절에 대해(Bill이 그렇게 생각하지?) 부가의문문의 형태를 완성하기 위해서, 주절에 쓰인 suppose(일반동사)에 맞춰 doesn't으로 써주어야 한다.

8 밑줄 친 부분 중 어법상 가장 옳지 않은 것은?

He acknowledged that ① <u>the number of Koreans</u> were forced ② <u>into</u> labor ③ <u>under harsh conditions</u> in some of the locations ④ <u>during the 1940's</u>.

Point

단어 acknowledge 인정하다 harsh 가혹한, 냉혹한

해석 그는 1940년대 동안 몇몇 지역에서 많은 한국인들이 가혹한 상황하에서 강제노동에 동원되었음을 인정했다.

TIP ① the number of → a number of

that 절에서 were forced 복수 형태 동사가 쓰였으므로 a number of Koreans(많은 한국인)이라는 복수 주어로 고쳐야 한다. the number of는 '~의 수'라는 뜻으로 단수 형태이다.

9 밑줄 친 부분 중 어법상 가장 옳지 않은 것은?

The idea that justice ① <u>in allocating</u> access to a university has something to do with ② <u>the goods</u> that ③ <u>universities properly</u> pursue ④ <u>explain why</u> selling admission is unjust.

Point

단어 allocate 할당하다 access 입장, 입학 have something to do with ~와 관련이 있다 pursue 추구하다 unjust 불공정한

해석 대학 입학에서 할당제도의 정의가 대학들이 올바르게 추구하는 선과 관련이 있다는 생각은 입학 허가를 파는 것이 왜 불공정한지를 설명해 준다.

TIP 이 문장의 주어는 the idea로 단수이므로 3인칭 단수 주어에 맞춰 explains가 되어야 한다. 문장에서 explains 앞 부분은 주어인 the idea를 수식하고 있다.

Answer 6.③ 7.① 8.① 9.④

10 밑줄 친 부분 중 어법상 가장 옳지 않은 것은?

His survival ① <u>over</u> the years since independence in 1961 does not alter the fact that the discussion of real policy choices in a public manner has ② <u>hardly</u> occurred. In fact, there ③ <u>has always been</u> a number of important policy issues ④ <u>which</u> Nyerere has had to argue through the NEC.

Point

단어 alter 변하다, 바꾸다   discussion 논의

해석 1961년 독립 이후 수년 간 그의 생존은 실질적인 정책 결정에 대한 공개적인 논의가 거의 일어나지 않았다는 사실을 바꾸지 않는다. 사실, Nyerere가 국가집행위원회를 통해 논쟁해 왔던 많은 중요한 정책에는 항상 문제가 있었다.

TIP ③ has always been → have always been
there 구문은 뒤에 오는 명사 a number of important policy issues의 수에 동사를 맞춰야 한다.

02 동사의 성격

section 1 동사의 특성

(1) 자동사와 타동사

① 1형식 '완전자동사'는 'S + V'만으로 완전한 문장

- The sun disappeared.
- Birds fly south in winter.
- My car can go 120 kilometers per hour.
- The castle stands on the hill.
- She lay on the grass with her dog.

② 2형식 '불완전자동사'는 'S + V + C'의 구조로 주어를 보충 설명하는 보어를 필요로 하며, 보어로는 '명사, 형용사, 분사, 부정사' 등을 사용

- She remained unmarried all her life. (= She was unmarried.)
- She turned pale at the sight of him. (= She was pale.)
- She appears a little old for her age. (= She is a little old.)
- His opinion sounds a good idea. (= His opinion is a good idea.)

Point 팁
1. 불완전자동사의 분류
   - 상태, 유지 : be, lie, sit, stand, stay, keep, remain
   - 상태의 변화 : become, come, get, go, grow, fall, run, turn
   - 인상, 감각 : appear, look, seem, feel, smell, sound, taste
2. 불완전자동사의 보어는 부사적으로 옮겨지더라도 주어를 설명하는 말이므로 형용사를 써야 한다.
   - You should keep quiet in the classroom. (not 'quietly')
3. 불완전자동사는 우리말로 수동처럼 옮겨지더라도 수동으로 사용되지 않는다.
   - She looks happy with her doll. (not 'is looked')

③ 3형식 '완전타동사'는 하나의 목적어를 취하여 'S + V + O + (수식어구)'의 구조

- Mary has three little dogs. (명사-목적어)
- I once hoped to be a good doctor. (부정사-목적어)
- They don't agree that she is pretty. (절-목적어)

④ 4형식 '수여동사'는 'S + V + IO + DO'의 구조로 '~에게 …를'의 의미를 나타내거나, 'S + V + DO + 전치사 + IO'의 구조로 완전타동사 구문으로 전환

- Father gave me a nice present. (= Father gave a nice present to me.)

밑줄 친 부분 중 어법상 가장 옳지 않은 것은?
▶ 2018. 6. 23. 제2회 서울특별시

Blue Planet II, a nature documen-tary ① produced by the BBC, left viewers ② heartbroken after showing the extent ③ to which plastic ④ affects on the ocean.

Tip ① 삽입구에서 a nature documentary를 수식하는 것으로, 과거분사형 produced 로 써서 수동의 의미를 잘 나타내었다.
② leave는 5형식의 형태로 쓰일 때 '(목적어)를 (목적보어)한 상태로 있게 놔두다'라는 뜻이며 목적보어에는 to부정사, 동명사, 형용사 등이 올 수 있다. left viewers heartbroken에서 viewers의 목적보어로 heart-broken 형용사가 왔다.
③ plastic affects the ocean to the extent에서 the extent 는 선행사로 쓰이고 관계사절 which로 연결되었다. the extent which plastic affects the ocean to에서 전치사 to 는 관계사 which 앞에 위치할 수 있다.
④ affects on → affects affect는 그 자체로서 '~에 영향을 미치다'라는 뜻을 가진 타동사로 전치사 없이 바로 목적어를 취한다.

정답 ④

- She made me a pretty Christmas card. (= She made a pretty Christmas card for me.)
- The lady asked me several questions. (= The lady asked several questions of me.)

⑤ 5형식 '불완전타동사'는 목적어와 함께 목적어를 보충 설명하는 목적보어를 수반하여 'S + V + O + OC'의 구조를 취하며 목적어와 목적보어는 'S + V'의 관계
- We named our son Ben. (= Our son is Ben.)
- His joke always made his friends merry. (= His friends were merry.)
- I like my students to be quiet. (= My students are quiet.)

(2) 주의해야 할 자동사와 타동사

① 'rise(오르다)'는 자동사로 목적어와 수동이 없으며, 'rise-rose-risen'으로 활용. 반면 'raise(올리다, 기르다)'는 타동사로 목적어를 취하거나 'be raised'의 형태로 수동으로 사용되며, 'raise-raised-raised'로 활용
- I rose quickly from my seat. (rise + 수식어)
- He raised the heavy loads easily. (raise + 목적어)
- An income tax was raised by 30 percent. (raise의 수동)

② 'lie'는 '눕다, 놓여 있다'는 의미로 사용되는 자동사로 목적어와 수동이 없으며, 'lie-lay-lain'으로 활용. 반면 'lay'는 '~을 놓다'는 의미로 사용되는 타동사로 목적어를 취하거나 수동으로 사용되며, 'lay-laid-laid'로 활용
- Snow lay thick on the fields. (lie의 과거)
- Please lay these papers on my table. (lay + 목적어)
- Some toys were laid around the living room. (lay의 수동)

③ 'sit'는 자동사로 목적어와 수동이 없으며, 'sit-sat-sat'으로 활용. 반면 'seat'는 '~를 자리에 앉히다'는 의미의 타동사로 목적어를 취하거나 수동으로 사용되며, 'seat-seated-seated'로 활용
- He sat on knees before me. (sit의 과거)
- Please seat yourself on this chair. (seat + 목적어)
- He was seated on his own books. (seat의 수동)

④ marry와 같은 동사는 우리말과는 달리 전치사 없이 바로 목적어를 수반하여 'S + V + O'의 3형식을 갖는 구조
⇒ answer, address, attend, discuss, enter, marry, mention, reach, resemble 등

• I want to marry a doctor. (not 'marry with')

• She would not attend his wedding. (not 'attend on')

Point 팁 attend on(돌보다), attend to(주의하다), enter into(시작하다)와 같이 의미가 달라지는 경우는 자동사로, 전치사와 결합되어 사용된다.

⑤ '제안, 주장, 명령, 요구' 등을 나타내는 동사의 종속절에는 인칭이나 시제에 상관없이 '(should) + 동사원형'을 사용하여 '당위적 의무'를 표현.

⇒ 제안(propose, suggest) / 주장(insist) / 요구(ask, request, demand) / 명령(order, command) / 권고(recommend) 등

• I proposed that we (should) admit all applicants.

• He requested that the meeting (should) be canceled.

Point 팁 'insist'와 'suggest'는 종속절이 '사실적 의미'를 나타낼 때는 인칭과 시제에 따라 동사의 형태가 달라진다.
He insisted that she didn't smoke.
His words suggest that he loves her.

(3) 지각동사와 사역동사

① 지각동사는 5형식 동사로, 목적어와 목적보어의 관계가 '능동'이면 'S + V + O + 동사원형/현재분사(진행의 의미가 강함)'의 구조를, 목적어와 목적보어의 관계가 수동이면 'S + V + O + 과거분사'의 구조를 취함

⇒ see, watch, look at, observe, notice, hear, listen to, feel 등

• I saw Harry steal my book. (= Harry steals my book-능동)

• I heard her playing the violin. (= She was playing the violin-능동, 진행)

• I felt myself praised when I heard his remark. (= I was praised-수동)

② 사역동사는 5형식 동사로, 'S + V + O + OC'의 구조를 취하며, 각 사역동사의 특성과 '목적어와 목적보어의 관계'에 따라 '동사원형, to부정사, 과거분사'를 목적보어로 취함

⇒ [let, make, have] + O + 동사원형(능동) / 과거분사(수동)
help(준사역동사) + O + 동사원형, to부정사
get + O + to 부정사(능동) / 과거분사(수동)

• Don't let the fire go out. (= the fire goes out-능동)

• I will make her study harder. (= she studies harder-능동)

기출문제

문 다음 밑줄 친 (A), (B), (C)에 들어갈 가장 적절한 표현은?
▶ 2020. 8. 22. 국회사무처

William Tell's home was among the mountains, and he was a famous hunter. No one in all the land could shoot with bow and arrow so well as he. Gessler knew this, and so he thought of a cruel plan to make the hunter's own skill (A) him to grief. He ordered that Tell's little boy should be made (B) up in the public square with an apple on his head; and then he suggested Tell (C) the apple with one of his arrows.

	(A)	(B)	(C)
①	to bring	to stand	shot
②	bring	to stand	shoot
③	bring	stand	shot
④	bring	to stand	shot
⑤	to bring	stand	shoot

Tip (A) 5형식에서 [사역동사 make +목적어+동사원형]의 형태가 필요하다. 따라서 to bring이 아니라 동사원형 bring이 적절하다.
(B) that 뒤에 5형식 수동태문장이다. 사역동사 make가 사용되었지만 수동태로 변하며 동사원형으로 쓰였던 stand가 to stand로 변해야 한다.
(C) suggest와 같이 제안하는 동사 뒤의 that절에는 shoud+동사원형이 와야하는데 should가 생략되고 he suggested (that) Tell (should) shoot ~로 사용되었다.

| 정답 ②

PART

3 문법

- I couldn't make myself heard because of the noise. (= my words were heard−수동)
- I must have my watch repaired. (= my watch is repaired−수동)
- Please help us (to) serve you better.
- I couldn't get her to change her mind.

기출문제

🔒 밑줄 친 부분에 들어갈 말로 가장 옳은 것은?

▶ 2019. 6. 15. 제2회 서울특별시

I am writing to you from a train in Germany, sitting on the floor. The train is crowded, and all the seats are taken. However, there is a special class of "comfort customers" who are allowed to make those already seated _____ their seats.

① give up
② take
③ giving up
④ taken

Tip 빈칸 앞에 있는 사역동사 make로 인해 빈칸은 동사원형 자리이다. 따라서 ① 또는 ②가 올바른데, 문맥상 이미 앉아 있는 사람이 자리를 '차지하는 것'이 아니라 '포기한다'고 하는 것이 맞다.

|정답 ①

1 우리말을 영어로 옮긴 것 중 가장 어색한 것을 고르시오.

① 그에게서는 악취가 난다.

→He smells badly.

② 그녀는 혼자 사는 데 익숙하다.

→She is used to living alone.

③ 그녀는 밤에 외출하는 것을 겁낸다.

→She is afraid of going out at night.

④ 중요한 것은 사람됨이지 재산이 아니다.

→The important thing is not what you have but what you are.

TIP ① badly → bad

Smell과 같은 감각동사는 형용사를 보어로 취한다.

2 어법상 틀린 것은?

① Surrounded by great people, I felt proud.

② I asked my brother to borrow me five dollars.

③ On the platform was a woman in a black dress.

④ The former Soviet Union comprised fifteen union republics.

 Point

단어 former (시간상으로) 예전의, (특정한 위치나 지위에 있던) 과거의 comprise ~을 구성하다 union republic 연방 공화국

해석 ① 대단한 사람들에게 둘러싸여 나는 자부심을 느꼈다.
② 나는 형에게 5달러를 빌려달라고 부탁했다.
③ 검은 드레스를 입은 여성이 플랫폼에 있었다.
④ 과거 소비에트 연방(소련)은 15개의 연방 공화국으로 구성되었다.

TIP ① 분사구문으로, 주어인 내(I)가 둘러싸여(수동태) 있는 것이므로 surrounded로 쓰는 것이 맞다.
② borrow는 3형식 동사이므로 목적어 한 개만을 취한다. 간접목적어(me), 직접목적어(five dollars)를 취할 수 있는 4형식 동사 lend로 고쳐야 한다.
③ A woman in a black dress was on the platform. → On the platform was a woman~. 부사구 on the platform을 강조하기 위하여 문장 앞에 위치시키면서, 주절의 주어, 동사가 도치되었다.
④ comprise는 '~을 구성하다'라는 뜻을 가진 타동사이므로 바로 목적어를 취할 수 있다.

3 다음 문장 중 어법상 가장 옳지 않은 것은?

① John promised Mary that he would clean his room.

② John told Mary that he would leave early.

③ John believed Mary that she would be happy.

④ John reminded Mary that she should get there early.

 Point

단어 remind 상기시키다

해석 ① John은 Mary에게 그의 방을 청소할 거라고 약속했다.
② John은 Mary에게 그가 일찍 떠날 것이라고 이야기했다.
③ John은 Mary가 행복할 것이라고 믿었다.
④ John은 Mary에게 그 장소에 일찍 가야 한다는 걸 상기시켰다.

TIP ③ John believed Mary that she would be happy. → John believed that Mary would be happy. believe는 4형식 동사로 쓸 수 없다.
① promise, ② tell, ④ remind 모두 4형식 동사로도 쓰이며, that절을 직접목적어로 취할 수 있다.

4 다음 빈칸에 가장 적합한 것은?

No one knew of the existence of the Indus culture until archeologists discovered it at the site of Harappa in the 1920s. Since then, some seventy cities, the largest ____㉠____ Harappa and Mohenjo—Daro, have been identified. This urban civilization had bronze tools, writing, covered drainage systems, and a diversified social and economic organization. Though it ____㉡____ the least understood of the early river valley civilizations, archeological evidence and inferences from later Indian life allows us to reconstruct something of its culture.

	㉠	㉡
①	are	remains as
②	be	remained
③	being	remained as
④	being	remains

단어 existence 존재, 실재 archeologist 고고학자 identify 확인하다, 찾다 urban 도시의 bronze 청동의 drainage 배수 diversified 변화가 많은, 여러 가지의 inference 추론 valley 계곡, 골짜기 reconstruct 재건하다, 복원하다

해석 1920년대 고고학자들이 하라파 지역을 발견할 때까지 인더스 문화의 존재를 아는 사람은 아무도 없었다. 그 이래로 가장 큰 도시인 하라파와 모헨조다로를 포함한 70여 개의 도시들이 확인되었다. 이 도시문명은 청동 도구, 글자, 덮개가 있는 배수 시설 그리고 다양한 사회경제적 조직을 가졌다. 비록 그것은 초기의 강 유역 문명들 중 가장 덜 이해된 채 남아 있지만, 고고학적 증거들과 후세 인도인의 삶으로부터의 추론들은 우리가 그 문화의 무엇인가를 복원할 수 있게 해준다.

TIP ④ 'the largest ~ Mohenjo—Daro'는 삽입구이므로 ㉠에는 분사인 being이 오는 것이 적절하다. remain은 불완전자동사로 뒤에 바로 보어를 취하므로 'remains'의 형태로 쓴다. 또한 주절의 시제에 맞춰 현재형으로 쓴다.

5 밑줄 친 부분 중 어법상 옳지 않은 것은?

> Most European countries failed ① to welcome Jewish refugees ② after the war, which caused
> ③ many Jewish people ④ immigrate elsewhere.

 Point

TIP ④ cause가 5형식 동사로 쓰일 때 목적어 다음에 목적격 보어 자리에는 'to 부정사'의 형태로 와야 한다. 따라서 'to immigrate'로 고쳐야 한다.

6 어법상 옳은 것은?

① Jessica is a much careless person who makes little effort to improve her knowledge.

② But he will come or not is not certain.

③ The police demanded that she not leave the country for the time being.

④ The more a hotel is expensiver, the better its service is.

 Point

단어 demand 요구하다

TIP ① Jessica is a much careless person ~. → Jessica is a very careless person ~.
형용사 careless를 수식하기 위해 부사 very가 와야 한다. much는 비교급 등 특정 단어만을 수식한다.

② But he will come or not is ~. → Whether he will come or not is ~.
동사는 is이고 주어 자리에 명사절이 와야 하므로 '~인지 아닌지'를 뜻하면서 명사절을 이끄는 종속접속사 whether가 와야 한다. 비슷한 뜻을 나타내는 접속사 if는 절 안에서 or not과 함께 쓰이지 않으므로 올 수 없다. But은 문장과 문장을 이어주는 등위접속사이며, 의미상으로도 맞지 않다.

③ demand 등 요구, 주장 등을 나타내는 동사가 이끄는 목적절에는 'should+동사'가 온다. should는 생략될 수 있으므로 ~demanded that she (should) not leave ~는 맞는 표현이다.

④ The more a hotel is expensiver, ~. → The more expensive a hotel is, ~.
expensive의 비교급은 more expensive이다. 또한, 'the 비교급 S + V, the 비교급 S '+ V" 구문에서 비교급을 분리해서 쓸 수 없다.

7 밑줄 친 부분 중 어법상 옳은 것은?

---

① As the old saying go, you are what you eat. The foods you eat ② obvious affect your body's performance. They may also influence how your brain handles tasks. If your brain handles them well, you think more clearly, and you are more emotionally stable. The right food can ③ help you being concentrated, keep you motivated, sharpen your memory, speed your reaction time, reduce stress, and perhaps ④ even prevent your brain from aging.

 Point

단어 handle 다루다, 처리하다 sharpen 향상되다, 선명해지다

해석 옛말에 이르기를, 당신이 먹는 음식이 곧 당신이다. 당신이 먹는 음식들은 분명히 몸의 수행에 영향을 미친다. 그 음식들은 또한 뇌가 어떻게 과제를 처리하는지에도 영향을 준다. 만약 당신의 뇌가 과제들을 잘 처리한다면 당신은 더 명료하게 생각하고 더 감정적으로 안정되게 된다. 적절한 음식은, 당신이 집중하는 것, 계속 동기부여 된 상태를 유지하는 것, 기억을 예리하게 만드는 것, 반응속도를 빠르게 하는 것, 스트레스를 줄이는 것에 도움을 줄 수 있고, 심지어 당신의 뇌가 노화하는 것을 막는 것에도 도움을 줄 수 있다.

TIP ① As the old saying go → As the old saying goes
접속사 as가 이끄는 절에서 주어는 the old saying의 3인칭 단수 형태이다. 따라서 동사 go를 goes로 고쳐야 한다.
② ~ obvious affect ~ → ~ obviously affect ~
affect가 문장의 동사이고, 동사를 수식하는 단어는 부사이다.
③ ~help you being concentrated, → ~help you (to) concentrate,
help는 5형식에서 목적보어로 to부정사 혹은 동사원형을 취한다. 또, 목적어 you가 '집중하는(능동)' 것이므로 수동태(be+p.p)로 쓰지 않는다.
④ 'prevent A from -ing : A가 -하는 것을 막다' 형태로 알맞게 쓰였다. prevent your brain from aging에서 age는 '나이가 들다'라는 동사의 뜻을 가진다.

8　다음 대화에서 어법상 가장 옳지 않은 것은?

> Ann : Your hair ① <u>looks nice</u>.
>
> Tori : I ② <u>had it cut by</u> the tall hairdresser in the new hair salon next to the cafeteria.
>
> Ann : Not that place where I ③ <u>got my head to stick</u> in the drier?
>
> Tori : ④ <u>Must be</u>, I suppose. Yes, that one.
>
> Ann : Huh, and they still let them open.

Point

단어　get stuck 꼼짝 못하게 되다, 끼이다

해석　Ann : 너 머리 멋지다.
Tori : 저 카페 옆에 있는 새로운 미용실에 키가 큰 미용사한테 머리를 잘랐어.
Ann : 내 머리가 드라이어에 끼었던 거기 말이야?
Tori : 아마도 그럴 거야. 그래, 거기야.
Ann : 허, 거기가 아직 영업 중이구나.

TIP　③ got my head to stick → got my head (to be) stuck
get은 사역동사로 쓰일 때 목적보어로 to부정사를 취한다. 목적어와 목적보어가 수동의 관계에 있으므로 목적보어에 to be stuck으로 써주어야 한다. 'to+be동사'는 함께 생략될 수 있다.

9　우리말을 영어로 잘못 옮긴 것을 고르시오.

① 그 회의 후에야 그는 금융 위기의 심각성을 알아차렸다.

　→Only after the meeting did he realize the seriousness of the financial crisis.

② 장관은 교통문제를 해결하기 위해 강 위에 다리를 건설해야 한다고 주장했다.

　→The minister insisted that a bridge is constructed over the river to solve the traffic problem.

③ 비록 그 일이 어려운 것이었지만, Linda는 그것을 끝내기 위해 최선을 다했다.

　→As difficult a task it was, Linda did her best to complete it.

④ 그는 문자 메시지에 너무 정신이 팔려서 제한속도보다 빠르게 달리고 있다는 것을 몰랐다.

　→He was too distracted by a text message to know that he was going over the speed limit.

단어 🔻 a financial 금융의 crisis 위기 construct 건설하다 distract ~을 혼란시키다

TIP 🔻 ① only after 부사구가 문장 앞에 있으므로 주어-동사 순서가 도치(he realized → did he realize)되었다.

② insist와 같이 요구, 주장 등의 뜻을 나타내는 동사는 목적어로 오는 that절에서 'should+동사원형'을 쓴다. 이때 should는 생략될 수 있으므로 that절에서 a bridge (should) be constructed로 표현되어야 한다.

③ '(as)형용사/부사 as + S + V' 구문에서 as는 though와 같은 양보(~이긴 하지만)의 뜻을 가진다. though it was a difficult task와 같은 뜻이다. 'as + 형용사 + a 명사'의 순서도 as difficult a task로 바르게 쓰였다.

④ '너무 ~해서 ~하지 못하다'라는 표현의 too~to 구문이 쓰인 문장이다.

10 우리말을 영어로 잘못 옮긴 것은?

① 매일 아침 공복에 한 숟갈씩 먹어라.
→ Take a spoonful on an empty stomach every morning.

② 그 그룹은 10명으로 구성되었다.
→ The group was consisted of ten people.

③ 그는 수업에 3일 연속 지각했다.
→ He has been late for the class three days in a row.

④ 그는 어렸을 때 부모님의 말씀에 늘 따랐다.
→ He obeyed his parents all the time when he was young.

TIP 🔻 ② was consisted of → consisted of
consist는 자동사이므로 수동태의 형태 'be consisted of'로 쓸 수 없다. 또한 consist of 그 자체로 '~으로 구성되다'라는 뜻이 있다.

Answer 8.③ 9.② 10.②

section 2 조동사

(1) 조동사의 종류와 용법

can	~할 수 있다 / ~해도 좋다
can't	~할 수 없다 / ~일 리가 없다
may, might	~해도 좋다 / ~일지도 모른다 / 부디 ~하소서
may well	~하는 것도 당연하다
may as well	~하는 편이 낫다 / ~해도 좋다 / ~일지도 모른다
must	~해야 한다 / ~임에 틀림없다 / 반드시 ~하다
should, ought to	~해야 한다
will	~일 것이다(미래, 추측), ~하려 한다(고집)
would	~하곤 했다 (불규칙적 동작)
used to	~하곤 했다 (규칙적 동작 및 상태) cf〉 be used to v ~하기 위해 사용되다 　　　 be used to N(동명사) ~하는 데 익숙하다
need	~할 필요가 있다 → 긍정문일 경우, need to v → 부정문, 의문문일 경우 need not v / Need + 주어 + v~?
dare	감히 ~하다 → 긍정문일 경우, dare to v → 부정문, 의문문일 경우 dare not v / Dare + 주어 + v~?

(2) 조동사 have pp : 과거 사건에 대해 말할 때

can(could) + have p.p.	(과거에) ~ 할 수 있었는데…
cannot + have p.p.	(과거에) ~ 했을 리가 없다
could not + have p.p.	(과거에) ~ 할 수 없었을 텐데(했다)
must + have p.p.	(과거에) ~ 이었음에 틀림없다
may(might) + have p.p.	(과거에) ~ 이었을지도 모른다
should/ought to + have p.p.	(과거에) ~ 했어야 했는데…
should not/ought not to + have p.p.	(과거에) ~ 하지 말았어야 했는데…
need + have p.p.	(과거에) ~ 할 필요가 있었는데…
need not + have p.p.	(과거에) ~ 할 필요가 없었는데…
will(would) + have p.p.	(과거에) ~ 이었을 것이다

기출문제

문 우리말을 영어로 잘못 옮긴 것을 고르시오.

▶ 2017. 4. 8. 인사혁신처

① 이 편지를 받는 대로 곧 본사로 와 주십시오.
→Please come to the headquarters as soon as you receive this letter.

② 나는 소년 시절에 독서하는 버릇을 길러 놓았어야만 했다.
→I ought to have formed a habit of reading in my boyhood.

③ 그는 10년 동안 외국에 있었기 때문에 영어를 매우 유창하게 말할 수 있다.
→Having been abroad for ten years, he can speak English very fluently.

④ 내가 그때 그 계획을 포기했었다면 이렇게 훌륭한 성과를 얻지 못했을 것이다.
→Had I given up the project at that time, I should have achieved such a splendid result.

Tip ④ I should have achieved
→I couldn't have achieved
If I had given up~ 가정법 it절에서 if가 생략되고 조동사 had가 앞으로 도치된 것으로 바른 형태이다. 그러나 의미상 should have achieved는 '성공했어야 했는데 (못했다)'는 뜻이 되어 보기 지문의 뜻과 맞지 않다. couldn't have p.p 형태로 써야 한다.

┃정답 ④

동사의 성격 – 조동사

1 우리말을 영어로 잘못 옮긴 것을 고르시오.

① 당신은 그 영화를 봤어야 했다.

→ You must have watched the movie.

② 당신을 성공으로 이끄는 것은 재능이 아니라 열정이다.

→ It is not talent but passion that leads you to success.

③ 시간을 엄수하는 것은 모든 사람들이 갖추어야 할 미덕이다.

→ Being punctual is the virtue everyone has to have.

④ 사람들은 나이가 들면서 엄해지는 경향이 있다.

→ People tend to be strict as they got old.

 Point

단어 **punctual** 시간을 엄수하는 **virtue** 미덕 **as though** 마치 ~인 것처럼

TIP ① must have watched → should have watched

must have p.p.는 '~했음에 틀림없다'는 뜻으로 의미상 보기 지문과 맞지 않다. '~했어야 했는데(못했다)' 는 뜻의 should have p.p.로 바꿔준다.

② It is …that ~ 강조구문과 not A but B(A가 아니라 B이다) 구문이 함께 쓰였다. 'that~ 한 것은 A가 아니라 바로 B이다'라는 뜻이 된다.

③ 동명사(Being punctual)를 주어로 쓸 수 있다. everyone has to have가 형용사절로서 선행사 the virtue를 꾸며준다.

Being punctual is the virtue + Everyone has to have the virtue. → Being punctual is the virtue (that) everyone has to have.

④ as가 '~하면서, ~함에 따라'의 뜻을 가진 접속사로 쓰였다. 주절과 종속절이 동시에 일어나므로(~함에 따라 ~하다) 시제도 일치시켜 준다.

Answer 1.①

2 밑줄 친 부분에 들어갈 표현으로 가장 적절한 것을 고르시오.

A : It's so hot in here! Do you have air-conditioning in your apartment?

B : You see that air-conditioner over there? But the problem is, it's not powerful enough.

A : I see.

B : But I don't care, cause I'm going to move out anyway.

A : _____.

B : Well, I had to wait until the lease expired.

---

① You should've moved out a long time ago.

② You should've turned it on.

③ You should've bought another one.

④ You should've asked the landlord to buy one.

3 다음 중 어법상 옳지 않은 것은?

① She was supposed to phone me last night, but she didn't.

② I had known Jose until I was seven.

③ You'd better to go now or you'll be late.

④ Sarah would be offended if I didn't go to her party.

단어 be supposed to ~하기로 되어 있다 offend 감정을 해치다

해석 ① 그녀는 어젯밤에 나에게 전화하기로 되어 있었다. 그러나 하지 않았다.
② 나는 7살까지는 Jose를 알았었다.
③ 너는 지금 가는 것이 좋을 거야. 그렇지 않으면 늦을 거야.
④ 만약 내가 그녀의 파티에 가지 않는다면, 사라는 기분이 상할 것이다.

TIP ① '~하기로 되어 있다'의 뜻으로 'be supposed to' 구문을 쓴다.
② 시간 부사절에서 7살까지는 알았다는 뜻이므로 had p.p로 써서 과거완료 시제로 썼다.
③ You'd better to go now~.→You'd better go now~.
'~하는 것이 낫다'의 뜻을 가진 had better는 뒤에 동사원형을 취한다.
④ 가정법 과거형으로, if절에서 과거시제 동사, 주절에서 'would+동사원형'의 형태로 옳게 쓰였다. 또한 offend는 타동사로서 '불쾌하게 하다'라는 뜻을 나타낸다(자동사로 쓰이면 '범죄를 저지르다'라는 뜻이 된다). Sarah가 불쾌한 것이므로 수동태 be offended로 쓴 것이 맞다.

4 우리말을 영어로 잘못 옮긴 것은?

① 모든 정보는 거짓이었다.
→All of the information was false.
② 토마스는 더 일찍 사과했어야 했다.
→Thomas may have apologized earlier.
③ 우리가 도착했을 때 영화는 이미 시작했었다.
→The movie had already started when we arrived.
④ 바깥 날씨가 추웠기 때문에 나는 차를 마시려 물을 끓였다.
→It being cold outside, I boiled some water to have tea.

단어 apologize 사과하다

TIP ① information은 셀 수 없는 명사이다. 따라서 all of information에서 informations로 쓸 수 없고, 동사 또한 단수형(was)으로 써주어야 한다.
② may have apologized → should have apologized
의미상 should have p.p(~했어야 했다)로 써야 맞다. may have p.p는 '~했을지도 모른다'의 뜻을 가진다.
③ 주절의 주어가 when we arrived 보다 더 과거임(already)을 알 수 있으므로 과거완료형을 써서 had started로 나타내었다.
④ 분사구문을 만들 때 주절의 주어와 일치할 때에만 분사 구문 내에서 주어를 생략할 수 있다. 'It' 없이 Being cold outside로 표현하게 되면 주절의 주어 I가 생략된 것으로 되어 주어진 '바깥 날씨가 춥다' 지문과 다른 뜻이 된다. 날씨를 나타낼 때는 비인칭 주어 it을 써서 It was cold outside로 나타내므로, 주절의 주어와 같지 않아서 생략할 수 없다.

Answer 2.① 3.③ 4.②

5 다음 문장의 빈칸에 공통으로 들어갈 수 있는 것은?

• He suggested your friend _____ be more careful.

• You _____ have paid attention to his advice.

• It is quite natural that you _____ take care of your old parents.

---

① would ② must

③ could ④ should

 Point

단어 pay attention to ~에 주의하다, 유의하다 **take care of** ~을 돌보다, 보살피다

해석 • 그는 네 친구가 좀더 신중해야 한다고 제안했다.

　　 • 너는 그의 충고에 유의했어야 했다.

　　 • 네가 나이드신 부모님을 돌보는 것은 지극히 당연하다.

TIP ㉠ 주절에 제안동사(suggest)가 있으므로 your ~ careful에 이르는 종속절의 동사는 'should + 동사원형'으로 한다.

　　 ㉡ should have p.p.는 '~했어야 했는데(하지 않았다)'의 의미로 과거사실에 대한 후회 · 유감을 나타낸다.

　　 ㉢ 주절에 이성적 판단의 형용사(natural)가 있으므로 that ~ parents에 이르는 종속절의 동사는 'should + 동사원형'으로 한다.

Answer 5.④

section 3 동사의 시제

(1) '현재시제'는 '현재사실, 지속적인 성질이나 상태, 반복적인 동작·보편적 진리' 등을 나타낼 때 사용

• She has a good sense of humor. (지속적 성질)
• My father usually leaves for work at 8:00 a.m.. (반복적 동작)
• The early bird catches the worm. (보편적 진리)

(2) '과거시제'는 '과거의 동작, 과거의 상태, 과거의 습관, 역사적 사실' 등을 나타냄

• Mozart wrote more than 600 pieces of music. (과거의 동작)
• My mother always took me to see the trains. (과거의 습관)
• The Second World War ended in 1945. (역사적 사실)

(3) '진행형'은 'be + ~ing'의 형태로 '말하고 있는 순간에 진행 중인 일, 일시적 동작이나 상태의 계속'을 나타냄

• The water is boiling. Could you turn it off? (말하는 현재 진행 중인 동작)
• I'm working part time in my mother's restaurant this month. (일시적 동작)
• He was watching television when I entered. (과거의 어느 순간에 진행 중인 동작)
• I'll be living in Seoul this time next year. (당연히 되게 마련인 미래)

Point 팁

1. '현재시제'는 '장기간 반복된 동작'을 나타내지만, '현재진행형'은 '일시적 동작'을 나타낸다.
2. '진행형'은 '동작동사'에 주로 사용되며, 이미 계속의 의미를 나타내고 있는 '상태동사'에는 사용되지 않는다.
   → know, think, believe, seem, remember, resemble, have, lack, see, hear, belong to, consist of 등(단, 상태동사의 의미가 동작동사로 바뀌면 진행형이 가능)
   • I belong to the tennis club. (상태동사–not 'am belonging to')
   • He is having a good meal. (have가 '먹다'는 뜻임)

(4) 'will + 동사원형'은 '단순미래'나 '말하는 순간에 결심한 일'을 나타내며, 'be going to'는 '앞으로 하려는 일에 대한 현재의 의도'나 '앞으로 일어나려는 일에 대한 현재의 원인이나 징후'를 나타냄

• The letter will arrive in a few days. (단순 미래)
• OK. I will follow your advice. (말하는 순간에 결심한 일)
• I'm going to play tennis this afternoon. (현재의 의도)
• I feel terrible. I think I am going to be sick. (현재의 원인)

기출문제

🔎 우리말을 영어로 잘못 옮긴 것을 고르시오.
▶ 2015. 4. 18. 인사혁신처

① 그는 자신의 정적들을 투옥시켰다.
→ He had his political enemies imprisoned.

② 경제적 자유가 없다면 진정한 자유가 있을 수 없다.
→ There can be no true liberty unless there is economic liberty.

③ 나는 가능하면 빨리 당신과 거래할 수 있기를 바란다.
→ I look forward to doing business with you as soon as possible.

④ 30년 전 고향을 떠날 때, 그는 다시는 고향을 못 볼 거라고 꿈에도 생각지 않았다.
→ When he left his hometown thirty years ago, little does he dream that he could never see it again.

Tip ① have는 사역동사로 목적어–목적보어를 이끈다. 목적어 his political enemies가 수감된 상태이므로 imprisoned로 써준 것이 맞다.
② unless 는 'if (주어) not ~(~하지 않으면)'을 뜻하는 접속사로 올바르게 쓰였다.
③ look forward to(~하기를 학수고대하다)에서 to는 전치사이다. 따라서 뒤에 명사 형태가 와야 하므로 동명사 doing이 쓰였다.
④ When he left ~, little does he dream ~.→When he left ~, little did he dream ~. 주절과 종속절의 시제가 일치해야 한다. 시간 부사절에서 30년 전이라고 했기 때문에 주절의 동사 does를 과거 시제 did로 써야 한다. little이라는 부정을 뜻하는 부사가 문장 앞에서 강조되었기 때문에 주절의 주어–동사가 도치되어 did he dream이라고 쓰인 것은 올바른 표현이다.

정답 ④

기출문제

문 우리말을 영어로 가장 잘 옮긴 것은?

▶ 2017. 3. 18. 제1회 서울특별시

① 나는 이 집으로 이사 온 지 3년이 되었다.
→It was three years since I moved to this house.

② 우리는 해가 지기 전에 그 도시에 도착해야 한다.
→We must arrive in the city before the sun will set.

③ 나는 그녀가 오늘 밤까지 그 일을 끝마칠지 궁금하다.
→I wonder if she finishes the work by tonight.

④ 그는 실수하기는 했지만, 좋은 선생님으로 존경받을 수 있었다.
→Although making a mistake, he could be respected as a good teacher.

Tip ① It was three years since ~→It has been three years since ~
~이래로(since) 지금까지 3년이 흘렀다는 뜻이므로 현재완료형 have+p.p가 와야 한다.

② before the sun will set →before the sun sets
시간 부사절에서는 현재 시제가 미래 시제를 대신한다.

③ if she finishes the work ~ →if she will finish the work
이 문장에서 if절은 조건을 나타내는 절이므로, by tonight 시점에 맞게 미래형으로 써야 한다.

④ Although he made a mistake, he could be ~
문장에서 부사절을 분사구문으로 바꾸어 (Although) making a mistake가 되었다.

정답 ④

(5) '시간·조건의 부사절'에서는 '현재'가 '미래'를 대신

• I will leave when my mother comes back. (시간 부사절)

• If you meet her, you will like her. (조건 부사절)

Point 팁 when절이 '주어·목적어·보어'로 사용되거나 '명사를 수식하는 관계부사'로 사용될 때, 그리고 if절이 whether의 뜻으로 타동사의 목적어로 사용될 때는 미래시제를 그대로 사용한다.
• I don't know when he will come back. (when절이 목적어)
• I don't know if she will like my present. (if가 whether의 뜻으로 사용된 목적절)

(6) '현재완료'는 '과거에서 현재까지 계속되는 동작이나 상태', '과거에서 현재까지의 기간 중의 경험', '과거의 일이 지금에 끝나는 완료', '과거의 일이 현재에 가져오는 결과'를 나타낼 때 사용

• They have known each other for ten years. (계속)

• He has lived in several countries so far. (경험)

• I've just read the first page of that book. (완료)

• He has gone on a trip to Hawaii. (결과)

Point 팁 '현재완료'는 '과거와 현재를 이어주면서 현재에 대한 정보를 알려 준다'는 측면에서 '과거나 분명한 현재'를 나타내는 부사(구)와는 결합될 수 없다.
• He lost his key yesterday. (과거사실) / He has lost his key. (현재완료: 지금도 못 찾았음)
• It snowed last night. (not 'has snowed')

(7) '과거완료'는 '과거 이전에서 과거까지 이어진 일'의 '계속, 경험, 완료, 결과'를 나타내거나 '과거보다 앞서 일어난 일을 과거와 시간적으로 구분하고자 할 때' 사용

• I went to see her. I had never met her before. (경험)

• When I got to the party, she had already gone home. (완료)

• I lost the ring that she had bought for me. (과거보다 앞서 일어난 일)

(8) '미래완료'는 '미래의 어느 시점에서 끝날 일'의 '계속, 경험, 완료, 결과'를 나타냄

• They will have finished dinner by 9 o'clock. (완료)

• I will have worked here for 10 years next month. (계속)

동사의 성격 - 동사의 시제

1 어법상 옳지 않은 것은?

① A few words caught in passing set me thinking.

② Hardly did she enter the house when someone turned on the light.

③ We drove on to the hotel, from whose balcony we could look down at the town.

④ The homeless usually have great difficulty getting a job, so they are losing their hope.

 Point

 단어 in passing 지나가는 말로

해석 ① 지나가면서 들었던 몇 마디 말은 나를 생각에 잠기게 했다.
② 그녀가 집에 들어서자마자 누군가 불을 켰다.
③ 우리는 그 호텔로 운전을 했고, 그 호텔의 발코니에서 우리는 도시를 내려다 볼 수 있었다.
④ 노숙자들은 보통 일자리를 얻기가 어렵고 이로 인해 그들은 희망을 잃게 된다.

TIP ① words는 가산명사이므로 a few를 쓸 수 있다(a few + 가산명사, few + 불가산명사). words와 caught의 수동관계 또한 바르게 썼다.

② Hardly did she enter the house when~ → Hardly had she entered the house when~
S+had hardly p.p. when S' + V'(S가 ~하자마자 S'가 V'하다) 구문이다. hardly가 있는 절에서 had p.p. 과거완료형을 써야 한다는 점에 주의한다. 또 보기 지문에서 부정어 hardly(거의 ~하지 않다)가 문장 앞에 있으므로 주어-동사 순서가 뒤바뀌어야 한다.

③ We drove on to the hotel. + We could look down at the town from the hotel's balcony. 소유관계 대명사 whose를 써서 두 문장을 연결하였다. 전치사 from을 관계대명사(whose) 앞에 위치시킬 수 있다.

④ the는 'the 형용사' 형태로 쓰여서 '(형용사가 묘사하는) 사물·사람들'을 뜻하는 명사(복수형)로 쓸 수 있다. 따라서 복수 주어에 수일치를 시켜 동사 have, 뒤의 문장 주어에서 대명사 they로 쓴 것은 올바른 표현이다. have difficulty (in) -ing는 '~하는 데에 어려움이 있다'는 뜻의 구문이며, 전치사의 목적어 자리에는 명사/동명사(구)를 쓴다.

Answer 1.②

2 우리말을 영어로 가장 잘 옮긴 것은?

> 소년이 잠들자마자 그의 아버지가 집에 왔다.

① The boy had no sooner fallen asleep than his father came home.
② Immediately after his father came home, the boy fell asleep.
③ When his father came home, the boy did not fall asleep.
④ Before the boy fell asleep, his father came home.

Point

단어 ① no sooner~than은 '~하자마자 ~했다'라는 뜻으로 no sooner가 있는 주절은 had p.p.(과거완료)를 사용해야 하며 than 종속절은 과거 형태로 사용해야 한다.

3 어법상 옳지 않은 것은?

① They didn't believe his story, and neither did I.
② The sport in which I am most interested is soccer.
③ Jamie learned from the book that World War I had broken out in 1914.
④ Two factors have made it difficult for scientists to determine the number of species on Earth.

Point

단어 determine 알아내다, 결정하다

해석 ① 그들은 그의 이야기를 믿지 않았고, 나 또한 믿지 않았다.
② 내가 가장 좋아하는 스포츠는 축구이다.
③ Jamie는 제1차 세계대전이 1914년에 일어났다는 것을 책에서 배웠다.
④ 두 가지 요소들은 과학자들이 지구상의 종의 수를 결정하는 것을 어렵게 만들어 왔다.

TIP ① 부정문에 대해 '~역시 그렇다'라는 뜻을 나타낼 때는 neither를 쓴다. 또한 주어-동사 순서가 뒤바뀐다 (neither did I).
② 주절의 which 종속절에 쓰인 구문 be interested in에서 전치사 in이 which 앞에 온 경우이다.
③ that World War I had broken out→that World War I broke out
과거의 역사적 사실에 대해서는 문장에서의 선후관계에 상관없이 과거 시제로 표현한다.
④ make가 5형식 형태로 쓰였으며 difficult가 목적보어이다. 목적어 to determine~에 대해 가목적어 it이 왔으며 for scientists는 to 부정사의 의미상 주어로 쓰였다.

4 우리말을 영어로 옳게 옮긴 것은?

① 그는 며칠 전에 친구를 배웅하기 위해 역으로 갔다.

→ He went to the station a few days ago to see off his friend.

② 버릇없는 그 소년은 아버지가 부르는 것을 못 들은 체했다.

→ The spoiled boy made it believe he didn't hear his father calling.

③ 나는 버팔로에 가본 적이 없어서 그곳에 가기를 고대하고 있다.

→ I have never been to Buffalo, so I am looking forward to go there.

④ 나는 아직 오늘 신문을 못 읽었어. 뭐 재미있는 것 있니

→ I have not read today's newspaper yet. Is there anything interested in it?

단어 ✿ see off ~를 배웅하다

TIP ✿ ① 며칠 전(a few days ago)이라는 특정 과거 시점이므로 과거 시제(went)가 맞다.

② made it believe → made believe

'~인 체하다' 뜻은 make believe (that)으로 나타낸다.

③ looking forward to go → looking forward to going

looking forward to(~하기를 고대하다, 기다리다)에서 to는 전치사이다. 따라서 뒤에 오는 동사 형태는 동명사이어야 한다.

④ anything interested → anything interesting

'재미, 흥미를 느끼게 하다' 동사 interest의 주체가 anything이므로 현재분사 형태(-ing)로 써준다.

5 다음 문장 중 올바른 표현은?

① Have you had the good times at the party last night?

② John felled down on ice and broke his leg last week.

③ The teacher was angry from the girl because she didn't do her homework.

④ At the federal court he was found guilty of murder.

TIP ✿ ① Have you had the good times → Did you have a good time

명백한 과거를 나타내는 부사구 last night가 있으므로 과거시제가 되어야 하며, '좋은 시간을 보내다'는 have a good time이다.

② felled → fell, '넘어지다'라는 뜻의 동사 fall의 과거형은 fell(fall − fell − fallen)이다.

③ from → with, '~에게 화가 나다'는 be angry with(사람) / at (감정 · 사물 · 사건) / about(사물 · 사건)이며, because절 내에 didn't는 조동사, do는 일반동사로 do동사가 쓰였다.

④ 주어 + found him guilty of ~에서 목적어 him이 주어로 간 형태이다.

Answer 2.① 3.③ 4.① 5.④

기출문제

문 밑줄 친 부분 중 어법상 옳지 않은 것은?

▶ 2023. 4. 8. 인사혁신처

While advances in transplant technology have made ① it possible to extend the life of individuals with end-stage organ disease, it is argued ② that the biomedical view of organ transplantation as a bounded event, which ends once a heart or kidney is successfully replaced, ③ conceal the complex and dynamic process that more ④ accurately represents the experience of receiving an organ.

Tip ③ 생략된 주어가 the biomedical view of argan transplation 이기 때문에 수동태 is concealed가 적합하다.
① it은 가목적어로 사용되었다.
② 접속사 that으로 is argued의 목적절을 이끌고 있다.
④ 뒤에 있는 동사 represents를 꾸며주는 부사로 사용되기 때문에 부사형 accurately는 어법상 옳다.

정답 ③

section ④ 태

(1) '능동'은 '주어 + 동사 + 목적어'의 구조로 '주어가 무엇을 하다'를 표현
- She loves him.
- We can see stars at night.

(2) '수동'은 '주어 + be + 과거분사 + by 행위자'의 구조로 '주어가 행위자에 의해 당하다'를 표현
- He is loved by her.
- Stars can be seen at night (by us). ('by + 행위자'는 필요할 때만 사용)
- Many accidents are caused by fast driving.

Point 팁 '자동사'는 '목적어'가 없는 동사이므로 수동이 없으며, 'fit(어울리다), lack(부족하다), have(가지다), hold(수용하다), resemble(닮다)' 등의 동사는 목적어가 있기는 하지만 수동태로 쓰지 않는다.
- The sun suddenly disappeared. (not 'The sun was suddenly disappeared.')
- John resembles his father. (not 'His father is resembled by John.')

(3) 목적어가 두 개인 4형식 문장은 이야기되는 화제에 따라 두 가지의 수동태가 가능하며, 직접목적어가 주어로 사용될 때는 '주어(직접목적어) + be + 과거분사 + 전치사 + 간접목적어'의 구조
- John gave Jessica some flowers.
  - →Jessica was given some flowers. (간접목적어가 주어)
  - →Some flowers were given to Jessica (by John). (직접목적어가 주어)

(4) '주어 + 동사 + 목적어 + 목적보어'로 이루어진 5형식 문장이 수동이 되면 '주어(목적어) + be + 과거분사 + 목적보어'의 구조
- They elected the girl their cheerleader.
                     (목적어)   (목적보어)
  - →The girl was elected their cheerleader (by them). (목적보어는 변하지 않는다)

Point 팁 '주어 + 사역동사/지각동사 + 목적어 + 동사원형'으로 이루어진 능동은 수동이 되면 '주어 + be + 과거분사 + to부정사'의 구조가 된다.
- She made me clean my room.
  - →I was made to clean my room (by her). (사역동사의 수동)

(5) '의문문'의 수동은 평서문이라 생각하고 수동으로 바꾼 다음 'be + 주어 + 과거분사?'의 구조로 바꿔 주고, 의문사가 있을 때는 의문사를 첫머리에 위치

- Did everybody enjoy the game? (Everybody enjoyed the game의 구조)
  → Was the game enjoyed by everybody?
- Who wrote this novel? (Who가 주어)
  → Who(행위자) was this novel written by? (또는 By whom was this novel written?)
- What did John see? (What이 목적어)
  → What(주어) was seen by John?

(6) '명령문'의 수동태는 'Let + 목적어 + be + 과거분사'의 형식을 취하며, 부정명령문은 'Don't let + 목적어 + be + 과거분사' 또는 'Let + 목적어 + not be + 과거분사'의 형식

- Keep the door open. → Let the door be opened.
- Don't touch this flower.
  → Don't let this flower be touched.
  → Let this flower not be touched.

(7) 두 개 이상의 단어가 모여 이루어진 '동사구'는 하나의 타동사로 간주

- Everybody laughed at his costume.
  → His costume was laughed at by everybody.
- The boys looked up to John as a leader.
  → John was looked up to as a leader by the boys.
- My sister took care of our dog during our vacation.
  → Our dog was taken care of during our vacation by my sister.

(8) 'say, think, believe' 등과 같은 동사가 'They say that~'의 구조로 that절을 목적어로 취했을 때의 수동태는 'It is said/thought/believed that~' 또는 '절 속의 주어 is said /thought/believed to부정사~'의 구조

- They say that John loves his teacher.
  → It is said that John loves his teacher.
  → John is said to love his teacher. (say와 love의 시제가 일치)
- They say that John loved his teacher.
  → It is said that John loved his teacher.
  → John is said to have loved his teacher. (say보다 loved의 시제가 앞섬)

기출문제

밑줄 친 부분 중 어법상 가장 옳지 않은 것은?

▶ 2018. 3. 24. 제1회 서울특별시

I ① convinced that making pumpkin cake ② from scratch would be ③ even easier than ④ making cake from a box.

Tip ① convinced → am convinced/ was convinced
convince는 '~을 확신시키다'라는 뜻을 가진 타동사이다. convince A of B 혹은 convince A that S'+V'를 써서 'A에게 ~을 확신시키다'로 나타낸다. 보기 지문에서는 convince 뒤에 목적어 A 없이 that절이 왔고, 내가(I) 목적어 that절을 확신하고 있다는 뜻이 되어야 하므로 수동태 be+p.p형으로 고쳐 준다.
② from scratch는 '맨 처음부터'라는 뜻의 관용어구이다.
③ even은 much, still, (by far) 등과 마찬가지로 비교급 앞에서 '훨씬'의 뜻으로 쓰여 비교급을 강조하는 역할을 한다.
④ 비교급에서 비교대상끼리 형태가 동일해야 하므로 making pumpkin과 동일하게 동명사 making을 써서 나타내었다.

┃정답 ①

(9) 진행형과 완료형의 수동태

① 진행형의 수동태 : be+being+p.p.의 형태로 표현한다.

   • Tom is painting this house.

   →This house is being painted by Tom.

② 완료형의 수동태 : have+been+p.p.의 형태로 표현한다.

   • Your words have kept me awake.

   →I have been kept awake by your words.

동사의 성격 - 태

1 우리말을 영어로 잘못 옮긴 것을 고르시오.

① 그를 당황하게 한 것은 그녀의 거절이 아니라 그녀의 무례함이었다.

→It was not her refusal but her rudeness that perplexed him.

② 부모는 아이들 앞에서 그들의 말과 행동에 대해 아무리 신중해도 지나치지 않다.

→Parents cannot be too careful about their words and actions before their children.

③ 환자들과 부상자들을 돌보기 위해 더 많은 의사가 필요했다.

→More doctors required to tend the sick and the wounded.

④ 설상가상으로, 또 다른 태풍이 곧 올 것이라는 보도가 있다.

→To make matters worse, there is a report that another typhoon will arrive soon.

Point

단어 **tend** (환자, 어린이들을) 돌보다, 간호하다 **wounded** 부상은 입은

TIP ① not A but B : A가 아니라 B다

② cannot ~ too : 아무리 ~해도 지나치지 않다

③ 많은 의사들이 필요 되어지다'라는 의미이므로 수동태 were required가 맞다. '형용사/분사' 앞에 정관사 the를 써서 '~하는 사람들'을 뜻하는 복수 명사를 만들 수 있다. the sick(=sick people), the wounded (=wounded people, the persons (who are) wounded)로 표현한다.

④ to make matters worse 설상가상으로

Answer 1.③

2 우리말을 영어로 옮긴 것으로 가장 적절하지 않은 것은?

① 그들이 10년간 살았던 집이 폭풍에 심하게 손상되었다.

→The house which they have lived for 10 years badly damaged by the storm.

② 수학 시험에 실패했을 때에서야 그는 공부를 열심히 하기로 결심했다.

→It was not until when he failed the math test that he decided to study hard.

③ 냉장고에 먹을 것이 하나도 남아있지 않아서, 어젯밤에 우리는 외식을 해야 했다.

→We had nothing left to eat in the refrigerator, so we had to eat out last night.

④ 우리는 운이 좋게도 그랜드캐넌을 방문했는데, 거기에는 경치가 아름다운 곳이 많다.

→We were fortunate enough to visit the Grand Canyon, which has much beautiful landscape.

 Point

단어 ✔ **fortunate** 운 좋은, 다행인 **landscape** 풍경

TIP ✔ ① which가 목적격으로 쓰여 in which가 되어야 한다. 또한 태풍에 손상되었던 것은 과거의 일이기에 had lived가 되어야 한다. 그리고 집이 태풍에 손상을 입었으므로 수동태인 was badly damaged로 표현해야 한다.

→The house <u>in which</u> they <u>had lived</u> for 10 years <u>was badly damaged</u> by the storm.

3 밑줄 친 부분 중 어법상 옳지 않은 것을 고르시오.

When I was growing up, many people asked me ① <u>if</u> I was going to follow in my father's footsteps, to be a teacher. As a kid, I remember ② <u>saying</u>, "No way. I'm going to go into business." Years later I found out that I actually love teaching. I enjoyed teaching because I taught in the method ③ <u>in which</u> I learn best. I learn best via games, cooperative competition, group discussion, and lessons. Instead of punishing mistakes, I encouraged mistakes. Instead of asking students to take the test on their own, they ④ <u>required</u> to take tests as a team. In other words, action first, mistakes second, lessons third, laughter fourth.

---

① if
② saying
③ in which
④ required

단어 follow in somebody's footsteps ~의 선례를 쫓아 나아가다 via ~을 통해서

해석 내가 자랄 때, 많은 사람들은 내게 나의 아버지의 뒤를 따라 교사가 <u>될 것인지</u> 물었다. 아이일 때 '아뇨. 전 사업 할래요.'라고 <u>대답했던 것을</u> 기억한다. 수년 뒤에 난, 내가 사실 가르치는 것을 매우 좋아한다는 것을 알게 되었다. 나는 내가 가장 잘 배울 수 있는 방법으로 가르쳤기 때문에 가르치는 것이 즐거웠다. 나는 게임과, 협력적 경쟁, 집단토론, 그리고 수업들을 통해 가장 잘 배운다. 실수를 벌하는 대신, 실수들을 장려한다. 학생들이 그들 혼자서 시험을 치르도록 요구하는 대신, 그들은 팀을 이루어 시험을 치르도록 <u>요구받았다</u>. 다시 말해 행동이 먼저였고, 실수가 그 뒤를 따르면, 그것을 통해 교훈을 얻고, 결국에는 웃을 수 있었다.

TIP ① if는 ask, know, find out, wonder 등의 동사 뒤에 쓰여 '~인지'라는 뜻으로 명사절을 이끄는 접속사이다. 유사어로 whether가 있는데, whether는 or not과 함께 쓰기도 하고, 명사절로서 주어 역할을 하거나 전치사의 목적어로 쓰일 수 있다.
② · remember to~(to 부정사) : (앞으로 ~할 것을) 기억하다
　 · remember ~ing(동명사) : (과거에 ~했던 것을) 기억하다
　 어렸을 때(as a kid) 했던 말이므로, remember saying이 맞다.
③ ~I taught in the method 문장과 I learn best in the method 문장이 연결된 문장이다.
　 I taught in <u>the method(선행사) which</u> I learn best <u>in</u>. → I taught in the method in which I learn best.
④ 시험을 치르도록 요구받는 대상이므로 required→ were required의 수동 형태가 적절하다.

Answer 2.① 3.④

4   우리말을 영어로 잘못 옮긴 것을 고르시오.

① 가능한 모든 일자리를 알아보았음에도 불구하고, 그는 적당한 일자리를 찾지 못했다.

→Despite searching for every job opening possible, he could not find a suitable job.

② 당신이 누군가를 믿을 수 있는지 알아보는 최선책은 그 사람을 믿는 것이다.

→The best way to find out if you can trust somebody is to trust that person.

③ 미각의 민감성은 개인의 음식 섭취와 체중에 크게 영향을 미친다.

→Taste sensitivity is largely influenced by food intake and body weight of individuals.

④ 부모는 그들의 자녀가 성장하고 학습하는 데 알맞은 환경을 제공할 책임이 있다.

→Parents are responsible for providing the right environment for their children to grow and learn in.

Point

단어 suitable 적당한, 알맞은 be influenced by ~에 영향을 받다

TIP ① 전치사 despite 뒤에 절이 아닌 동명사구가 나왔으므로, 올바른 표현이다.

② 전체 주어는 the best way to find out if you can trust somebody이다. the best way 단수 형태에 맞춰 동사 is가 맞게 쓰였다.

③ '영향을 미친다'는 능동이므로 수동태인 is influenced by를 능동의 형태 largely influences on으로 고쳐야 한다.

④ the environment를 to부정사(to grow and learn in)가 수식하고 있고 to부정사구의 의미상 주어로 for their children이 알맞게 쓰였다. 또한 to부정사 구에서 '환경에서' 자라고 배우는 것이므로 전치사 in을 써 주었다. (in이 없으면 the environment가 grow와 learn의 목적어가 되는데 이는 의미상 적절하지 않다.)

5 다음 중 문법적으로 올바른 문장은?

① Both adolescents and adults should be cognizant to the risks of second-hand smoking.

② His address at the luncheon meeting was such great that the entire audience appeared to support him.

③ Appropriate experience and academic background are required of qualified applicants for the position.

④ The major threat to plants, animals, and people is the extremely toxic chemicals releasing into the air and water.

단어 adolescent 청소년 be cognizant of ~을 인식하다 second-hand smoking 간접흡연 release 방출하다

해석
① 청소년들과 성인들은 간접흡연의 위험성에 관해 인식해야 한다.
② 오찬 회의에서 그의 연설이 너무 훌륭해서 모든 청중들은 그를 지지했다.
③ 적절한 경험과 학문적인 배경이 그 직위의 지원자들에게 요구된다.
④ 식물, 동물 그리고 사람들에게 가장 큰 위협은 공기와 물로 방출된 독성 화학물이다.

TIP
① 이 문장에서 사용된 cognizant는 전치사 of와 함께 「~을 알고 있는, 인식하는」의 의미로 사용되므로 문장의 to가 of로 바뀌어야 한다.
② so(such) ~ that 구문은 「너무 ~해서 ~하다」의 의미로 such는 명사(혹은 형용사 + 명사)를 취하고 so는 형용사나 부사를 취한다. 이 문장에서 such를 so로 바꾸어야 한다.
③ require가 수동형태 be required of ~(~에게 요구되다)로 쓰였다. 또한 주어가 appropriate experience and academic background이므로 and로 연결된 두 가지 개념으로 보아 복수로 취급하여 동사 역시 복수형태(are)로 썼다.
④ releasing의 수식을 받는 chemicals는 공기 중과 수중으로 방출되는 수동의 의미이므로 released로 바꾸어야 한다.

問 다음 밑줄 친 (A)와 (B)에 들어갈 가장 적절한 표현은?

▶ 2020. 8. 22. 국회사무처

If the police had asked for a safety licence for their new flying camera, it ___(A)___ a major crime-fighting success. Unfortunately they didn't, and as a result the young man they filmed stealing a car might go free. "As long as you have a licence, there is no problem using these machines,"said a lawyer. "___(B)___ a properly licensed camera, it would have been fine."

① (A) would have been
   (B) Had they used
② (A) will be
   (B) If they used
③ (A) will have been
   (B) If they use
④ (A) would be
   (B) Have they used
⑤ (A) would have been
   (B) Had they been used

Tip (A) would have been / 가정법 과거분사 문장으로 if 주어 had p.p~, 주어 조동사과거 have p.p~.
(B) had they used / 가정법 과거분사 문장에서 if가 생략되어 if they had used~에서 had they used로 도치된 문장이다.

┃정답 ①

294

section ⑤ 가정법

(1) If 가정법

① '가정법 과거'는 'If + 주어 + 동사의 과거형~, 주어 + 조동사의 과거형 + 동사원형...'의 형식을 이용하여 '사실이 아니거나 실현 불가능한 현재'를 표현
  • If I were you, I would change my mind. (I am not you : 현재사실과 반대)
  • If I became President, I would make my country more richer. (실현 불가능한 현재)

Point 팁 If절의 동사가 be동사일 때는 인칭과 수에 상관없이 were를 사용한다.
  • If he were here now, he would help us.

② '가정법 과거완료'는 'If + 주어 + had + 과거분사~, 주어 + 조동사의 과거형 + have + 과거분사...'의 형식을 이용하여 '과거사실과 반대되는 가정이나 과거에 실현하지 못한 일'을 표현
  • If I had known the news, I would have helped you. (과거사실과 반대)
  • If I had come earlier, I could have seen her. (과거에 이루지 못한 일)
  • If he had not rescued me, I might have been drowned. (과거사실과 반대)

③ 때로는 '가정법 과거'와 '가정법 과거완료'가 결합되어 'If + 주어 + had + 과거분사~, 주어 + 조동사의 과거형 + 동사원형...'의 형식으로 '과거에 실현되지 못한 일이 현재까지 영향을 미침'을 나타내는 '혼합가정법'이 사용되기도 한다.
  • If I had married her then, I would be happy now. (과거사실과 현재사실의 결합)

④ 가정법 미래는 '앞으로 일어날 가능성이 희박한 일'을 나타내며 'If + 주어 + should/were to + 동사원형~, 주어 + 조동사의 과거형 + 동사원형...'의 형식을 취한다.
  • If it should rain, I wouldn't go. (비가 올 가능성이 희박함)
  • If I were to be young again, I would be a musician. (불가능한 일)

⑤ 가정법 현재는 'If + 주어 + 동사원형(현재형) ~, 주어 + will(shall, can, may) + 동사원형'의 형식이다. 현재 또는 가까운 미래의 불확실한 일을 가정하여 상상한다.
  • If he be(is) healthy, I will employ him.
  • If it rain(s) tomorrow, we are going to see the movies.

(2) I wish / as if(as though) 가정법

① 가정법 과거 'I wish + S + V (과거형)'는 '현재 이룰 수 없는 소망에 대한 유감'을 표현

- I wish I were better looking.
  (= I'm sorry that I'm not better looking.)
- I wish the snow could stay forever.
  (= I'm sorry that the snow can't stay forever.)

② 가정법 과거완료 'I wish + S + had + p.p.'는 '과거 일에 대한 유감'을 표현

- I wish you had told me beforehand.
  (= I'm sorry that you didn't tell me beforehand.)
- I wish I had written down her cellphone number.
  (= I'm sorry that I didn't write down her cellphone number.)

③ 'as if(as though) + 가정법 과거(과거동사)'는 '주절의 시제와 일치할 때' 사용하며, '(실제로 그렇지 않지만) 마치 ~인 것처럼'의 의미

- You talk as if you knew a lot about her.
- She talked as if she were my mother.

④ 'as if(as though) + 가정법 과거완료(had + 과거분사)'는 '주절보다 이전의 일을 가정할 때' 사용하며, '(실제로 그렇지 않지만) 마치 ~였던 것처럼'의 의미

- She looks as if she had been ill.
- She talked as if she had visited New York before.

(3) 특수 가정법

① 'It is (high, about) time + 주어 + 동사의 과거형(should + 동사원형)'은 '마땅히 해야 할 일을 현재 하고 있지 않음'을 나타내며 '~해야 할 때이다'로 해석

- It is time I had some fun. I've worked hard today.
  (=It is time I should have some fun.)

② Without 가정법은 'If it were not for~ ' 가정법 과거로 '~이 없다면'으로, 'If it had not been for~ '는 가정법 과거완료로 '~이 없었더라면'으로 해석하며 'But(except) for'로 대체 가능

- If it were not for computers, modern life would be impossible.
  (=Without computers~, But for computers~)
- If it had not been for sports, my school days would have been very dull.
  (=Without sports~, But for sports~)

③ If는 명사적으로 제시될 수도 있지만, '부사(구), 부정사, 분사구문, 명사'로 표현 가능

• With your help, I would succeed. (=If I had your help, I would succeed.)

• I should be happy to go with you. (=I should be happy if I could go with you.)

• Seeing her at a distance, you could mistake her for teen-ager. (분사구문)
  (=If you saw her at a distance, you could mistake her for teen-ager.)

④ 직설법+otherwise(or, or else) : '그렇지 않다면, 그렇지 않았더라면'의 뜻으로 쓰인다.

• I am busy now, otherwise I would go with you.
  (=If I were not busy, I would go with you.)

• He was ill, otherwise he would have attended the meeting.
  (=If he had been ill, he would have attended the meeting.)

⑤ If절의 동사가 'were/should/had'인 경우에 If를 생략하면 'Were/Should/Had + 주어 + (동사)'의 구조로 도치

• Should I fail this time, I would try again. (=If I should fail~)

• Had I met her, I could have given her this present. (=If I had met~)

1 우리말을 영어로 잘못 옮긴 것은?

① 그는 마치 자신이 미국 사람인 것처럼 유창하게 영어로 말한다.

→ He speaks English fluently as if he were an American.

② 우리 실패하면 어떻게 하지?

→ What if we should fail?

③ 만일 내일 비가 온다면, 나는 그냥 집에 있겠다.

→ If it rains tomorrow, I'll just stay at home.

④ 뉴턴이 없었다면 중력법칙은 발견되지 않았을 것이다.

→ If it was not for Newton, the law of gravitation would not be discovered.

단어 fluently 유창하게 law of gravitation 중력법칙

TIP ① as if he were an American에서 가정법을 나타내므로 were가 맞게 쓰였다.

② what if는 '~하면 어쩌지'의 뜻이며 should는 가정법과 함께 쓰여 '혹시라도 ~한다면'의 뜻을 나타낸다.

③ if절이 조건의 뜻을 나타내므로 현재 시제가 미래 시제를 대신할 수 있다.

④ 과거 사실에 반대되는 것을 가정하는 것이므로 가정법 과거완료 시제가 되어야 한다.

→ If it had not been for Newton, the law of gravitation would not have been discovered.

※ 가정법 : ~이 없다면/ ~이 없었더라면

가정법 과거 : (지금) ~이 없다면	가정법 과거 완료 : (그 때) ~이 없었더라면
= if it were not for	= if it had not been for
= were it not for	= had it not been for
= but for	= but for
= without	= without

Answer 1.④

2 어법상 옳지 않은 것은?

① George has not completed the assignment yet, and Mark hasn't either.

② My sister was upset last night because she had to do too much homework.

③ If he had taken more money out of the bank, he could buy the shoes.

④ It was so quiet in the room that I could hear the leaves being blown off the trees outside.

Point

단어 assignment 과제, 임무

해석 ① George는 아직 과제를 마치지 못했고, Mark 또한 그렇다.
② 우리 언니는 어젯밤에 너무 많은 과제를 해야 해서 속상해 했다.
③ 만약 그가 은행에서 돈을 좀 더 찾았었더라면, 신발을 살 수 있었을 텐데.
④ 방이 너무 조용해서 나는 바깥에서 나뭇잎이 떨어지는 소리를 들을 수 있었다.

TIP ① 앞 문장이 부정문(not completed)이므로, too가 아닌 either를 쓴다.
② homework는 불가산 명사이므로 much로 수식한다.
③ 'If 주어 had p.p, 주어 +조동사 과거형+have p.p' 형태의 과거완료 문장으로 써야 하므로 could buy → could have bought으로 쓴다.
④ 'so- that절' 구문이다. that절 안에서 감각동사 hear는 목적보어로 동명사(being blown)를 취할 수 있으므로 맞는 문장이다. 나무에서 떨어져서(off) 바람에 (의해) 불리는 것이므로 be+p.p의 형태를 취했다.

3 우리말을 영어로 가장 잘 옮긴 문장은?

① 그는 제인이 제안한 대안이 실효성이 없을 것이라고 굳게 믿고 있다.

→ He strongly believes that the alternatives had been offered by Jane won't work.

② 히틀러가 다른 유럽국가를 침략하지 않았다면 2차 세계대전은 일어나지 않았을 것이다.

→ If Hitler hadn't invaded other European countries, World War II might not take place.

③ 나는 커튼 뒤에 숨어서 그림자가 다시 나타나기를 기다렸다.

→ Hiding behind the curtain, I waited the shadow to reappear.

④ 탐은 자기 생각을 영어보다 러시아어로 표현하는 것이 훨씬 쉽다고 한다.

→ Tom says that it is much easier for him to express his thoughts in Russian than in English.

단어 alternative 대안 invade 침략하다 accountant 회계사

TIP ① had been offered → offered

believe의 목적절 that절 안에서 동사는 won't work이다. the alternatives를 수식하는 분사 형태로 와야 하고, 수동의 의미가 되어야 하므로 offered로 쓴다.

② might not take place → might not have taken place

과거사실에 대한 내용을 가정하는 가정법 과거완료 구문이 되어야 하므로, 'if ~had p.p, S+조동사 과거형+have p.p' 형태가 되어야 한다.

③ I waited the shadow → I waited for the shadow

'~를 기다리다' 뜻이 되기 위해서는 전치사 for가 와야 한다. wait은 자동사이므로 곧바로 목적어를 취할 수 없다.

4 어법상 빈칸에 들어가기에 적절한 것은?

_____ test positive for antibiotics when tanker trucks arrive at a milk processing plant, according to the Federal Law, the entire truckload must be discarded.

① Should milk   ② If milk

③ If milk is   ④ Were milk

단어 antibiotic 항생제 truckload 트럭 한 대 분량의 discard 버리다, 폐기하다

해석 탱커트럭들이 우유 처리 공장에 도착할 때, 우유가 항생물질에 대해 양성반응이 나오면 연방법에 따라 트럭 전체에 실린 양이 폐기되어야 한다.

TIP ① 주어가 milk고 빈칸 뒤의 test가 원형이며, 주절의 동사가 조동사의 현재형 + 동사원형 구조이므로 가정법 현재나 미래임을 알 수 있다. 주어진 보기에서 가능한 답은 If가 생략되어 도치된 ①번만 가능하다.

② If milk test positive~는 동사가 주어 milk에 맞춰 tests가 되어야 하므로 올 수 없다.

③ If milk is test positive~는 동사가 be동사, test 두 개가 되어 틀린 문장이 된다.

④ were, test 두 개의 동사가 되므로 틀린 문장이다.

Answer 2.③ 3.④ 4.①

5 어법상 ㉠과 ㉡에 들어가기 가장 적절한 표현을 순서대로 나열한 것은?

> In books I had read-from time to time, when the plot called for it-someone would suffer from homesickness. A person would leave a not so very nice situation and go somewhere else, somewhere a lot better, and then long to go back where it was not very nice. How impatient I would become with such a person, for I would feel that I was in a not so nice situation myself, and how I wanted to go somewhere else. But now I, too, felt that I wanted to be back where I came from. I understood it, I knew where I stood there. If I (㉠) to draw a picture of my future then, it (㉡) a large gray patch surrounded by black, blacker, blackest.

① would have, were   ② had had, would have been

③ would have, was   ④ have had, would be

단어 long for/to 간절히 바라다   impatient 짜증난

해석 내가 읽었던 책에서는 –때때로 줄거리 상 필요로 했는데– 누군가는 향수병으로 힘들어하곤 했다. 어떤 사람이 그다지 좋지 않은 곳을 떠나서 다른 곳, 즉 훨씬 좋은 곳으로 가놓고서, 그다지 좋지 않았던 곳으로 다시 돌아가고 싶어한다. 내가 얼마나 그런 사람에게 짜증이 났었는지. 왜냐하면 나는 스스로 좋지 않은 상황에 있다고 여기고 있었고, 다른 어딘가로 얼마나 가기를 원했는지 알고 있었기 때문이다. 그러나 지금은 나 역시 내가 왔던 곳으로 돌아가고 싶다. 나는 그걸 이해했고, 내가 그곳 어디에 서 있었는지 알았다. 그 때 내가 미래의 그림을 그렸더라면, 그것은 검고, 더 검고, 가장 검은색으로 둘러싸인 커다란 회색 조각이 되었을 것이다.

TIP ② 과거 시제와 함께 쓰는 then이 나왔기 때문에, 과거사실의 반대를 가정하는 가정법 과거완료 구분을 사용해야 한다. 따라서 'If + 주어 + had + p.p, 주어 + would + have + p.p.'가 와야 하므로 ②가 적절하다.

※ 다음 문장에 들어갈 알맞은 것을 고르시오. 【6~8】

6

> She looked at me as if she _____ never seen me before.

① had   ② is

③ has   ④ was

TIP ① 주절의 시제보다 과거의 일을 표현하므로 as if 가정법 과거완료 구문을 써야 한다.

7

> I caught sight of her at the play and in answer to her beckoning I went over during the interval and sat down beside her. It was long since I had last seen her and if someone had not mentioned her name I hardly think I _____.

① would have recognized her

② would recognized her

③ wouldn't have recognized her

④ wouldn't recognized her

> 단어 ☑ beckon 손짓하다, 부르다 interval 간격, 중간 휴식
>
> 해석 ▶ 나는 연극공연장에서 그녀를 발견했으며, 그녀의 손짓에 응해 연극의 막간에 그녀 옆으로 가서 앉았다. 그녀를 마지막으로 본 지 오래되어서, 만일 어떤 사람이 그녀의 이름을 언급하지 않았더라면 그녀를 알아보지 못했을 것이다.
>
> TIP ☑ ③ If절이 had p.p.이므로 가정법 과거완료의 문장으로 '조동사의 과거형 + have p.p.'가 온다.

8

> I would never have encouraged you to go into this field _____ it would be so stressful for you. I'm sorry it's been so difficult for you.

① had I known

② and I had known

③ should I know

④ but I knew

> 단어 ☑ encourage A to R.V A가 ~하도록 격려하다, 권장하다
>
> 해석 ▶ 그것이 너에게 이렇게 스트레스를 많이 주는 것인지를 내가 알았다면, 결코 너를 이 분야로 나가도록 권하지 않았을 텐데. 네가 많이 힘들었을 테니 미안하구나.
>
> TIP ☑ ① 주절의 would never have encouraged로 보아 가정법 과거 완료 형식임을 알 수 있다. if가 생략되었기 때문에 도치가 되어 had I known이 된다.

Answer 5.② 6.① 7.③ 8.①

9 빈칸에 들어갈 수 없는 것을 고르시오.

> _____ your help, I could have failed.

① But for
② Without
③ If it were not for
④ Had it not been for

Point

TIP ① ② 조건절 대용어구로 가정법 주절이 could have p.p.인 것으로 보아 가정법 과거완료 문장임을 알 수 있다. 과거와 가정법 과거완료의 문장에서 쓰일 수 있다.
③ 가정법 과거이므로 빈칸에 들어갈 수 없다.
④ 가정법 과거완료의 If절(If it had not been for)에서 If가 생략되면서 had가 문두로 나간 것이므로 역시 빈칸에 쓰일 수 있다.

10 다음 문장의 밑줄 친 부분 중 어법상 어색한 부분을 고르시오.

> Many of our most successful men, ① had they been able to choose ② for themselves, ③ would selected some quite different profession ④ from that in which they have made their fortunes.

Point

단어 quite 상당히, 꽤 profession 직업 make fortune 성공하다, 입신출세하다

해석 가장 성공한 대다수의 사람들은 만약 그들이 스스로 선택할 수 있었다면, 그들은 그들의 부를 만들어낸 직업과는 상당히 다른 직업을 선택했었을 것이다.

TIP ③ would selected → would have selected
had~themselves는 if가 생략되어 주어와 동사의 어순이 도치된 형태로 가정법 과거완료의 종속절(if절)이므로 주절의 시제도 이와 같아야 한다.

03 준동사

준동사란, 동사를 가지고 형태를 만들지만 동사의 역할을 할 수는 없고, 대신 동사의 성격을 갖고 있는 형태를 말한다. 따라서 동사의 성격 때문에 주어와 시제, 태를 가질 수 있다는 점에서 준동사라고 부른다.

section 1 부정사

(1) 부정사의 기능

① 부정사는 '명사적 기능'으로 '주어 · 목적어 · 보어'로 사용
- To know oneself is difficult. (주어)
- She wanted to have a vegetable garden. (목적어)
- My secret ambition is to be a pop singer. (보어)

Point 팁 to부정사가 주어인 경우는 대체로 가주어 It을 사용하는 것이 일반적이다.
- To master English is not so easy. (To부정사 주어)
- → It is not so easy to master English. (가주어-to부정사)

② 부정사는 형용사와 같이 '명사 + to부정사'의 구조로 명사를 수식하거나 'be + to부정사'의 구조로 보어로 사용되어 '예정 · 의무 · 가능 · 소원 · 운명' 등을 표현
- I have no one to love me. (=no one who loves me)
- She is to get married this spring. (예정)
- You are to stay here until we return. (의무)

Point 팁 자동사에서 나온 부정사가 명사를 수식할 때는 '명사 + to부정사 + 전치사'의 구조를 취한다.
- I want a chair to sit on.

③ 부정사는 '동사나 형용사'를 수식하는 부사와 같이 쓰여 '목적 · 원인 · 이유나 판단의 근거 · 조건 · 결과' 등을 표현
- I took the subway to avoid the traffic jam. (목적)
- I am glad to have you back. (원인)
- She must be crazy to believe such nonsense. (판단의 근거)

303

(2) 부정사의 성격

① 부정사는 동사적 성격이 있어 '의미상의 주어'가 필요한데, 보통은 부정사 앞에 'for + 목적격'을 붙여 나타내지만, 사람의 특성을 나타내는 형용사 뒤에는 'of + 목적격'을 붙여 나타냄

- It's impossible for you to finish the work in time.
- The rule was for men and women to sit apart.
- It was kind of you to help the old woman.

② 부정사는 동사의 성격이 있어 '시제'가 필요한데, '본동사와 동일한 때나 미래'를 나타낼 때는 'to + 동사원형'으로, '본동사보다 이전의 때'를 나타낼 때는 'to have + p.p.'로 표현

- She seems to be happy now.
  (=It seems that she is happy now. – 본동사와 동일한 때)
- We all hope to pass the entrance exam.
  (=We all hope that we will pass. – 본동사보다 미래의 일)
- I'm happy to have had this talk with you.
  (=I'm happy that I had this talk with you. – 본동사보다 이전의 때)

③ 부정사는 동사의 성격이 있어 '능동과 수동'이 필요한데, '능동'은 'to + 동사원형 또는 to have p.p.'의 형식으로, '수동'은 'to be + p.p. 또는 to have been + p.p.'의 형식으로 표현

- I need some more books to read. (능동–I read some more books.)
- Women like to be admired. (수동–Women are admired.)

(3) 그 밖의 부정사의 쓰임

① 독립부정사 : 관용적 표현으로 문장 전체를 수식한다.

- to begin(start) with 우선
- so to speak 소위
- strange to say 이상한 얘기지만
- to be frank(honest) 솔직히 말해서
- to make matters worse 설상가상으로
- to make matters better 금상첨화로
- to cut(make) a long story short 요약하자면

② 원형부정사

부정사 중 to 없이 동사원형만 사용되는 것을 '원형부정사'라 하며 조동사 뒤, 지각동사와 사역동사의 목적보어로 사용

- You cannot buy happiness with money. (조동사 뒤)
- She lets her children stay up very late. (사역동사의 목적보어)
- Did you feel the earth move? (지각동사의 목적보어)

Point 팁 관용적 표현
- do nothing but + 동사원형 : ~하기만 하다.
- cannot but + 동사원형 : ~하지 않을 수 없다(=cannot help + -ing).
- had better + (not) + 동사원형 : ~하는 것이(하지 않는 것이) 좋겠다.

③ 대부정사

부정사가 반복될 때 반복되는 부정사를 생략하여 'to'만 남기는 경우

- Don't go unless you want to (go).
- She opened the window, though I told her not to (open the window).
- I'd like to come, but I don't have time to (come).

④ 부정사를 부정할 때는 'not to부정사'의 구조로 부정사 앞에 부정어를 붙여 표현

- Try not to be late.
- Be careful not to wake the children.
- You were lucky not to be killed.
- You were silly not to have locked your car.

section 2 동명사

(1) 동명사의 기능

① 동명사는 명사와 마찬가지로 '주어, 목적어, 보어'가 될 수 있음

- Lying is disgraceful vice. (주어)
- I like reading in bed. (목적어)
- She is afraid of speaking in public. (전치사의 목적어)
- Mary's job is selling flowers. (보어)

② 동명사는 동사적 성격이 있어 동사와 마찬가지로 '목적어, 보어, 수식어구'를 취할 수 있으며, '시제와 태'가 적용됨

문 다음 우리말을 영작한 것 중 가장 적절한 것은?

▶ 2018. 12. 22. 경찰공무원(순경)

① 유수는 그 회사에 지원하는 것을 고려하고 있다.
→ Yusoo is considering applying for the company.

② 그 경찰서는 난민들에게 생활필수품을 제공했다.
→ The police station provided commodities with refugees.

③ 판사는 죄수가 재구속되어야 한다고 명령했다.
→ The judge ordered that the prisoner was remanded.

④ 그는 물속으로 깊이 잠수했다.
→ He dived deeply into the water.

Tip ① consider는 동명사를 목적어로 취하는 완전타동사로 applying은 적절하게 쓰였다.
② provide A with B는 'A에게 B를 제공하다'는 뜻이므로 provided commodities with refugees → provided refugees with commodities로 고쳐야 한다.
③ order의 목적어로 that절이 온 구문으로 that절의 동사는 (should) + 동사원형으로 쓴다. 따라서 was → (should) be로 고쳐야 한다.
④ deeply는 '매우'이다. '깊이'는 deep을 쓴다.

┃정답 ①

• I enjoy watching baseball on television. (목적어를 취함)

• She is proud of being beautiful. (보어를 취함)

• She began reading her book in a clear voice. (수식어를 취함)

(2) 동명사의 성격

① 동명사는 동사의 성격이 있어 '주어'가 필요한데, 동명사의 의미상의 주어는 동명사 앞에 '소유격'을 붙여 나타내며, 소유격을 만들지 못하는 무생물 명사는 그대로 사용

• I don't like her going to such a place.

• What's the use of my going there?

• I have no doubt of this news being true.

② 동명사는 동사의 성격이 있어 '시제'가 필요한데, '본동사와 같은 때나 미래의 일'을 나타낼 때는 '동사원형 + ing'의 형식, '본동사보다 이전의 일'을 나타낼 때는 'having + p.p.'의 형식

• I am not ashamed of being poor.
  (=I am not ashamed that I am poor : 본동사와 시제 일치)

• I'm thinking of visiting her tomorrow.
  (=I'm thinking that I will visit her tomorrow : 본동사보다 미래)

• I'm sorry for not having written to you sooner.
  (=I'm sorry that I did not write to you sooner : 본동사보다 이전의 일)

③ 동명사는 동사의 성격이 있어 태를 가지며, 능동은 '동사원형 + ing 혹은 having + p.p.'로, 수동은 'being + p.p. 혹은 having been + p.p.'로 나타냄

• I like taking a shower before going to bed. (=I take a shower : 능동)

• I don't like being treated like a child. (=I am treated like a child : 수동)

• The boy admitted having been hit. (=The boy had been hit : 완료형 수동)

(3) 동명사의 관용적 표현

• It is no use + 동명사 : ~해봐야 소용없다
  (=It is useless to부정사).

• There is no + 동명사 : ~하는 것은 불가능하다
  (=It is impossible to부정사, One cannot + 동사원형).

• cannot help + 동명사 : ~하지 않을 수 없다
  (=cannot but + 동사원형, cannot choose but + 동사원형, have no choice but to부정사).

• It goes without saying that~ : ~은 말할 나위도 없다

　(＝It is needless to say that ~).

• feel like + 동명사 : ~하고 싶다

　(＝feel inclined to부정사, be in a mood to부정사).

• of one's own + 동명사 : 자신이 ~한

　(＝p.p. + by oneself)

• S＋be worth + 동명사 : ~할 만한 가치가 있다

　(＝It is worth – while to부정사 + S의 목적격)

• be on the point(verge, blink) of + 동명사 : 막 ~하려 하다

　(＝be about to부정사).

• What do you say to + 동명사? : ~하는 것이 어떻습니까?

　(＝How/What about + 동명사?)

• make a point of + 동명사 : ~하는 것을 규칙으로 하다

　(＝be in the habit of + 동명사, make it a rule to부정사).

• be accustomed to + 동명사 : ~하는 버릇(습관)이 있다

　(＝be used to + 동명사, be in the habit of + 동명사, make it a rule + to부정사)

• on(upon) + 동명사 : ~하자마자 곧

　(＝as soon as + S + V)

• look forward to + 동명사 : ~하기를 기대하다

　(＝expect to부정사).

• come(go) near + 동명사 : 거의 ~할 뻔하다

　(＝nearly/barely/narrowly escape from + 동명사)

• never ~ without + 동명사 : ~할 때마다 반드시 …하다

　(＝never ~but + S＋V, Whenever S + V, S + V)

(4) 부정사와 동명사

① 부정사만을 목적어로 취하는 동사

　ask, choose, decide, demand, expect, hope, order, plan, pretend, promise, refuse, tell, want, wish 등

② 동명사만을 목적어로 취하는 동사

　admit, avoid, consider, deny, enjoy, escape, finish, give up, keep, mind, miss, postpone, practice 등

기출문제

🔲 **어법상 옳은 것을 고르면?**

▶ 2016. 6. 18. 제1회 지방직

① That place is fantastic whether you like swimming or to walk.

② She suggested going out for dinner after the meeting.

③ The dancer that I told you about her is coming to town.

④ If she took the medicine last night, she would have been better today.

Tip ① ~like swimming or to walk → ~like swimming or walking
A or B 병렬구조이므로 ~ing or ~ing 로 형태를 일치시켜 준다.
② suggest는 3형식 동사로, 명사, 동명사, that절을 목적어로 취한다. going out~으로 시작하는 동명사구가 목적어로 왔으므로 올바른 표현이다.
③ The dancer that I told you about her ~→The dancer that I told you about ~
I told you about her(the dancer) 문장이 선행사 the dancer를 수식하는 형용사절이 되었다. 따라서 관계대명사 that이 이끄는 절에서 전치사 about의 목적어(her)가 없어야 옳은 문장이다.
④ If she took the medicine last night, she would have been better today. →If she had taken ~, she would be better today.
가정을 나타내는 if 종속절은 과거 시제(last night), 주절에서는 현제 시제(today)이므로 혼합가정법 문장이 되어야 함을 알 수 있다. 따라서 If S' had p.p ~, S +V(조동사 과거형)에 맞춰, if절에서 took을 had taken으로, 주절에서 would have been을 would be로 고친다.

ㅣ정답 ②

문 **우리말을 영어로 잘못 옮긴 것 은?**

▶ 2020. 6. 13. 지방직/서울특별시 시행

① 나는 네 열쇠를 잃어버렸다고 네게 말한 것을 후회한다.
→ I regret to tell you that I lost your key.

② 그 병원에서의 그의 경험은 그녀의 경험보다 더 나빴다.
→ His experience at the hospital was worse than hers.

③ 그것은 내게 지난 24년의 기억을 상기시켜준다.
→ It reminds me of the memories of the past 24 years.

④ 나는 대화할 때 내 눈을 보는 사람들을 좋아한다.
→ I like people who look me in the eye when I have a conversation.

Tip ①번에서 regret to V 는 '~ 하게 돼서 유감이다'라는 의미이다. 후회한다는 regret Ving가 와야 한다. 따라서 to tell은 to telling으로 고쳐야 한다.

③ 부정사와 동명사 둘 다를 목적어로 취하는 동사

like, love, dislike, begin, cease, start, continue, fear, decline, intend 등

④ 부정사와 동명사 둘 다를 목적어로 취하지만 의미가 변하는 동사
- remember(forget) + to부정사 : ~할 것을(미래) 기억하다(잊어버리다)
                    + 동명사 : ~했던 것을(과거)기억하다(잊어버리다)
- regret + to부정사 : ~하려고 하니 유감스럽다
         + 동명사 : ~했던 것을 후회하다.
- try + to부정사 : ~하려고 시도하다, 노력하다, 애쓰다
      + 동명사 : ~을 시험삼아 (실제로) 해보다.
- mean + to부정사 : ~할 작정이다(=intend to do)
       + 동명사 : ~라는 것을 의미하다.
- stop + to부정사 : ~하기 위해 멈추다(부사구)
       + 동명사 : ~하기를 그만두다(목적어)
- need, want, deserve + to부정사 : 능동의 의미
                      + 동명사 : 수동의 의미
- You need to study harder. (능동)
- My computer needs repairing. (수동)
- The car wants washing. (수동)

정답 ①

1 우리말을 영어로 옮긴 것 중 가장 어색한 것은?

① 그가 조만간 승진할 것이란 소문이 있다.

→The rumor says he will be promoted sooner or later.

② 음주 운전하는 것은 어리석은 짓이라는 것을 알았다.

→I found it stupid to drive under the influence.

③ 우리는 폭풍우 때문에 야구를 하지 못했다.

→The heavy rain prevented us from playing baseball.

④ 내 기억에는 그가 나에게 그런 뻔뻔스러운 거짓말을 한 적이 없다.

→I don't remember for him to tell me such a direct lie.

단어 ☑ **promote** 촉진하다, 승진시키다   **under the influence** 과음한 상태에서

TIP ☑ ④ for him to tell→his telling

remember가 과거의 사실을 나타낼 경우 동명사를 목적어로 취해야 한다. 동명사의 의미상 주어 형태는 소유격으로 쓴다.

2 다음 빈칸에 순서대로 들어갈 말로 가장 적절한 것은?

> • Global warming has led to an increase _____ temperatures and sea levels, and much less polar ice.
> • The big problem is _____ I don't get many chances to speak the language.
> • I am very careful with my money and I enjoy _____ a bargain when I go shopping.

① on−when−find   ② in−that−finding

③ to−what−to find   ④ with−whether−found

🔹Point

단어 global warming 지구온난화   **bargain** 싸게 사는 물건, 흥정, 합의, 흥정하다

해석 • 지구온난화는 온도와 해수면을 상승시키고, 빙하가 더욱 줄어들게 하였다.
     • 중대한 문제는 내가 그 언어로 말할 기회가 많지 않다는 것이다.
     • 나는 돈 관리에 신중하고 쇼핑할 때 저렴한 물건을 찾는 것을 즐긴다.

TIP • increase in ~에 있어서 증가하다
     • 'The problem is ~.'에서 be동사 다음은 보어(절) 자리이다. 빠진 성분 없이 완벽한 문장(I−주어/ don't get−동사/many chances~−목적어)을 이루는 절을 이끌어야 하므로 that이 오는 것이 적절하다.
     • enjoy는 목적어로 동명사를 취한다. 따라서 finding이 와야 한다.

3 다음 빈칸에 들어갈 말로 가장 적절한 것은?

> A : Do you like Peter's new suit?
> B : Yes, I think it makes _____ handsome.

① him look   ② he looks

③ him to look   ④ he is

🔹Point

해석 A : Peter의 새 정장을 좋아하니?
     B : 응, 옷이 그를 멋져 보이게 하는 것 같아.

TIP ① 사역동사 make + 목적어 + 원형부정사(동사원형) 형태이다.

4 어법상 옳지 않은 것은?

> Sometimes there is nothing you can do ① <u>to stop</u> yourself falling ill. But if you lead a healthy life, you will probably be able to get better ② <u>much</u> more quickly. We can all avoid ③ <u>doing</u> things that we know ④ <u>damages</u> the body, such as smoking cigarettes, drinking too much alcohol or taking harmful drugs.

단어 fall ill 병에 걸리다

해석 때때로 당신이 병에 걸리는 것을 <u>막기 위해</u> 당신이 할 수 있는 것은 아무것도 없다. 그러나 만약 당신이 건강한 삶을 유지한다면 당신은 아마 <u>훨씬</u> 더 빨리 회복될 것이다. 우리는 흡연이나 과음, 또는 마약 <u>복용</u>과 같이 우리 몸에 <u>해를 준</u>다고 알고 있는 것들을 <u>하는 것</u>을 피할 수 있다.

TIP
① '막기 위해서'라는 뜻으로 쓰인 to부정사이다.
② much는 비교급을 강조하기 위해 쓸 수 있다.
③ avoid는 목적어로 동명사를 취한다.
④ that이 things를 대신하므로 복수 주어에 맞게 damages→damage로 고쳐야 한다.

5 우리말을 영어로 잘못 옮긴 것은?

① 우리는 그녀의 행방에 대해서 아는 바가 전혀 없다.
  →We don't have the faintest notion of her whereabouts.
② 항구 폐쇄에 대한 정부의 계획이 격렬한 항의를 유발했다.
  →Government plans to close the harbor provoked a storm of protest.
③ 총기 규제에 대한 너의 의견에 전적으로 동의한다.
  →I couldn't agree with you more on your views on gun control.
④ 학교는 어린이들의 과다한 TV 시청을 막기 위한 프로그램을 시작할 것이다.
  →The school will start a program designed to deter kids to watch TV too much.

단어 faint 희미한, 아주 적은, 미약한 whereabout 소재, 행방 provoke (특정한 반응을) 유발하다

TIP ④ 금지동사 deter는 'deter+목적어+from+~ing'의 형태로 '목적어가 ~하는 것을 막다, 방해하다'의 의미를 가진다. 따라서 'to watch'를 'from watching'으로 고쳐야 한다.

Answer 2.② 3.① 4.④ 5.④

6 우리말을 영어로 잘못 옮긴 것은?

① 나의 이모는 파티에서 그녀를 만난 것을 기억하지 못했다.

　→My aunt didn't remember meeting her at the party.

② 나의 첫 책을 쓰는 데 40년이 걸렸다.

　→It took me 40 years to write my first book.

③ 학교에서 집으로 걸어오고 있을 때 강풍에 내 우산이 뒤집혔다.

　→A strong wind blew my umbrella inside out as I was walking home from school.

④ 끝까지 생존하는 생물은 가장 강한 생물도, 가장 지적인 생물도 아니고, 변화에 가장 잘 반응하는 생물이다.

　→It is not the strongest of the species, nor the most intelligent, or the one most responsive to change that survives to the end.

단어 **responsive** 즉각 반응하는

TIP ① 과거 일을 기억하지 못하는 것이므로 remember –ing형태로 쓰는 것이 맞다. remember to V–는 '(앞으로) ~할 것을 기억하다'라는 뜻이 된다.
② take+사람+시간 : ~에게 ~(시간)이 걸리게 하다
③ blow의 목적어로 my umbrella, 부사구로 inside out(뒤집어)이 쓰인 문장이다. home은 부사어로, 앞에 전치사 to를 쓰지 않도록 주의한다.
④ '~도, ~도 아니고, ~이다'로 열거를 이어주고 있는 문장이므로 not A but B or C보다 not A nor B but C로 표현하는 것이 적합하다.

7 어법상 옳은 것을 고르시오.

① The poor woman couldn't afford to get a smartphone.

② I am used to get up early everyday.

③ The number of fires that occur in the city are growing every year.

④ Bill supposes that Mary is married, isn't he?

단어 **occur** 일어나다, 발생하다

해석 ① 그 가난한 여자는 스마트폰을 살 수 없다.
② 나는 매일매일 일찍 일어나는 게 익숙하다.
③ 그 도시에서 일어난 화재들의 수는 매년 증가하고 있다.
④ Bill은 Mary가 결혼한 상태라고 가정하고 있어, 그렇지 않아?

TIP ① afford to 동사원형 : ~할 여유가 있다
② '~하는 데 익숙하다'라는 의미의 숙어는 be used to~ing 형태이다. 따라서 get up을 getting up으로 고쳐야 한다.
③ 문장의 주어인 The number가 단수이므로 동사인 are를 is로 고쳐야 한다.
④ 부가의문문에서 문장의 동사가 일반동사이면 do, be동사면 be V, 조동사면 조동사로 일치를 시킨다. isn't → doesn't

8 우리말을 영어로 잘못 옮긴 것을 고르시오.

① 그 회의 후에야 그는 금융 위기의 심각성을 알아차렸다.
→Only after the meeting did he recognize the seriousness of the financial crisis.

② 장관은 교통문제를 해결하기 위해 강 위에 다리를 건설해야 한다고 주장했다.
→The minister insisted that a bridge be constructed over the river to solve the traffic problem.

③ 비록 그 일이 어려운 것이었지만, Linda는 그것을 끝내기 위해 최선을 다했다.
→As difficult a task as it was, Linda did her best to complete it.

④ 그는 문자 메시지에 너무 정신이 팔려서 제한속도보다 빠르게 달리고 있다는 것을 몰랐다.
→He was so distracted by a text message to know that he was going over the speed limit.

Point

단어 financial 금융의 crisis 위기 construct 건설하다 distract ~을 혼란시키다

TIP ① only after 부사구가 문장 앞에 있으므로 주어–동사 순서가 도치(he realized → did he realize)되었다.
② insist와 같이 요구, 주장 등의 뜻을 나타내는 동사는 목적어로 오는 that절에서 'should+동사원형'을 쓴다. 이 때 should는 생략될 수 있으므로 that 절에서 a bridge (should) be constructed로 표현된 것은 바른 표현이다.
③ '(as) 형용사/부사 as +S +V' 구문에서 as는 though와 같은 양보(~이긴 하지만)의 뜻을 가진다. though it was a difficult task와 같은 뜻이다. 'as +형용사 +a 명사'의 순서도 as difficult a task로 바르게 쓰였다.
④ '너무 ~해서 ~할 수 없다'의 의미로 so 대신 too로 바꾸어 too~to 용법으로 사용해야 한다. know 이하의 that절은 know의 목적절로 사용되었다.
→He was too distracted by a text message to know that he was going over the speed limit.

Answer 6.④ 7.① 8.④

9 우리말을 영어로 옳게 옮긴 것은?

① 내가 열쇠를 잃어버리지 않았더라면 모든 것이 괜찮았을텐데.

→Everything would have been OK if I haven't lost my keys.

② 그 영화가 너무 지루해서 나는 삼십 분 후에 잠이 들었어.

→The movie was so bored that I fell asleep after half an hour.

③ 내가 산책에 같이 갈 수 있는지 네게 알려줄게.

→I will let you know if I can accompany with you on your walk.

④ 내 컴퓨터가 작동을 멈췄을 때, 나는 그것을 고치기 위해 컴퓨터 가게로 가져갔어.

→When my computer stopped working, I took it to the computer store to get it fixed.

단어 accompany ~와 동반하다, 동행하다

TIP ① 과거에 대한 가정이므로 가정법 과거 완료로 써야 한다. haven't→hadn't
② bore는 감정유발동사로 영화가 지루함을 느끼게 한 것이므로 현재분사를 써야 한다. bored→boring
③ accompany는 타동사로 전치사 없이 목적어를 취한다. accompany with→accompany

10 밑줄 친 부분 중 어법상 가장 옳지 않은 것은?

When you find your tongue ① <u>twisted</u> as you seek to explain to your ② <u>six-year-old</u> daughter why she can t go to the amusement park ③ <u>that</u> has been advertised on television, then you will understand why we find it difficult ④ <u>wait</u>.

단어 amusement park 놀이공원

해석 텔레비전에 광고된 놀이공원에 갈 수 없는 이유를 여섯 살짜리 딸에게 설명할 방법을 찾다가 당신의 혀가 꼬이는 것을 발견하면, 그때 당신은 우리가 기다리는 걸 어렵게 생각하는 이유가 무엇인지 이해할 것이다.

TIP ① find your tongue twisted에서 find는 5형식 동사로 쓰일 수 있으므로 your tongue는 목적어, twisted는 목적보어가 된다. 목적어와 목적보어가 수동관계(혀가 꼬이는 것)에 있으므로 p.p형 twisted로 쓴 것이 맞다.
② six-year-old는 '여섯 살짜리, 여섯 살의' 형용사로 쓰였으며, 하이픈(-)으로 이어져 하나의 한정용법으로 쓰이는 단어를 이룰 때 year를 복수명사로 쓰지 않는 것에 주의한다.
③ 주어가 선행사 the amusement park로 쓰인 관계대명사절이며, 관계대명사 that이 바르게 쓰였다.
④ find의 가목적어, 진목적어 구문에 해당하므로 wait→to wait로 고쳐야 한다.

Answer 9.④ 10.④

section 3 분사

(1) 분사의 용법

① 분사는 '동사원형 + ing'로 만들어진 현재분사와 '동사원형 + ed'로 만들어진 과거분사가 있으며, 현재분사는 '진행과 능동'의 의미를, 과거분사는 '완료와 수동'의 의미를 나타냄

- I love the noise of falling rain.
- A burnt child dreads the fire.
- There were many fallen leaves in the yard.

② 분사는 '명사 수식 · 주격 보어 · 목적격 보어'로 사용

- A rolling stone gathers no moss. (명사 수식)
- Who's the man talking to Elizabeth? (명사 수식)
- Chopin was a born pianist. (명사 수식)
- I got the only ticket left. (명사 수식)
- His idea seems exciting. (주격 보어)
- She sat surrounded by several small children. (주격 보어)
- We found her lying on the grass. (목적 보어)
- His speech made us bored. (목적 보어)

(2) 분사구문

① 분사구문은 '접속사 + 주어 + 동사'로 이루어진 부사절을 분사를 이용해 간결하게 나타낸 부사구를 의미함

- Seeing me, he ran away. (=When he saw → Seeing)
- Feeling ill, she declined the invitation. (=As she felt → Feeling)
- Turning to the right, you will find the park. (=If you turn → Turning)

② 분사구문은 '때 · 이유 · 조건 · 양보 · 동시 동작 · 연속 동작'의 의미를 나타냄

- <u>Arriving at the station</u>, I saw the train leave. (때)
  (=When I arrived at the station)
- <u>Not knowing what to do</u>, she asked me for some advice. (이유)
  (=As she did not know what to do)
- <u>Getting this medicine</u>, you will get well soon. (조건)
  (=If you get this medicine)
- <u>Admitting it is right</u>, I can't put it into practice. (양보)
  (=Though I admit it is right)

우리말을 영어로 잘못 옮긴 것은?

▶ 2018. 5. 19. 제1회 지방직

① 모든 정보는 거짓이었다.

→ All of the information was false.

② 토마스는 더 일찍 사과했어야 했다.

→ Thomas should have apologized earlier.

③ 우리가 도착했을 때 영화는 이미 시작했었다.

→ The movie had already started when we arrived.

④ 바깥 날씨가 추웠기 때문에 나는 차를 마시려 물을 끓였다.

→ Being cold outside, I boiled some water to have tea.

Tip ① information은 셀 수 없는 명사이다.

따라서 all of information 에서 informations로 쓸 수 없고, 동사 또한 단수형 (was)으로 써야야 한다.

② should have p.p(~했어야 했다) 가정법 구문이 바르게 쓰였다.

③ 주절의 주어가 when we arrived 보다 더 과거임 (already)을 알 수 있으므로 과거완료형을 써서 had started로 나타내었다.

④ Being cold outside

→ It being cold outside

분사구문을 만들 때 주절의 주어와 일치할 때에만 분사구문 내에서 주어를 생략할 수 있다. Being cold outside로 표현하게 되면 주절의 주어 I가 생략된 것으로 보아, 주어진 '바깥 날씨가 춥다' 지문과 다른 뜻이 된다. 날씨를 나타낼 때는 비인칭 주어 it을 써서 It was cold outside로 나타내므로, 주절의 주어와 같지 않아서 생략할 수 없다.

정답 ④

316

- Smiling brightly, she extended her hand. (동시 동작)

  (=As she smiled brightly)

- A man came up to her, asking her to dance. (연속 동작)

  (=and he asked her to dance.)

(3) 분사구문의 성격

① 분사구문의 의미상의 주어가 주절의 주어와 다를 때는 분사구문 앞에 주어를 형태 변화 없이 그대로 씀 (→ 독립분사구문)

- It being rainy, we stayed at home. (It ≠ we)
- The sun having set, we started for home. (The sun ≠ we)
- The wind blowing hard, the fire spread rapidly. (The wind ≠ the fire)

② 분사구문의 주어가 주절의 주어와 다르더라도 'we, you, they' 와 같이 일반인인 경우는 생략할 수 있다. (→ 비인칭, 무인칭 독립분사구문)

- Generally speaking, man is stronger than woman.

  (=If we speak generally)

③ 분사구문이 '주절의 동사와 같은 때'를 나타내면 '동사원형 + ing'로, '주절의 동사보다 이전의 일'을 나타내면 'having + p.p.' (→ 완료분사구문)

- Living next door, I seldom see her. (live = see)
- Having finished my work, I went out for a walk. (had finished 〉 went)

④ 분사구문은 동사의 성격이 있어 '능동과 수동'이 필요한데, 능동이면 '동사원형 + ing 혹은 having + p.p.'로, 수동이면 'Being + p.p. 혹은 Having been + p.p.'로 나타내는데, 수동인 경우는 'Being과 Having been'은 생략하고 과거분사만 사용

- Working out every day, she is very healthy. (=she works out – 능동)
- (Being) Left alone, the baby began to cry. (=the baby was left – 수동)

⑤ With 분사구문

'with + 명사 + 분사'형의 구문은 명사와 분사의 관계가 능동이면 '현재분사'를, 수동이면 '과거분사'를 사용한다.

- He walked in the woods, with his dog following him.

  (개가 그를 따라오게 한 채 – 능동)

- He sat in thought, with his eyes closed.

  (눈을 감은 채 – 수동)

1 우리말을 영어로 잘못 옮긴 것은?

① 그녀는 등산은 말할 것도 없고, 야외에 나가는 것을 좋아하지 않는다.

　→She does not like going outdoors, not to mention mountain climbing.

② 그녀는 학급에서 가장 예쁜 소녀이다.

　→She is more beautiful than any other girl in the class.

③ 그 나라는 국토의 3/4이 바다로 둘러싸여 있는 소국이다.

　→The country is a small one with the three quarters of the land surrounding by the sea.

④ 많은 학생들이 졸업 후 취직을 위해 열심히 공부한다.

　→A number of students are studying very hard to get a job after their graduation.

단어 **not to mention** ~은 말할 것도 없고

TIP ① like는 목적어로 to부정사와 동명사 둘 다 취하므로 like 뒤에 going이 올 수 있다. not to mention N은 '-은 말할 필요 없이'라는 뜻으로 mountain climbing의 명사 형태가 왔으므로 맞다.

② more ~ than any other 단수명사 : 다른 어떤 것(any other 단수명사)보다 더 ~한 →'가장 ~한'의 뜻을 가지는 최상급 표현이 된다.

③ '둘러싸여진'의 수동의 의미이므로 과거분사로 고쳐야 한다. surrounding→surrounded

④ a number of(많은) 뒤에 복수명사(students)에 맞춰 동사도 복수형(are)으로 써 주었으므로 맞는 표현이다.

 **단원평가**

2 어법상 옳지 않은 것은?

① The main reason I stopped smoking was that all my friends had already stopped smoking.

② That a husband understands a wife does not mean they are necessarily compatible.

③ The package, having wrong addressed, reached him late and damaged.

④ She wants her husband to buy two dozen of eggs on his way home.

 Point

단어 ✅ compatible 사이좋게 지낼, 호환이 되는

해석 ▶ ① 내가 담배를 끊은 가장 큰 이유는 내 친구들이 모두 이미 담배를 끊었기 때문이다.
② 남편이 아내를 이해한다는 것이 그들이 필연적으로 사이좋게 지낸다는 것을 의미하지는 않는다.
③ 그 소포는 주소가 잘못 적혀있었기 때문에 그에게 늦게 도착하고 손상되었다.
④ 그녀는 남편이 집으로 오는 길에 12개짜리 달걀 두 묶음을 사가지고 오기를 원한다.

TIP ✅ ① 흡연하는 것을 멈춘 것이므로 stop -ing로 쓴 것이 적절하다. stop to smoke는 '담배를 피우기 위해 멈추다'라는 뜻이다. 또한 that절에서 친구들이 금연한 것은 그 이전에 일어났던 일이므로 had p.p(과거완료)를 썼다.
② 주어가 that a husband understands a wife(명사절)이므로 단수 취급하여 동사를 does not mean으로 써서 옳게 표현하였다. that절 이하는 주어-동사-목적어의 완전한 문장을 이루고 있으며 (the fact) that ~에서 선행사 the fact가 생략되었다고 볼 수 있다.
③ 주어인 the package에 대하여 address는 수동이므로 having been addressed의 형태로 써야 한다. 또한 wrong은 형용사나 분사의 앞에서 wrongly의 형태가 자연스럽다. →The package, having been wrongly addressed, reached him late and damaged.
④ want A to 동사원형(A가 ~하길 원하다), on one's way(~가는 길에) 구문이 쓰였다. dozens of는 '수십의, 많은'의 뜻을 나타내지만 수사와 함께 쓰일 때는 dozen(12개)의 뜻을 가지며 복수형으로 쓰지 않는다.

3 어법상 밑줄 친 부분에 가장 적절한 것은?

> Most of the art _____ in the museum is from Italy in the 19th century.

① is displayed　　　　　　　② displaying
③ displayed　　　　　　　　④ are displayed

 Point

단어 ✅ museum 박물관, 미술관

해석 ▶ 미술관에 전시된 대부분의 예술작품은 19세기 이탈리아에서 온 것이다.

TIP ✅ ③ 이 문장에서 본동사는 is이기 때문에 빈칸은 본동사 자리가 아니기 때문에 ①과 ④는 제외시켜야 한다. 또한 display가 타동사이기 때문에 능동 형태로 쓰였다면 뒤에 목적어가 와야 하는데 이 문장에선 목적어가 없기 때문에 수동으로 쓰는 것이 옳다. 따라서 과거분사 형태인 displayed가 와야 한다.

4 밑줄 친 부분 중 어법상 옳지 않은 것을 고르시오.

In 1778 Carlo de Buonaparte, re-elected as one of the Council of Twelve Nobles, ① <u>was chosen</u> to be a member of a Corsican delegation to King Louis XVI. He took ten-year-old Giuseppe and nine-year-old Napoleone with him, ② <u>to begin</u> their life in their new country. They spent a night in a miserable inn at the port, sleeping on mattresses ③ <u>lay</u> out on the floor. En route from Corsica they visited Florence, where Carlo was able to procure a letter of introduction from the Habsburg Grand Duke Pietro Leopoldo to his sister Queen Marie Antoinette. Then they went on to France. Admittedly Carlo had something to celebrate, ④ <u>having been informed</u> by the Minister for War that Napoleone had been granted a scholarship and a place in the military school at Brienne as 'Royal Pupil' whose expenses would be paid by the King.

 Point

단어 re-elect 다시 선출하다 council 의회 delegation 대표단 miserable 비참한, 초라한 inn 여관 port 항구 en route 도중에 procure 구하다, 입수하다 Grand Duke 대공 admittedly 인정하건대 Minister for War 전쟁장관 scholarship 장학금 royal 국왕의, 왕족의 pupil 학생

해석 1778년 12인의 귀족 평회의 일원으로 재선출된 Carlo de Buonaparte는 루이16세에게 보내지는 코르시칸 대표단의 일원으로 선택되었다. 그는 새로운 나라에서 그들의 삶을 시작하기 위해 10살 Giuseppe과 9살 Napoleone을 데리고 갔다. 그들은 바닥에 놓인 매트리스 위에서 잠을 자며, 항구에 있는 한 초라한 여관에서 하룻밤을 보냈다. 코르시카로에서 가는 도중에 그들은 Florence를 방문했고, 그 곳에서 Carlo가 Habsburg가의 대공 Pietro Leopoldo로부터 그의 여동생 Marie Antoinette에게 보내는 소개장을 구할 수 있었다. 그 다음에 그들은 프랑스로 갔다. 인정하건대, Carlo는 Napoleone이 장학금과 Brienne에 있는 군사 학교에 왕에 의해 비용이 지불되는 '왕실 학생으로서 자리를 얻게 되었다는 것을 전쟁장관으로부터 알게 되는 축하할 일이 생겼다.

TIP ① Carlo de Buonaparte가 주어이므로 was chosen은 단수형, 수동태 모두 바르게 쓰인 표현이다.
② 목적의 뜻을 나타내는 to부정사로, 맞는 표현이다.
③ sleeping on mattresses [lay] out on the floor.는 '바닥에 놓인 매트리스 위에서 잠을 잤다'는 의미이며, lay는 명사인 mattresses를 수식하는 분사구를 이끄는 분사로 사용되었다. 바닥에 '놓인'이라는 의미를 나타내기 위해서 '놓다'라는 타동사 lay의 과거분사형 laid를 사용해야 한다.
④ Carlo had something to celebrate가 주절이므로 having been informed ~는 분사 구문 형태로 알맞게 쓰였다. 소식을 들은 것이 더 이전의 일이므로 have+p.p, 정보를 '전달받은' 것이므로 수동태인 be+p.p가 함께 쓰여 having been informed~가 되었다.

Answer 2.③ 3.③ 4.③

319

5 밑줄 친 부분 중 어법상 가장 옳지 않은 것은?

> Strange as ① <u>it may</u> seem, ② <u>the Sahara</u> was once an expanse of grassland ③ <u>supported</u> the kind of animal life ④ <u>associated with</u> the African plains.

Point

단어 expanse 넓게 트인 지역 grassland 풀밭, 초원 associated with ~와 관련된

해석 이상하게 보일지 모르지만, 사하라 사막은 한때 아프리카 평원과 관련된 동물들의 생태를 지지하는 광활한 초원이었다.

TIP ③ 두 번째 줄에서 광활한 초원이 동물들의 삶을 지지하는 능동의 의미이므로 ③번의 supported는 supporting이 되어야 한다.

6 우리말을 영어로 잘못 옮긴 것은?

① 예산은 처음 기대했던 것보다 약 25 퍼센트 더 높다.

→The budget is about 25% higher than originally expecting.

② 시스템 업그레이드를 위해 해야 될 많은 일이 있다.

→There is a lot of work to be done for the system upgrade.

③ 그 프로젝트를 완성하는데 최소 한 달, 어쩌면 더 긴 시간이 걸릴 것이다.

→It will take at least a month, maybe longer to complete the project.

④ 월급을 두 배 받는 그 부서장이 책임을 져야 한다.

→The head of the department, who receives twice the salary, has to take responsibility.

Point

단어 originally 원래, 본래

TIP ① 과거에 기대되었던 것에 비해 현재 예산이 더 높은 것이므로 과거 분사(수동)가 와야 한다. expecting → expected

② work는 셀 수 없는 명사이므로, a lot of work에서 복수형 works를 쓰거나 복수형 동사 are로 쓰지 않도록 주의한다. 또한 work는 do의 수동 관계에 있으므로 to be done의 수식을 받아 '해야 될 일'의 뜻을 나타낸다.

③ 'it takes + 시간 + (for 사람) + to부정사 : ~하는 데 ~시간이 걸리다' 구문이 맞게 쓰였다.

④ 문장의 주어는 the head of ~이다. 관계사절의 receives, 주절의 has 동사 모두 단수 주어에 맞는 형태로 쓰였다. 또한, twice the salary는 '배수사 + 명사' 순서로 쓰여 '두 배의 월급'이라는 뜻이다.

7 밑줄 친 부분 중 어법상 가장 옳지 않은 것은?

Lewis Alfred Ellison, a small-business owner and ① a construction foreman, died in 1916 after an operation to cure internal wounds ② suffering after shards from a 100-lb ice block ③ penetrated his abdomen when it was dropped while ④ being loaded into a hopper.

Point

단어 foreman 감독　operation 수술　wound 상처　suffering 고통　shard 조각, 파편　penetrate 관통하다 abdomen 배, 복부　hopper 호퍼(V자형 용기. 곡물·석탄·짐승 사료를 담아 아래로 내려 보내는 데 씀)

해석 중소기업 대표이자 건설현장 감독인 Lewis Alfred Ellison은 1916년 100파운드짜리 얼음 덩어리가 호퍼로 운반되는 도중 그것이 떨어져 그 얼음의 날카로운 부분이 그의 복부를 관통하여 고통 받다가 내부 상처를 치료하기 위한 수술을 받은 후 사망하였다.

TIP ① and를 기준으로 두 명사(a small-business owner, a construction foreman)가 주어를 수식하고 있다. 각각의 명사에 부정관사 a가 오는 것이 가능하다.

② '고통 받으면서'라는 수동의 분사구문 형태이므로 suffering → suffered

③ 접속사로 쓰인 after절에서 주어는 shards, 동사는 penetrated이다. 과거시제 능동형으로 알맞게 쓰였다.

④ while 절에서 주어 it(=the 100-lb ice block)을 생략하고, 동사 load는 (주어와 수동의 관계이므로) be+p.p(be loaded)에 -ing를 써줌으로써 while being loaded~로 시작하는 분사구문이 되었다.

8 밑줄 친 부분 중 어법상 옳지 않은 것은?

> Focus means ① getting stuff done. A lot of people have great ideas but don't act on them. For me, the definition of an entrepreneur, for instance, is someone who can combine innovation and ingenuity with the ability to execute that new idea. Some people think that the central dichotomy in life is whether you're positive or negative about the issues ② that interest or concern you. There's a lot of attention ③ paying to this question of whether it's better to have an optimistic or pessimistic lens. I think the better question to ask is whether you are going to do something about it or just ④ let life pass you by.

Point

단어 entrepreneur 사업가 combine A with B A와 B를 결합하다 ingenuity 독창성 dichotomy 이분 optimistic 낙관적인 pessimistic 비관적인 pass by 지나치다

해석 집중은 할 일을 하는 것을 의미한다. 많은 사람들이 뛰어난 아이디어를 가지고 있지만 그것을 실천하지는 않는다. 예를 들어, 나에게 있어 사업가란, 혁신과 독창성을 새로운 아이디어를 실행하는 능력과 결합할 수 있는 사람이다. 몇몇 사람들은 삶에서 가장 중요한 이분법이 당신에게 흥미를 일으키거나 걱정을 끼치는 일들에 대해 당신이 긍정적인지 혹은 부정적인지에 대한 것이라고 생각한다. 낙관적인 시선을 갖는 것이 좋은지 또는 비관적인 시선을 갖는 게 좋은지에 관한 의문에 많은 관심이 쏠리고 있다. 내 생각에 더 나은 질문은 당신이 그것에 대해 무엇인가를 할 것인지 아니면 그냥 지나가게 할 것인지이다.

TIP ① get은 사역의 의미로 쓰일 때 목적보어 자리에 to부정사 혹은 과거분사(수동 의미일 경우)를 쓰는데 stuff와 do에서 수동의 의미이므로 done이 맞다. 또한 동사 mean의 목적어로 동명사가 올 수 있다.
② interest와 concern 모두 타동사로서 전치사 없이 목적어를 바로 취한다. 또한 that 절 안에서 주어였을 선행사 the issues 복수 명사에 맞춰 복수형 동사로 맞게 쓰였다.
③ paying→paid, '이 질문에 지어지는 관심'이라는 의미로 attention을 수동의 의미로 수식하므로 과거분사로 고쳐 써야 한다.
④ whether you are going to do ~ or let에서 or를 기준으로 병렬을 이루고 있다. you are going to do ~ or (you are going to) let ~에서 공통부분은 생략되었다. 또 let은 사역동사로 쓰여 목적어로 동사원형을 취하므로 pass by역시 맞게 쓰였다. 대명사 you는 '동사+부사'로 이루어진 동사구에서 목적어가 되며 동사와 부사 사이에 올 수 있다.

9 다음 문장의 빈칸에 들어갈 알맞은 것을 고르시오.

The trade figures ＿＿＿＿＿＿＿ indicate that the surge in steel imports had begun to abate in November.

---

① releasing last Thursday

② to be released last Thursday

③ being released last Thursday

④ released last Thursday

단어 surge 급등하다, 밀려들다 steel 강철, 철강업 import 수입품, 수입하다 abate 약해지다

해석 지난 목요일에 밝혀진 무역 수치는 철강 수입품에서의 급격한 증가가 11월에 점차 약화되기 시작했다는 것을 보여준다.

TIP ④ 이미 주어(The trade figures)와 동사(indicate)가 나와 있으므로 빈칸은 주어를 수식하는(의미를 보충하는) 분사형 형용사구가 들어가야 한다(분사형 형용사구는 일반 형용사와 달리 뒤에서 수식한다). 따라서 의미상 The trade figures와 release의 관계가 수동이므로 과거분사가 이끄는 형용사구가 들어가야 한다.

10 다음 문장의 밑줄 친 부분 중 어법상 가장 어색한 것을 고르시오.

---

① <u>Facing with</u> the prospect of highly dependent offspring, ② <u>she'd</u> be on the look out for someone ③ <u>who was</u> not only ④ <u>fit</u> and healthy but also had access to resources.

단어 face 마주치다, 직면하다 prospect 전망, 가능성, 예상 dependent 의존하는 offspring 자식 be on the look out for ~을 찾다

해석 (남에게) 대단히 의존적인 자식이 겪게 될 것을 예상하게 되면서, 그녀는 튼튼하고 건강할 뿐 아니라 생활력도 있는 사람을 찾으려고 하였다.

TIP ① Facing with → Faced with

As she was faced with~(종속부사절)＝(Being) Faced with~(분사구문)

04 관계사

section 1 관계대명사

(1) 관계대명사의 종류와 기능

선행사	주격	목적격	소유격
사람	who	who(m)	whose
동물, 사물	which	which	of which, whose
사람, 동물, 사물	that	that	없음

① 관계대명사는 앞에 나온 명사를 대신하는 '대명사'의 역할과 함께 절과 절을 이어주는 '접속사'의 역할
  - I have a friend. + He likes computer games very much.
    → I have a friend who likes computer games very much.

② 관계대명사는 뒤 문장에서 '주어, 목적어, 소유격'을 대신해서 사용하여 불완전한 절을 이끈다.
  - John is a student who always studies hard. (주어 역할)
    (= John is a student. He always studies hard.)
  - This is the book which you want to read. (목적어 역할)
    (= This is the book. You want to read it.)
  - I met a girl whose hair came down to her waist. (소유격 역할)
    (= I met a girl. Her hair came down to her waist.)

③ 관계대명사 'who'는 선행사가 사람이며, 주어 열학을 할 때 사용하며, 관계대명사 'whom'은 선행사가 사람이며 목적어 역할을 할 때 사용. 관계대명사 'whose'는 선행사가 사람이나 사물이며 소유격을 대신할 때 사용
  - I like a man who has a good sense of humor. (사람 – 주어 역할)
  - John is a man whom everyone respects. (사람 – 목적어 역할)
  - He has a girl-friend whose name is Ann. (사람 – 소유격 역할)

Point 팁 선행사가 사물인 경우의 소유격 관계대명사는 'of which'를 사용할 수 있다.
  - He has a car of which the color(=whose color) is red.

밑줄 친 부분이 어법상 옳지 않은 것은?

▶ 2024. 6. 22. 제1회 지방직

① You must plan <u>not to spend</u> too much on the project.

② My dog <u>disappeared</u> last month and hasn't been seen since.

③ I'm sad that the people <u>who</u> daughter I look after are moving away.

④ I bought a book on my trip, and it was <u>twice as expensive as</u> it was at home.

Tip ③ 관계대명사 who 뒤에는 불완전한 절이 와야 하는데, 여기서는 완전한 절이 이어지고 있으므로 who → whose로 고쳐야 한다.
「① 프로젝트에 너무 많은 돈을 쓰지 않도록 계획해야 한다.
② 지난달에 내 개가 사라졌고 그 이후로 보이지 않는다.
③ 내가 돌보는 딸을 가진 사람들이 이사를 가게 돼 유감이다.
④ 나는 여행 중에 책 한 권을 샀는데, 그것은 고향에서보다 두 배나 비쌌다.」

정답 ③

④ 관계대명사 'which와 that'은 선행사가 사물이며 주어나 목적어 역할을 할 때 사용되며, 특히 'that'은 선행사가 사람일 때 'who와 whom'을 대신해 사용

- Did you read the letter which(that) came today? (사물 – 주어 역할)
- This is a play which(that) my sister stars in. (사물 – 전치사의 목적어 역할)
  (＝This is the play in which my sister stars.)

* 관계대명사 that은 전치사 뒤에 올 수 없으므로 in which를 in that으로 쓰지 않는다.

⑤ 관계대명사 that의 특징

㉠ 관계대명사 that은 who 또는 which를 대신하여 선행사에 관계없이 두루 쓸 수 있다.

- I know the boy that broke the window.
- This is the camera that I bought yesterday.

㉡ 관계대명사 that만 쓰는 경우!

- 선행사가 최상급, 서수사, the only, the very, the last, the same, every, no 등에 의해 수식될 때

  He is the fastest runner that I have ever seen.

  He is the first man that heard the news.

  He was the only person that can do it.

  You are the very boy that I have been looking for.

- 선행사가 '사람＋동물(사물)'일 때

  He spoke of the men and the things that he had seen.

  Men and horses that were killed in the battle were innumerable.

- 선행사가 의문대명사일 때

  Who that has common sense can do such a thing?

- 선행사가 부정대명사 또는 부정형용사(-thing, -body -one, none, little, few, much, all, any, some, etc)일 때

  I'll give you everything that you want.

  Anyone that knows computer is welcome.

  All that glitters is not gold.

㉢ 관계대명사 that을 쓸 수 없는 경우!

- 전치사＋that : 관계대명사 that은 전치사의 지배를 받지 않으므로 그 전치사는 문미에 둔다.

  This is the book that I spoke of(○).

  → This is the book of that I spoke(×).

기출문제

문 밑줄 친 부분 중 어법상 틀린 것은?

▶ 2020. 6. 20. 소방공무원

Australia is burning, ① being ravaged by the worst bushfire season the country has seen in decades. So far, a total of 23 people have died nationwide from the blazes. The deadly wildfires, ② that have been raging since September, have already burned about 5 million hectares of land and destroyed more than 1,500 homes. State and federal authori‑ties have deployed 3,000 army reservists to contain the blaze, but are ③ struggling, even with firefighting assistance from other countries, including Canada. Fanning the flames are persistent heat and drought, with many pointing to climate change ④ as a key factor for the intensity of this year's natural disasters.

Tip ② 관계대명사 that은 콤마 뒤에 계속적 용법으로 쓰일 수 없다. 따라서 which로 바꾸어야 한다.
① 수동 분사구문으로 being은 옳은 표현이고, 생략도 가능하다.
③ struggle은 '고군분투하다'는 자동사의 의미로 쓰여서 올바른 표현이다.
④ '~로서'라는 의미의 전치사로 쓰였다.

|정답 ②

기출문제

밑줄 친 부분 중 어법상 옳지 않은 것은?

▶ 2018. 5. 19. 제1회 지방직

I am writing in response to your request for a reference for Mrs. Ferrer. She has worked as my secretary ①for the last three years and has been an excellent employee. I believe that she meets all the requirements ②mentioned in your job description and indeed exceeds them in many ways. I have never had reason ③to doubt her complete integrity. I would, therefore, recommend Mrs. Ferrer for the post ④what you advertise.

Tip ④ for the post <u>what</u> you advertise → for the post <u>that/which</u> you advertise
관계대명사 what(=the thing that 등)은 선행사를 포함하고 있는 개념으로 선행사 없이 그 자체로 명사절을 이끌 수 있다. 여기서는 앞에 the post라는 선행사가 있고 뒤에서 수식하는 형용사절이 되어야 하므로 that 혹은 which로 바꾸어준다.

정답 ④

• 계속적 용법 : 관계대명사 that은 한정적 용법으로만 쓰인다.

I met the man, who did not tell me the truth(○).

I met the man, that did not tell me the truth(×).

② 관계대명사 what의 특징

관계대명사 'what'은 선행사와 관계대명사가 결합되어 '~하는 것, 또는 ~하는 모든 것'의 의미를 나타내며, 문장 내에서 '주어·목적어·보어'로 사용. 이 때 what은 the thing which, that which, all that 등으로 바꿔 쓸 수 있다. 다른 관계대명사와는 달리 선행사를 포함하고 있기 때문에 what으로 연결된 두 개의 절이 불완전한 절이다.

• What she said made me angry.

　　불완전절　　불완전절

(What she said = The thing that she said – 주어 역할)

• I don't believe what you've told me.

　불완전절　　　　　불완전절

(what you've told me = the thing that you've told me – 목적어 역할)

Point 팁　what의 관용적 표현

㉠ what is better : 더욱 더 좋은 것은, 금상첨화로

㉡ what is worse : 더욱 더 나쁜 것은, 설상가상으로

㉢ what is more : 게다가

㉣ what is called : 소위, 이른바[=what we(you, they) call]

㉤ A is to B what C is to D : A와 B의 관계는 C와 D의 관계와 같다.

㉥ What with A and (what with) B : 한편으로는 A하고, 또 한편으로는 B해서(원인)

㉦ What by A and (what by) B : 한편으로는 A에 의해, 또 한편으로는 B에 의해(수단, 방법)

㉧ What + S + be : S의 인격·상태

㉨ What + S + have : S의 재산·소유물

---

(2) 관계대명사의 용법과 생략

① 관계대명사는 '명사 + 관계대명사'의 구조로 명사의 범위를 제한하는 '제한적 용법'과 '명사(구, 절) + 콤마(,) + 관계대명사'의 구조로 이미 정해진 명사(구, 절)에 대한 부연 설명을 나타내는 '계속적 용법'으로 사용

• She married a man whom she met in a party. (제한적 용법)

• She married John, whom she met in a party. (계속적 용법)

　　　　　　　　　(= and she met him in a party.)

② which의 계속적 용법

계속적 용법으로 쓰인 which는 형용사, 구, 절, 또는 앞 문장 전체를 선행사로 받을 수 있다.

- Tom is healthy, which I am not.

  =Tom is healthy, but I am not healthy. (형용사가 선행사).

- I tried to persuade him, which I found impossible.

  =I tried to persuade him, but I found it impossible. (to부정사구가 선행사)

- He paid all his debts, which is the proof of his honesty.

  =He paid all his debts, and this is the proof of his honesty. (앞 문장이 선행사)

③ 관계대명사의 생략

ⓐ 관계대명사가 타동사의 목적어로 쓰일 때

- Roses are the flowers (which) I like most.

  →Roses are flowers. + I like roses most. (타동사의 목적어)

ⓑ 관계대명사가 전치사의 목적어로 쓰일 때

- Things (which) we are familiar with are apt to escape our notice.

  →Things are apt to escape our notice. + We are familiar with things. (전치사의 목적어)

ⓒ '주격 관계대명사 + be동사'의 경우 둘 다 생략

- I bought a novel (which was) written by him.

- The cap (which is) on the table belongs to Inho.

ⓓ 관계대명사를 생략할 수 없는 경우 : 목적격 관계대명사라 할지라도 다음의 경우 생략할 수 없다.

- 계속적 용법으로 쓰였을 때

  I bowed to the gentleman, whom I knew well. (whom=for him)

- '전치사 + 목적격 관계대명사'가 함께 쓰였을 때

  I remember the day on which he went to the front.

- of which가 어느 부분을 나타낼 때

  I bought ten pencils, the half of which I gave my brother.

(3) 유사관계대명사

① 유사관계대명사 as … 제한적 용법으로 the same, such, as~가 붙은 선행사 뒤에서 상관적으로 쓰인다.

- This is the same watch as I lost. (유사물)

  이것은 내가 잃어버린 것과 같은 시계이다.

- This is the very same watch that I lost. (동일물)

  이것은 내가 잃어버린 바로 그 시계이다.

- This book is written in such easy English as I can read. (as : 관계대명사)

  이 책은 내가 읽을 수 있는 그런 쉬운 영어로 쓰여 있다.

- This book is written in such easy English that I can read it. (that : 접속사)

  이 책은 매우 쉬운 영어로 쓰여 있어서 내가 읽을 수 있다.

② 유사관계대명사 but … 부정어구가 붙은 선행사 뒤에 쓰여 이중부정(강한 긍정)의 뜻을 지닌다. (=who~not, which~not, that ~not)

- There are few but love their country.

  자신의 나라를 사랑하지 않는 사람은 거의 없다.

  = There are few who don't love their country.

  = All men loves their country.

- There is no rule but has some exceptions. 예외 없는 규칙은 없다.

  = There is no rule that has not exceptions.

  = Every rule has exceptions.

③ 유사관계대명사 than … 비교급이 붙은 선행사 뒤에 쓰인다.

- Children should not have more money than is needed.

  아이들은 필요한 돈보다 더 많은 돈을 가지지 않아야 한다.

- The next war will be more cruel than can be imagined.

  다음 전쟁은 상상할 수 있는 이상으로 잔인할 것이다.

section 2 관계부사

(1) 관계부사의 기능과 종류

선행사	관계부사
장소	where = in, on, at which
시간	when = in, on, at which
이유(the reason)	why = for which
방법(the way)	how = in which

① 관계부사는 '접속사 + 부사'의 역할을 하여 선행사를 수식하며, '전치사 + 관계대명사'로 바꿔 쓸 수 있다.

ㄱ where
- This is the house where he lived.
  = This is the house in which he lived.
- There are few situations where this rule does not cover.
  = There are few situations with which this rule does not cover.

ㄴ when
- I know the time when he will arrive.
  = I know the time on which he will arrive.
- He died on the day when I arrived.
  = He died on the day on which I arrived.

ㄷ why
- That is the reason why I was late.
  = That is the reason for which I was late.
- There is no reason why you should go.
  = There is no reason for which you should go.

ㄹ how : 보통 the way와 how 중 하나를 생략해야 한다.
- I don't like (the way) how he talks.
  = I don't like the way in which he talks.
- I want to know the way (how) he solved it.
  = I want to know the way in which he solved it.

어법상 옳은 것을 고르면?
▶2012. 9. 22 하반기 지방직

① If I had followed your advice, I would be very healthy now.
② I felt such nervous that I couldn't concentrate on my work.
③ John became great by allowing himself learn from mistakes.
④ Tom moved to Chicago, which he worked for Louis Sullivan.

Tip ② such nervous that → so nervous that
such는 명사를 수식하므로 형용사인 nervous만을 단독으로 수식할 수 없다.
③ ~ allowing himself learn ~ → ~ allowing himself to learn ~
allow는 목적보어로 to부정사를 취한다. (allow A to R.V : A가 ~하도록 허락하다)
④ work가 자동사로 쓰였으므로 목적격 관계대명사 which가 아닌 관계부사 where가 와야 한다.

정답 ①

② 관계부사의 계속적 용법 … 관계부사 중 when, where는 계속적 용법으로 쓸 수 있다.

- Wait till nine, when the meeting will start.

  9시까지 기다려라. 그러면 모임을 시작할 것이다.

  = Wait till nine, and then the meeting will start.

- We went to Seoul, where we stayed for a week.

  우리는 서울에 가서, 거기서 1주일간 머물렀다.

  = We went to Seoul, and we stayed there for a week

section 3 복합관계사

① 복합관계대명사 … 복합관계대명사는 '관계대명사+ever'의 형태로서 '선행사+관계대명사'의 역할을 하며, 명사절이나 양보의 부사절을 이끈다.

ⓐ 명사절을 이끌 때

- whatever, whichever = anything that

  I will accept whatever you suggest.

  나는 네가 제안하는 것은 무엇이든지 받아들이겠다.

  = I will accept anything that you suggest.

  Choose whichever you want. 당신이 원하는 어느 것이든지 선택하세요.

  = Choose anything that you want.

- whoever = anyone who

  Whoever comes first may take it.

  누구든 가장 먼저 오는 사람이 그것을 가져도 좋다.

  = Anyone who comes first may take it.

- whosever = anyone whose

- whomever = anyone whom

  She invited whomever she met.

  그녀는 그녀가 만나는 사람은 누구든지 초대하였다.

  = She invited anyone whom she met.

ⓑ 양보의 부사절을 이끌 때 : 'no matter + 관계대명사'로 바꿔 쓸 수 있다.

- whoever = no matter who : 누가 ~하더라도

  Whoever may object, I will not give up.

  누가 반대하더라도 나는 포기하지 않을 것이다.

  = No matter who may object, I will not give up.

우리말을 영어로 잘못 옮긴 것은?

▶ 2020. 6. 13. 지방직/서울특별시

① 보증이 만료되어서 수리는 무료가 아니었다.

→ Since the warranty had expired, the repairs were not free of charge.

② 설문지를 완성하는 누구에게나 선물카드가 주어질 예정이다.

→ A gift card will be given to whomever completes the questionnaire.

③ 지난달 내가 휴가를 요청했더라면 지금 하와이에 있을 텐데.

→ If I had asked for a vacation last month, I would be in Hawaii now.

④ 그의 아버지가 갑자기 작년에 돌아가셨고, 설상가상으로 그의 어머니도 병에 걸리셨다.

→ His father suddenly passed away last year, and, what was worse, his mother became sick.

Tip ②번에서 whomever 뒤에 completes 동사가 있기 때문에 주어 역할을 할 수 있는 whoever가 들어가야 한다.
A gift card will be given to whomever(→whoever) completes the questionnaire.

정답 ②

• whatever = no matter what : 무엇이(을) ~하더라도

Whatever may happen, I am ready. 어떤 일이 일어나더라도 나는 준비되어 있다.

= No matter what may happen, I am ready.

• whichever = no matter which : 어느 것을 ~하더라도

Whichever you may choose, you will be pleased.

어느 것을 고르든 마음에 드실 겁니다.

= No matter which you choose, you will be pleased.

② **복합관계형용사** … 복합관계형용사는 '관계형용사 + ever'의 형태로 명사절이나 양보의 부사절을 이끈다.

㉠ **명사절을 이끌 때** : whatever, whichever = any(all the) + 명사 + that ~

Take whatever ring you like best.

당신이 가장 좋아하는 어떤 반지라도 가져라.

= Take any ring that you like best.

Choose whichever book you want to read.

읽고 싶은 아무 책이나 골라라.

= Choose any book that you want to read.

㉡ **양보의 부사절을 이끌 때**

• whatever + 명사 = no matter what + 명사

Whatever results follow, I will go. 어떠한 결과가 되든 나는 가겠다.

= No matter what results follow, I will go.

• whichever+명사=no matter which+명사

Whichever reasons you may give, you are wrong.

당신이 어떤 이유들을 제시하든 당신은 잘못하고 있다.

= No matter which reasons you may give, you are wrong.

③ **복합관계부사** … 복합관계부사는 '관계부사 + ever'의 형태로 '선행사+관계부사'의 역할을 하며, 장소 · 시간의 부사절이나 양보의 부사절을 이끈다.

㉠ **장소, 시간의 부사절을 이끌 때**

• whenever = at(in, on) any time when

You may come whenever it is convenient to you.

편할 때 언제든지 와도 좋다.

= You may come at any time when it is convenient to you.

기출문제

🔵 **문 어법상 옳은 것은?**

▶ 2014. 4. 19. 안전행정부

① While worked at a hospital, she saw her first air show.

② However weary you may be, you must do the project.

③ One of the exciting games I saw were the World Cup final in 2010.

④ It was the main entrance for that she was looking.

> **Tip** ① While절은 분사구문으로 주절의 주어 she가 생략되었다. 그녀가 일을 하는 것(능동)이므로 working으로 써준다.
> While she worked at a hospital, she saw her first air show. = (While) working at a hospital, she saw her first air show.
> ② how(ever) +형용사 +S +V : S가 아무리 V하든지 간에
> ③ 'one of the exciting games ~에서 수일치 시켜야 하는 주어 부분은 one이므로 동사 were를 단수주어에 맞춰 was로 고쳐야 한다.
> ④ It was the main entrance +she was looking for the main entrance
> →It was the main entrance (선행사) that/which she was looking for.
> →It was the main entrance for which she was looking.
> 관계대명사 that은 전치사(for) 다음에 오지 못한다. 따라서 보기 지문의 that을 which로 고쳐주어야 한다.

┃정답 ②

- wherever = at(in, on) any place where

She will be liked wherever she appears.

그녀는 어디에 나오든지 사랑받을 것이다.

= She will be liked at any place where she appears.

ⓛ 양보의 부사절을 이끌 때 : 주로 may를 동반한다.

- whenever = no matter when

Whenever you may call on him, you'll find him reading something.

당신이 언제 그를 찾아가더라도 당신은 그가 어떤 것을 읽고 있는 것을 발견할 것이다.

= No matter when you may call on him, you'll find him reading something.

- wherever = no matter where

Wherever you may go, you will not be welcomed.

너는 어디에 가더라도 환영받지 못할 것이다.

= No matter where you may go, you will not be welcomed.

- however=no matter how

However cold it may be, he will come.

날씨가 아무리 춥더라도 그는 올 것이다.

= No matter how cold it may be, he will come.

1 다음 글의 밑줄 친 부분 중, 어법상 가장 옳지 않은 것은?

> People who are satisfied appreciate what they have in life and don't worry about how it compares to ① <u>which</u> others have. Valuing what you have over what you do not or cannot have ② <u>leads</u> to greater happiness. Four-year-old Alice runs to the Christmas tree and sees wonderful presents beneath it. No doubt she has received fewer presents ③ <u>than</u> some of her friends, and she probably has not received some of the things she most wanted. But at that moment, she doesn't ④ <u>stop to think</u> why there aren't more presents or to wonder what she may have asked for that she didn't get. Instead, she marvels at the treasures before her.

단어 value 가치, ~을 가치 있게 여기다 beneath ~아래에 no doubt 의심할 여지가 없이 ~일 것이다 marvel 경이로워하다

해석 만족하는 사람은 그들이 삶에서 가진 것을 감사히 여긴다. 그리고 그것이 다른 사람들이 가진 것에 어떻게 비교되는지에 대해 걱정하지 않는다. 당신이 가진 것을 가치 있게 여기는 것은 당신이 가지고 있지 않거나 가질 수 없는 것을 넘어 더 큰 행복으로 이어진다. 네 살배기 앨리스는 크리스마스트리로 달려가서 그것 아래에 있는 아주 멋진 선물들을 본다. 아마 그녀는 의심할 여지없이 그녀의 친구들 중 몇몇보다 더 적은 선물들을 받았을 것이다. 그리고 그녀는 아마도 그녀가 가장 원하던 것들 중 몇몇을 받지 못했을 것이다. 그러나 그 순간 그녀는 왜 더 많은 선물들이 없는지 생각하려고, 또는 그녀가 원하는 것을 달라고 할 수 있었을지 궁금해 하려고 멈추지 않는다. 대신 그녀는 그녀 앞에 놓인 보물들에 경이로워 한다.

TIP ① compare to에서 to는 전치사이므로 명사구/명사절을 이끈다. others have가 오는 명사절에서 have의 목적어 역할도 해야 하므로 밑줄 친 자리에 올 수 있는 것은 what뿐이다. which는 선행사를 꾸미는 형용사절을 이끄는데, 이 문장에서는 선행사가 없으므로 which가 올 수 없다.
② 'Valuing what you have over ~ (주어)/ leads(동사) to greater happiness.'의 문장구조이다. Valuing 이하가 주어이므로 단수 취급하여 leads로 쓰는 것이 맞다.
③ 비교급 fewer가 있으므로 than을 쓰는 것이 맞다.
④ stop to-(to 부정사)는 '~을 하려고 멈추다'이고, stop -ing(동명사)는 '~하던 것을 멈추다'이다. '앨리스가 자신이 적게 가진 것에 대해 생각하려고, 혹은 의문을 가지려고 (가던 것을) 멈추지 않는다.'는 말이므로 stop to think~ or (stop to) wonder~ 로 쓴다.

Answer 1.①

333

2 어법상 빈칸에 들어가기에 적절한 것은?

> The sales industry is one _____ constant interaction is required, so good social skills are a must.

① but which   ② in which
③ those which   ④ which

단어 ✓ **social skill** 사회적 기능

해석 ▶ 판매업은 지속적인 상호작용이 요구되는 하나의 사업영역이다. 그래서 능숙한 사교술이 필수적이다.

TIP ✓ ② 빈칸에는 one을 수식하는 관계사가 와야 하는데 뒤에 문장이 완전하므로 관계 부사(전치사 + 관계 대명사)가 와야 한다.

3 어법상 옳지 않은 것은?

① You might think that just eating a lot of vegetables will keep you perfectly healthy.
② Academic knowledge isn't always that leads you to make right decisions.
③ The fear of getting hurt didn't prevent him from engaging in reckless behaviors.
④ Julie's doctor told her to stop eating so many processed foods.

단어 ✓ **reckless** 무모한 **processed food** 가공식품

해석 ▶ ① 너는 단순히 많은 야채를 먹는 것이 너를 완전히 건강하게 해줄 것이라고 생각하는지도 모른다.
② 학문적 지식이 항상 올바른 결정을 할 수 있도록 하는 것은 아니다.
③ 다치는 것에 대한 두려움도 그가 무모한 행동을 하는 것을 막지 못했다.
④ Julie의 의사는 그녀에게 너무 많은 가공식품을 먹는 것을 멈추라고 이야기했다.

TIP ✓ ① that절 안에서 eating a lot of vegetables가 주어이며, keep의 목적어, 목적보어로 각각 you, healthy (형용사)가 왔으므로 올바른 표현이다.
② that이 관계대명사로 쓰인 것이라면 선행사가 있어야 하는데 that 앞에는 선행하는 명사가 존재하지 않으므로 관계대명사로 쓰인 것이 아니다. 둘째, that이 접속사로 쓰였다면 뒤에 문장이 주어 + 동사가 완벽히 갖추어져 있어야 하는데 that 이하에 주어가 없으므로 접속사로 쓰인 것도 아니다. 그러므로 ②번 문장은 어법상 옳지 않다.
③ prevent A from -ing(A가 ~하는 것을 막다, 예방하다) 구문으로 바른 표현이다.
④ tell A to R.V(A에게 ~하라고 하다), stop -ing(-하는 것을 그만두다)이 각각 바르게 쓰였다.

4 밑줄 친 부분 중 어법상 옳은 것은?

Last week I was sick with the flu. When my father ① <u>heard me sneezing and coughing</u>, he opened my bedroom door to ask me ② <u>that I needed anything</u>. I was really happy to see his kind and caring face, but there wasn't ③ <u>anything he could do it</u> to ④ <u>make the flu to go away</u>.

단어 sneeze 재채기하다 cough 기침하다

해석 지난주에 나는 독감에 걸렸었다. 아버지는 내가 재채기하고 기침하는 것을 들었을 때, 내 침실 문을 열고 뭔가 필요한 것이 있는지 물어 보았다. 그의 친절하고 상냥한 얼굴을 보고 정말 기뻤지만, 그가 독감을 없애기 위해 할 수 있는 일은 아무것도 없었다.

TIP ② '내가 무엇이 필요한지 아닌지'를 물었다는 의미이므로 that이 아니라 if가 와야 한다. 따라서 that I needed anything → if I needed anything으로 고친다.
③ 선행사 anything 뒤에 목적격 관계대명사 that이 생략된 형태이다. 선행사 anything이 do의 목적어 역할을 하여 '그가 할 수 있는 어떤 것'을 의미하는데 뒤에 목적어 it이 중복하여 나왔으므로 anything he could do it → anything he could do로 고친다.
④ make는 사역동사로 목적어인 the flue와 목적격 보어인 to go away의 관계는 능동이다. 이때 사역동사의 목적격 보어로는 원형부정사만이 가능하므로 to go away → go away로 고친다.

5 밑줄 친 부분 중 어법상 가장 옳지 않은 것은?

I'm ① pleased that I have enough clothes with me. American men are generally bigger than Japanese men so ② it's very difficult to find clothes in Chicago that ③ fits me. ④ What is a medium size in Japan is a small size here.

Point

단어 fit 맞다, 가봉하다

해석 나는 내가 충분한 옷을 가지고 있어서 기쁘다. 미국 사람들은 일반적으로 일본 사람들보다 커서 시카고에서 나에게 맞는 옷을 찾기가 매우 어렵다. 일본에서의 M사이즈가 여기에서는 S사이즈이다.

TIP ① please는 동사로 쓰일 때 '~을 기쁘게 하다'라는 뜻을 가진다. 주어(I)가 기쁜 것이므로 be pleased 형태를 써서 주어의 감정을 나타낸다.
② 뒤에 나오는 to find clothes~가 보어 difficult의 진주어이므로 가주어 it을 쓴 것이 맞다.
③ 관계대명사 that의 선행사는 clothes이므로 복수동사인 fit을 써야 한다.
④ what is medium size in Japan까지가 주어이며 명사절이다. what은 선행사 없이 명사절을 이끌 수 있으므로 맞는 표현이다.

Answer 5.③

05 주요 품사

section 1 대명사

(1) 인칭대명사

① '인칭대명사'는 인칭에 따라 주격, 소유격, 목적격으로 변하며, 원명사의 수에 따라 단수와 복수의 형태로 사용
  - Mike has a new bike. He bought it yesterday. (a new bike → it:목적격/ 단수)
  - The students are in class. They are taking a test. (students → They:주격/복수)

② '소유대명사'는 '대명사의 소유격 + 명사'를 대신하는 것으로 'mine, ours, yours, his, hers, theirs'가 있음
  - This is your camera and that is mine.
  - Paula had to drive my car to work. Hers had a flat tire.

> **Point 팁**
> 소유대명사는 'a(n), this, that, any no, some, another + 명사 + of + 소유대명사'의 구조로 '이중소유격'을 만든다.
> - Alice is a good friend of mine. (not 'a my good friend')

③ '재귀대명사'는 '인칭대명사의 소유격 또는 목적격 + self(selves)'를 붙인 것으로, 타동사나 전치사의 목적어로 사용되는 '재귀용법'과 주어나 목적어를 강조하는 '강조용법'으로 사용
  - He bought himself a new car. (He = himself)
  - I myself met the writer. (= I met the writer myself. – 주어의 강조)

> **Point 팁**
> 전치사 + 재귀대명사(관용적 표현)
> - in itself 원래 그 자체(=in its own nature)
> - for oneself 자기 힘으로, 남의 도움 없이(=without other's help)
> - of oneself 저절로(=spontaneously)
> - by oneself 혼자서, 홀로(=alone)
> - beside oneself 제 정신이 아닌(=insane)
> - in spite of oneself 자신도 모르게(=unconsciously)

기출문제

🔒 우리말을 영어로 옮긴 것 중 가장 어색한 것은?
▶ 2015. 6. 27. 제1회 지방직

① 제인은 보기만큼 젊지 않다.
→ Jane is not as young as she looks.

② 전화하는 것이 편지 쓰는 것보다 더 쉽다.
→ It's easier to make a phone call than to write a letter.

③ 너는 나보다 돈이 많다.
→ You have more money than I.

④ 당신 아들 머리는 당신 머리와 같은 색깔이다.
→ Your son's hair is the same color as you.

Tip ④ Your son's hair is the same color as you.→Your son's hair is the same color as your hair(=yours).
the same –as 구문에서 그 비교대상이 일치해야 한다. 머리카락의 색을 비교하고 있으므로 you를 your hair혹은 소유대명사 yours로 고쳐 준다.

① 원급 비교(as–as)에서 뒤에 오는 문장 she looks (young)에서 young이 생략되었다.

② 가주어 It에 대한 진주어로 to부정사(to make/to write)가 왔다. 또한 비교급에서 than을 중심으로 병렬구조 형태가 to부정사가 일치하므로 맞는 표현이다.

③ than이하에서 I have much money에서 중복된 부분이 생략되어 'I'만 남게 되었다.

│정답 ④

④ It은 '명사·구·절·문장'을 가리키는 '대명사'뿐만 아니라 '비인칭(시간, 거리, 날씨, 명암 등), 가주어, 가목적어, 강조 구문' 등에 사용

• At last he found a house. — It was a very old one. (대명사)

• It was very windy yesterday. (비인칭 : 날씨)

• I was afraid because it was very dark. (비인칭 : 명암)

• It is impossible to understand her. (가주어)

• It was too bad that she couldn't come to the party. (가주어)

• We found it difficult to finish the homework in a day. (가목적어)

• It is you that are mistaken. (강조구문 = You are mistaken.)

(2) 지시대명사

'지시대명사'인 'this(these)'와 'that(those)'은 '앞에 나온 내용'을 대신해 쓰이거나, 'this(these)'는 '가까운 것, 뒤에 나올 내용'을 나타내며, 'that(those)'는 '먼 것, 명사의 반복을 피할 때' 사용

• To be or not to be : that is the question.

• This costs more than that.

• The climate here is like that of Korea. (that = the climate)

(3) 부정대명사

① all은 셋 이상을 가리키며, '단독, all + 명사, all of + 대명사, all of the(소유격) + 복수명사'의 구조로 쓰임

• All were tired and hungry.

• All (of) the people want peace.

• All of them have studied very hard.

② each는 둘 이상을 가리키며 'each + 단수명사, each of + the(소유격) + 복수명사'의 구조로 쓰이며, 단수 취급하여 단수동사를 쓴다. every는 셋 이상을 가리키며 'every + 단수명사'의 구조로 사용

• Each day is different.

• Each of us sees the world differently.

• Every room is being used.

• He gave us every assistance.

③ both는 '둘 다'의 의미로 'both + 복수명사, both of + 복수대명사, both of the(소유격) + 복수명사'의 구조로 복수동사를 쓴다.

문 밑줄 친 부분 중 어법상 옳지 않은 것은?

▶ 2024. 3. 23. 인사혁신처

①Despite the belief that the quality of older houses is superior to ②those of modern houses, the foundations of most pre–20th–century houses are dramatically shallow ③compared to today's, and have only stood the test of time due to the flexibility of ④their timber framework or the lime mortar between bricks and stones.

Tip ② superior to의 비교 대상이 '현대 주택의 품질'이므로 those →that으로 고쳐야 한다.

| 정답 ②

④ either는 '둘 중 하나'의 의미로 'either + 단수명사, either of + 복수대명사, either (of) the(소유격) + 복수명사'의 구조로 단수동사를 쓴다.

⑤ neither는 '둘 다 아님'을 뜻하며 'neither + 단수명사, neither of + 복수대명사, neither of the(소유격) + 복수명사'의 구조로 단수동사를 쓴다.
  • Both of these oranges are bad.
  • Mary sends both of you her love.
  • There are roses on either side of the door.
  • I don't like either of my English teachers.
  • Neither day is possible.
  • Neither of my brothers can sing.

⑥ none은 no one(아무도 ~않다)을 의미하며 셋 이상의 부정에 사용한다. 'none of the+복수명사+단수동사/복수동사'의 형태로 단·복수를 함께 사용한다.
  • None of them goes out. 그들 모두가 외출하지 않는다.
  • None of them go out. 그들 중 아무도 외출하지 않는다.
  • None of the money is hers.

⑦ some과 any : '약간'을 의미하는 some과 any는 불특정한 수 또는 양을 나타내는 대명사로 'some/any of the+단수명사+단수동사, some/any of the+복수명사+복수동사'의 형태로 쓰인다. some은 긍정문, 평서문에, any는 부정문, 의문문, 조건문의 대명사로 쓰인다.
  • Some of the fruit is rotten.
  • Any of the rumors are not true.

⑧ one, another, other
  ㉠ one은 '불특정 명사(a + 명사)'를 가리키며 〈단독(단수), 수식어 + one's〉의 구조로 사용
  • I've lost my bag and I must buy one. (=a bag)
  • I'd like a cake. A big one with lots of cream. (=a big cake)
  ㉡ another는 'an + other'로 셋 이상 중 '불특정한 또 다른 하나'를 가리키며 '단독 또는 another + 단수명사'의 구조
  • 하나 더(=one more)
    He finished the beer and ordered another(=one more beer).
  • 다른(=different)
    I don't like this tie. Show me another(=different tie).

🔍 밑줄 친 부분 중 어법상 가장 옳은 것은?
▶ 2018. 6. 23. 제2회 서울특별시

More than 150 people ①have fell ill, mostly in Hong Kong and Vietnam, over the past three weeks. And experts ②are suspected that ③another 300 people in China's Guangdong province had the same disease ④begin in mid-November.

Tip ① have fell ill →have fallen ill fall-fell-fallen으로 형태 변화가 일어난다.
② are suspected →suspect/have suspected 주어 experts가 주체가 되어 행하는 것이므로 능동이어야 한다. 또한 suspect는 진행형으로는 쓰이지 않으므로 전체 문맥에 맞게 현재형 또는 현재완료형으로 나타낸다.
③ another 자체로는 단수개념을 가진 명사이지만, 다른 명사를 꾸며주는 형용사로 쓰일 때는 복수명사 역시 수식할 수 있다. 300이라는 수에 맞춰 복수명사 people이 왔고 '또다른 300명'의 뜻이 되었다.
④ begin in →beginning that절 안에서 동사는 had이므로 또다시 본동사 형태로 올 수 없다. 형용사구나 부사구 형태로 바꿔줘야 한다. beginning in mid-November로 표현하여 '11월 중순부터 시작하여'라는 뜻으로 나타낼 수 있다.

정답 ③

ⓒ other는 '다른(사람, 것)'의 의미로 'the other, the others, others, other
 + 명사'의 구조로 쓰임

• These are too small. Have you got any others?

• Ruth is here, but the other girls are out.

ⓔ one, another, other와 관련된 주의할 표현

• 2개일 경우 : One, the other

 I have two computers. One is a desktop and the other is a notebook.

• 3개일 경우 : One, another, the other

 He has three friends. One is from Seoul, another from Daegu, and
 the other from Busan.

• 3개 이상일 경우 : One(Some), the others

 Some of the boys are here, but where are the others?

• 막연히 여러 개일 경우 : Some, others

 Some people said yes and others said no.

• A is one thing, B is another : A와 B는 별개이다(다르다).

 To say is one thing, to do is another.

주요 품사 - 대명사

단원평가

1 밑줄 친 부분 중 어법상 옳은 것은?

Compared to newspapers, magazines are not necessarily up-to-the-minute, since they do not appear every day, but weekly, monthly, or even less frequently. Even externally they are different from newspapers, mainly because magazines ① <u>resemble like a book</u>. The paper is thicker, photos are more colorful, and most of the articles are relatively long. The reader experiences much more background information and greater detail. There are also weekly news magazines, ② <u>which reports on a number of topics</u>, but most of the magazines are specialized to attract various consumers. For example, there are ③ <u>women's magazines cover fashion, cosmetics, and recipes</u> as well as youth magazines about celebrities. Other magazines are directed toward, for example, computer users, sports fans, ④ <u>those interested in the arts</u>, and many other small groups.

단어 ✓ **not necessarily** 반드시 ~은 아닌 **up-to-the-minute** 최신의, 최첨단의 **externally** 외부적으로, 외면적으로

해석 ▶ 신문과 비교해볼 때, 잡지는 매일 나오는 것이 아니라 매주나 매달 또는 그보다 더 드물게 나오기 때문에 반드시 최신판은 아니다. 대개 잡지는 책과 닮았기 때문에 그것들은 외형적으로도 신문과는 다르다. 종이는 더 두껍고, 사진은 보다 화려하고, 대부분의 기사들은 비교적 길다. 독자들은 훨씬 많은 배경정보들과 더 많은 세부사항들을 경험하게 된다. 주간 뉴스잡지는 많은 토픽들에 대해 보도하지만, 대부분의 잡지들은 다양한 소비자들의 마음을 끌기 위해 특화되어 있다. 예를 들어, 유명인들에 대해 다루는 청춘 잡지가 있는 것처럼, 패션, 화장품, 요리법을 다루는 여성 잡지가 있다. 다른 잡지들은 컴퓨터 사용자들, 스포츠팬들, 예술에 관심 있는 사람들, 그리고 많은 다른 소그룹을 겨냥한다.

TIP ✓ ① resemble like a book → resemble a book
resemble은 목적어를 바로 취하는 타동사이다. resemble 다음에 전치사를 쓰지 않도록 주의한다.
② 계속적 용법으로 쓰인 which절이 꾸미는 선행사는 weekly news magazines이다. 복수형이므로 which 절 안에 reports를 report로 고쳐준다.
③ there are women's magazines cover ~에서 동사는 are이다. 한 문장에 동사가 두 개 올 수 없으므로 cover는 covering으로 바꾸어 covering fashion, cosmetics, and recipes ~가 women's magazines를 꾸미는 형용사구가 되도록 해야 한다.
④ Other magazines are directed toward (A), (B), (C), and (D). 이 문장에서 A, B, C, D가 병렬적인 구조를 이루고 있다. 또한, A, B, D가 directed toward의 대상이 되는 '사람들 혹은 단체'를 의미하고 있으므로 C 역시 '예술에 관심이 있는 사람들(those interested in the arts)'이 들어가야 내용상 어울린다. those(~한 사람들)는 대명사로, interested in the arts의 수식을 받고 있다. those (who are) interested in the arts에서 관계대명사와 be동사가 함께 생략되었다고 볼 수 있다.

Answer 1.④

2 다음 문장 중 문법적으로 옳은 것을 고르시오.

① You must keep your expensive jewelries in a bank or safe.

② American culture is much different from Korea.

③ It is doubtful that longer prison sentences would influence on criminals.

④ Recently the increase in crime is accelerating.

> **Point**
>
> 단어 💬 sentence 형벌, 선고하다 accelerate 가속화하다
>
> 해석 ▶ ① 당신은 당신의 값비싼 보석류를 은행이나 금고에 보관해야 한다.
> ② 미국 문화는 한국 문화와 많이 다르다.
> ③ 장기간의 징역형이 범죄자들에게 영향(감화)을 주었는지 의심스럽다.
> ④ 최근에 범죄의 증가가 가속화되었다.
>
> TIP 💬 ① jewelries → jewelry
> jewelry는 집합적 불가산·물질명사로 a / an과 함께 사용할 수 없고 복수형으로 하지 못하며 항상 단수로 쓰인다.
> ② Korea → that of Korea
> 미국 문화와 다른 것은 한국 자체가 아니라 한국 문화이므로 Korea가 아닌 that(culture) of Korea가 와야 한다.
> ③ 비교급은 둘 이상의 비교대상이 있을 때 사용하므로 longer은 long이 되어야 하며, '~에게 영향을 주다'는 have influence (명사) on, influence(동사)이다(It is doubtful that long prison sentences would influence criminals).

3 다음 문장 중 문법적으로 옳은 것을 고르시오.

① They each enjoy volunteering at a hospital.

② They each enjoy to volunteer at a hospital.

③ They each enjoys to volunteer at a hospital.

④ Each of them enjoys to volunteer at a hospital.

> **Point**
>
> 단어 💬 volunteer 자원봉사하다
>
> 해석 ▶ 그들은 각자 병원에서 자원봉사하는 것을 즐긴다.
>
> TIP 💬 ②③④ 'each A(단수명사) + 단수동사', 'each of A(복수명사) + 단수동사', 'A(복수명사) each + 복수동사'의 형태를 취하며 enjoy는 동명사(-ing)를 목적어로 받는다. (They each enjoy volunteering at a hospital, Each of them enjoys volunteering at a hospital).

4 다음 문장의 밑줄 친 부분 중 어법상 가장 어색한 것을 고르시오.

Genetics ① <u>tells us</u> that, ② <u>roughly speaking</u>, we get half of all our genes from our mother, in the egg, and ③ <u>the another</u> half from our father, ④ <u>in the sperm</u>.

 Point

단어 genetics 유전학 roughly 대략, 거의, 거칠게 egg 난자 sperm 정자

해석 유전학에 의하면, 대략적으로 말해서, 유전자의 절반은 어머니의 난자로부터, 나머지 절반은 아버지의 정자로부터 얻어진다.

TIP ③ the another → the other
한정된 범위 내의 나머지(반)는 the other로 쓴다. another는 the와 함께 쓰는 일이 없으며, 범위가 불확실할 때 '또 다른 하나'의 의미로 쓴다.

5 다음 문장의 밑줄 친 부분 중 어법상 가장 어색한 것을 고르시오.

When one contrasts the ideas of the Romantic William Wordsworth ① <u>with</u> ② <u>those of</u> Neoclassicist John Dryden, ③ <u>one finds</u> that neither of the poets ④ <u>differ</u> as much as one would expect.

 Point

단어 contrast 대조하다, 대비시키다 differ 다르다

해석 낭만주의자 윌리엄 워즈워드의 사상과 신고전주의자 존 드라이든의 사상을 비교해 보면, 두 시인 모두가 예상만큼 차이나지 않는다는 것을 발견하게 된다.

TIP ④ differ → differs
주어진 neither는 단수 취급하므로 수를 일치시킨다.

Answer 2.④ 3.① 4.③ 5.④

section 2 형용사와 부사

(1) 형용사

① 형용사는 명사 앞에서 명사를 수식. 그러나 '형용사가 수식어를 동반할 때'나 '-thing, -body, -one' 등으로 끝나는 명사를 수식할 때는 뒤에서 수식
- Thank you for your helpful advice.
- He lost his bag full of important papers.
- There is something strange about the man.

② 명사수식만 가능한 형용사: wooden, only, drunken, former, latter, live, mere, elder, main 등이 있다.
- This is a wooden box.

③ 형용사는 '주격 보어'나 '목적격 보어'로 사용되어 주어나 목적어를 보충 설명
- The fish is still alive. (주격 보어)
- Your friend seems very nice. (주격 보어)
- He polished my car clean and bright. (목적격 보어)

④ 보어로만 쓰이는 형용사 : asleep, alike, alive, awake, afraid, ashamed, alone, glad, content, well 등
- I am afraid of snakes.

⑤ 다음의 형용사는 명사를 수식할 때와 보어로 사용될 때 그 의미가 달라짐
[수식] certain(어떤) late(죽은) present(현재의) ill(나쁜) right(오른쪽의)
[보어] certain(확실한) late(늦은) present(참석한) ill(아픈) right(올바른)
- He didn't come for a certain reason. / He is certain to come.
- The present chairman is Mr. Smith. / The chairman is present.

⑥ 수량 형용사

	많은	약간의, 조금 있는	거의 없는
수	many (= not a few, a number of, plenty of, a lot of, lots of)	a few (= some, several)	few (= not many)
양	much (= not a little, a deal of, an amount of, a quantity of, plenty of, a lot of, lots of)	a little (= some)	little (= not much)

- Many boys are present at the party.
  = Many a boy is present at the party.
- Much snow has fallen this winter.
- She has a few friends.
- She has few friends.
- I have a little time to study.
- I have little time to study.

(2) 부사

① 부사는 '동사 · 형용사 · 부사 · 문장 전체'를 수식하는 역할 (명사 수식만 제외)
  - My mother speaks English fluently. (동사 수식)
  - Los Angeles is a very big city. (형용사 수식)
  - Why did you come to school so early? (부사 수식)
  - Fortunately nobody was injured in the accident. (문장 전체 수식)

② 주의해야 할 부사의 위치
  ㉠ 빈도부사 : 일반 동사 앞, be동사 · 조동사 뒤에 위치
    - He usually goes to school on foot.
  ㉡ 시간과 장소의 부사 : 작은 단위가 큰 단위 앞
    - He was born at five on the morning of May 24 in 2002.
  ㉢ 시간, 장소, 양태의 부사가 나열될 때 : '장소 + 양태 + 시간'의 순서
    - He came home safely yesterday.
  ㉣ '동사 + 부사'로 이루어진 동사구가 목적어를 취할 때 : 명사는 부사 앞이나 뒤, 대명사는 반드시 부사 앞
    - Please turn on the television(or turn the television on).
    - Please turn it on.

③ 같은 부사라도 의미가 다른 부사
  - late(늦게) lately(최근에)
  - hard(열심히) hardly(거의 ~않는)
  - high(높게) highly(대단히)
  - most(가장) mostly(주로)
  - deep(깊게) deeply(매우)
  - short(짧게) shortly(즉시)
    He came home late last night.
    I haven't seen him lately.

I was deeply moved at the sight.

She opened the window and breathed deep.

④ 주의해야 할 부사의 용법

㉠ too(긍정문)와 either(부정문) : '또한, 역시'

• I like eggs, too.

• I don't like eggs, either.

㉡ very(원급 강조 : 매우)와 much(비교급 강조 : 훨씬)

• He is very tall.

• He asked me a very puzzling question.

• He is much taller than I.

㉢ ago, before, since

• ago : (지금부터) ~전에, 현재가 기준, 과거형

  I saw her a few days ago.

• before : (그 때부터) ~전에, 과거가 기준, 과거 · 현재완료 · 과거완료형

  I have seen her before.

  He said to me, "I met her three days ago."

  = He told me that he had met her three days before.

• since : 과거를 기준으로 하여 현재까지를 나타내고, 주로 현재완료형

  I have not seen him since.

  He went to New York 10 years ago, and has stayed there ever since.

㉣ already, yet, still

• already : 긍정문에서 '이미, 벌써'의 뜻으로 동작의 완료

  I have already read the book.

• yet : 부정문에서 부정어의 뒤에서 '아직 ~않다', 의문문에서 '벌써', 긍정문에 서 '여전히, 아직도'의 뜻

  I haven't yet read the book. 나는 아직 그 책을 읽지 않았다.

  Have you read the book yet? 당신은 벌써 그 책을 읽었습니까?

  I am reading the book yet. 나는 아직도 그 책을 읽고 있다.

• still : '여전히, 아직도' 또는 '가만히'의 뜻

  I still read the book. 나는 여전히 그 책을 읽는다.

  I stood still. 나는 가만히 서 있었다.

ⓜ 부정을 나타내는 부사
- 준부정의 부사 never, hardly, scarcely, rarely, seldom 등은 다른 부정어와 함께 사용할 수 없다.
  I can hardly believe it.
- 강조하기 위해 준부정의 부사를 문두에 위치시키며 '주어+동사'의 어순이 도치되어 '(조)동사+주어+(일반동사의 원형)'의 어순이 된다.
  Hardly can I believe it.

기출문제

🔍 밑줄 친 부분 중 어법상 가장 옳지 않은 것은?
▶ 2018. 6. 23. 제2회 서울특별시

His survival ①over the years since independence in 1961 does not alter the fact that the discussion of real policy choices in a public manner has hardly ②never occurred. In fact, there have always been ③a number of important policy issues ④which Nyerere has had to argue through the NEC.

Tip ② hardly 자체에 '거의 ~ 아니다'라는 부정의 의미가 포함되어 있기 때문에 never와 같은 부정부사를 중복하여 쓰지 않는다.

정답 ②

347

1 밑줄 친 부분 중 어법상 옳지 않은 것은?

> ① Almost European countries failed to welcome Jewish refugees ② after the war, which caused
> ③ many Jewish people ④ to immigrate elsewhere.

Point

단어 Jewish 유대인의 refugee 난민, 망명자 immigrate (다른 나라로) 이주하다

해석 대부분의 유럽 국가들은 전쟁 후에 유대인 난민들을 환영하지 않았고, 이것으로 인해 많은 유대인들은 다른 나라로 이주했다.

TIP ① 명사 European countries를 수식하기 위해 형용사 most를 써야 한다. almost는 부사이므로 명사를 직접 수식할 수 없다.

2 다음 문장의 밑줄 친 부분 중 어법상 가장 어색한 것을 고르시오.

> They ① could have finished their ② assignments if they ③ had stayed ④ lately last night.

Point

단어 assignment 과제, 임무

해석 만약 그들이 지난 밤 늦게까지 머물렀다면, 그들은 과제를 끝마칠 수 있었을 텐데.

TIP lately → late
lately는 '요즈음, 최근에'라는 뜻이다. 그러므로 late(늦게, 늦게까지)를 써야 한다.

3 다음 문장의 밑줄 친 부분 중 어법상 가장 어색한 것을 고르시오.

① Some toxins are produced by ② alive bacteria, but ③ others are released ④ only after bacterium dies.

단어 ✔ toxin 독소 release 풀어주다, 석방하다

해석 ▶ 어떤 독소들은 살아있는 박테리아에 의해 생성되지만, 다른 독소들은 박테리아가 죽은 후에야 방출된다.

TIP ✔ ② alive → living
alive는 서술적 용법으로 사용되어 동사의 주격보어로 쓰인다. 따라서 유사한 뜻의 living이 쓰여 명사 bacteria를 한정적으로 수식해야 한다.

4 다음 문장의 빈칸에 들어갈 가장 알맞은 표현을 고르시오.

Like jazz, African-American quilts are _____, but unlike jazz, the quilts are just now starting to receive recognition.

① live and spontaneous
② lively and spontaneous
③ live and spontaneously
④ lively and spontaneously

단어 ✔ recognition 인식, 알아봄

해석 ▶ 재즈와 같이 아프리카에서 미국으로 들어온 퀼트는 색이 밝고 자연스럽지만, 재즈와 달리 이제서야 인정을 받기 시작하고 있다.

TIP ✔ ② be동사는 주격보어로 형용사를 취하며 형용사 live는 명사의 앞이나 뒤에서 직접 명사를 수식하는 한정용법으로만 쓰인다.

5 다음 문장의 밑줄 친 부분 중 어법상 가장 어색한 것을 고르시오.

> Blowing out birthday candles is ①<u>an</u> ancient test to see if a ②<u>growing</u> child is ③<u>enough strong</u> to blow out a ④<u>greater</u> number each year.

Point

단어 blow out (불 등을) 불어 끄다 candle 초, 양초 ancient 옛날의, 고대의, 예로부터의

해석 생일초를 불어 끄는 것은 자라는 아이가 매해마다 더 많은 수의 초를 불어 끌 수 있을 만큼 충분히 강해졌는지 보기 위한 예로부터의 시험이다.

TIP ③ enough strong → strong enough
enough가 부사로 쓰일 때는 수식하는 단어의 뒤에 위치하므로 '형용사·부사 + enough to do'의 형태로 '~할 만큼 충분히 …한'의 의미가 된다.

Answer 5.③

section 3 접속사와 전치사

(1) 접속사

① 등위접속사 'and, but, or'는 '단어, 구, 절'을 대등하게 연결시키며, 'and'는 '첨가, 결과, 단일물'을, 'but'은 '대조'를, 'or'는 '선택, 부연, 설명'을 나타냄
  - I bought a pencil and an eraser.
  - I'd like to travel, but I don't have time.
  - The rat is in the closet or behind the table.

② '명령문 + and'는 '~해라, 그러면(= if)'의 의미를, '명령문 + or'는 '~해라, 그렇지 않으면(= Unless, If~not…)'의 의미를 나타냄
  - Believe in yourself, and you'll pass the exam.
    (= If you believe in yourself, you'll pass the exam.)
  - Get up early, or you'll be late for school.
    (= If you don't get up (= Unless you get up) early, you'll be late for school.)

③ 상관접속사
  양쪽이 상관관계를 갖고 서로 짝을 이루게 연결시키는 접속사로 다음 A와 B는 같은 문법구조를 가진 동일 성분이어야 한다.
  - both A and B : 'A와 B 둘 다', 복수 취급
    Both brother and sister are dead.
  - not only A but also B(= B as well as A) : 'A뿐만 아니라 B도', B에 동사의 수 일치
    Not only you but also he is in danger.
     = He as well as you is in danger.
  - either A or B : 'A 또는 B 둘 중에 하나', B에 동사의 수 일치
    He must be either mad or drunk.
  - neither A nor B : 'A 또는 B 둘 중에 어느 것도 (아니다)', B에 동사의 수 일치
    She had neither money nor food.

④ 명사절의 접속사
  접속사 'that'과 'if(whether)'는 종속절로서 문장 내에서 '주어, 목적어, 보어'로 사용. 단, If와 결합된 절은 '타동사의 목적어'로서만 사용.
  - That he will succeed is certain. (주어)
  - I hope that you will have a wonderful vacation. (목적어)
  - I'm not sure if(whether) I'll have time. (목적어)

기출문제

🈺 다음 글의 밑줄 친 부분 중 어법상 틀린 것은?
▶ 2020. 2. 22. 법원행정처

As we consider media consumption in the context of anonymous social relations, we mean all of those occasions that involve the presence of strangers, such as viewing television in public places like bars, ①going to concerts or dance clubs, or reading a newspaper on a bus or subway. Typically, there are social rules that ②govern how we interact with those around us and with the media product. For instance, it is considered rude in our culture, or at least aggressive, ③read over another person's shoulder or to get up and change TV channels in a public setting. Any music fan knows what is appropriate at a particular kind of concert. The presence of other people is often crucial to defining the setting and hence the activity of media consumption, ④despite the fact that the relationships are totally impersonal.

> **Tip** ③번 read는 등위 접속사 or 뒤에 to get up and change 와 병렬로 to read가 알맞다.

| 정답 ③

어법상 옳은 것은?

▶ 2019. 6. 15. 제1회 지방직

① The paper charged her with use the company's money for her own purposes.

② The investigation had to be handled with the utmost care lest suspicion be aroused.

③ Another way to speed up the process would be made the shift to a new system.

④ Burning fossil fuels is one of the lead cause of climate change.

Tip ① use→ using
charge A with B는 'B라는 이유로 A를 비난하다'라는 뜻이며 전치사 with 뒤에는 명사가 와야 한다. 보기 지문에서 use가 the company's money를 목적어로 취하고 있어 동사 역할도 하고 있으므로 동명사 형태 using으로 써주어야 한다.

② 부사절 접속사인 lest는 'lest S(주어) (should)+동사원형'의 형태로 사용되어 '~하지 않도록 하기 위해'라는 부정의 의미를 나타낸다. 보기 지문에서는 should가 생략되고 be동사가 원형의 형태로 남았다. 올바른 표현이다.

③ made →to make
be made를 수동태로 본다면 the shift가 목적어로 남게 되어 문법상 틀리게 되며, 해석 또한 어색하다. to부정사 형태를 취해 be동사의 보어로 오게 할 수 있으며 'S(주어)+be동사+to부정사형'가 되어 'S는 ~이다/~하는 것이다'뜻이 된다.

④ one of the lead cause→ one of the leading causes
'one of 복수명사'로 써주어야 한다. cause는 셀 수 있는 명사이므로 복수형이 가능하다. lead는 causes라는 명사를 수식하므로 형용사 형태인 leading으로 쓰는 것이 적절하다.

|정답 ②

⑤ 부사절의 접속사

㉠ 시간을 나타내는 종속접속사에는 when(~할 때), while(~하는 동안에), as(~할 때, ~하면서), since(~한 이후로), until(~할 때까지), after(~한 후), before(~전에), as soon as(~하자마자) 등이 있음

• When she goes out, she takes her dog with her.

• Strike while the iron is hot.

• My mother sings as she works.

• I have been unhappy since you went away.

Point 팁 '~하자마자'는 의미를 나타낼 때는 'as soon as~, no sooner A than B, hardly(scarcely) A when(before) B' 등을 사용한다.

㉡ 이유를 나타내는 종속접속사에는 'because, as(~때문에), since(now that)(~이므로)' 등이 있으며, 'for'는 '말하는 사람의 판단 근거'를 나타냄

• I didn't marry her because she was rich.

• Since you are wise, you can solve this problem.

• It's morning, for the birds are singing. (말하는 사람의 판단 근거)

㉢ 조건을 나타내는 종속접속사에는 'if, provided (that), providing, supposing(만약 ~하면)', unless(만약 ~하지 않으면), once(일단 ~하면), as(so) long as(~하는 한), in case(~할 경우에) 등

• If you ask him, he will be glad to help you.

• Come tomorrow unless I phone. (= if I don't phone)

• Once you begin, you must not give up.

• Take these pills in case you feel sick on the boat.

㉣ 양보를 나타내는 종속접속사에는 'though, although, even if, even though, as('명사/형용사/부사 + as + 주어 + 동사'의 형식)(비록 ~이지만)' 등

• Though he was angry, he listened to me patiently.

• Even if you don't like him, you can still be polite.

• Short as it is, the book is useful and interesting.

㉤ 목적을 나타내는 종속접속사에는 'that, so that, in order that(~하기 위하여)' 등이 있으며, 부정 목적을 나타낼 때는 'lest~ should…(…하지 않기 위해서)'를 사용

• Speak slowly so that(= in order that) the foreigners will understand you.

• Please turn out the light so (that) I can sleep.

• Take care lest you should catch cold.

ⓗ 결과를 나타내는 종속접속사에는 'so + 형용사/부사 + that, such + 명사 + that(대단히 ~해서 …한)', 'such that, so that(그래서)' 등이 있음

- It was so dark that we could not see anything.
- She got such a nice present that she could hardly sleep.
- His talent was such that he deserved to be famous. (=so great that)
- He ran slowly, so (that) he was easily caught.

Point 팁 'too + 형용사/부사 + to~'는 'so + 형용사/부사 + that~cannot…'의 의미로 결과를 나타낸다.
- We arrived <u>too late</u> to have dinner. (=<u>so late that we couldn't have dinner</u>)

(2) 전치사

① 시간의 전치사

- at : (시각, 정오, 밤)에
- on : (날짜, 요일)에, 특정한 날의 아침, 점심, 저녁, 밤 등이거나 수식어가 붙으면 on을 쓴다.
- in : (월, 계절, 연도, 세기, 아침, 오후, 저녁)에
- 'for + 숫자'로 표시되는 기간 : ~동안에
- during + 특정기간 : ~동안에
- through + 특정기간 : (처음부터 끝까지) ~내내(기간의 전부)
- in : ~안에(시간의 경과)
- within : ~이내에(시간의 범위)
- after : ~후에(시간의 경과)
- until : ~까지(동작 · 상태의 계속)
  I will wait until seven.
- by : ~까지는(동작의 완료)
  I will come by seven.
- since : ~이래(현재까지 계속)

② 장소의 전치사

- on : (표면에 접촉하여) ~위에
- beneath : (표면에 접촉하여) ~아래에
- over : (표면에서 떨어져 바로) ~위에
- under : (표면에서 떨어져 바로) ~아래에
- above : (표면에서 멀리 떨어져) ~위에
- below : (표면에서 멀리 떨어져) ~아래에

기출문제

우리말을 영어로 잘못 옮긴 것은?
▶ 2023. 4. 8. 인사혁신처
① 내 고양이 나이는 그의 고양이 나이의 세 배이다.
→ My cat is three times as old as his.
② 우리는 그 일을 이번 달 말까지 끝내야 한다.
→ We have to finish the work until the end of this month.
③ 그녀는 이틀에 한 번 머리를 감는다.
→ She washes her hair every other day.
④ 너는 비가 올 경우에 대비하여 우산을 갖고 가는 게 낫겠다.
→ You had better take an umbrella in case it rains.

Tip 기한이 정해져 있는 일에서는 until보다 by가 적합하다.

정답 ②

One of the many ①virtues of the book you are reading ②is that it provides an entry point into Maps of Meaning, ③which is a highly complex work ④because of the author was working out his approach to psychology as he wrote it.

① I had made all the mistakes, though he still trusted me.
② I had made all the mistakes, moreover, he still trusted me.
③ Despite all the mistakes I had made, he still trusted me.
④ Nevertheless all the mistakes I had made, he still trusted me.

Tip ④ 전치사 because of 뒤에는 명사(구)가 와야 하는데, 여기서는 절이 오고 있으므로 because of → because로 고쳐야 한다

∎정답 ④

- up : (방향성을 포함하여) ~위로
- down : (방향성을 포함하여) ~아래로

③ 방향의 전치사
- to : ~으로(도착 지점으로)
- for : ~을 향해(방향, 목표)
- toward(s) : ~쪽으로(막연한 방향)
- into : (밖에서) ~안으로(운동 방향)
- out of : (안에서) ~밖으로(운동 방향)
- before : ~앞에(위치)
- in front of : ~의 앞에, 정면에(장소)
- behind : ~뒤에(장소)
- opposite : ~의 맞은편에(위치)
- after : ~을 뒤쫓아(운동 상태), ~다음에(전후 순서)

④ 기타 전치사
㉠ by
- by+(교통)수단 : ~을 타고, ~을 함으로써
- by+the+단위 : ~단위로
- by+숫자단위 : ~차이로, ~만큼
㉡ to
- 결과를 나타내는 to : to+명사[(그 결과) ~하게 되다]
- 감정을 나타내는 to : to+one's+명사[(~에게, ~으로서는) ~하게도]
㉢ against : ~에 기대어, ~와 대조(대비)되어, ~을 반대하여, ~에 대하여
㉣ about : ~(상세한 사정)에 관하여
㉤ of : ~(단순히 생각난 것)에 관하여
㉥ on : ~(주제, 전문적인 내용)에 관하여

(3) 접속사와 전치사의 비교

접속사는 뒤에 주어 동사의 절이나 분사구문을 이끌고, 전치사는 뒤에 명사나 명사구를 이끄므로 접속사와 전치사의 쓰임에 유의하자!

접속사	전치사
because	because of
though, although	despite, in spite of
while	for, during

1 밑줄 친 부분에 들어갈 표현으로 가장 적절한 것을 고르시오.

> The dancing bear at the circus was very entertaining. It was able to balance a ball on its nose _____ it was standing on one foot.

① where

② whereas

③ while

④ now that

 Point

단어 ✔ **whereas** ~에 반하여, 그러나, 반면에   **now that** ~이므로, ~이기 때문에

해석 ▶ 서커스에서 춤추는 곰은 정말 재미있었다. 곰은 한 다리로 서있는 동안에 공을 코 위에 올린 채 균형을 잡을 수 있었다.

2 우리말을 영어로 잘못 옮긴 것을 고르시오.

① 예산이 빡빡해서 나는 15달러밖에 쓸 수가 없다.

→I am on a tight budget so that I have only fifteen dollars to spend.

② 그의 최근 영화는 이전 작품들보다 훨씬 더 지루하다.

→His latest film is far more boring than his previous ones.

③ 우리 회사 모든 구성원의 이름을 기억하다니 그는 생각이 깊군요.

→It's thoughtful of him to remember the names of every member in our firm.

④ 현관 열쇠를 잃어버려서 안으로 들어가기 위해 나는 벽돌로 유리창을 깼다.

→I'd lost my front door key, and I had to smash a window by a brick to get in.

 Point

단어 ✔ **budget** 예산   **smash** 박살내다

TIP ✔ ④ by → with, 벽돌을 도구로 이용한 것이므로 전치사는 by가 아닌 with가 어울린다.

Answer 1.③ 2.④

| 355

3 밑줄 친 부분 중 어법상 옳지 않은 것은?

Noise pollution ① <u>is different from</u> other forms of pollution in ② <u>a number of ways</u>. Noise is transient: once the pollution stops, the environment is free of it. This is not the case with air pollution, for example. We can measure the amount of chemicals ③ <u>introduced into</u> the air, ④ <u>whereas is</u> extremely difficult to monitor cumulative exposure to noise.

단어 transient 일시적인, 순간적인 introduce into sth (~속에)넣다 cumulative 누적되는 exposure 노출

해석 소음공해는 몇 가지 방식에 있어 다른 형태들의 공해와 다르다. 소음은 일시적이다: 일단 공해가 멈추면, 환경은 그것으로부터 벗어난다. 예를 들어 공기오염의 경우는 이렇지 않다. 우리는 공기 안으로 유입된 화학물질의 양을 측정할 수 있다. 반면에 소음에 누적된 노출을 모니터 하는 일은 극도로 어려운 일이다.

TIP ④ Whereas는 접속사이다. 따라서 whereas it is 로 완전한 문장이 와야 옳은 문장이 된다.

4 다음 괄호에 들어가기 적절한 것을 순서대로 나열한 것은?

( ) cats cannot see in complete darkness, their eyes are much more sensitive ( ) light than human eyes.

① Despite, to
② Though, at
③ Nonetheless, at
④ While, to

단어 complete 완전한 sensitive 민감한, 세심한

해석 고양이는 완전한 어둠속에서 볼 수 없지만, 그들의 눈은 사람의 눈보다 빛에 훨씬 더 민감하다.

TIP ④ 절과 절이 연결되고 있으므로 앞의 빈칸에는 접속사가 와야 한다. 따라서 전치사인 ①과 부사인 ③은 정답이 될 수 없다. sensitive는 전치사 to와 함께 '~에 민감한'으로 쓰이므로 뒤의 빈칸에는 to가 와야 한다.

5 윗글의 빈칸에 들어갈 말의 순서로 가장 적절한 것은?

A feminist is not a man-hater, a masculine woman, or someone who dislikes housewives. A feminist is simply a woman or man who believes that women should enjoy the same rights, privileges, and opportunities _____ men. Because society has deprived women of many equal rights, feminists have fought for equality. _____, Susan B. Anthony, a famous nineteenth century feminist, worked to get women the right to vote. Today, feminists want women to receive equal pay for equal work. They support a woman's right to pursue her goals and dreams, whether she wants to be an astronaut, athlete, or full-time homemaker. Because the term is often misunderstood, some people don't call themselves feminists _____ they share feminist values.

① like-In contrast-if
② as -For instance-even though
③ to-However-as
④ in-By the way-when

Point

단어 by the way (화제를 바꿀 때) 그런데

해석 페미니스트는 남성혐오자, 남성 같은 여성이나 전업주부를 싫어하는 사람들이 아니다. 페미니스트는 여성이 남성과 동일한 권리, 특권, 그리고 기회를 향유해야 한다고 믿는 여성 또는 남성을 말한다. 사회가 여성의 평등한 권리를 대부분 허용하지 않았기 때문에 페미니스트는 평등을 위해 싸웠다. 예를 들어, 유명한 19세기 페미니스트인 Susan B. Anthony는 여성에게 투표 할 권리를 얻기 위해 운동했다. 오늘날, 페미니스트는 여성이 남성과 동등하게 일하는 것에 대해 동등한 보수를 받기를 원한다. 페미니스트는 여성이 우주비행사, 운동선수, 또는 전업 주부가 되는 것을 원하는지에 관계없이, 여성의 목표와 꿈을 계속 추구 할 수 있는 여성의 권리를 지지한다. 페미니스트 용어에 대한 오해 때문에, 몇몇 페미니스트는 가치관을 지지하고 있을지라도 자신을 페미니스트라고 말하지 않는다.

기출문제

밑줄 친 부분이 어법상 옳지 않은 것은?

▶ 2024. 3. 23. 인사혁신처

① They are not interested in reading poetry, <u>still more</u> in writing.

② <u>Once confirmed</u>, the order will be sent for delivery to your address.

③ <u>Provided that</u> the ferry leaves on time, we should arrive at the harbor by morning.

④ Foreign journalists hope to cover as <u>much news</u> as possible during their short stay in the capital.

Tip ① '~은 말할 것도 없이'라는 뜻의 비교급 관용 구문이다. 긍정문에서는 much(still) more, 부정문에서는 much(still) less를 사용하므로, still more → still less로 고쳐야 옳다.

정답 ①

---

section 1 비교

(1) 원급 비교는 'as + 형용사/부사 + as'의 형식으로 두 개의 정도가 같음을 나타내며, 부정형은 'not as(so) + 형용사/부사 + as'의 형식

• His hands were as cold as ice.
• She speaks English as fluently as her sister.
• He does not study as hard as his younger brother.

(2) 원급을 이용한 관용표현

• as A as possible : '가능한 한 A하게'
• as A as (A) can be : '더할 나위 없이 ~한, 매우 ~한'
• not so much as A as B = rather B than A = more B than A : A라기보다는 B이다.
• may as well A as B : B하기보다는 A하는 편이 낫다.
• as good as = almost : ~와 같은, ~나 마찬가지인
• A is as B as C : A는 C하기도 한 만큼 B하기도 하다.

(3) 비교급 비교는 'A is 비교급 than B'의 형식으로 'A가 B보다 정도가 더 높음'을 나타내며, 'A is less + 원급 + than B'는 'A가 B보다 정도가 더 낮음'을 나타냄

• John is a better player than Harry.
• Health is more important than money.
• This novel is less interesting than that one.

Point 팁 라틴어 비교급 … 어미가 -or로 끝나는 라틴어 비교급(senior, junior, superior, inferior, exterior, interior, major, minor, posterior, anterior 등)은 than을 쓰지 않고 to를 쓴다.
• He is two years senior to me.
• This television is far superior to that one.

(4) 비교급을 이용한 관용표현

• much(still) more : ~은 말할 것도 없이(긍정적인 의미)
• much(still) less : ~은 말할 것도 없이(부정적인 의미)
• no more than : 겨우, 단지(= only)

- not more than : 기껏해야(= at most)
- no less than : ~만큼이나[= as many(much) as]
- not less than : 적어도(= at least)
- no less A than B : B만큼 A한[= as (much) A as B]
- not less A than B : B 못지않게 A한
- A is no more B than C is D : A가 B가 아닌 것은 마치 C가 D가 아닌 것과 같다
  = A is not B any more than C is D,
  = A is not B just as C is D(B=D일 때 보통 D는 생략)
- not more A than B : B 이상은 A 아니다.
- no better than~ : ~나 다를 바 없는(=as good as)
- no less 명사 than ~ : 다름 아닌, 바로(=none other than~)
- little more than~ : ~내외, ~정도
- little better than~ : ~나 마찬가지의, ~나 다름없는
- nothing more than~ : ~에 지나지 않는, ~나 다름없는
- none the less : 그럼에도 불구하고

(5) the + 비교급

① 비교급 다음에 of the two, for, because 등이 오면 앞에 the를 붙인다.
- He is the taller of the two.
- I like him all the better for his faults.
- He studied the harder, because his teacher praised him.

② 절대비교급 … 비교의 특정상대가 없을 때 비교급 앞에 the를 붙인다.
- the younger generation 젊은 세대
- the higher classes 상류계급
- the weaker sex 여성

③ The+비교급~, the+비교급 … '~하면 할수록 그만큼 더 …하다'
- The more I know her, the more I like her.

(6) 배수사의 비교

배수를 나타낼 때는 'A is 배수사 + as + 원급 + as B' 또는 'A is 배수사 + 비교급 + than B'의 형식을 취한다.
This plane flies three times as fast as that one.
(= three times faster than that one)

문 우리말을 영어로 잘못 옮긴 것은?
▶ 2022. 4. 2. 인사혁신처
① 우리가 영어를 단시간에 배우는 것은 결코 쉬운 일이 아니다.
→ It is by no means easy for us to learn English in a short time.
② 우리 인생에서 시간보다 더 소중한 것은 없다.
→ Nothing is more precious as time in our life.
③ 아이들은 길을 건널 때 아무리 조심해도 지나치지 않다.
→ Children cannot be too careful when crossing the street.
④ 그녀는 남들이 말하는 것을 쉽게 믿는다.
→ She easily believes what others say.

Tip ② 비교급 구문이기 때문에 as 대신 than을 넣어야 한다.
① by no means는 결코 ~하지 않다는 의미로서 맞는 표현이다.
③ can't ~ too는 아무리 ~해도 지나치지 않다는 의미로서 맞는 표현이다.
④ believe의 목적어로 명사절 what others say를 이끌고 있고, 타동사 say의 목적어 역할을 하고 있으므로 what은 적절하게 쓰였다.

┃정답 ②

문 우리말을 영어로 잘못 옮긴 것은?

▶ 2013. 7. 27. 안전행정부

① 나이가 들어가면 들어갈수록 그만큼 더 외국어 공부하기가 어려워진다.

→ The older you grow, the more difficult it becomes to learn a foreign language.

② 우리가 가지고 있는 학식이란 기껏해야 우리가 모르고 있는 것과 비교할 때 지극히 작은 것이다.

→ The learning and knowledge that we have is at the least but little compared with that of which we are ignorant.

③ 인생의 비밀은 좋아하는 것을 하는 것이 아니라 해야 할 것을 좋아하도록 시도하는 것이다.

→ The secret of life is not to do what one likes, but to try to like what one has to do.

④ 이 세상에서 당신이 소유하고 있는 것은 당신이 죽을 때 다른 누군가에게 가지만, 당신의 인격은 영원히 당신의 것일 것이다.

→ What you possess in this world will go to someone else when you die, but your personality will be yours forever.

> **Tip** ② at the least
> → at (the) most
> at the least는 '최소한'이라는 뜻이다.

┃정답 ②

(7) 최상급 구문은 'A is the + 최상급 + of(in)~'의 형식으로 '셋 이상 중에서 A가 가장 ~한'의 의미를 나타냄

- She is the best dancer of all the girls in her class.
- This is the most beautiful place I've ever visited.
- He drives (the) most carefully of us all.

(8) **최상급을 이용한 관용표현**

- The last + 명사 : 결코 ~하지 않을
- at one's best : 전성기에
- at (the) most : 많아야
- at last : 드디어, 마침내
- at least : 적어도
- at best : 기껏, 아무리 잘 보아도
- at (the) latest : 늦어도
- for the most part : 대부분
- had best ~ : ~하는 것이 가장 낫다(had better~ ; ~하는 것이 더 낫다).
- try one's hardest : 열심히 해보다
- make the best(most) of : ~을 가장 잘 이용하다.
- do one's best : 최선을 다하다.
- not in the least : 조금도 ~않다.

(9) **비교급과 최상급의 강조**

- 비교급 앞에 much, far, even, still, a lot 등을 써서 '훨씬'의 뜻을 나타낸다.
  She is much smarter than he.
- 최상급 앞에 much, far, by far, far and away, out and away, the very 등을 써서 '단연코'의 뜻을 나타낸다.
  He is the very best student in his class.

1 어법상 옳은 것은?

① Few living things are linked together as intimately than bees and flowers.

② My father would not company us to the place where they were staying, but insisted on me going.

③ The situation in Iraq looked so serious that it seemed as if the Third World War might break out at any time.

④ According to a recent report, the number of sugar that Americans consume does not vary significantly from year to year.

 Point

단어 intimately 친밀히, 충심으로 insist on ~을 고집(요구)하다 break out 발발(발생)하다 vary 달라지다, 달리 하다 significantly (두드러질 정도로) 상당히

해석 ① 벌과 꽃처럼 친밀이 연관된 생명체는 거의 없다.
② 아버지는 그들이 머물고 있는 곳에 우리와 함께 가지 않았다. 그러나 내가 가라고 주장했다.
③ 이라크의 상황이 너무 심각해 보였기에 마치 언제라도 제3차 세계대전이 발발할 것처럼 보였다.
④ 최근의 보도에 따르면, 미국인들이 소비하는 설탕의 양은 해마다 두드러지게 크게 달라지지 않는다고 한다.

TIP ① 동등비교로 as intimately as 가 되어야 한다.
② company는 회사, 동료의 명사이다. '~를 동반하다'는 뜻을 가진 타동사 accompany가 와야 적합하다.
④ the number of 는 셀 수 있는 복수명사와 써야 한다. sugar는 불가산명사이기 때문에 the amount of로 써야 옳다.

Answer) 1.③

| 361

2 우리말을 영어로 잘못 옮긴 것은?

① 그들은 지구상에서 진화한 가장 큰 동물인데, 공룡보다 훨씬 크다.

→They are the largest animals ever to evolve on Earth, very larger than the dinosaurs.

② 그녀는 나의 엄마가 그랬던 것만큼이나 아메리카 원주민이라는 용어를 좋아하지 않았다.

→She didn't like the term Native American any more than my mother did.

③ 우리가 자연에 대해 정보로 받아들이는 것의 4분의 3은 눈을 통해 우리 뇌로 들어온다.

→Three-quarters of what we absorb in the way of information about nature comes into our brains via our eyes.

④ 많은 의사들이 의학에서의 모든 최신의 발전에 뒤떨어지지 않기 위해서 열심히 공부한다.

→A number of doctors study hard in order that they can keep abreast of all the latest developments in medicine.

Point

단어 absorb 흡수하다 keep abreast of ~에 뒤지지 않게 하다

TIP ① very는 원급 강조부사로 비교급을 강조할 땐, even, still, far, a lot, much, by far를 써야 한다.

② not A any more than B : B가 아닌 것처럼 A도 아니다.

③ '분수 of 명사' 구에서 뒤에 오는 명사가 셀 수 있는지 없는지에 따라 수를 일치시킨다.

Three quarters of <u>what we absorb</u> in the way of information about nature(주어) / <u>comes</u> into(동사)/our brains via our eyes.

'what we absorb~'는 셀 수 없으므로, 전체 주어를 단수 취급한다. 따라서 동사도 comes into로 쓰는 것이 맞다.

④ the number of ~ : ~의 수 / a number of : 많은

3 다음 문장의 빈칸에 들어갈 가장 알맞은 것을 고르시오.

> Last year, Matt earned ＿＿＿＿＿＿＿＿＿＿ his brother, who has a better position.

① twice as many as

② twice as more as

③ twice as much as

④ twice more

Point

해석 지난해에 Matt는 더 좋은 지위에 있는 그의 형보다 두 배 더 많이 (돈을) 벌었다.

TIP ③ '~보다 몇 배 더 …한, ~의 몇 배만큼 …한'의 배수표현은 '배수사 as 원급 as' 또는 '배수사 + 비교급 + than'을 사용한다. 이때 earn에서 파생되는 money는 불가산 · 물질명사이므로 양을 나타내는 much를 쓴다 (= Last year, Matt earned twice more than his brother, who has a better position).

4 어법상 옳은 것은?

① Jessica is a much careless person who makes little effort to improve her knowledge.

② But he will come or not is not certain.

③ The police demanded that she not leave the country for the time being.

④ The more a hotel is expensiver, the better its service is.

TIP ③ demand 등 요구, 주장 등을 나타내는 동사가 이끄는 목적절에는 'should+동사'가 온다. should는 생략될 수 있으므로 ~demanded that she (should) not leave~는 맞는 표현이다.

① Jessica is a much careless person ~.→Jessica is a very careless person ~.
형용사 careless를 수식하기 위해 부사 very가 와야 한다. much는 비교급 등 특정 단어만을 수식한다.

② But he will co me or not is ~.→Whether he will come or not is ~.
동사는 is이고 주어 자리에 명사절이 와야 하므로 '~인지 아닌지'를 뜻하면서 명사절을 이끄는 종속접속사 whether가 와야 한다. 비슷한 뜻을 나타내는 접속사 if는 절 안에서 or not과 함께 쓰이지 않으므로 올 수 없다. But은 문장과 문장을 이어주는 등위접속사이며, 의미상으로도 맞지 않다.

④ The more a hotel is expensive,~.→The more expensive a hotel is, ~.
expensive의 비교급은 more expensive이다. 또한, 'the 비교급 S+V, the 비교급 S'+V'구문에서 비교급을 분리해서 쓸 수 없다.

5 다음 문장의 빈칸에 들어갈 가장 알맞은 것을 고르시오.

> Except for nuclear war or a collision with an asteroid, _____.

① no force has more potential to damage our planet's web of life than global warming

② no forces has more potential to damage our planet's web of life than global warming

③ global warming is the more potential to damage our planet's web of life than any other forces

④ global warming is the most potential to damage our planet's web of life than any other force

단어 nuclear 핵(의) collision 충돌, 부딪침 asteroid 소행성

해석 핵전쟁 또는 소행성과의 충돌을 제외하고는, 지구온난화보다 지구생태계에 더 잠재적인 피해를 끼치는 힘(영향력)은 없다.

TIP ① 최상급의 뜻을 가지는 비교급 표현을 묻는 문제로, '부정주어 + 비교급 + than~'을 사용해 '~보다 …한 것은 없다'를 나타낸다. '긍정주어 + 비교급 + than any other + 단수명사[all other + 복수명사, anyone(anything) else]'의 구문으로 바꿔 쓸 수 있다.
no force has more potential to damage our planet's web of life than global warming = global warming is more potential to damage our planet's web of life than any other force

Answer 2.① 3.③ 4.③ 5.①

section 2 병렬, 도치, 강조

문 밑줄 친 부분 중 어법상 가장 옳지 않은 것은?

▶ 2019. 6. 15. 제2회 서울특별시

There is a more serious problem than ①maintaining the cities. As people become more comfortable working alone, they may become ②less social. It's ③easier to stay home in comfortable exercise clothes or a bathrobe than ④getting dressed for yet another business meeting!

Tip ① 비교 대상이 주어인 명사구 (a more serious problem) 이기 때문에 (동)명사구 maintaining the cities는 맞는 표현이다.
② 양, 정도의 비교급을 나타내는 less가 형용사 앞에 쓰였다. 맞는 표현이다.
③ 뒤에 나오는 than과 병치를 이루어서 비교급 easier 가 맞는 표현이다.
④ 비교대상이 집에 머무르는 것(to stay)과 옷을 갖추어 입는 것(getting dressed) 이기 때문에 비교대상의 형태를 일치시켜 (to) get dressed가 되어야 한다.

정답 ④

(1) 병렬

① 등위접속사 'and, but, or'로 연결되는 '단어, 구, 절은 '공통분모 + A and/but/or B'의 구조로 A와 B는 동일한 요소여야 하는데 이를 '병렬구조'라 함
  • His eyes were large and sharp. (단어-단어)
  • People avoided visiting the city or passing through it. (구-구)
  • Water turns into ice at 0℃ and into steam at 100℃. (구-구)
  • Do you like me, or do you like him? (절-절)

② 상관접속사 'both A and B, not only A but also B, either A or B, neither A nor B, not A but B'로 연결된 A와 B 역시 동일한 문법 요소로 병렬구조를 이루어야 함
  • She is not only beautiful but also humorous. (단어-단어)
  • He married her not for love but for money. (구-구)
  • All you have to do is either you study hard or you leave the school. (절-절)

③ 'A is different from B, A is like(= similar to) B, A is as + 형용사/부사 + as B, A is 비교급 + than B' 와 같은 비교구문에서도 A와 B는 동일한 형태로 병렬구조를 이루어야 함
  • His opinion is different from mine(= my opinion).
  • My dream is similar to hers(= her dream).
  • The fog of Seoul is not so thick as that(= the fog) of London.
  • Going by subway is much faster than going by bus.

(2) 도치

① 의문문은 의문사가 주어인 경우를 제외하고는 'V + S'로 도치가 일어나며, 감탄문은 'How + 형용사/부사 + S + V!' 또는 'What + (형용사) + 명사 + S + V!'의 어순
  • Do you like comic books?
  • How awkwardly he walks!
  • What did he say?
  • What a beautiful day it is!
  • Who solved the riddle?
  • What a hero the player has been!

② so(긍정)와 neither(부정)는 앞의 내용을 이어받아 'so + V + S(또한 ~이다)'와 'neither + V + S(또한 ~이 아니다)'로 도치가 일어난다. 이때 동사의 형태는 앞 문장의 동사가 be동사나 조동사일 경우, be동사 조동사를 사용하고, 일반동사일 경우, 시제와 인칭에 맞춰 do, does, did를 쓴다.

- Kate can dance beautifully, and so can I.
- I was tired, and so were others.
- John can't swim. Neither can I.
- Ruth didn't turn up. Neither did Kate.

③ 부정어구의 도치(No, Not, Never, Little, Few, Hardly 등)

부정어구를 첫머리에 두어 강조할 때는 '부정어구 + be동사/조동사 + 주어 + (본동사)'로, 일반동사인 경우는 '부정어구 + do/does/did + 주어 + 동사원형'으로 도치가 일어남

- Little did he realize the danger he faced. (부정 부사의 강조)
- No sooner had she seen me than she ran away. (부정 부사구의 강조)
- No money did I have at that time. (부정목적어의 강조)

④ 제한어구의 도치(Only, Not only ~)

제한어구를 첫머리에 두어 강조할 때는 '제한어구 + be동사/조동사 + 주어 + (본동사)'로, 일반동사인 경우는 '제한어구 + do/does/did + 주어 + 동사원형'으로 도치가 일어남

- Only recently has he learned to use a computer.

⑤ 보어의 도치

보어를 강조하고자 문장 맨 앞으로 뺄 경우, '보어 + be동사 + 주어'로 도치가 일어남.

- Happy is a man who knows contentment.
- So curious is my brother that he wants to know everything.

⑥ 장소의 부사구의 도치

'장소, 방향, 위치'를 나타내는 부사(구)가 첫머리에 올 때도 도치가 일어난다. 이때, 동사가 일반동사라 하더라도 그냥 도치된다. 단 대명사 주어일 때는 'S + V'의 어순을 취한다.

- Under a tree was a strange man lying.
- Here comes the bus.
- Here you are. (주어가 대명사이므로 도치가 이루어지지 않음.)

기출문제

🈂 우리말을 영어로 옮긴 것 중 가장 어색한 것은?

▶ 2015. 6. 27. 제1회 지방직

① 그녀는 젊었을 때 더 열심히 일하지 않았던 것을 후회한다.
→ She regrets not having worked harder in her youth.

② 그는 경험과 지식을 둘 다 겸비한 사람이다.
→ He is a man of both experience and knowledge.

③ 분노는 정상적이고 건강한 감정이다.
→ Anger is a normal and healthy emotion.

④ 어떤 상황에서도 너는 이곳을 떠나면 안 된다.
→ Under no circumstances you should not leave here.

Tip ④ Under no circumstances <u>you should</u> not leave here.
→ Under no circumstances <u>should you</u> not leave here.
부정 부사구 under no circumstances를 강조하기 위해 문장 앞에 두면, 주어-동사가 도치되어야 한다.

|정답 ④

문 어법상 빈칸에 들어가기에 가장 적절한 것은?

▶ 2016. 6. 25. 서울특별시

It was when I got support across the board politically, from Republicans as well as Democrats, _____ I knew I had done the right thing.

① who   ② whom
③ whose   ④ that

> **Tip** ④ 'It was when ~ that ~.' 에서 when절을 강조하는 it -that 강조구문이다. 이 때 that절은 빠진 문장 성분 없이 완전한 문장 구조를 이룬다.

(3) 강조

① 문장의 동사를 강조할 때는 조동사 do(does/did) + 동사원형
  - I <u>do</u> hope that you will get better soon.
  - She <u>does</u> like dogs.

② 'It is … that~'을 이용하여 문장의 '주어, 목적어, 부사(구, 절)'을 강조
  - It was Tom that(= who) was elected captain. (주어의 강조)
  - It is this book that(= which) I want to have. (목적어의 강조)
  - It was when I was 7 that(= when) I went to England for the first time. (부사절의 강조)
  - Where was it that the accident took place? (의문사 강조)

③ 의문사를 강조할 때는 의문사 뒤에 '도대체'라는 의미의 'ever, on earth, in the world' 등을 붙임
  - What <u>on earth</u> are you doing here?
  - Where <u>in the world</u> have you been?

|정답 ④

특수 구문 - 병렬, 도치, 강조

1 다음 문장을 가장 자연스럽게 옮긴 것은?

> 우리는 건강을 잃고 나서야, 비로소 건강의 가치를 깨닫는다.

① It is not until we lose our health that we realize the value of it.

② No sooner had we realized the value of our health when we lost it.

③ We will realize the value of our health even though we lose it.

④ It will not be long before we realize the value of our health.

Point

단어 ill health 좋지 못한 건강

TIP
① not until ~ that … : ~하고 나서야 …하다
not until절을 it is ~ that 구문을 사용하여 강조한 표현이다.
It is not until we lost our health that we realize the value of it. → 우리는 건강을 잃고 나서야 비로소 그 가치를 깨닫는다.

② No sooner ~ than(when → than) : ~하자마자 …하다
비교급(sooner)과 같이 오는 것은 than이므로 when을 than으로 고쳐야 한다.
No sooner had we realized the value of our health than we lost it. → 우리 건강의 가치를 깨닫자마자 우리는 건강을 잃는다.
부정어(No)가 문장 맨 앞에 왔으므로 주어 동사 위치가 도치(we had realized ~ → had we realized ~) 되었다.

③ even though : 비록 ~일지라도
We will realize the value of our health even though we lose it. → 우리가 건강을 잃게 되더라도 우리는 그 가치를 깨닫게 될 것이다.

④ It will not be long before ~ : 머지않아 ~일 것이다
It will not be long before we realize the value of our health. → 머지않아 우리는 건강의 가치를 알게 될 것이다.

Answer 1.①

2 밑줄 친 부분 중 어법상 옳지 않은 것을 고르시오.

> Sometimes a sentence fails to say ① <u>what</u> you mean because its elements don't make proper connections. Then you have to revise by shuffling the components around, ② <u>juxtapose</u> those that should link, and separating those that should not. To get your meaning across, you not only have to choose the right words, but you have to put ③ <u>them</u> in the right order. Words in disarray ④ <u>produce</u> only nonsense.

① what   ② juxtapose
③ them   ④ produce

단어 element 요소, 성분 revise 수정하다, 변경하다 shuffle 섞다, 이리저리 바꾸다, 정리하다 component 요소 juxtapose 병치하다, 나란히 놓다 get across (의미가 ~에게) 전달되다, 이해되다 in disarray 혼란해져, 어지럽게 뒤섞여

해석 때때로 문장이 당신이 의미하는 바를 나타내지 못할 때가 있는데, 왜냐하면 그 문장의 요소들이 적절한 연결성을 만들어내지 못하기 때문이다. 그러면, 당신은 그 요소들을 섞고, 연결해야 할 것들은 병렬시키고, 그리고 연결하지 않는 것들은 분리시켜 수정해야 한다. 당신이 의미하는 바를 이해시키기 위해서는 정확한 단어들을 선택해야 할 뿐만 아니라, 그 단어들을 올바른 위치에 배치해야 한다. 어지럽게 뒤섞여 있는 단어들은 오직 난센스를 만들어 낼 뿐이다.

해석 ① say의 목적어로 명사절을 이끄는 that 혹은 what이 올 수 있는데, say의 목적절 안에서 mean의 목적어 자리가 비어 있으므로 what이 와야 한다.
② shuffling, separating과 병렬을 이루어야 하므로 juxtapose→juxtaposing로 고쳐야 한다.
③ the right words를 받은 대명사이다.
④ Words in disarray가 주어(복수형)이므로, produce가 맞는 동사 형태이다.

3 어법상 옳지 않은 것은?

① At certain times may this door be left unlocked.
② Eloquent though she was, she could not persuade him.
③ So vigorously did he protest that they reconsidered his case.
④ The sea has its currents, as do the river and the lake.

단어 eloquent 웅변을 잘 하는, 유창한 vigorously 발랄하게, 힘차게 current 흐름, 조류

해 석 ① 어떤 특정한 때에 이 문은 잠기지 않은 채로 남겨져 있을 수 있다.
② 그녀는 설득력 있었지만, 그를 설득할 수는 없었다.
③ 그가 너무 강력하게 항의해서 그들은 그의 사건을 재고하기로 했다.
④ 바다는 그것의 흐름이 있다. 강과 호수도 또한 마찬가지다.

TIP ① 시간의 부사구는 도치하지 않으므로 may this door be→this door may be로 고쳐야 한다.
② 'Though she was eloquent, ~.' 문장에서 eloquent를 강조하기 위해 문장 앞에 두었다.
③ He protested so vigorously that ~. →So vigorously did he protest that ~.
so vigorously를 강조하기 위해 문장 앞에 두면서 주어 동사가 도치된 문장이다.
④ 'as V +S'는 접속사로서, 주절의 문장 뒤에서 'S가 V하듯이'라는 뜻으로 쓰인다. 따라서 The sea has its currents, as do(=앞 문장의 have를 받는 대동사이다) the river and the lake는 맞는 문장이다.

4 어법상 옳지 않은 것은?

My ① <u>art history professors</u> prefer Michelangelo's painting ② <u>to viewing his sculpture</u>, although Michelangelo ③ <u>himself</u> was ④ <u>more proud</u> of the latter.

단어 sculpture 조각

해 석 나의 예술사 교수님은 미켈란젤로의 그림을 조각보다 더 선호한다. 비록 미켈란젤로 스스로는 후자를 더 자랑스러워 했지만 말이다.

TIP ① 명사와 명사를 연결하여 수식하는 관계를 만들 수 있다.
② prefer A to B의 구문에서는 A와 B의 형태가 병렬을 이루어야 하므로 to viewing his sculpture→to his sculpture로 고쳐야 한다.
③ '(그 자신) 스스로는'의 뜻으로, 앞에 있는 Michelangelo를 강조한다.
④ proud의 비교급은 prouder, 최상급은 proudest이지만, 비교급에서 'B라기보단 A하다' 뜻을 나타내기 위해 단어의 음절수에 상관없이 'more A(원급) than B'라고 쓰기도 한다. although Michelangelo was more proud of the latter (than of the former)는 '미켈란젤로는 the former보다는 오히려 the latter(= his sculpture)를 자랑스럽게 여겼지만'으로 해석할 수 있다. the latter(후자)라는 단어에서 이미 그 비교대상을 알 수 있으므로 than 이하는 생략되었다.

(Answer) 2.② 3.① 4.②

5 우리말을 영어로 잘못 옮긴 것은?

① 네가 하는 어떤 것도 나에게는 괜찮아.

→Whatever you do is fine with me.

② 나는 어떤 일도 결코 우연히 하지 않았으며, 내 발명 중 어느 것도 우연히 이루어진 것은 없었다.

→I never did anything by accident, nor did any of my inventions come by accident.

③ 사랑은 서로를 응시하는 것에 있지 않고, 같은 방향을 함께 바라보는 것에 있다.

→Love does not consist in gazing at each other, but looks outward together in the same direction.

④ 자원봉사자들은 그들이 가치가 없기 때문이 아니라, 매우 귀중하기 때문에 보수를 받지 않는다.

→Volunteers aren't paid, not because they are worthless, but because they are priceless.

> **Point**
>
> **단어** by accident 우연히 consist in (주요 특징 등이) ~에 있다
> worthless 가치 없는, 쓸모없는 priceless 값을 매길 수 없는, 대단히 귀중한
>
> **TIP** ① 'whatever+주어+동사'가 명사절을 이루어 전체 문장의 주어 역할을 하고 있다. 동사는 단수 형태인 is로 맞게 썼다.
> ② nor는 부정문 뒤에서 '~또한 아니다'라는 뜻을 나타내며 nor 뒤에서 주어−동사 순서가 도치된다.
> ③ 'not A but B(A가 아니라 B)'에서 A와 B는 병렬을 이루어야 한다. 'looks→in looking'으로 고쳐야 한다.
> ④ aren't paid(보수를 받지 않는다) 수동태로 알맞게 쓰였고, not because~, but because 또한 not A but B의 병렬구조를 따르고 있다.

6 우리말을 영어로 잘못 옮긴 것을 고르시오.

① 오늘 밤 나는 영화 보러 가기보다는 집에서 쉬고 싶다.

→I'd rather relax at home than going to the movies tonight.

② 경찰은 집안 문제에 대해서는 개입하기를 무척 꺼린다.

→The police are very unwilling to interfere in family problems.

③ 네가 통제하지 못하는 과거의 일을 걱정해봐야 소용없다.

→It's no use worrying about past events over which you have no control.

④ 내가 자주 열쇠를 엉뚱한 곳에 두어서 내 비서가 나를 위해 여분의 열쇠를 갖고 다닌다.

→I misplace my keys so often that my secretary carries spare ones for me.

Point

단어 unwilling 꺼리는, 싫어하는 misplace 제자리에 두지 않다

TIP ① rather ~ than은 than을 사이에 두고 병렬이 이뤄져야 하므로 going을 go로 고친다.
② be unwilling to 동사원형 : ~하기를 꺼리다
③ It's no use ~ing : ~하는 것은 소용이 없다
worrying의 형태로 알맞게 쓰였다. over which you have no control이 선행사 past events를 수식한다. which you have no control over에서 over가 which 앞으로 갔다.
④ so 형용사/부사 that ~ : 너무 (형용사/부사)해서 ~하다
that절 안에 ones는 목적어 keys의 반복사용을 피하기 위한 대명사로 쓰였다.

7 어법상 빈칸에 들어가기에 가장 적절한 것은?

Creativity is thinking in ways that lead to original, practical and meaningful solutions to problems or _____ new ideas or forms of artistic expression.

① that generate
② having generated
③ to be generated
④ being generated

 Point

단어 original 본래의, 독창적인 generate 발생시키다, 만들어 내다

해석 창조성이란 문제에 대한 근본적이고, 실용적이면서 의미 있는 해결책을 이끌어 내거나 예술적 표현에 대한 새로운 아이디어나 형태를 만들어 내는 방법에 대해 생각하는 것이다.

TIP ① 접속사 or 전후로 관계대명사 that절이 병렬을 이루어 ways를 수식한다.

Answer 5.③ 6.① 7.①

8 밑줄 친 부분 중 어법상 옳지 않은 것은?

> Allium vegetables — edible bulbs ① <u>including</u> onions, garlic, and leeks — appear in nearly every cuisine around the globe. ② <u>They</u> are fundamental in classic cooking bases, such as French mirepoix (diced onions, celery, and carrots), Latin American sofrito (onions, garlic, and tomatoes), and Cajun holy trinity (onions, bell peppers and celery). ③ <u>While</u> we sometimes take these standbys for granted, the flavor of allium vegetables can not be replicated. And neither their health benefits ④ <u>can</u>, which include protection from heart diseases and cancer.

단어 allium 파속 식물(파/양파/마늘 등) edible 식용 가능한 bulb 구근, 동그란 부분 cuisine 요리 fundamental 필수적인, 근본적인 dice 깍둑썰기를 하다 replicate 복제하다, 모방하다 standby (필요하면 언제나 쓸 수 있는) 예비품

해석 파속 식물들—양파, 마늘, 리크(부추) 등을 포함한 식용 가능한 봉우리들—은 전 세계의 거의 모든 요리에 등장한다. 파속 식물은 전통 요리의 기초—프랑스의 미르포아(다진 양파, 셀러리, 당근), 라틴 아메리카의 저냐(양파, 마늘, 토마토) 그리고 케이준 삼총사(양파, 피망, 셀러리) —에 필수이다. 우리는 때때로 이러한 재료들을 당연시 여기는 반면, 파속 식물의 맛은 똑같이 만들어 질 수 없다. 그리고 심장병이나 암을 예방해 주는 물질을 포함하고 있는 그들의 건강적인 이점도 마찬가지로 흉내 낼 수 없다.

TIP ① including이 edible bulbs를 수식하고 있으며, 뒤에 목적어(onions, garlic, and leeks)를 가지고 있고 능동의 뜻이기 때문에 -ing로 맞게 썼다.
② they는 앞 문장의 allium vegetables의 복수 명사를 나타내는 대명사로 바르게 쓰였다.
③ '~하는 반면에'라는 뜻으로 종속절을 이끄는 접속사 while이 바르게 쓰였다.
④ 문두에 neither라는 부정어가 먼저 나왔기 때문에 neither 이하에서는 주어 + 동사 어순이 아닌 동사 + 주어 어순의 도치가 이루어져야 한다. 올바른 문장으로 수정을 하면 And neither can their health benefits, which~로 되어야 한다.

9 우리말을 영어로 잘못 옮긴 것을 고르시오.

① 그 회의 후에야 그는 금융 위기의 심각성을 알아차렸다.
   → Only after the meeting he recognized the seriousness of the financial crisis.
② 장관은 교통문제를 해결하기 위해 강 위에 다리를 건설해야 한다고 주장했다.
   → The minister insisted that a bridge be constructed over the river to solve the traffic problem.
③ 비록 그 일이 어려운 것이었지만, Linda는 그것을 끝내기 위해 최선을 다했다.
   → As difficult a task as it was, Linda did her best to complete it.
④ 그는 문자 메시지에 너무 정신이 팔려서 제한속도보다 빠르게 달리고 있다는 것을 몰랐다.
   → He was too distracted by a text message to know that he was going over the speed limit.

단어 ☑ financial 금융의 crisis 위기 construct 건설하다 distract ~을 혼란시키다

TIP ☑ ① Only의 제한어구 도치이므로, he recognized → did he recognize로 고쳐야 한다.

② insist와 같이 요구, 주장 등의 뜻을 나타내는 동사는 목적어로 오는 that절에서 'should+동사원형'을 쓴다. 이 때 should는 생략될 수 있으므로 that 절에서 a bridge (should) be constructed로 표현된 것은 바른 표현이다.

③ '(as) 형용사/부사 as + S + V' 구문에서 as는 though와 같은 양보(~이긴 하지만)의 뜻을 가진다. though it was a difficult task와 같은 뜻이다. 'as + 형용사 + a 명사'의 순서도 as difficult a task로 바르게 쓰였다.

④ '너무 ~해서 ~하지 못하다'라는 표현이므로 too~to 구문을 썼다.

10 우리말을 영어로 잘못 옮긴 것을 고르시오.

① 나는 매달 두세 번 그에게 전화하기로 규칙을 세웠다.

→I made it a rule to call him two or three times a month.

② 그는 나의 팔을 붙잡고 도움을 요청했다.

→He grabbed me by the arm and asked for help.

③ 폭우로 인해 그 강은 120 cm 상승했다.

→Owing to the heavy rain, the river has risen by 120cm.

④ 나는 눈 오는 날 밖에 나가는 것보다 집에 있는 것을 더 좋아한다.

→I prefer to staying home than to going out on a snowy day.

TIP ☑ ① make it a rule to 부정사 : ~하는 것을 습관으로 하다.

② grab 목적어 by the 신체 부분 : 신체 부분을 잡다

③ owing to 명사 : ~로 인해

④ 'prefer 동명사 to 동명사', 혹은 'prefer to 부정사 (rather) than to 부정사' 중 하나를 택하여 병렬구조를 만들어야 한다.

→ I prefer staying home to going out on a snowy day.

→ I prefer to stay home than to go out on a snowy day.

04

생활영어

TYPE 1 다음 대화 중 가장 어색한 것을 고르시오.

이 유형은 두 사람의 간단한 대화를 보고 어색한 것을 고르는 유형으로 주로 질문에 대해 엉뚱한 답변을 한 대화를 선별하는 문제로 출제된다.

2023. 4. 8. 인사혁신처
두 사람의 대화 중 자연스럽지 않은 것은?

① A : He's finally in a hit movie!

　 B : Well, he's got it made.

② A : I'm getting a little tired now.

　 B : Let's call it a day.

③ A : The kids are going to a birthday party.

　 B : So, it was a piece of cake.

④ A : I wonder why he went home early yesterday.

　 B : I think he was under the weather.

해석

③ A : 애들이 생일파티에 갈 거래.
　 B : 그럼 정말 쉬웠지.

① A : 그가 결국 히트친 영화에 나왔어.
　 B : 음, 그가 잘 풀리고 있지.

② A : 지금 나 좀 피곤해지고 있어.
　 B : 오늘은 이만.

④ A : 나는 그가 왜 어제 일찍 집에 갔는지 궁금해.
　 B : 나는 그가 몸이 안 좋았다고 생각해.

단 어

get it made (일이) 잘 풀리다
Let's call it a day 오늘은 이만
under the weather 몸이 좋지 않은

A는 미래형으로 말하고 있지만, B는 그것에 대해 과거형으로 대답하고 있으므로 대화가 자연스럽지 않다.

┃정답 ③

2023. 6. 10. 지방직

두 사람의 대화 중 자연스럽지 않은 것은?

① A : How would you like your hair done?

　 B : I'm a little tired of my hair color. I'd like to dye it.

② A : What can we do to slow down global warming?

　 B : First of all, we can use more public transportation.

③ A : Anna, is that you? Long time no see! How long has it been?

　 B : It took me about an hour and a half by car.

④ A : I'm worried about Paul. He looks unhappy. What should I do?

　 B : If I were you, I'd wait until he talks about his troubles.

해 석 ●

① A : Anna, 너 맞니? 정말 오랜만이다! 얼마나 오래된 거야?

　 B : 대략 차로 한 시간 반이 걸렸어.

① A : 당신은 어떤 머리 스타일을 원하시나요?

　 B : 나는 내 머리 색에 약간 싫증이 났어요. 염색하고 싶습니다.

② A : 우리가 지구온난화를 늦추기 위해 무엇을 할 수 있을까?

　 B : 무엇보다도 우리는 대중교통을 더 많이 이용해야 합니다.

④ A : 나는 폴이 걱정돼. 그는 불행해 보여. 내가 무엇을 해야 하지?

　 B : 내가 너라면, 나는 그가 그 문제에 대해 말할 때까지 기다릴 거야.

기출문제

단 어

be tired of ~에 싫증이 나다

dye 염색하다

slow down 속도를 낮추다. 진정하다

first of all 무엇보다도

public transportation 대중교통

A는 오랜만에 만난 Anna를 반가워하며 얼마 만에 만나게 된 것인지 묻고 있지만, B의 대답은 그곳에 이르는데 소요된 시간을 말해주고 있어 자연스럽지 않은 문장이다.

정답 ③

기출문제

단 어

appreciate 감사하다
order 주문
goods 물건, 상품
air freight 항공 화물 운송
department 부서
invoice 송장
no longer 더 이상 ~ 않는
available 이용 가능한
at one's expense ~가 돈을 내
는, ~의 비용으로

TYPE 2 밑줄 친 부분에 들어갈 말로 가장 적절한 것을 고르시오.

두 사람이 나누는 일련의 대화를 보고 빈칸에 들어갈 적절한 내용을 유추해
내는 유형의 문제이다. 대화의 흐름을 파악하는 것이 중요하며 빈칸 앞뒤에
오는 상대방의 말을 통해 힌트를 얻을 수 있다.

2024. 3. 23. 국가직
밑줄 친 부분에 들어갈 말로 적절한 것을 고르시오.

A : Thank you. We appreciate your order.
B : You are welcome. Could you send the goods by air freight? We
 need them fast.
A : Sure. We'll send them to your department right away.
B : Okay. I hope we can get the goods early next week.
A : If everything goes as planned, you'll get them by Monday.
B : Monday sounds good.
A : Please pay within 2 weeks. Air freight costs will be added on
 the invoice.
B : _____
A : I am afraid the free delivery service is no longer available.

① I see. When will we be getting the invoice from you?
② Our department may not be able to pay within two weeks.
③ Can we send the payment to your business account on Monday?
④ Wait a minute. I thought the delivery costs were at your expense.

해 석 ◐

A : 감사합니다. 주문해 주셔서 감사합니다.
B : 별말씀을요. 항공 화물로 상품을 보내 주실 수 있나요? 빨리 필요해서요.
A : 물론입니다. 바로 부서로 보내 드리겠습니다.
B : 알겠습니다. 다음 주 초에 상품을 받을 수 있으면 좋겠네요.
A : 모든 것이 일정대로 진행된다면, 월요일까지는 받으실 수 있을 겁니다.
B : 월요일 좋네요.
A : 2주 이내에 결제 부탁드립니다. 항공 화물 운송비는 송장에 추가될 것입니다.
B : 잠깐만요. 운송비는 그쪽에서 부담하시는 줄 알았는데요.
A : 죄송합니다만, 무료 운송 서비스는 더 이상 제공되지 않습니다.

① 알겠습니다. 송장을 언제 받을 수 있을까요?
② 우리 부서에서 2주 이내에 결제하지 못할 수도 있습니다.
③ 월요일에 그쪽 법인 계좌로 결제 금액을 송금해도 될까요?
④ 잠깐만요. 운송비는 그쪽에서 부담하는 줄 알았는데요.

정답 ④

2024. 3. 23. 국가직
밑줄 친 부분에 들어갈 말로 적절한 것을 고르시오.

단 어
specific 구체적인
take 데리고 가다, 가지고 가다
major 주된, 주요한
payment 결제
recommend 추천하다

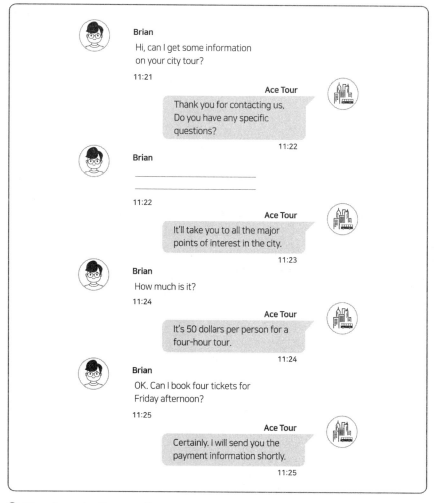

Brian
Hi, can I get some information on your city tour?
11:21

Ace Tour
Thank you for contacting us. Do you have any specific questions?
11:22

Brian
_____
_____
11:22

Ace Tour
It'll take you to all the major points of interest in the city.
11:23

Brian
How much is it?
11:24

Ace Tour
It's 50 dollars per person for a four-hour tour.
11:24

Brian
OK. Can I book four tickets for Friday afternoon?
11:25

Ace Tour
Certainly. I will send you the payment information shortly.
11:25

① How long is the tour?
② What does the city tour include?
③ Do you have a list of tour packages?
④ Can you recommend a good tour guide book?

해 석

Brian : 안녕하세요, 그곳의 도시 투어에 관한 정보 좀 얻을 수 있을까요?
Ace Tour : 연락해 주셔서 감사합니다. 구체적으로 궁금한 점이 있으신가요?
Brian : 그 도시 투어에 무엇이 포함되나요?
Ace Tour : 도시의 모든 주요 명소로 안내해 드립니다.
Brian : 얼마인가요?

정답 ②

Ace Tour : 4시간 투어에 1인당 50달러입니다.
Brian : 알겠습니다. 금요일 오후로 티켓 4장을 예약할 수 있나요?
Ace Tour : 물론입니다. 곧 결제 정보를 보내 드리겠습니다.

① 그 투어는 시간이 얼마나 걸리나요?
② 그 도시 투어에 무엇이 포함되나요?
③ 투어 패키지들의 목록이 있으신가요?
④ 좋은 투어 안내 책자를 추천해 주실 수 있나요?

2024. 3. 23. 국가직
밑줄 친 부분에 들어갈 말로 적절한 것을 고르시오.

A : Have you found your phone?
B : Unfortunately, no. I'm still looking for it.
A : Have you contacted the subway's lost and found office?
B : _____.
A : If I were you, I would do that first.
B : Yeah, you are right. I'll check with the lost and found before buying a new phone.

① I went there to ask about the phone
② I stopped by the office this morning
③ I haven't done that yet, actually
④ I tried searching everywhere

단어

unfortunately 불행하게도
look for 찾다
lost and found office 분실물 센터
stop by 잠깐 방문하다, 들르다
actually 사실, 실제로

해석

A : 휴대전화를 찾으셨나요?
B : 아쉽게도 못 찾았어요. 아직 찾고 있어요.
A : 지하철 분실물 센터에 연락해 보셨나요?
B : 사실 아직 안 해봤어요.
A : 저라면 제일 먼저 해보겠어요.
B : 네, 맞아요. 새 휴대전화를 사기 전에 분실물 센터에 문의해 볼게요.

① 휴대전화에 대해 문의하러 그곳에 갔어요.
② 오늘 아침에 사무실에 들렀어요.
③ 사실 아직 안 해봤어요.
④ 모든 곳을 다 찾아봤어요.

정답 ③

2024. 6. 22. 제1회 지방직

밑줄 친 부분에 들어갈 말로 가장 적절한 것을 고르시오.

기출문제

> A : Charles, I think we need more chairs for our upcoming event.
> B : Really? I thought we already had enough chairs.
> A : My manager told me that more than 350 people are coming.
> B : _____
> A : I agree. I am also a bit surprised.
> B : Looks like I'll have to order more then. Thanks.

① I wonder if the manager is going to attend the event.

② I thought more than 350 people would be coming.

③ That's actually not a large number.

④ That's a lot more than I expected.

단 어

upcoming 다가오는, 곧 있을
a bit 약간, 조금

해 석 ◑

A : Charles, 다가오는 행사를 위한 의자가 더 필요한 것 같아요.
B : 정말요? 의자는 이미 충분한 줄 알았는데요.
A : 제 매니저가 350명 이상이 온다고 했어요.
B : 제가 예상한 것보다 훨씬 많네요.
A : 그러게요. 저도 조금 놀랐어요.
B : 그러면 더 주문해야 할 것 같네요. 고마워요.

① 그 매니저가 행사에 참석하는지 궁금하네요.
② 저는 350명 이상이 올 거라고 생각했어요.
③ 사실 많은 인원은 아니네요.
④ 제가 예상한 것보다 훨씬 많네요.

정답 ④

기출문제

밑줄 친 부분에 들어갈 말로 가장 적절한 것을 고르시오.

> A : Can I get the document you referred to at the meeting yesterday?
> B : Sure. What's the title of the document?
> A : I can't remember its title, but it was about the community festival.
> B : Oh, I know what you're talking about.
> A : Great. Can you send it to me via email?
> B : I don't have it with me. Mr. Park is in charge of the project, so he should have it.
> A : _____
> B : Good luck. Hope you get the document you want.

① Can you check if he is in the office?

② Mr. Park has sent the email to you again.

③ Are you coming to the community festival?

④ Thank you for letting me know. I'll contact him.

단어

document 문서

refer to 언급하다, 인용하다

via ~을 통하여, ~을 매개로 하여

in charge ~을 맡은, 담당인

해석

A : 어제 회의에서 언급하신 문서를 받을 수 있나요?

B : 네. 문서 제목이 뭔가요?

A : 제목은 기억나지 않지만, 주민 축제에 관한 것이었어요.

B : 아, 뭐 말씀하시는 건지 알겠어요.

A : 좋아요. 그것을 저에게 이메일로 보내주실 수 있나요?

B : 제가 가지고 있지 않네요. Park 씨가 그 프로젝트를 담당하고 있으니까, 그분이 가지고 있을 거예요.

A : 알려 주셔서 감사합니다. 그에게 연락해 볼게요.

B : 행운을 빌어요. 원하시는 문서를 받으시길 바랄게요.

① 그가 사무실에 있는지 확인해 주실 수 있나요?

② Park 씨가 당신에게 다시 이메일을 보냈어요.

③ 당신은 주민 축제에 오시나요?

④ 알려 주셔서 감사합니다. 그에게 연락해 볼게요.

정답 ④

2024. 6. 22. 제1회 지방직

밑줄 친 부분에 들어갈 말로 가장 적절한 것을 고르시오.

기출문제

단어
promote 촉진하다, 홍보하다

> A : Hello, can I ask you a question about the presentation next Tuesday?
> B : Do you mean the presentation about promoting the volunteer program?
> A : Yes. Where is the presentation going to be?
> B : Let me check. It is room 201.
> A : I see. Can I use my laptop in the room?
> B : Sure. We have a PC in the room, but you can use yours if you want.
> A : _____
> B : We can meet in the room two hours before the presentation. Would that work for you?
> A : Yes. Thank you very much!

① A computer technician was here an hour ago.

② When can I have a rehearsal for my presentation?

③ Should we recruit more volunteers for our program?

④ I don't feel comfortable leaving my laptop in the room.

해석 ◎

A : 안녕하세요. 다음 주 화요일에 있을 발표에 대해 질문해도 될까요?
B : 자원봉사 프로그램 홍보에 관한 발표를 말씀하시나요?
A : 네. 발표를 어디서 하나요?
B : 확인해 볼게요. 201호실이네요.
A : 알았습니다. 강의실에서 제 노트북을 사용해도 되나요?
B : 네. 강의실에 컴퓨터가 있지만, 원하시면 당신 것을 사용해도 돼요.
A : <u>발표 리허설은 언제 할 수 있을까요?</u>
B : 저희는 발표 2시간 전에 강의실에서 만날 수 있어요. 괜찮으실까요?
A : 네. 정말 감사합니다!

① 컴퓨터 기술자가 한 시간 전에 여기에 왔어요.
② 발표 리허설은 언제 할 수 있을까요?
③ 우리 프로그램을 위한 자원봉사자를 더 모집해야 할까요?
④ 제 노트북을 강의실에 두고 가기가 마음이 편치 않아요.

정답 ②

기출문제

2023. 4. 8. 인사혁신처

밑줄 친 부분에 들어갈 말로 가장 적절한 것은?

> A : I got this new skin cream from a drugstore yesterday. It is supposed to remove all wrinkles and make your skin look much younger.
> B : _____
> A : Why don't you believe it? I've read in a few blogs that the cream really works.
> B : I assume that the cream is good for your skin, but I don't think that it is possible to get rid of wrinkles or magically look younger by using a cream.
> A : You are so pessimistic.
> B : No, I'm just being realistic. I think you are being gullible.

① I don't buy it.

② It's too pricey.

③ I can't help you out.

④ Believe it or not, it's true.

단 어

be supposed to ~하기로 되어 있다

remove 제거하다

assume 가정하다

get rid of ~을 제거하다

by -ing ~을 함으로써

pessimistic 비관적인

realistic 현실적인

gullible 잘 속아 넘어가는

해 석

A : 나는 어제 드럭 스토어에서 이 새로운 피부크림을 샀어. 그것은 모든 주름을 제거하고 너의 피부를 훨씬 더 어리게 보이도록 만든다고 했어.

B : 믿기 어려운데.

A : 그냥 믿어보지 그래? 내가 그 크림이 정말 효과가 있다는 것을 몇 블로그에서 읽어봤어.

B : 나는 그 크림이 네 피부에 좋을 거라고는 생각하지만 그 크림을 사용해서 모든 주름을 제거하거나 마법처럼 더 어려 보이는 것이 가능하다고 생각하지 않아.

A : 너는 정말 비관주의적이다.

B : 아니, 나는 그냥 현실적으로 구는 거야. 내 생각에 네가 잘 속아 넘어가는것 같아.

① 믿기 어려운데.

② 그것은 너무 비싸다.

③ 내가 너를 도울 수가 없어.

④ 믿거나 말거나 사실이다.

▮정답 ①

2023. 6. 10. 지방직

밑줄 친 부분에 들어갈 말로 가장 적절한 것은?

기출문제

A : You were the last one who left the office, weren't you?
B : Yes. Is there any problem?
A : I found the office lights and air conditioners on this morning.
B : Really? Oh, no. Maybe I forgot to turn them off last night.
A : Probably they were on all night.
B : _____

---

① Don't worry. This machine is working fine.

② That's right. Everyone likes to work with you.

③ I'm sorry. I promise I'll be more careful from now on.

④ Too bad. You must be tired because you get off work too late.

단어
forget to ~하는 것을 잊다
from now on 이제부터

해석 ◉

A : 당신이 사무실을 떠났던 마지막 사람이었어요. 그렇지 않나요?
B : 네. 어떤 문제라도 있나요?
A : 사무실 조명과 에어컨이 켜져 있는 것을 오늘 아침에 발견했어요.
B : 정말요? 이런. 아마도 제가 어젯밤에 그것들을 끄는 것을 잊은 것 같습니다.
A : 그것들은 아마 밤새 작동했을 거예요.
B : <u>죄송합니다. 제가 이제부터 더 조심할 것을 약속드립니다.</u>

③ 죄송합니다. 제가 이제부터 더 조심할 것을 약속드립니다.
① 걱정하지 마세요. 이 기계는 잘 작동하고 있습니다.
② 맞아요. 모두가 당신과 일하는 것을 좋아합니다.
④ 안됐네요. 당신이 너무 늦게 사무실을 떠나니 피곤할게 분명합니다.

마지막으로 사무실을 떠나면서 조명과 에어컨을 끄지 않은 것에 대해 지적을 받고 있는 상황이므로, 사과하고 있는 ③이 가장 적절하다.

정답 ③

기출문제

[상황별 주요 생활회화]

section **1** 전화

🔲 **두 사람의 대화 중 가장 어색한 것은?**

▶ 2019. 6. 15. 제1회 지방직

① A : What time are we having lunch?

 B : It'll be ready before noon.

② A : I called you several times. Why didn't you answer?

 B : Oh, I think my cell phone was turned off.

③ A : Are you going to take a vacation this winter?

 B : I might. I haven't decided yet.

④ A : Hello. Sorry I missed your call.

 B : Would you like to leave a message?

Tip ① A : 우리 몇 시에 점심 먹나요?

 B : 정오 전에는 준비가 될 거예요.

② A : 제가 당신에게 여러 번 전화했었어요. 왜 안 받았어요?

 B : 아, 제 핸드폰이 꺼졌던 것 같아요.

③ A : 올 겨울에 휴가 가실 건가요?

 B : 아마도요. (하지만) 아직 결정하지 않았어요.

④ A : 여보세요. 전화를 못 받아서 미안해요.

 B : 메시지를 남기시겠습니까?

정답 ④

This is Mary speaking. I'd like to speak to Mr. Jones.

Mary입니다. Jones씨 좀 부탁드립니다.

Is that Mr. Jones?

Jones씨입니까?

Who's speaking(calling), please?

누구십니까?

Whom do you wish to talk to?(= Who would you like to speak to, sir?)

누구를 바꿔 드릴까요?

Hold the line a moment, please. I'll connect you with Mr. Smith.

잠시 기다리세요. Smith씨에게 연결해 드리겠습니다.

The party is on the line. Please go ahead.

연결됐습니다. 말씀하세요.

What number are you calling?

몇 번에 거셨습니까?

Speaking. This is he(she).

접니다.

The line is busy.

통화중입니다.

He's talking on another phone. = He's on another phone.

그는 통화중입니다.

The lines are crossed.

혼선입니다.

A phone for you, Tom.

Tom, 전화왔어요.

Please speak a little louder.

좀 더 크게 말씀해 주세요.

Who shall I say is calling, please?

누구라고 전해 드릴까요?

May I take your message?(= Would you like to leave a message.)

전할 말씀이 있나요?

May I leave a message, please?

메시지를 남겨 주시겠어요?

Who am I speaking to?

말씀하시는 분은 누구시죠?

Guess who this is.(= Guess who?)

누구인지 알아 맞춰보세요.

You have the wrong number

전화를 잘못 거셨습니다.

There is no one here by that name

그런 분은 안계십니다.

What is she calling for?

그녀가 무엇 때문에 전화를 했지요?

May I use your phone?

전화를 좀 빌려 쓸 수 있을까요?

Give me a call(ring, phone, buzz).

나에게 전화주세요.

I'll call back.(= I'll call again later.)

나중에 다시 전화하겠습니다.

section 2 길 안내

Excuse me, but could you tell me the way to the station?

실례지만, 역으로 가는 길을 가르쳐 주시겠습니까?

Pardon me, but is this the (right) way to the station?

실례지만, 이 길이 역으로 가는 (옳은) 길입니까?

Where am I(we)?

여기가 어디입니까?

I'm sorry, but I can't help you(I don't know this area).

죄송합니다만, 저도 길을 모릅니다.

(I'm sorry, but) I'm a stranger here myself.

(죄송합니다만) 저도 처음(초행길)입니다.

Turn to the left.

왼쪽으로 가세요.

Go straight on.

곧장 가세요.

🔵 밑줄 친 부분에 들어갈 말로 가장 적절한 것은?

▶ 2016. 6. 18. 제1회 지방직

John : Excuse me. Can you tell me where Namdaemun Market is?

Mira : Sure. Go straight ahead and turn right at the taxi stop over there.

John : Oh, I see. Is that where the market is?

Mira : _____

① That's right. You have to take a bus over there to the market.

② You can usually get good deals at traditional markets.

③ I don't really know. Please ask a taxi driver.

④ Not exactly. You need to go down two more blocks.

Tip ① 맞아요. 저기서 시장 방향으로 가는 버스를 타셔야 해요.
② 전통 시장에서 보통은 물건을 싸게 살 수 있어요.
③ 잘 몰라요. 택시기사님께 여쭤 보세요.
④ 정확하진 않아요. 두 블록 더 내려가셔야 해요.

┃정답 ④

기출문제

문 밑줄 친 부분에 들어갈 표현으로 가장 적절한 것은?

▶ 2015. 6. 27 제1회 지방직

JM : Excuse me. How can I get to Seoul Station?
W : You can take the subway.
M : How long does it take?
W : It takes approximately an hour.
M : How often does the subway run?
W : _____.

① It is too far to walk
② Every five minutes or so
③ You should wait in line
④ It takes about half an hour

Tip ① 걷기에는 너무 멀어요.
② 5분마다 있어요.
③ 당신은 줄을 서서 기다려야 해요.
④ 약 30분 정도 걸려요.

문 대화 중 가장 어색한 것은?

▶ 2019. 6. 15 제2회 서울특별시

① A : What was the movie like on Saturday?
B : Great. I really enjoyed it.
② A : Hello. I'd like to have some shirts pressed.
B : Yes, how soon will you need them?
③ A : Would you like a single or a double room?
B : Oh, it's just for me, so a single is fine.
④ A : What time is the next flight to Boston?
B : It will take about 45 minutes to get to Boston.

Tip ④ A : Boston행 다음 비행기는 몇 시에 있나요?
B : Boston까지 약 45분 걸립니다.

정답 ②, ④

Walk until you come to the crossing.
교차로가 나올 때까지 계속 걸어가십시오.
Take the left road.
왼쪽 도로로 가세요.
Are there any landmarks?
길을 찾는 데 도움이 되는 어떤 두드러진 건물 같은 것은 없습니까?
How far is it from here to the station?
이곳에서 역까지 얼마나 멉니까?
I'll take you there.
제가 당신을 그 곳에 데려다 드리겠습니다.
You can't miss it.(= You'll never miss it.)
틀림없이 찾을 것입니다.
I have plenty of time.
난 시간이 녁넉합니다.

section 3 시간

• What time is it?
= What is the time?
= Do you have the time?
= What time do you have?
= Could you tell me the time?
= What time does your watch say?
몇 시입니까?
Do you have time?
시간 있습니까?
What is the date?
며칠입니까?
What day is it today?
오늘이 무슨 요일입니까?
I have plenty of time.
난 시간 많아.

section 4 소개 · 인사 · 안부

(1) 소개

Mr. Brown, let me introduce Mr. Smith.

Brown씨, Smith씨를 소개합니다.

May I introduce my friend Mary to you?

내 친구 Mary를 소개해 드려도 될까요?

Let me introduce myself. (= May I introduce myself to you?)

제 소개를 하겠습니다.

Miss. Lee, this is Mr. Brown.

Lee 양, 이 분은 Brown씨입니다.

I've been wanting to see you for a long time.

오래 전부터 뵙고 싶었습니다.

(2) 인사

① 처음 만났을 때

How do you do?

처음 뵙겠습니다.

I'm glad to meet you.
= I'm very pleased(delighted) to meet you.
= It's a pleasure to know you.

만나서 반가워요.

Same to you.

저도 반갑습니다.

② 아는 사이일 때

How are you getting along?
= How are you (doing)?
= How are things with you?
= How is it going?
= What happened?
= What's up?

안녕, 잘 있었니? 어떻게 지내니?

Fine, thanks, And you?

그럼, 고마워, 너는?

So far, So good.(= Not so bad)

잘 지냈어.

③ 오랜만에 만났을 때

How have you been?

그간 잘 있었니?

I haven't seen you for ages(a long time).

정말 오랜만이야.

Pretty good. It's been a long time, hasn't it?

잘 지냈어. 오랜만이다, 그렇지 않니?

I've been fine. It's ages since we met.

잘 지냈어. 우리가 만난 지 꽤 오래됐지.

④ 작별인사

㉠ 작별할 때

I'd better be going.
= I really must be going now.
= I'm afraid I must go now.
= I really should be on my way.
= It's time to say good-bye.
= I must be off now.

이제 가봐야 되겠습니다.

So soon? Why don't you stay a little longer?

이렇게 빨리요? 좀 더 있다가 가시지요?

I hope to see you again soon.

곧 또 뵙게 되길 바라겠습니다.

㉡ 작별의 아쉬움을 나타낼 때

It's really a shame that you have to leave.

떠나셔야 한다니 정말 유감입니다.

It's too bad that you have to go.

가셔야만 한다니 정말 유감입니다.

Oh! I'm sorry. I wish you could stay.

이거 유감입니다. 좀 더 계신다면 좋을 텐데.

---

(3) 안부

Remember me to Jane.
= Give my regards to Jane.
= Say hello to Jane.
= Please send my best wishes to Jane.

Jane에게 안부 전해 주세요.

Sure, I will.(= Certainly.)

예, 꼭 그러겠습니다.

section 5 제안·권유·초대

(1) 제안

① 제안할 때

Let's have a party, shall we?

파티를 열까요?

Why don't we go to see a movie?

영화 보러 가는 게 어때요?

Would you like me to help you study?

공부를 도와 드릴까요?

② 제안을 수락할 때

(That's a) Good idea.

좋은 생각이에요.

That's fine(OK) with me.

좋아요.

That sounds great, Why not?

좋은 생각(제안)이야.

기출문제

🔒 밑줄 친 부분에 들어갈 말로 가장 적절한 것을 고르면?

▶ 2018. 5. 19. 제1회 지방직

A : Where do you want to go for our honeymoon?
B : Let's go to a place that neither of us has been to.
A : Then, why don't we go to Hawaii?
B : _____

① I've always wanted to go there.
② Isn't Korea a great place to live?
③ Great! My last trip there was amazing!
④ Oh, you must've been to Hawaii already.

Tip A : 신혼여행 어디 가고 싶어?
B : 우리 둘 다 한 번도 간 적 없는 곳으로 가자.
A : 그럼 하와이에 가는 거 어때?
B : 나도 늘 그곳에 가고 싶었어.

정답 ①

391

기출문제

③ 제안을 거절할 때

I'm afraid not.

안되겠는데요.

I'm afraid I have something to do that afternoon.

그 날 오후에는 할 일이 있어서 안되겠는데요.

I hate to turn you down, but I have an appointment.

거절하고 싶지는 않지만, 약속이 있는데요.

I'd rather we didn't, if you don't mind.

괜찮다면, 그러지 말았으면 합니다만.

Don't bother.

수고할 것 없다.

(2) 권유

① 권유할 때

Won't you come and see me next Sunday?

다음주 일요일에 놀러 오시겠어요?

How about going to the movies this evening?

오늘 저녁에 영화 보러가는 것이 어떨까요?

Would you like to go out this evening?

오늘 저녁에 외출하지 않겠습니까?

I would like to have dinner with you this evening. Can you make it?

오늘 저녁에 당신과 저녁식사를 같이 하고 싶습니다. 가능하십니까(괜찮으십니까)?

② 권유에 응할 때

Yes, I'd like to.(= Yes, I'd love to.)

예, 좋습니다.

Thank you, I shall be very glad to.

감사합니다. 기꺼이 그렇게 하지요.

That's very kind of you to say so.

그렇게 말씀해 주시니 매우 친절하십니다.

문 밑줄 친 부분에 들어갈 가장 적절한 것은?

▶ 2015. 3. 14. 사회복지직

A : What do you say we take a break now?

B : _____

A : Great! I'll meet you in the lobby in five minutes.

① Okay, let's keep working.

② That sounds good.

③ I'm already broke.

④ It will take one hour.

Tip ① 좋아, 계속 일하자.
② 좋아.
③ 나는 이미 빈털터리야.
④ 한 시간 걸릴 거야.

| 정답 ②

③ 권유를 거절할 때

I should like to come, but I have something else to do.
꼭 가고 싶지만 다른 할 일이 있어서요.
I'm sorry to say, but I have a previous appointment.
죄송하지만, 선약이 있어서요.

(3) 초대

① 초대할 때

How about going out tonight?
오늘밤 외출하시겠어요?
Would you like to come to the party tonight?
오늘밤 파티에 오시겠어요?

② 초대에 응할 때

That's a nice idea.
그것 좋은 생각이군요.
Yes. I'd like that. Fine with me.
감사합니다. 그러고 싶어요.

③ 초대를 거절할 때

I'd love to but I'm afraid I can't.
그러고 싶지만 안 될 것 같군요.
Sorry. I'm afraid I can't make it. Maybe another time.
죄송합니다만 그럴 수 없을 것 같군요. 다음 기회에 부탁드려요.

(4) 파티가 끝난 후 귀가할 때

I must be going(leaving) now.(= I must say good-bye now.)
이제 가야 할 시간입니다.
Did you have a good time?(= Did you enjoy yourself?)
즐거우셨어요?
I sure did.(= Yes, really. = Certainly.)
아주 즐거웠습니다.

문 대화의 흐름으로 보아 빈칸에 들어갈 가장 적절한 것은?
▶ 2017. 6. 24. 제2회 서울특별시

A : Why don't you let me treat you to lunch today, Mr. Kim?
B : _____.

① No, I'm not. That would be a good time for me
② Good. I'll put it on my calendar so I don't forget
③ OK. I'll check with you on Monday
④ Wish I could but I have another commitment today

Tip ① 아니요. 그것은 저에게 좋은 시간이 될 것입니다.
② 좋습니다. 제가 잊지 않도록 달력에 적어두겠습니다.
③ 좋아요. 월요일에 함께 체크해 봅시다.
④ 그럴 수 있으면 좋겠지만, 오늘은 다른 약속이 있습니다.

|정답 ④

section 6 부탁 · 요청

문 두 사람의 대화 내용 중 가장 어색한 것은?

▶ 2016. 3. 19. 사회복지직

① A : I don't think I can finish this project by the deadline.

 B : Take your time. I'm sure you can make it.

② A : Mom, what do you want to get for Mother's Day?

 B : I don't need anything. I just feel blessed to have a son like you.

③ A : I think something's wrong with this cake. This is not sweet at all!

 B : I agree. It just tastes like a chunk of salt.

④ A : Would you carry this for me? I don't have enough hands.

 B : Sure, I'll hand it over to you right away.

Tip ① A : 이 프로젝트를 마감기한까지 마칠 수 없을 것 같아.
 B : 천천히 해. 분명 끝낼 수 있을 거야.
② A : 엄마, 어머니의 날에 무슨 선물 받고 싶으세요?
 B : 아무 것도 필요하지 않아. 그저 너 같은 아들이 있는 것만으로도 행복해.
③ A : 이 케이크 뭔가 잘못된 것 같아. 전혀 달지가 않아.
 B : 네 말이 맞아. 그냥 소금 덩어리 같은 맛이야.
④ A : 이것 좀 들어주시겠어요? 제가 손이 부족해서요.
 B : 물론이죠. <u>제가 바로 넘겨드릴게요.</u>

정답 ④

Would you please open the window?

창문을 열어 주시겠습니까?

All right. Certainly, with pleasure.

예, 알았습니다. 예, 그렇게 하죠.

Would you mind opening the window?

창문을 열어 주시지 않겠습니까?

(Would you mind ~?의 긍정의 대답으로) No, I wouldn't.
= No, not at all.
= No, of course not.
= Certainly not.
= Sure(ly).

아뇨, 그렇게 하죠.

(Would you mind ~?의 부정의 대답으로) Yes, I will.

예, 안되겠습니다.

May I ask a favor of you?

부탁을 하나 드려도 될까요?

What is it?

무슨 일이죠?

Sure, (if I can).
= By all means.
= With great pleasure.
= I'll do my best for you.

물론입니다. 부탁을 들어드리겠습니다.

Well, that depends (on what it is).

글쎄요, (무슨 일인지) 들어보고 해드리죠.

I'm sorry to trouble you, but would you please carry this baggage for me?

폐를 끼쳐 죄송하지만, 저를 위해 이 짐 좀 날라다 주시겠습니까?

Ok, it's a deal.

그래, 그렇게 합시다.

section 7 감사 · 사과

(1) 감사

① 감사할 때

Thanks a lot.
= I really appreciate it.
= I can't thank you enough.

대단히 고맙습니다.

② 응답할 때

You're welcome.
= Don't mention it.
= That's all right.
= (It was) My pleasure.
= I'm glad to do it.

천만에요.

(2) 사과

① 사과할 때

I apologize.

사과드립니다.

Excuse me.

미안합니다.

Please forgive me.

용서해 주세요.

Please accept my apology.

제 사과를 받아주세요.

② 응답할 때

That's all right. Don't mention it.

괜찮습니다.

Don't worry about that.

걱정하지 마세요.

All right. You're accepted.

좋아요, 사과를 받아들이겠어요.

문 밑줄 친 부분에 가장 적절한 것은?

▶ 2014. 4. 19. 안전행정부

A : Did you see Steve this morning?

B : Yes.
But why does he _____?

A : I don't have the slightest idea.

B : I thought he'd be happy.

A : Me too. Especially since he got promoted to sales manager last week.

B : He may have some problem with his girlfriend.

① have such a long face
② step into my shoes
③ jump on the bandwagon
④ play a good hand

Tip A : 오늘 아침에 Steve 봤어?
B : 응. 그런데 왜인지 표정이 안 좋던데?
A : 나는 전혀 모르겠어.
B : 나는 그가 행복할거라 생각했는데.
A : 나도 마찬가지야. 특히 지난주에 영업부장으로 승진도 했잖아.
B : 어쩌면 여자 친구와 문제가 있을지도 몰라.
① 우울한 얼굴을 하다.
② 내 입장이 돼 봐.
③ 우세한 편에 붙다.
④ 멋진 수를 쓰다.

정답 ①

section **8** 건강

You look pale. What's the matter with you?

얼굴이 창백합니다. 어찌된 일입니까?

What's wrong (with you)? What's the trouble?

어디가 아프십니까?

You're not looking very well today. Is anything the matter with you?

오늘 안색이 좋아 보이지 않네요. 무슨 일이 있어요?

How are you feeling today?

오늘 기분은 어떻습니까?

Are you feeling any better today?

오늘은 기분이 나아진 것 같습니까?

(I feel) Much better, thank you.

많이 좋아진 것 같아요. 감사합니다.

Take good care of yourself.

몸조리 잘 하세요.

I hope you'll soon be all right again.

곧 회복되시기를 바랍니다.

I have a bad headache.

두통이 심합니다.

I have a slight stomachache.

배가 조금 아픕니다.

I have a tough of the flu.

감기기운이 있습니다.

I have a terrible cold.

독감에 걸렸습니다.

It's killing me.

아파죽겠어요.

section 9 쇼핑

What can I do for you, sir?

무엇을 찾으십니까?

What shall I show you, madam?

무엇을 보여 드릴까요, 부인?

I'm just browsing[looking (around)].

그냥 둘러보려고요(구경하려고요).

How do you like this?

이것은 어떻습니까?

The price is reasonable.

적절한 가격입니다.

How much is this? What's the price of this?

이것은 얼마입니까?

That's rather dear, isn't it?

좀 비싸군요.

I'm afraid it's too expensive for me.

너무 비싼 것 같습니다.

Can you show me cheaper ones?

좀 더 싼 것은 없습니까?

I like this. I'll take this one.

이것이 마음에 듭니다. 이걸로 하지요.

They are out of stock.(= They are all sold out.)

모두 매진되었습니다.

Is there anything else I should watch out for?

그밖에 주의해야 할 사항은요?

기출문제

문 밑줄 친 부분에 들어갈 말로 가장 적절한 것을 고르면?

▶ 2017. 4. 8. 인사혁신처

A : May I help you?
B : I bought this dress two days ago, but it's a bit big for me.
A : _____
B : Then I'd like to get a refund.
A : May I see your receipt, please?
B : Here you are.

① I'm sorry, but there's no smaller size.
② I feel like it fits you perfectly, though.
③ That dress sells really well in our store.
④ I'm sorry, but this purchase can't be refunded.

Tip A : 도와드릴까요?
B : 제가 이 드레스를 이틀 전에 샀는데, 저에게 좀 큰 것 같아요.
A : 죄송합니다만, 더 작은 사이즈는 없습니다.
B : 그러면 환불을 하고 싶습니다.
A : 영수증 좀 보여주시겠어요?
B : 여기 있습니다.

① 죄송합니다만, 더 작은 사이즈는 없습니다.
② 그런데 제 생각에는 손님에게 딱 맞는 것 같은데요.
③ 그 드레스는 저희 가게에서 매우 잘 팔립니다.
④ 죄송합니다만 이 제품은 환불이 되지 않습니다.

정답 ①

문 대화 중 가장 어색한 것은?
▶ 2018. 6. 23. 제2회 서울특별시

① A : I'd like to make a reserva
　　 -tion for tomorrow, please.
　 B : Certainly. For what time?
② A : Are you ready to order?
　 B : Yes, I'd like the soup,
　　 please.
③ A : How's your risotto?
　 B : Yes, we have risotto with
　　 mushroom and cheese.
④ A : Would you like a dessert?
　 B : Not for me, thanks.

Tip ① A ; 내일 날짜로 예약을 하
　　　 려고 합니다.
　　 B : 물론이죠. 시간을 말씀
　　　 해 주시겠어요?
② A : 주문하시겠습니까?
　 B : 네, 수프를 주시겠어요.
③ A : 리소토는 어떤가요?
　 B : 네, 버섯과 치즈를 곁들
　　 인 리소토가 있습니다.
④ A : 후식 드시겠습니까?
　 B : 전 괜찮습니다. 감사합
　　 니다.

정답 ③

section 10 식당

(1) 주문을 받을 때

Would you like to order now?
= May I take your order?
= Are you ready to order?
= What would you like to have?
주문하시겠습니까?

(2) 스테이크 요리를 주문할 때

How would you like your steak?
스테이크를 어떻게 할까요?
Well-done, please.
잘 익혀 주세요.
Medium, please.
반쯤 익혀주세요.
I'd like mine rare.
저는 설익혀 주세요.

(3) 음식을 사양할 때

Thank you, but I've had enough.
고맙습니다만, 많이 먹었어요.
No, thank you. It's delicious, but I'm full.
됐습니다. 맛있지만 배가 부릅니다.
No, thanks. I'm on a diet.
고맙지만 사양하겠어요. 다이어트 중이거든요.

(4) 계산할 때

Would you bring me the check?(= Check(Bill), please.)

계산서 주세요.

I'll treat (you).(= This is on me.)

내가 낼게요(부담하겠습니다).

Let's split the bill.

내가 반을 낼게요(부담하겠습니다).

Let's go Dutch.

각자 냅시다(부담합시다).

section 11 신상

(1) 직업

What do you do for a living?
= What's your job(occupation, profession)?
= What kind of job do you have?

무슨 일을 하십니까?

I'm with IBM.
= I'm employed at IBM.
= I work for(at) IBM.

IBM에서 근무합니다.

I'm on duty(off duty) this week.

나는 이번 주에 당번(비번)입니다.

기출문제

(2) 가족

How many people(members) are there in your family?

가족이 몇 분이나 되세요?

There are five people(members) in my family.

모두 다섯 식구입니다.

Do you have any kids(children)?

자녀분이 있으십니까?

Yes, I have one daughter.

예. 딸이 하나 있습니다.

Are you married or single?

결혼하셨나요, 아니면 아직 미혼인가요?

I'm single.

미혼입니다.

I'm married.

결혼했습니다.

How long have you been married?

결혼한 지 얼마나 됐습니까?

I have been married for three years.

3년 되었습니다.

(3) 고향

Where are you from?
= Where do you come from?

어디서 오셨습니까?

(I'm) From Korea.
= (I come) From Korea.

한국에서 왔습니다.

section 12 확인 · 동의

(1) 확인

① 상대방이 이해하는지를 확인할 때

Are you with me?
= Do you follow me?
= Have you got that?
= Do you understand?
= Do you get me?
= Do you catch me?

알아듣겠습니까?

Sure, I'm with you.
= I see.
= I follow you.
= I've got it.

알겠습니다.

It's Greek to me.
= I cannot make head or tail of it.

무슨 소리인지 전혀 모르겠습니다.

② 다시 한 번 말해 달라고 부탁할 때

I beg your pardon?
= Pardon (me)?
= Excuse me?

죄송합니다만, 다시 한 번 말씀해 주십시오.

Will you say that again?

다시 한 번 말씀해 주시겠습니까?

Could you repeat the last part?

마지막 부분을 다시 한 번 말씀해 주시겠습니까?

I'm sorry, but I didn't catch what you said.

미안하지만, 당신이 한 말을 못 알아들었어요.

I said, "I'll have a cup of coffee."

나는 "커피 한 잔 하겠습니다."라고 말했어요.

기출문제

(문) 다음 대화의 흐름으로 보아 밑줄 친 부분에 들어갈 가장 적절한 표현을 고르면?

▶ 2010. 5. 22. 상반기 지방직

A : As beginners, we just have to take it on the chins and move on.

B : _____

① Don't talk around.
② You make no sense.
③ Oh, it's on the tip of my tongue.
④ You are telling me.

Tip A : 초보자로서, 우리는 묵묵히 참고 견뎌야만 해.
B : 네 말이 맞아.

① 말을 빙빙 돌리지마.
② 말도 안 돼.
③ 오, 생각이 나질 않아.
④ 네 말이 맞아.

정답 ④

---

(2) 동의

You're right.
= You said it.
= You can say that again.
= You've got a point there.
= I couldn't agree with you more.
= I feel the same way.
당신 말이 맞습니다.

section 13 응답

(1) 물음이 긍정인 경우

Are you a singer?
→Yes, I am.
→No, I am not.
당신은 가수입니까?
→예, 그렇습니다.
→아니오, 그렇지 않습니다.

Do you like popular songs?
→Yes, I do.
→No, I don't.
대중가요를 좋아하십니까?
→예, 좋아합니다.
→아니오, 좋아하지 않습니다.

(2) 물음이 부정인 경우

Aren't you a singer?
→Yes, I am.
→No, I am not.
당신은 가수가 아닙니까?
→아니오, 가수입니다.
→예, (가수가) 아닙니다.

Don't you like popular songs?
→Yes, I do. 아니요,
→No, I don't.
대중가요를 좋아하지 않습니까?
→(대중가요를) 좋아합니다.
→예, (대중가요를) 좋아하지 않습니다.

1 다음 대화 중 어색한 것은?

① A : I'm going to China next month.

　 B : Where in China?

② A : I have some good news.

　 B : What is it?

③ A : Get me some wine from your trip to Brazil.

　 B : You bet.

④ A : I like winter sports.

　 B : I envy you.

 단어 bet 돈을 걸다, 틀림없다

해석 ① A : 나 다음 달에 중국에 갈 거야.

　 B : 중국 어디?

② A : 좋은 소식이 있어.

　 B : 뭔데?

③ A : 너 브라질 여행 갔다 올 때 와인 좀 사다줘.

　 B : 물론이지.

④ A : 나는 겨울 스포츠를 좋아해.

　 B : 네가 부러워.

2 다음 빈칸에 가장 적합한 것은?

A : Kate, I am too tired. It's only 7:30 in the morning!

　Let's take a rest for a few minutes.

B : Don't quit yet. Push yourself a little more. When I started jogging, it was so hard for me, too.

A : Have pity on me then. This is my first time.

B : Come on, Mary. After you jog another three months or so, you will be ready for the marathon.

A : Marathon! How many miles is the marathon?

B : It's about thirty miles. If I jog everyday, I'll be able to enter it in a couple of months.

A : _____ I am exhausted now after only half a mile. I am going to stop.

---

① Count me out!

② Why shouldn't I enter the marathon?

③ Why didn't I think of that?

④ I don't believe so.

단어　push oneself (~하도록) 스스로를 채찍질하다　have pity on ~을 불쌍히 여기다　exhausted 기진맥진한, 진이 다 빠진

해석　A : Kate, 나 너무 피곤해. 아직 7시 30분밖에 안됐어! 몇 분만 쉬자.

B : 아직 멈추면 안 돼. 조금만 더 힘내 봐. 나도 조깅을 처음 시작했을 때, 매우 힘들었어.

A : 그럼 나 좀 봐줘. 난 오늘이 처음이잖아.

B : 힘내, Mary. 3개월 정도 하면 마라톤에 나갈 준비가 될 거야.

A : 마라톤! 마라톤이 몇 마일이나 되지?

B : 약 30마일 정도야. 내가 매일 조깅을 한다면, 두 달 후에는 마라톤에 참가할 수 있을 거야.

A : 나는 빼 줘! 겨우 반 마일 했는데도 나는 완전 지쳤어. 그만할래.

① 나는 빼 줘!

② 왜 나는 마라톤에 참가하면 안 돼?

③ 내가 왜 그 생각을 못했을까?

④ 나는 그렇게 생각하지 않아.

※ 다음 대화의 빈칸에 들어갈 알맞은 것을 고르시오. 【3~7】

3

> A : _____
>
> B : No, thanks. I can manage it, I think.

① Need a hand?

② Can you give me a hand?

③ Can you help me with this?

④ Are you kind enough to help me with this?

 Point

단어 **manage** 간신히 해내다, 살아 내다, 경영하다

해석 A : <u>도와줄까?</u>

B : 아니야, 괜찮아. 내가 해낼 수 있을 거라 생각해.

① 도와줄까?(=Do you need a hand?)

② 나 좀 도와줄래?

③ 이것 좀 도와줄래?

④ 넌 내가 이거 하는 것을 도와줄 만큼 충분히 친절하니?

4

> A : I've bought a new camera.
>
> B : Really? Let me take a look at it.
>
> A : Here it is. It's completely automatic, so you can't make any mistakes.
>
> B : _____

① Thank you for the camera.

② That's great, but I would rather have an automatic one.

③ That's great. I think I'll get this model, too.

④ I shouldn't make mistakes when I take a picture.

Answer 2.① 3.① 4.③

Point

단어 take a look at ~을 (한 번) 보다　completely 완전히, 철저히, 완벽하게　automatic(기계, 장치 등이) 자동의, 자동적인　make a mistake 실수하다, 잘못하다　would rather do 오히려 ~하는 편이 낫다　take a picture 사진을 찍다

해석 A : 카메라를 새로 샀어.
B : 정말? 한 번 보자.
A : 자, 여기 있어. 완전 자동식이어서, 실수할 일이 없지.
B : 굉장해. 나도 이 모델을 살거야.

① 카메라 고마워.
② 멋진데, 하지만 난 오히려 자동카메라 쪽이 좋을 듯해.
③ 굉장해. 나도 이 모델을 살거야.
④ 난 사진을 찍을 때 어떤 실수도 하지 않아.

5

A : Can I help you find something?

B : _____

① No, I'm just browsing.

② I'm not being helped here.

③ Do me a favor, will you?

④ You will find me something, won't you?

Point

단어 browse (상품을) 이것저것 구경만 하고 다니다, (책을) 띄엄띄엄 읽다

해석 A : 어떤 것을 찾으시는지 도와 드릴까요?
B : 아니요, 그냥 구경만 하려고요.

① 아니요, 전 그냥 구경하는 중이에요.
② 나는 여기서 도움을 받지 않을 겁니다.
③ 도와주시겠어요?
④ (당신은) 나에게 어떤 것을 찾아줄 것입니다. 그렇지 않나요?

6

> A : Why did you come so late? The show has already started.
> B : I couldn't _____ it. My car broke down on the way.

① take   ② help
③ get   ④ stop

단어 ☯ can't help it ~할 수밖에 없다, ~할 도리가 없다   break down (기계 등이) 고장나다   on the way 도중에

해석 ▶ A : 왜 그렇게 늦게 왔어? 쇼가 이미 시작했어.
B : 어쩔 수 없었어. 오는 길(도중)에 내 차가 고장났어.

7

> A : Let's go for a walk.
> B : I'd like to, but I feel a bit under the weather.
> A : _____

① That's great. Enjoy yourself.

② So would I.

③ Too bad. Let's do it later.

④ How about taking the umbrella with you?

단어 ☯ go for a walk 산책하러 가다   under the weather 몸이 편치 않아, 기분이 언짢아   enjoy oneself 즐겁게 (시간을) 보내다

해석 ▶ A : 산책하러 가자.
B : 그러고 싶지만, 몸이 약간 불편한 것 같아.
A : 안됐구나, 다음에 하자.
① 그거 잘 됐네. 즐겁게 보내렴.
② 나도 그런 것 같아.
③ 안됐구나. 그럼 다음에 하자.
④ 우산을 가지고 가는 것이 어떠니?

8 다음 중 여자의 말에 대한 남자의 대답이 의미하는 것은?

> Man : Let's call it a day.
>
> Woman : How about staying for just one more hour? Then, we could totally wrap this up.
>
> Man : How can you still have so much energy?

① He's too tired to continue.

② Know the amount she hourly spends.

③ Call him when she gets the total.

④ Finish up the work as fast as possible.

단어 **call it a day** (일을) 마치다, 일과를 마치다, 그만하다 **wrap up** ~에 매듭을 짓다, 결론을 내리다 **hourly** 한 시간마다, 매 시간마다

해석 M: 이제 일을 그만하자.

W: 한 시간 정도 더 머무르는 것이 어때? 그럼 우리는 이 일을 완전히 마무리지을 수 있어.

M: 넌 어떻게 여전히 그렇게 많은 힘이 남아있니?

① 그는 너무 피곤해서 계속할 수가 없다.

② 그녀가 몇 시간을 보냈는지를 알아라.

③ 그녀가 일을 끝내면 그에게 전화해라.

④ 가능한 한 빨리 그 일을 끝내라.

9 다음 대화에서 빈칸에 들어가기에 가장 적절한 표현은?

> A : What great muscles you have! How often do you work out in a gym?
>
> B : Every day after work. You're in pretty good shape, too.
>
> A : Thanks. I take an aerobic class twice a week.
>
> B : _____ Hey! Race you to McDonald's for a coke!
>
> A : OK!

① Don't mention it!

② How embarrassing!

③ Good for you!

④ Well, I'll think about it!

Point

단어 muscle 근육 work out (스포츠 등의) 트레이닝을 하다, 훈련하다,(몸을) 단련하다 gym 체육관(= gymnasium), 체육 in good shape (몸이) 상태가 좋은, 컨디션이 좋은 race 경주하다, 달리다

해석 A : 근육이 정말 멋지구나! 얼마나 자주 체육관에서 단련하니?
B : 퇴근하고 매일. 너도 체형이 꽤 좋다.
A : 고마워. 난 일주일에 두 번 에어로빅 강습을 받아.
B : 그거 잘됐다! 어이! 콜라 마시러 맥도널드까지 달리기하자!
A : 좋아!

① 천만에!
② 얼마나 곤란(난처)하던지!
③ 그거 잘됐다!
④ 글쎄, 생각해 볼게!

10 다음 중 Ticket Seller가 의도한 by의 의미와 동일하게 쓰인 문장은?

> Bus Passenger : I'd like a ticket to New York, please.
> Ticket Seller : Do you wish to go by Buffalo?
> Bus Passenger : Don't be funny! I want to go by bus.

① I was attacked by a dog.
② You can reserve the tickets by phone.
③ Will you finish it by tomorrow?
④ He walked by me without noticing me.

Point

단어 reserve 예약하다

해석 버스 승객 : 뉴욕행 표 한 장 부탁합니다.
매표원 : 버팔로를 경유해서 가시겠습니까?
버스 승객 : 농담하지 마세요! 버스로 가겠습니다.
① 나는 개에 의해 공격을 받았다(~에 의하여, ~에 의한).
② 당신은 전화로 입장권을 예약할 수 있다(~으로, ~에 의해서).
③ 당신은 내일까지 그것을 끝낼 것입니까(~까지)?
④ 그는 나를 알아보지 못하고 내 옆을 지나갔다(~을 지나, ~을 거쳐).

TIP 매표원은 Buffalo(지명)라는 도시를 거쳐서(경유하여) 가겠냐는 의미인데, 승객은 이를 buffalo(들소)로 착각하여 대답하고 있다. 즉 매표원이 의도한 by는 '~을 거쳐, 경유하여'의 의미이다.

Answer 8.① 9.③ 10.④

11 다음 대화의 빈칸에 들어갈 적절하지 못한 것은?

> A : May I speak to Prof. Smith please?
> B : Sorry, _____. May I take a message?
> A : Yes, please tell him that Tom Andrews called and will drop by his office at two.
> B : I'll make sure he gets the message.

① he's not at his desk

② he's on leave for the rest of the week

③ he's on the other line

④ he just stepped out

Point

단어 drop by 불시에 들르다, 잠깐 들르다 make sure 확인하다, 확신하다, 다짐하다 on leave 휴가를 얻어, 휴가로 on the line 통화 중인 step out (잠시) 나가다,(자리를) 비우다

해석 A : Smith 교수님 좀 바꿔 주시겠습니까?

B : 죄송하지만, 지금 자리에 안 계십니다. 전하실 말씀이 있으면 전해 드릴까요?

A : 예, Tom Andrews가 전화했으며, 오늘 2시에 연구실에 잠깐 들른다고 전해 주시겠습니까?

B : 말씀을 꼭 전해 드리겠습니다.

① 그는 자리에 안 계십니다.

② 그는 이번 주 남은 기간 동안 휴가 중이십니다.

③ 그는 다른 사람과 통화 중이십니다.

④ 그는 방금 나가셨습니다.

TIP '전하실 말씀이 있으면 전해 드릴까요?'라는 말이 이어지고 있으므로, 교수는 지금 전화를 받을 수 없는 상황이다. ①③④는 전화를 받을 수 없는 이유로 적절하지만, ②는 '오늘 오후 2시에 들르겠다'는 말과 모순되어 빈칸에 적절하지 못하다.

12 다음 대화의 빈칸에 가장 적절한 질문은?

> A : May I take your order?
> B : Yes, I'll have a double cheeseburger with large fries.
> A : Do you want anything to drink with that?
> B : Why not? I guess I could use a medium coke.
> A : _____
> B : I'm running a little late. I'll take it with me.

① Do you have a reservation?

② Will that be cash or charge?

③ For here or to go?

④ Can you wait a couple of minutes?

 Point

단어 **take one's order** 주문을 받다 **Why not?** 좋죠, 그러죠 **reservation** 예약 **a couple of** 몇몇의, 두셋의

해석 A : 주문하시겠습니까?
B : 예, 감자튀김 큰 것하고 더블 치즈버거로 하겠습니다.
A : 마실 것도 같이 주문하시겠습니까?
B : 그렇게 하죠. 중간 크기의 콜라를 주세요.
A : 여기서 드시겠습니까? 아니면 가지고 가시겠습까(포장해 드릴까요)?
B : 제가 조금 늦어서요. 가지고 가겠습니다.
① 예약하셨습니까?
② 현금으로 하시겠습니까? 아니면 신용카드로 하시겠습니까?
③ 여기에서 드시겠습니까? 아니면 가지고 가시겠습니까?
④ 잠시만 기다려 주시겠습니까?

TIP A의 질문에 B가 '늦어서 가져갈 것'이라고 대답했으므로 빈칸에는 '음식을 어디에서 먹을 것인가?'하는 선택을 묻는 말이 쓰여야 한다.

13 다음 중 어색한 대화는?

① A : I'm afraid I must go.

　B : But the night is still young.

② A : You look gorgeous in that red dress.

　B : Thank you. I'm very flattered.

③ A : How would you like your eggs?

　B : Scrambled, please.

④ A : I feel under the weather.

　B : I'm happy for you.

단어 young (시일·계절·밤 등이) 아직 이른 gorgeous 화려한, 멋진, 훌륭한 flatter (찬사 등으로) ~을 기쁘게 하다, 우쭐하게 하다 scramble 달걀을 버터나 우유 등을 넣고 익히다 under the weather 기분이 언짢은, 몸 상태가 좋지 않은

해석 ① A : 나는 가야 할 것 같아.

　　　B : 아직 초저녁이잖아.

② A : 그 빨간 드레스를 입으니까 멋지다.

　　B : 고마워. 칭찬해줘서 정말 기뻐.

③ A : 계란을 어떻게 해드릴까요?

　　B : 스크램블로 해주세요.

④ A : 기분이 좋지 않아.

　　B : 너 때문에 즐거워.

14 다음 대화의 빈칸에 들어갈 가장 적절한 말은?

> W : You're home very early today.
>
> M : Well, the last class was cancelled because Mrs. Simpson was sick.
>
> W : I see. By the way, did you check out the book I asked?
>
> M : _____

① Yes. It was published in 1995 in New York.

② Yes. I've checked it and it was in good shape.

③ I'm sorry, but the campus bookstore does not have it.

④ I'm afraid I couldn't. The only copy the library has is on reserve.

단어 **by the way** 그런데 **check out** (도서관에서 책 등을) 대출하다, 빌려주다 **on reserve** 예약중인

해석 W : 오늘은 집에 일찍 왔네.
M : Simpson 여사가 아파서 마지막 수업이 취소됐거든.
W : 그렇구나. 그런데 내가 부탁한 책은 대출했니?
M : 그럴 수 없었어. 도서관에 딱 한 권이 있었는데 예약 중이었거든.

① 응, 그 책은 1995년에 뉴욕에서 출판된 거야.
② 응, 내가 검사해 봤더니 외관은 멀쩡하더라.
③ 미안, 학교서점에는 그 책이 없더라.
④ 그럴 수가 없었어. 도서관에 딱 한 권이 있었는데 예약 중이었거든.

15 다음 A와 B의 대화에서 B가 말한 의미는 무엇인가?

> A : Would you like to own your own business?
> B : I wouldn't mind a bit.

① B would like to have a company of his own.
② B doesn't have time for a job.
③ B has a mind of his own.
④ B couldn't make up his mind.

단어 **would like to do** ~하고 싶다(= want to do) **own** 소유하다, 자기 자신의 **mind** 꺼리다, 싫어하다
make up one's mind 결심하다, 결단(결론)을 내리다

해석 A : 너 자신의 사업을 하고 싶지?
B : 그럼(조금도 싫을 것이 없지).
① B는 자기 소유의 회사를 가지고 싶어한다.
② B는 일할 시간이 없다.
③ B는 제 나름의 의견(마음)이 있다.
④ B는 결정을 내리지 못했다.

16 다음 대화가 이루어지는 장소로 가장 적절한 것은?

> A : How can I help you?
>
> B : I'd like to open a savings account.

① at the bank

② at the airport

③ at the restaurant

④ at the park

단어 ✅ savings account 예금(저축)계좌

해석 ➤ A : 무엇을 도와드릴까요?
　　　B : 예금 계좌를 하나 개설하고 싶습니다.

17 다음 대화의 흐름상 빈칸에 가장 적절한 것은?

> A : I'm very proud of my daughter. She has quite a good memory. She does her best to remember all she reads. And she's only nine years old.
>
> B : That's very good. _____ You or your wife?
>
> A : My wife. As a child my wife learned lots of poems by heart. She still knows quite a few of them.
>
> B : I never could memorize poetry. On the other hand, I remember numbers. I never forget an address or a date.

① How can she memorize them?

② Whom does she prefer?

③ Whom does she look after?

④ Whom does she take after?

단어 do one's best 전력을 다하다, 최선을 다하다　learn by heart 외우다, 암기하다　look after ~을 보살피다, 돌보다　take after ~을 닮다, 흉내 내다

해석 A : 난 정말 내 딸이 자랑스러워. 기억력이 정말 좋거든. 그 애는 자기가 읽은 것들을 모두 기억하려고 최선을 다해. 게다가 그 애는 아직 아홉 살밖에 안됐어.
　　B : 정말 훌륭하네요. 그 애는 누구를 닮았나요? 당신 아니면 당신 아내?
　　A : 내 아내를 닮았지. 어렸을 때 아내는 많은 시들을 외웠는데, 아직도 그 중에 꽤 많은 시들을 알고 있지.
　　B : 나는 도무지 시를 암기할 수가 없어요. 대신 숫자를 기억하죠. 주소나 날짜는 절대 잊어버리지 않아요.

　　① 그녀는 그것들을 어떻게 기억할 수 있죠?
　　② 그녀는 누구를 더 좋아하나요?
　　③ 그녀는 누구를 돌보나요?
　　④ 그녀는 누구를 닮았죠?

18 다음의 대화에서 빈칸에 들어갈 말로 가장 적당한 것은?

> A : I haven't seen you in ages! How have you been?
> B : I've been fine — just fine. And you?
> A : _____ So what's going on? I have so much to tell you!
> B : Me, too! But when can we get together?
> A : Soon — very soon.

① Yes, I do.　　　　　　　　　② With pleasure!
③ Thank you!　　　　　　　　　④ Great!

단어 in ages 오랫동안(= long time)　What's going on? 일은 어떻게 진행되고 있니?　get together 모이다, 만나다

해석 A : 오랫동안 널 보지 못했구나(정말 오랜만이다)! 어떻게 지냈어?
　　B : 잘 지냈어. 그저, 잘. 넌?
　　A : (나야) 최고지! 그래, 지금은 뭐해? 너에게 말할 것이 너무 많아!
　　B : 나도 그래! 근데, 우리 언제 만날 수 있을까?
　　A : 곧, 곧 다시 만나자.

　　① 응, 그래.
　　② 기꺼이, 좋아!
　　③ 고마워!
　　④ 훌륭히, 썩 잘(= very well)!

Answer　16.①　17.④　18.④

19 다음 중 B의 응답으로 가장 알맞은 것은?

> A : Excuse me. I want to get a driver's license. What do I have to do first?
>
> B : Well, first _____.

① fill out this form   ② wait for it to finish

③ pay the fee   ④ take the driving test

단어 👆 driver's license 운전면허증   fill out (서식, 문서 등의) 빈 곳을 채우다   driving test 주행시험

해석 ▶ A : 실례합니다. 운전면허증을 따려고 합니다. 처음에 무엇을 해야 하나요?
B : 그러면, 우선 <u>이 양식을 작성해 주십시오</u>.
① 이 양식을 작성하십시오.
② 그것이 끝나기를 기다리십시오.
③ 요금을 지불하십시오.
④ 주행시험을 치르십시오.

20 다음 대화 중 어울리지 않는 것은?

① A : Excuse me, but can you tell me the way to the city hall?
   B : Sure. Turn to the right, and you will find it on your right.
② A : May I take your order now?
   B : Yes. I'll take the today's special.
③ A : Can I help you?
   B : I'm just looking around. Thank you anyway.
④ A : My name is Patricia Smith, but just call me Pat.
   B : Yes, I'll call you at 5 o'clock.

단어 👆 city hall 시청   turn to ~쪽으로 방향을 돌리다, 향하다   on one's right ~의 오른쪽(편)에   order 주문
look around 둘러보다, 관광하다   anyway 어쨌든, 하여튼

해석 ▶ ① A : 실례합니다만, 시청으로 가려면 어떻게 가지요?
B : 아, 예. 오른쪽으로 돌아가세요. 그러면 오른편에 시청이 보일 것입니다.
② A : 지금 주문하시겠어요?
B : 예. 오늘의 특선요리로 먹겠습니다.
③ A : 무엇을 도와드릴까요?
B : 그냥 둘러보고 있는 중이었습니다. 어쨌거나 감사합니다.
④ A : 내 이름은 Patricia Smith야. 그저 Pat이라고 불러줘.
B : 그래. 5시에 전화할게(방문할게).

TIP 👆 ④ A의 call(이름을 부르다)과 B의 call(방문하다, 전화하다)의 의미가 어긋난다.

21 다음 대화의 빈칸에 들어갈 가장 알맞은 표현은?

> A : Can I help you?
> B : Yes, we're looking for a jacket for our grandson.
> A : _____
> B : A medium. I think. He's about 5′ 10″, average build.
> A : How do you like these?

① What color does he like?

② What size does he wear?

③ How about this one? It is very popular among teenagers.

④ Do you want me to wrap it for you?

단어 look for ~을 찾다   jacket 재킷, 외투, (책의) 커버   medium 중간의, 보통의   about 약, 대략   average 평균의, 보통의   build 체격

해석 A : 제가 도와드릴까요?
B : 예. 손자에게 줄 재킷을 찾고 있습니다.
A : 손자의 치수가 어떻게 되나요?
B : 중간치 정도입니다. 대략 177.8㎝[5feet + 12inches(foot = 12inches. inch = 2.54㎝)] 키에 보통 체격이거든요.
A : 이것들은 어떻습니까?
① 그(손자)가 무슨 색상을 좋아합니까?
② 그(손자)의 치수가 어떻게 됩니까?
③ 이 재킷은 어떻습니까? 10대들 사이에서 무척 인기가 있습니다.
④ 포장해 드릴까요?

22 A와 B의 대화 중 B의 대답에 어울리지 않는 A의 표현은?

> A : _____
>
> B : Great. I'm on top of the world.

① How are things with you?

② How are you doing?

③ How is it going?

④ How far is it?

 Point

단어 on top of the world (성공, 행복 등으로) 좋아서 어쩔 줄을 모르는

해석 A : 요즘 어떠십니까?
B : 아주 좋아요. 최고예요.

TIP ①②③ How are things with you?
　　　= How are you doing?
　　　= How are you?
　　　= How is it going?
　　　= How's everything?　요즘 어떠십니까?
④ How far is it?　얼마나 멉니까?

23 다음 대화에서 밑줄 친 문장을 우리말로 옮긴 것 중에서 가장 올바른 것은?

> A : OK. So is everything all right for the trips?
>
> B : Yes, I'm all set. I just have one question. How much do I have to know about each city?

① 나는 좌석을 얻었습니다.

② 나는 준비가 다 되었습니다.

③ 나는 잘 배치되었습니다.

④ 내가 잘 맞추어 놓았습니다.

 Point

단어 (be) all set 준비가 다 되다

해석 A : 좋습니다. 그럼 여행준비는 다 잘된 거죠?
B : 예. 나는 준비가 다 되었습니다. 다만, 질문이 하나 있습니다. 각 도시에 대해 얼마나 알고 있어야 하나요?

※ 다음 대화에서 빈칸에 들어갈 표현으로 적절하지 않은 것을 고르시오. 【24~25】

24

> A : Did you hear about Joan?
>
> B : Yes. She had so much work, so _____.

① she had a nerve illness

② she had a nervous breakdown

③ she came up with a cold

④ she had to balance out her budget

단어 nerve illness 신경질환 nervous breakdown 신경쇠약 come up with ~을 따라잡다 balance out 균형이 잡히다, 필적하다 budget 예산

해석 A : Joan에 대한 소식 들었니?

B : 응. 그녀는 일을 너무 많이 해서 _____.

① 그녀는 신경질환을 앓고 있어.

② 그녀는 신경쇠약에 걸렸어.

③ 그녀는 감기에 걸렸어.

④ 그녀는 예산에 균형이 잡혀야만 했어.

25

> A : May I help you?
>
> B : Yes. I'm looking for something quite unusual.
>
> A : _____ We've got it.

① Will you tell it?

② You name it.

③ Are you telling me?

④ Can you name to me?

단어 look for 찾다, 기대하다, 기다리다 unusual 이상한, 색다른, 별난

해석 A : 제가 도와 드릴까요?

B : 예. 꽤 이상한 것을 찾고 있습니다.

A : _____. 무엇이든 다 있답니다.

① 그것을 말씀해 주시겠습니까?

② [무엇이(누구)든지] 말씀만 하세요.

③ 저한테 하시는 말씀입니까?

④ (그것이 무엇인지) 제게 말씀(지목)해 주시겠습니까?

Answer 22.④ 23.② 24.④ 25.③

※ 다음 대화에서 빈칸에 들어갈 가장 적절한 표현을 고르시오. 【26~35】

26

> A : I'm leaving for Australia next month.
>
> B : _____
>
> A : Yes. So I won't be able to see you for a long time. Please keep me posted.

① For vacation?   ② For holiday?

③ For fun?   ④ For good?

 Point

단어 leave for ~을 향해 떠나다, ~으로 떠나다 for a long time 오랫동안 keep a person posted ~에게 소식을 계속 알리다 for good 영원히, 이것을 마지막(끝)으로(= for ever, forever)

해석 A : 나는 다음달에 오스트레일리아로 떠날거야.
B : 아주 가는 거니?
A : 응. 그래서 오랫동안 널 못 볼 거야. 꼭 소식 전해줘.
① 방학을 보내러(휴가차로)?
② 휴일(휴가)을 보내러?
③ 놀러가는 거야?
④ 아주 가는 거니?

27

> A : I fell off my bike and hurt my ankle. It feels like it's broken.
>
> B : Let's X-ray this and see what we've got here.
>
> A : You're the doctor.
>
> C : How do you feel?
>
> A : It's starting to throb. But I'm the macho type.
>
> D : Yeah, right. What did the doctor say?
>
> A : He sent me to X-ray. We're waiting for the results now.
>
> C : _____
>
> A : Me, too. I guess that was kind of stupid of me.

① I was operated on for appendicitis.

② The doctor will be with you in a moment.

③ I hope it's not serious.

④ Hmm, do you think you broke your ankle?

Point

단어 fall off ~에서 떨어지다 ankle 발목 feel like ~처럼 느끼다, ~한 생각이 들다 broken 깨진, 부서진, 부러진, 상한 throb(smart) with pain 고통(아픔)으로 맥박이 뛰다, 쑤시다, 아프다 macho 건장한 사나이, 늠름한 사나이 operate 수술하다, 작용하다, 작동하다,(기계 등이) 움직이다 appendicitis 충수염, 맹장염 in a moment 순식간에, 곧

해석 A : 자전거를 타다가 떨어져서 발목을 다쳤어. 발목이 부러진 것 같아.
B : 이 부위를 X-ray 촬영을 하고 여기 상태가 어떤지 보자.
A : (B) 네가 의사 선생님이다.
C : 증세는 어때?
A : 욱신거리기 시작했어. 하지만 난 사나이니까 (괜찮아).
D : 그래, 맞아. 의사가 뭐라고 말했어?
A : 의사가 보내서 X-ray 촬영은 했고, 지금은 결과를 기다리는 중이야.
C : (상처가) <u>심각하지 않았으면 좋겠는데</u>.
A : 나도 그랬으면 좋겠어. 내가 어리석었어.

① 맹장염 때문에 수술을 받았다.
② 곧 의사가 당신을 진찰해 줄 것이다.
③ (상처가) 심각하지 않기를 바란다.
④ 음, 당신은 발목이 부러졌다고 생각한다는 것이죠?

28

A : Chris, I got a good deal on this computer.
B : Oh? It's a used one and so old!
A : Normally it is one million one hundred thousand won, but I got it at only one million fifty thousand won.
B : _____

① Big deal!
② Good buy!
③ Big bargain!
④ Business deal!

Point

단어 get a good deal on ~을 적절한 가격에 사다, ~에 대해 좋은 거래를 하다 used 사용한, 중고의 old 오래된, 낡은, 구식의 normally 보통은, 원래는, 정상적으로(는)

해석 A : Chris, 나는 이 컴퓨터를 아주 좋은 값에 샀어.
B : 그래? 그거 중고품이나 구식 아냐!
A : 보통은 110만 원인데, 나는 그것을 105만 원에 샀어.
B : <u>그게 무슨 대수라고!</u>

① 그게 무슨 대수라고!
②③ 아주 싸게 잘 샀어!
④ 사업상 거래!

Answer 26.④ 27.③ 28.①

29

> A : What price range apartment do you have in mind?
>
> B : I want to buy a two-bedroom apartment, about 80,000 dollars. Here are the financial details.
>
> A : Thanks. Are you prepared to make a ten-percent down payment?
>
> B : Yes, I can handle that.
>
> A : How long would you like to finance it for?
>
> B : Gee, I don't know. What's normal for apartment?
>
> A : Usually either 20 or 30 years. _____
>
> B : Can you figure it out both ways so I can compare? At this point, does it look like I qualify?
>
> A : Here's how it works : The rule of thumb is, your monthly house payments cannot be more than one-third of your monthly income.

① I'm an assistant manager at the lumber company.

② What kind of accounts do you have?

③ I'd like to find out about a mortgage.

④ The longer the time, the less the monthly payments.

 Point

단어 range 범위, 한도 have in mind 마음에 품다, 생각하다 financial 재정·재무·금융상의 detail 세부(사항·항목), 세목, 상세 down payment 계약금, 중도금 handle 다루다, 처리하다, 취급하다 finance ~에 자금을 공급하다, 자금을 조달하다(대다) normal 보통의, 정상적인, 일반적인 figure out 계산하다, 이해하다 compare 비교하다 at this point 지금 이 시점에서 qualify 자질을 갖추다, 적격(적임)이 되다 work 작동하다, 작용하다 (a) rule of thumb 눈대중, 실용적인 방법, 경험상의 지식 monthly 한 달의, 매달의 income 수입, 소득 assistant 원조하는, 조력하는, 보조의 lumber 제재, 목재 account 계정, 계좌, 거래 관계 mortgage 저당

해석 A : 아파트 가격은 어느 정도로 생각하고 계십니까?
B : 약 80,000달러 정도 되는, 방이 두 개 있는 아파트를 사고 싶어요. 여기 상세한 재정 사항이 있습니다.
A : 고맙습니다. 10%의 계약금을 준비하셨습니까?
B : 예. 그것(계약금)을 낼 수 있습니다.
A : 융자기간은 얼마나 오래 하고 싶습니까?
B : 글쎄요, 잘 모르겠습니다. 아파트의 경우 일반적으로 (융자기간이) 어느 정도인가요?
A : 대개 20년이나 30년이지요. 기간이 길수록 월납입금이 적습니다.
B : 제가 비교해 볼 수 있도록 두 가지 방식으로 모두 계산해 주시겠습니까? 지금 이 시점에서 제가 (융자를 받을) 자격이 되어 보이나요?
A : 그것(융자를 받을 자격)이 어떻게 되는지 말씀드리겠습니다. 경험상으로 보아, (납입할) 월 주택융자금은 월 수입의 3분의 1을 넘지는 않습니다.
① 나는 목재회사의 부감독입니다.
② 당신은 어떤 종류의 은행계좌를 가지고 계십니까?
③ 나는 저당에 대해 알고 싶습니다.
④ (융자)기간이 길수록 매달 납입(지불)할 금액은 적습니다.

30

> A : Please give me your _____, and let me see your passport.
> B : Here they are.
> A : Thank you, and your nationality, please?
> B : Korean.
> A : How long are you going to stay here?
> B : A couple of months.

① report card   ② landing card

③ departure card   ④ custom report

 Point

단어 passport 여권, 통행증, 허가증   nationality 국민(성), 국적, 국가, 민족   stay 머무르다, 체류하다   a couple of 한 쌍의, 두 개(사람)의   report card (학교의) 성적표   landing card 입국허가서(증명서)   departure card 출국허가서(증명서)   custom report 세관(통관)신고서

해석 A : 입국허가서를 주십시오. 그리고 여권도 보여주시고요.
B : 여기 있습니다.
A : 감사합니다. 그런데 국적은 어디시죠?
B : 한국인입니다.
A : 여기에 얼마나 오래 머무르실 예정입니까?
B : 두 달 정도요.

31

> A : Can't you join us in the excursion?
> B : _____

① I am sorry for you.   ② I wish I could.

③ I am afraid so.   ④ I hope not.

 Point

단어 excursion 소풍, 짧은 여행, 유람

해석 A : 우리와 함께 소풍을 갈 수는 없을까?
B : 그럴 수 있으면 좋겠는데.

① 유감이군.
② 그럴 수 있으면 좋겠는데.
③ 그럴까 봐 걱정이야.
④ 그러지 않길 바래.

Answer   29.④   30.②   31.②

32

> A : Where are you from, Carla?
>
> B : I'm from Santa Fe, New Mexico.
>
> A : _____
>
> B : Well, It's a beautiful little tourist town and the climate's great.

① Oh? How is it?

② Oh? Did you enjoy it?

③ Oh? What's it like there?

④ Oh? How long did you stay there?

 Point

단어 **be from** ~로부터(~에서) 오다(= come from)

해석 A : Carla, 넌 어디에서 왔니?

B : 뉴 멕시코 주의 산타페에서 왔어.

A : 그래? 그 곳은 어떤 곳이니?

B : 글쎄, 아름답고 작은 관광도시야. 기후도 좋아.

① 그래? (상태가) 어때?[(놀라움의 표시)어쩌면 그렇니?]

② 그래? 그 곳을 좋아했니(거기서 잘 지냈니)?

③ 그래? 그 곳은 어떤 곳이니?

④ 그래? 그 곳에 얼마나 있었니?

33

> A : Let's have some coffee.
>
> B : But I have no change.
>
> A : Don't worry about it. Coffee is _____ me.

① in   ② on

③ to   ④ with

 Point

단어 **change** 거스름돈, 잔돈, 잔돈으로 바꾸다, 교환하다, 바꾸다

해석 A : 우리 커피 마시자.

B : 잔돈 가진 게 없는데.

A : 걱정하지 마. 커피는 내가 낼게.

34

> Dentist : So, you have a toothache. Let's see. You have a cavity.
> Patient : Is it bad? What are you going to go?
> Dentist : _____ I'm going to have to extract it.
> Patient : How long will it take? And how much will it cost?
> Dentist : It's $ 50. And it will probably take about two minutes.
> Patient : You mean I have to pay $ 50 for only two minutes work?
> Dentist : Only two minutes, huh? Okay, then I'll do it very slowly!

① Are you serious?

② Take it easy.

③ Are you ready to do?

④ Are you scary?

Point

단어 toothache 치통 cavity 충치, 움푹한 곳 extract (이빨 등을) 뽑아내다, 뽑다 cost ~의 비용이 들다
pay for ~에 대해 얼마를 지불하다, 대금을 치르다 huh (놀람·경멸·의문을 나타내는 소리) 하, 흥, 그래,
뭐라고 scary 겁 많은, 잘 놀라는, 무서운

해석 D : 어디. 이가 아프시다고요. 좀 봅시다. 충치가 있군요.
P : (많이) 썩었나요? 어떻게 하실 건가요?
D : 걱정마세요. 충치를 뽑아야지요.
P : 얼마나 걸리죠? 비용은 얼마나 들까요?
D : 50달러입니다. 그리고 아마도 대략 2분이면 될겁니다.
P : 겨우 2분 치료에 50달러나 내라는 말인가요?
D : 하, 겨우 2분이라고요? 좋아요. 그럼 아주 천천히 해 드리죠!
① 진심입니까(진정입니까)?
② 걱정마세요(마음을 편하게 가져요).
③ 준비가 다 되었나요?
④ 두렵습니까?

35

> A : How much did you pay for your computer?
> B : Only eight hundred dollars for this model.
> A : _____
> B : I know. It's twenty percent more everywhere else.

① That's extremely expensive.
② That's totally unreasonable.
③ That's a real bargain.
④ That is a terrible price.

 Point

단어 **bargain** 싸게 산 물건, 매매, 계약하다 **unreasonable** (값 따위가) 터무니없는, 부당한, 무모한, 터무니없는

해석 ▶ A : 네 컴퓨터는 얼마에 샀니?
B : 이 모델은 800달러밖에 안 들었어.
A : 진짜 싸구나.
B : 그래, 다른 곳에서는 20퍼센트나 더 받지.

① 너무 비싸네.
② 완전 터무니없죠.
③ 정말 싸게 샀네.
④ 가격이 엄청나네.

Answer 35.③

상식은 "용어사전"

용어사전으로 중요한 용어만 한눈에 보자

① **시사용어사전 1200**

매일 접하는 각종 기사와 정보 속에서 현대인이
놓치기 쉬운, 그러나 꼭 알아야 할 최신 시사상식
을 쏙쏙 뽑아 이해하기 쉽도록 정리했다!

② **경제용어사전 1030**

주요 경제용어는 거의 다 실었다! 경제가 쉬워지
는 책, 경제용어사전!

③ **부동산용어사전 1300**

부동산에 대한 이해를 높이고 부동산의 개발과 활
용, 투자 및 부동산 용어 학습에도 적극적으로 이
용할 수 있는 부동산용어사전!

중요한 용어만 공부하자!

- 최신 관련 기사 수록
- 다양한 용어를 수록하여 1000개 이상의 용어 한눈에 파악
- 용어별 중요도 표시 및 꼼꼼한 용어 설명
- 파트별 TEST를 통해 실력점검

자격증

한번에 따기 위한 서원각 교재

한 권에 따기 시리즈 / 기출문제 정복하기 시리즈를 통해 자격증 준비하자!